创新团队的建设与运行

刘清珺 等 主编

北京科学技术出版社

图书在版编目（CIP）数据

创新团队的建设与运行/刘清珺等主编. —北京：北京科学技术出版社，2016.6

ISBN 978 – 7 – 5304 – 8415 – 9

Ⅰ.①创⋯　Ⅱ.①刘⋯　Ⅲ.①组织管理学－研究　Ⅳ.①C936

中国版本图书馆 CIP 数据核字（2016）第 128984 号

创新团队的建设与运行

主　　编：刘清珺　等
责任编辑：韩　晖
责任校对：黄立辉
责任印制：吕　越
封面设计：冯耀午
出 版 人：曾庆宇
出版发行：北京科学技术出版社
社　　址：北京西直门南大街 16 号
邮政编码：100035
电话传真：0086 – 10 – 66135495（总编室）　0086 – 10 – 66113227（发行部）
　　　　　0086 – 10 – 66161952（发行部传真）
电子邮箱：bjkjpress@ 163. com
网　　址：www. bkydw. cn
经　　销：新华书店
印　　刷：廊坊市海涛印刷有限公司
开　　本：787mm×1092mm　　1/16
字　　数：442 千
印　　张：25. 5
版　　次：2016 年 6 月第 1 版
印　　次：2016 年 6 月第 1 次印刷
ISBN 978 – 7 – 5304 – 8415 – 9/C · 030

定　　价：90. 00 元

编　委　会

让优秀成为习惯——每一个细节中都体现我们追求完美的执着！

让专业成为品质——在承担的各种任务中，永远追求专业的境界！

让学习成为本能——学习就像呼吸一样常伴左右，与生命相随！

让创新成为信仰——在创新中开拓、成长、进步，创新是我们的精神支柱。

自 序

我们处在创新创业蓬勃发展的时代，"互联网＋"带给科技创新无限广阔的发展空间。所谓创新就是从创意策划到实现其市场价值的过程；所谓创业就是以创立或改造企业为起点，通过推出新的产品或服务，实现规模化盈利的过程。在现代工业化背景下，创新创业不再是依靠单兵作战实现目标的过程，而是通过团队协作实现共同目标，获得总体利益，团队成为创新创业的最关键要素。

团队协作的理念并非新生事物。早在2000多年前，古代战场上就以团队协作为主要获胜手段。例如，斯巴达战士同古罗马士兵相比，单兵作战能力大幅度领先。单个斯巴达士兵同单个罗马士兵作战，几乎总是斯巴达士兵获胜；10个斯巴达士兵同10个罗马士兵作战，双方战力持平；100个斯巴达士兵同100个罗马士兵的战斗，罗马士兵具备绝对的优势；达到千人以上的兵团作战规模时，斯巴达士兵简直就不堪一击了。中国古代军队更强调团队协作，"队伍"一词就来自军队的编列专用词汇。战国时代秦国军队的强大战斗力，很大程度上来自于其有效的分工协作战斗团队组织模式。可以说，整个古代战争史，就是优秀的团队通过有效分工协作不断战胜对手的历史。

在现代工业化和市场化的竞争中，团队协作成为壮大自己、战胜对手的最有效手段。企业内部被划分成承担特定职能的业务部门，形成一系列目标明确的工作团队。研发团队负责产品和技术创新，不断开发新的技术和产品，保持企业技术路线优势；生产团队负责有效组织生产，保质保量完成生产任务；营销团队负责开拓市场，通过销售产品和服务实现盈利；人力资源管理团队保障企业内部人力资源的有效配置和新陈代谢；财务金融团队负责编制和实施预算，保障财务安全和企业盈利。

在每一个团队的目标之下，凝聚了分工协作的团队成员，按照各自的工作机制发挥团队的最大能力。例如，一个营销团队，会有专门的市场策划人员，规划市场需要的产品或服务；有专门的市场调查人员，不断跟踪市场行情变化，了解消费者需求；有营销业绩管理人员，持续监督营销业绩和营销策略执行情况；有市场进度管理人员，不断推进营销计划的执行和营销目标的实现；有专门的销售队伍，具体承担营销任务的完成；有营销合同管理人员，专门处理合同法务事项或完成销售合同签署；在营销计划实施过程中出现资源配置问题时，有人员沟通协调，保障相关资源及时到位；还要有人为营销团队服务，为他们提供支撑保障，解决后顾之忧；有时还要聘请专门的销售顾问，协助解决重大的营销问题。这就是一个典型的团队运行角色分工。在所有这些角色中，有时多人承担一类任务，有时一人承担多项任务。总之，团队是一个成员之间分工协作的有机整体。

《创新团队的建设与运行》一书不会揭晓创新团队生存发展的密码，却可以深入浅出地探索创新团队逐步强大的内在逻辑。读者可以从书中了解创新团队构成的基本要素、创新团队发展的关键环节和创新团队强大的成功路径。书中的理论梳理和案例分析，可以为读者提供有益的参考。前人的经验成为后人的参考，理论探索成为实践的指南。书中自有无价宝，编者团队期待与读者一起学习提高。

2016 年 2 月于北京

前　言

团队的概念有其自身的属性，它不同于群体或组织。任何由特定人员组成的人群都可以称为群体，群体就是具备某种特定属性的人的集合。例如，一个居住区域的居民，构成居民群体；参加一个旅游项目的人群，组成一个旅游群体；共同参加一次采购活动、一次文艺活动、一次体育活动的人群，都是一个群体。而组织则是明确了运行规则和责任关系的群体，这种责任关系往往是按层级传递的，下级对上级负责，全体成员对组织的领导负责。组织的平行部门之间相互合作，对共同的上级负责。同时，组织内部的各级领导要按组织规则行事，遵照其运行机制行使权力。例如，一个行业协会，首先要有章程作为协会成员共同遵守的规则，这种规则对群体成员具有约束力，特别约束了协会领导在协会内部的行为；协会的各级工作人员及其全体成员，在协会内部的工作要依据章程开展，要服从上级的安排。因此，组织的特点是有规则、有分工、有层级。

一般而言，团队应该具有如下属性。一是团队要有明确的目标。一群人组成一个团队，是围绕一个共同的目标开展活动的，离开了共同的目标，就失去了团队存在的基础。二是团队要有合适的人员。团队的目标是通过人来实现的，团队成员的选择要根据其工作目标进行，要选择那些能够承担团队任务的人才进入团队。例如，营销团队成员要有能力承担营销工作各个方面的一个或者多个任务。团队成员要有具体分工和明确职责，称为团队中的角色。三是是团队要有清晰的定位。作为团队整体，在更大范围的组织体系中，有自己特定的定位，如一个营销团队，在企业环境中的定位就是为企业完成销售任务、创造销售价值。同时，团队内部成员之间也有不同的定位，承担不同的职能，发挥不同的作用，称为角色定位。四是团队要有合理的权限。团队的上级组织赋予其整体权限，如人事权、财务权、信息权等。团队当中领导人的权力大小跟团队的发展阶段相关，一般来说，在团队发展的初期阶段领导权相对比较集中，团队越成熟领导者所拥有的权力相应越小。五是团队要有科学的计划。目标最终的实现，需要一系列具体的行动方案，可以把计划理解成目标的具体工作程序，提前按计划进行可以保证团队工作的进度。只有在计划的操作下团队才会一步一步接近目标，从而最终实现目标。团队的 5 个属性缺一不可，具有部分团队属性的群组往往就是一个组织或群体。

团队成员按照其职责发挥作用，实现团结协作、优势互补。不同的团队承担着不同的职责，它们之间有共同的关于成员承担职责、发挥作用的规律吗？剑桥大学的梅雷迪思·贝尔宾博士和他的同事在亨利管理学院研究了英国和澳洲的数百支团队，发现表现良好的不同团队行为风格方面存在很强的规律性。贝尔宾博士是从参与商业游戏的团队开始研究的，他发现表现优秀的团队一般包含创新者、调查者、协调者、塑造者、监督者、支持者、执行者、完成者 8 种角色。研究者根据参加商业游戏的团队成员的组成进行测评，发现在团队内行为模式符合这 8 种角色分布的团队，在商业游戏中一般会取得好的成绩。根据团队的成员组成，按照角色理论对团队成员进行行为模式测评，测评结果反映了团队角色分布方面合理性的水平。用测评结果对他们在商业游戏中的表现进行的预测，同他们的实际表现取得了良好的一致性，证明了角色理论的正确性。在商业游戏中是假设团队成员处于相同的知识起点，在实际工作中，大部分团队有着另外一种角色：专家。这就构成了贝尔宾博士团队理论中的 9 种角色。

这 9 种团队角色各有其行为风格，体现了各自的互补优势，也存在相应的缺点。在团队协作中，有些缺点是可以容忍的，有些则会给团队带来灾难。这 9 种团队角色是综合多种不同类型的团队提炼出的抽象角色，不依赖于具体的目标、定位等团队要素，也不依赖于团队的具体分工。团队角色和团队分工之间有着比较微妙的关系。首先，作为行为风格，团队需要全部这 9 种角色，缺一不可。如果团队中缺乏某种行为风格的角色，就会在团队协作中出现偏差甚至失败。其次，在具体分工上，9 种角色都未必能在分担的任务中找到明确的对应。有时其中的几种角色有明确的分工对应关系，另外一些角色仅有行为风格上的对应；有时 9 种角色能够同团队的具体分工建立一一对应关系，每种角色都有具体的任务与之对应。例如，一个承担具体工程项目任务的团队，他们可利用的外部资源非常明确，在任务分工时不需要专门的调查者。再如一个创业团队，因其目标、定位等团队要素的外延较大，其内涵则需要在业务开拓中不断充实。此时，9 种团队角色在实际分工时往往都有明确的对应。最后，团队角色的作用往往是通过任务分工来实现的。例如，调查者角色在团队中的实际分工是外部资源的调查探索人员，负责建立团队内部利用外部资源的渠道、桥梁或纽带。深入理解团队角色的作用，并在现实工作中建立任务分工同团队角色的关系，是建设和强化团队运行的关键举措。

团队角色理论在实践中得到越来越多的印证，成为团队管理的经典理论，在管理实践中得到广泛应用。由于贝尔宾博士的研究是从商业游戏团队开始的，在应用中存在三个明显的误区。其一是商业游戏执行的时间很短，团队运行进程被高度压缩，因而团队运行生命周期中的阶段性特征被明显忽视。事实上，团队在其运行的生命周期中经历着创立期、动荡期、规范期、成熟期和转型期4个明显的阶段。团队成员的角色扮演在不同的阶段体现了不同的特征。其二是团队角色理论强调角色的行为风格，一部分团队角色理论的践行者误把团队成员的性格特质作为行为风格，过分强调性格的作用，这是明显的误用。例如，笔者认为自己有明显的冲动型性格，就是俗称的暴脾气。但在实际中很少在领导、下属、同事面前体现出这种冲动性格，通过自我克制防止暴脾气发作，以免影响合作的气氛。很多团队成员的性格特质会在团队协作中通过良好的行为模式获得完善。因此，在团队成员的测试中，重点应该是其行为模式而不是性格特质。其三是过分强调团队角色的行为模式而忽视其在团队协作中应该发挥的作用。团队角色的行为模式是通过其承担不同的工作职责得以发挥的。团队的目标需要通过计划来实现，这种计划需要分解为团队成员的若干职责来实施。由目标到任务（计划），由任务到职责，具体到每个成员的行为，都是围绕目标开展的工作的一部分。因此，团队角色在团队运行中的作用应该在实践中得到重视和强化。

创新创业型团队作为一个具体的团队类型，其团队角色及其作用有着特殊的规律和特点。本书重点探讨创新团队的建设和运行的要素和关键环节，创业团队在团队风格上同创新团队有很多相似之处，可以用来参考借鉴。第一，在创新团队中9种团队角色的行为风格有着符合创新活动规律的特色。例如，创新者的行为风格除了一般团队中的思维活跃、创新性强等特质外，还应该具有发明创造的活力并比较熟练地掌握发明创造的技法。第二，对于建设完整的创新团队，其具体的工作分工往往能够体现9种团队角色的对应。也就是说，在创新团队中，承担具体任务的人员，可以相应地对应一种团队角色。但是在每一个创新团队中9种团队角色不一定都有与之对应的具体分工。本书将对创新团队的实际任务进行分解，介绍实际任务承担者与团队角色的对应关系，并描述每种角色的实际作用。第三，创新团队也有其生命周期，其发展有着明显的阶段性特征。在其创立阶段，目标定位比较明确，但任务分解和进度计划方面却可能与实际情况差别较大。在创新团队的动荡期，主要体现为技术路线和具体分工方面的调整。在其规范期，需要处理的主要问题是实验失败或外部技术环境变化（如技术进步和竞争者出现）带来的风险。在其成熟期，主要任务是完善项目成果并做好工程化、市场化和产业化方面的工作。在其转型期，主要任务可能是寻找下一个创新项目或者使团队总体转型为创业型团队。第四，创新团队成员中如果缺少了某种角色，或者相关角色的作用大幅度弱化，这样的创新团队往往会出现运行问题。例如，创新团队包含了研发团队的大部分行为风格，但在研发团队中，实现应用价值方面的工作目标往往是可以忽略的。如果创新团队中缺乏专门针对市场资源的调查者角色，其创新成果很难得到市场推广。

良好的创新团队，有其良好的自身运行机制。其一是创新团队的执行力。创新团队的执行力在很大程度上符合团队执行力的一般规律。它必须服从并忠实于团队的发展目标和工作定位，执行力的建立同其自身的发展相适应；它遵守效率原则，在规定的时间和预期的成本范围内完成任务；它具备质量意识，不仅实现数量的积累，还要实现质量的目标。它在目标、路径、里程碑等方面力争做到尽善尽美，持续以可度量的成果为目标的最终实现做出贡献。其二是创新团队的沟通机制。在团队协作中，保持高效率的信息沟通是必备的条件。在创新活动中的团队行为中，良好的沟通机制显得尤为重要。因为创新团队的核心价值是创新，很多探索性的过程要得到团队成员的理解；创新活动所形成的知识也应该尽快成为团队的共同知识。其三是创新团队的激励机制。对团队整体及其成员的优异表现应该及时给予正反馈以发扬光大；对团队的整体失误和成员的错误行为应有及时的负反馈机制，以有效避免类似现象重复发生。有效的精神鼓励是建立团队文化的有效手段，也是团队文化建设带给团队协作的精神福利。其四是创新团队的冲突处理机制。任何团队都存在内部冲突的可能性，创新团队因其创新性带来的挑战性，发生内部冲突的概率也有所提高。进行有效的冲突管理是建立高效的创新团队必须经历的过程。从冲突类型及其起源入手，分析不同类型的冲突的不同处理方式，以达到有效管理冲突、提升合作水平的目的。

团队角色行为在团队建设运行过程中是相对平等的，不同角色之间相互平等地发挥其角色作用。但是，从团队的定位、权限等属性中可以看出，团队往往是某个组织的一部分或自身具备组织属性，其自身的发展需要领导者发挥领导作用。领导，从其字面含义，可以拆分成"领"和"导"两部分行为方式。所谓领，就是领导者带领群众开展工作、完成任务、实现目标的过程，其要义是身体力行、率先垂范；所谓导，就是领导者指导群众开展工作、完成任务、实现目标的过程，其要义是指导有方、鼎力支持。

创新团队中的领导，最重要的是体现领导力。领导力就是一种特殊的人际影响力，组织中的每一个人都会去影响他人，也要接受他人的影响，因此每个员工都具有潜在的和现实的领导力。在创新团队中，领导者和团队成员共同推动着团队向着既定的目标前进，从而构成一个有机的系统，在系统内部具有以下几个要素：领导者的个性特征和领导艺术，员工的主观能动性，领导者与员工之间的积极互动，团队目标的制定以及实现的过程。按照"五力模型"，领导必须具备的领导能力包括前瞻力、影响力、感召力、控制力和决断力；领导力的构成要素包括群体影响力、指挥行动、冷静、判断力、专注和责任心；领导力的考核标准包括领导远见（purpose）、热情（passion）、自我定位（place）、优先顺序（priority）、人才经营（people）和领导权力（power）。领导在实践中会体现不同的行为风格。从人类社会和领导活动的发展来看，领导力可分为原生态领导力、技术性领导力、理性领导力、感性领导力、复合领导力。以上几种领导力都有其存在的合理性，但也有其弱点。本书将详细分析各种领导力的优缺点。随着社会的发展，逐渐进入复合领导力阶段。创新团队中的领导者应强调领导艺术，主要包括激励艺术、协调艺术、语言表达艺术以及危机应对艺术等几个方面。

不同类型的创新团队需要不同的领导风格，领导的核心价值体现在带领团队实现发展目标。创新团队有其自身的发展模式，因此领导风格也会有所不同。以新创意、新思维、新模式为主要工作目标的创新团队，其创新者角色在团队中的作用较大，领导风格就会比较偏重创新者。例如，世界著名的微软公司、苹果公司等决策团队中，其最高领导基本都是由具备创新者风格的人担任。很多符合经济学摩尔定律的行业中的创新创业团队，其领导风格也都体现了创新者取向。那些处于传统行业中的创新团队，市场发展和业务模式比较成熟，"向管理要效益"的趋势明显，团队的领导者往往表现为协调者或塑造者风格。一些大规模行业的辅助性行业的创新团队，因为需要依托大规模行业而生存发展，往往需要调查者风格的领导。一些市场规模不大且市场渠道稳定、内部运行顺畅和谐的创新团队，领导者表现为支持者风格。以此类推，创新团队的内、外部发展环境决定了何种角色适合作为团队的领导。

创新团队生命周期的不同阶段也需要不同的领导风格。在团队的建成期、动荡期、成长期、成熟期、转型期，团队的领导角色会逐渐发生变化（创新团队的角色圈，领导从圈的中心逐渐移至圈外），并且有不同的领导风格（教练型、专家型、指令型、合作型、参与型、授权型），本书列举的不同团队工作案例将说明创新团队不同发展阶段所适应的不同类型的领导风格。

创新团队需要各种类型的决策。决策要素包括决策者、决策对象、决策方案、决策方法和决策目标。决策的类型按重要程度分为战略（高层）、战术（中层）、业务（基层）；按决策问题的规范程度划分为程序化（物资订购与采购）、非程序化（新产品研发）；按决策结果的可靠性划分为确定型（条件已知）、风险型（结果有一定概率）、不确定型（结果不确定且无概率可言）。在不同的场景下，需要采用不同的决策方法。民主决策：适合于独立投票，公正、公平，考虑各方利益的场景；精英决策：适合于具有经验和技能的优秀团队成员；共识决策：适合于决策者的影响力对于决策结果具有重大的作用时。

决策制定过程中的团队行为有其规律性。目标不同，决策不同；任务不同，决策不同；角色不同，决策会有不同的变化。从团队9种角色对团队决策影响出发，在不同场景下，不同角色会对团队决策起重要作用。在决策的不同阶段，团队角色也发挥不同的作用。在确定目标时，团队要有共同的目标，决策相关人要达成一致意见；在信息收集和调研分析时，一方面直接责任人要参与决策，另一方面需要时要引入外部资源、外部力量；在方案形成过程中，充分发挥团队中的领导作用，采用合适的方法形成多个可行的备选方案；在确定方案时，团队要具有充分的决策能力，它可能体现在精通业务，也可能体现在影响力上，具有良好的决策品质。在执行与调整环节，任务要有效分解到适合的成员，激发团队成员的执行力；反馈执行中遇到的问题，还可能要授权相关责任人。

决策执行过程中的团队行为可以从四个方面分析。一是执行要忠实于原决策内容，不能随意修改。这方面需要执行者强有力的执行力，也依赖于塑造者的推动和监督者的监督实施。二是遵从路径，执行者可以有多个执行路径，但不要与决策时原路径有较大的偏离。要有创新者发现新的好的路径，也要有监督者保障不会偏离目标。三是里程碑，在决策执行过程中，里程碑与团队角色的关系，体现为塑造者、监督者、完成者角色起到的作用。每一个里程碑时刻，可能都需要完成者实现阶段性成果，更需要塑造者推进阶段目标的实现和时间节点控制，还需要监督者控制任务的执行过程和效果。四是反馈与调整，定义和描述反馈源、反馈通道和反馈对象。反馈源可能是团队中的各角色，反馈通道也具有几种形式。反馈对象有三种人，一是决策人，二是有权调整决策的人，三是有权提出调整决策建议的人。

本书还提供具体翔实的案例分析。针对一些具体的创新团队，对其团队建设、成员角色、成员行为风格等进行测评，同其团队运行效果进行对比分析。提炼出成功团队的具体操作案例，供读者参考借鉴。对案例中团队及其成员的各种测评分析，都是基于本书提供的相关理论进行。这种实际的案例分析，有助于读者了解团队建设和运行在实际工作中的执行要点。

本书整理的测评工具，主要是针对本书各章理论提供测评手段。主要包括创新团队成员行为风格、在团队中实际承担的角色、团队角色建设状态、团队总体行为表现、团队执行效果、团队领导力、团队决策执行能力等方面。读者及利用本书作为培训教程的培训师，可以利用这些测评工具，对自己关注的团队及其成员进行测评分析，以改善其团队建设与运行的效果。

本书整理的训练游戏，主要是针对书中内容进行团队训练的游戏。通过这些游戏，读者和参加培训的学员能够深刻理解团队建设运行的各种关键要素，加强对本书内容的消化吸收。一些游戏中使用的技巧和方法，在实际团队建设运行中也会经常使用。因此，在训练游戏中学到的技术，对团队工作实践有很强的指导或参考意义。

本书由编者团队 24 人历时一年完成，主编刘清珺，负责全书的策划和统稿，他对全书方向的把握和对创新点的探索是本书顺利完成的关键。执笔作者分工如下：第一章，王培怡、沈臻霖、董艳；第二章至第三章，李功越、邹涛、杜美红、李怀建、陆永俊；第四章，郭鲁钢、李诚、孙东江、詹宇；第五章至第六章，刘清珺、岳红强、潘勇、李哲、靳薇；第七章，杨寅、杜庆庆、胡建武、张俊武；第八章，牛冉、程京霞、汪昕。詹宇为本书提供了美术设计，汪昕、张俊武为本书进行了出版策划。

目　录

系统化组合的材料，构造出万能的机器。

系统化组合的有机物，形成鲜活的生命。

系统化组合的人才，造就强大的团队。

从材料、生命到人才，失去系统化组合，它们不过是垃圾。

第一章 绪 论

第一节 团 队

一、团队理论的产生和发展

(一) 团队和团队理论的进化

团队在企业中出现大约要从 20 世纪 50 年代美国的一次观念更新思潮说起。20 世纪 50 年代，很多美国人认为，如果赋予个人足够的人权尊重，就可以激励其负起责任并更加努力地从事自己的工作。作为这一思潮的组成部分，许多公司形成了一些机制使雇员可以就有关改进公司经营方面的问题提出建议。这一思潮传到日本后，在日本企业界逐渐演变成了质量小组。质量小组由员工组成，并逐渐开始解决在工作中出现的实际问题。20世纪 70 年代，人们开始对日本的管理方式产生兴趣，西方兴起"向日本学习"的浪潮，质量小组这一概念传到了美国，并传播至西方的管理层。许多公司欣然接受这一管理方式，因为这似乎是日本工业产品质量高的原因之所在。团队由此产生，并从中提炼出了团队理论。一些国际知名公司如沃尔沃、丰田、通用食品等开始把团队引入企业的生产过程。20 世纪 80年代后，美国企业中出现了大量团队，大多数企业拥有一个以上的团队。发展至 90 年代，很多国际著名的大公司中，团队方式都是他们主要的运作形式，"团队建设"成为管理方面的热点。西方企业界形成共识：团队是企业的主要组织形式。团队建设成为 20 世纪 90 年代西方企业在竞争中求胜的法宝。团队虽然对国内企业还是个新鲜事物，但是一些管理方式先进的企业也开始做这方面的尝试。

团队理论方面的研究热潮起始于 20 世纪 90 年代。斯蒂芬·罗宾斯、J. R. 凯泽恩贝奇、D. K. 史密斯和 H. 威廉斯等人在这方面的著述较多。目前从整个世界范围来看团队理论方面的研究还处于初级阶段，有待进一步完善。

（二）团队建设的理论基础

团队管理方式为何会取得极佳的效果？其建设的理论基础是什么？近年来的研究倾向于下述理论。

1. 合作竞争理论

这一理论认为，人们如果各自为政，认为彼此的目标之间没有任何关系，就会漠视他人的福利或困难，袖手旁观，组织也会像一盘散沙一样；如果人们处于竞争关系，相互之间就会封锁各种信息与资源，甚至相互攻击和破坏。因此，一个团队应当形成共同目标，创造合作氛围。在共同目标的指引下合作，人们会相互尊重，共享信息和资源，互相交流，取长补短。合作与竞争理论也是团队建设的理论基石。

2. 建设性冲突理论

这一理论认为，团队虽然着力使成员形成合作关系，但并不意味着团队中不允许存在不同意见。不同的观念是形成高质量决策的前提。只要团队真正形成了合作关系，成员彼此之间就会坦诚地交换意见，吸取对方意见中有价值的成分，在充分交流的基础上达成共识。因此，通过建设性冲突的处理，团队成员会更加认同团队的目标，团队的合作关系也就会更加巩固。

3. 员工卷入理论

这一理论认为，人在组织中有决策权，就会更加认同组织的目标，并积极主动地去执行决策。员工卷入理论就是让员工对那些关系到他们切身利益的决策发表意见，增加员工的自主性和对工作的控制程度。

二、团队的相关概念

（一）团队的含义

关于"团队"存在着各种不同的定义。例如，团队是指为完成某一特殊使命而建立起来的没有部门组织限制、由许多部门的专业人员组成的临时性组织，它擅长处理现有组织结构无法解决的临时性问题和机会；所谓团队就是由少数技能互补，愿意为了共同的目的、业绩目标和方法而相互承担责任的人们所组成的群体；团队是指在工作中相互依赖，为特定的目标共同承担责任的个体所组成的集合体。综上所述，可以认为，团队是指成员为实现共同的目标，通过沟通协调、共享资源、共担风险等方式，形成比原组织更具核心战斗力的工作群体。

（二）团队的构成要素

团队的构成要素可以总结为以下 5P。

（1）目标（purpose）。团队应该有一个确定的目标，从而明确团队成员的方向。目标是团队存在的价值。

（2）人（people）。人数 3 个及 3 个以上就可以构成团队。目标要通过人员具体实现，所以团队中人员的选择非常重要。一个团队中需要有人策划，有人计划，有人实施，有人协调，还要有人去监督团队的工作进展，评价团队的绩效。不同的人通过分工来共同完成团队的目标，在人员的选择上要考虑人员的经验、人员的能力与技能互补，这是团队构成要素中最核心的力量。

（3）团队的定位（place）。团队的定位包含两层含义：①团队中整体的定位。团队在企业中处于什么位置，由谁选择和决定团队的成员，团队最终应该对谁负责，团队采取何种方式激励下属。②团队中个体的定位。成员在团队中的角色，是计划的制定者还是具体的执行者和评价者。

（4）权限（power）。团队的权限包括外部权限和内部权限。外部权限是指企业或组织给予团队的权限，包括哪些事项可以在团队中做出决策并付诸实施，哪些事项需要请示、汇报或按照上级指令来实施。内部权限是指团队中不同成员之间的权力分配，领导者和普通团队成员均依据其分工具有不同的权限。团队中领导者的权力大小跟团队的发展阶段相关。一般说来，团队发展越成熟，领导者所拥有的权力越小。在团队发展的初期阶段，领导权往往比较集中。

（5）计划（plan）。计划包含两层含义：①团队目标的最终实现需要一系列具体的行动方案，这里可以把计划理解成完成目标的具体工作过程；②提前按计划进行可以保证团队进度的顺利进行，只有在计划的指导下团队才会一步步接近目标，最终实现目标。

（三）团队与其他概念的区别

1. 团队与组织的区别

现实中，人们经常混淆团队和组织这两个概念，认为两者可以等同，这个想法并不严谨。笔者认为组织是指完成特定使命的人们，为了实现共同的目标而按照一定的规则（如章程）组合成的群体。组织与团队首先在概念上有着本质区别，其次在以下 6 个方面有着显著差别。

（1）领导方面。组织必须要有明确的领导人；而团队在不同的发展阶段对领导人有着不同的要求。尤其是团队发展到稳步执行阶段，成员开始共享决策权，领导人的作用会有所降低。

（2）目标方面。组织的目标必须完全一致；而团队中可以产生自己的目标，可以存在个性化差异。

（3）协作方面。这一点也是组织和团队最根本的差别。组织协作性一般，组织内部甚至可能存在主流价值的反对力量；而团队则是齐心协力的。

（4）责任方面。组织中的责任是按层级划分的，领导者要承担很大的责任；而团队中除了领导以外，每一个成员都要承担相应的责任，甚至共同负责。

（5）技能方面。组织中成员之间的技能可以相同，也可以不同；而团队成员的技能则是互补的。

（6）绩效方面。组织的绩效是每一个个体绩效的累加；而团队的绩效是由大家共同合作完成的结果。

2. 团队与群组的区别

团队不同于群组，二者间有区别。群组所具有的特征是强调个人的工作成果，相互间的互补性较弱，注重个人的工作责任，有固定的领导人；而团队的特征是有共同的目标和成果，相互间是一种积极互补的协作关系，解决问题的方式是共同讨论与决策，所有组员都是团队的管理者。具体而言，团队的目标明确（团队有明确起草的成文的目标；团队成员为完成目标做出各自的贡献；团队的工作应得到评估）、任务明确（一般来说上级已给团队布置了一个明确的任务，或团队内部自行对任务达成明确共识）、角色明确（团队管理的权限应该明确，个人的能力、潜力和资质应被合理运用）、沟通渠道明确（要有团队会议的通知和会议记录，要开发高效率的工作方法，可以了解到团队的工作表现）。

三、团队的类型

按照团队的职能、分工等，团队类型有不同的分类方法。

团队类型可以分为建议及参与团队、生产或服务团队、计划与开发团队、行动与磋商团队 4 种。严志庆曾将上述 4 种类型的团队就团队类别、成员差别度、合作机会、工作周期、典型产出 5 个方面进行区分，具体内容见表 1-1。

表 1-1 几种团队类型的比较

团队类别	成员差别度	合作机会	工作周期	典型产出
建议及参与团队（如企业中的委员会、董事会、理事会）	低	少	可变的，或长或短	决策、选择、建议、推荐
生产或服务团队（如飞机、轮船制造企业的全体工作人员，企业流水线上的装备团队）	低	多	重复的，或持久性的	制造、零售、修理、客户服务
计划与开发团队（如企业中的计划团队、科研小组、生产工艺攻关小组、技术研发小组）	高	多	可变的，一个周期的寿命	计划、设计、调查、方案、提议
行动与磋商团队（如音乐小组，医疗团队，谈判小组）	高	少	短期，在一定的情况下可重复	表演、比赛、手术

常见的团队分类还有如下几种。

（1）功能团队、管理团队、工作团队、项目团队。

（2）解决型团队、自我管理型团队、多功能型团队。

（3）传统团队、虚拟团队。

四、团队的作用

从各种角度分析，团队均有不同寻常的作用。在各种类型的企业中，无论是私有企业还是国有企业，报告均显示团队可以提高员工的道德水平，降低内耗。更加激进的看法，如卡曾巴赫（J. R. Katzenbach）和史密斯（D. K. Smith）认为，高成就组织是以强有力的创造性和自治性的团队工作为基础的。他们认为非团队的管理不具生产性甚至有损害性，至少从根本上会将组织引向静止并最终走向停滞。且不管以上这些学者的观点是否完全正确，从现实中众多企业的组织架构来看，团队管理方式随处可见，团队管理思想已深入人心。

对于企业来说团队的作用主要体现在以下方面：①提高决策质量；②培养团队精神；③增大管理幅度；④促进企业内部各部门之间的交流与合作；⑤促进团队成员知识的共享和学习；⑥提高企业的创新能力和应变

能力。

五、优秀团队的发展

（一）优秀团队的标准

判定一个团队是否优秀有着相应的评价指标。第一，看集体感的强弱，具体从团队意识、认同感、凝聚力等三个方面加以评定；第二，看是否具有共同的目标，主要从工作目标、学习目标和人际关系目标等加以判定；第三，看角色分配是否明确，主要从所期望的角色、所接受的角色以及所分配的角色加以判定；第四，看团队合作规则，主要包括合作方式与合作必备条件；第五，看团队的配比，主要从性别、年龄、专业等人员基本属性上加以判定；第六，看价值与规范，主要体现在是否具有成文法规（允许项/不允许项的规定等）。

（二）团队成功的因素

团队合作的成功因素主要有开放的氛围、高度的责任感、较好的反馈能力、成员个人的继续发展、目标导向性、明确的管理、良好的组织协调、合理有效的角色分配、突出的业绩、高效的工作方法、适宜的个人能力等。在一支优秀的团队中，其角色的定位应该是战略家（认清优势）、策划人（激发想象力）、动员者（建立相互联系）、组织者（注重效率）、团队工作者（塑造团队精神）、质量监督员（细心）、纪律监管员（鼓励自律）、协调员（毫无成见地协调团队成员）。影响团队工作的因素分为团队的外部环境、任务主题、个人和团队4个方面，其中团队的外部环境因素主要包括信息不足、缺乏反馈信息、工作压力；任务主题因素主要是对目标的理解不同、缺乏评定工作成绩的标准、工作任务不明确；个人因素主要是缺乏动力、能力不足、胆怯不自信；团队因素主要包括成员的竞争对抗、相互不接受彼此的问题及缺乏凝聚力。

（三）团队的生命周期

塔克曼（B. Tuckman）最早尝试对群体生命进行研究，并提出了著名的"小型团队的发展阶段"模型。在该模型中，他将群体的生命周期划分为5个阶段，即形成期、震荡期、规范期、执行期和解散期。凯普泽奥（P. Capezio）把团队生命周期分为4个阶段，分别为婴儿期、少年期、青年期和成年期。就塔克曼提出的团队生命周期来看，一个团队的发展阶段（团队发展时刻表）可以分成导向阶段（形成期）、磨合阶段（震荡期）、组织形成阶段（规范期）和运行阶段（执行期）4个发展阶段和一个解散阶段。团队形成阶段的主要内容和要求是按规章办事且谨慎地摸索以及注重礼节性的交往；磨合阶段主要是团队潜在冲突的呈现、人与人碰撞的展现、小团体与帮派化的发现与互融，避免相互指责以及绝望思想的产生；组织形成阶段是发展新型人际交往方式，进行沟通与反馈，实现相互了解及接受；运行阶段团队的主要特征表现为灵活的自我管理，高效的沟通了解。

（四）优秀团队的发展历程

从小组到一个优秀团队的生成要经历由工作小组到虚拟团队、由虚拟团队到潜在团队、由潜在团队到真正团队，再由真正团队到高效团队的过程。每一个过程都具有不同的任务和特征。以工作小组为例，在工作小组中，组员会自行寻找新的信息、建议和实例，出谋划策，以便今后在个人的工作领域中提升工作能力。这种工作小组并不谋求达到团队的高效率、高水平的目标，也没有共同的工作方式。而虚拟团队中虽然可以看到共同的工作目标，但缺乏小组特有的转变，并没有统一的小组工作方式。潜在团队中的工作组追求高效的工作目标和共同的工作方式，但它还没能发挥其对奉献精神、团队纪律以及相互间的责任感等方面的重要作用。真正的团队在人员配置上保持5~7人，各种能力合理搭配，每位团队成员都各尽其责，拥有相互间的责任感和集体观念，追求共同的和更高的目标以及拥有共同的工作方式。高效的团队具备实现目标所需的技能，并在一定程度上可以优势互补，让每个成员在团队中体现他的价值，而这需要一个漫长的过程。

第二节　创　新

一、起源

创新（innovation）一词的拉丁文为"innovare"，意指"to make something new"。

创新概念的起源可追溯到1912年美籍经济学家熊彼特（J. A. Schumpeter）的《经济发展概论》。熊彼特在其中提出：创新是指把一种新的生产要素和生产条件的"新结合"引入生产体系。它包括以下情况：引入一种新产品，引入一种新的生产方法，开辟一个新的市场，获得原材料或半成品的一种新的供应来源。熊彼特的创新概念包含的范围很广，如涉及技术性变化的创新及非技术性变化的组织创新。

20世纪60年代，新技术革命迅猛发展，美国经济学家罗斯托（W. W. Rostow）提出了"起飞"六阶段理论，把创新的概念发展为"技术创新"，把技术创新提高到创新的主导地位。

1962年，伊诺思（J. L. Enos）在其《石油加工业中的发明与创新》一文中首次直接明确地给技术创新下了定义："技术创新是几种行为综合的结果，这些行为包括发明的选择、资本投入保证、组织建立、制订计划、招用工人和开辟市场等。"伊诺思的定义是从行为的集合的角度来下定义的。而首次从创新时序过程角度来定义技术创新的林恩（G. Lynn）认为技术创新是"始于对技术的商业潜力的认识而终于将其完全转化为商业化产品的整个行为过程"。

美国国家科学基金会（National Science Foundation of U. S. A.，NSF）也从20世纪60年代开始组织对技术的变革和技术创新的研究，迈尔斯（S. Myers）和马奎斯（D. G. Marquis）是主要的倡议者和参与者。在他们1969年的研究报告《成功的工业创新》中将创新定义为技术变革的集合，认为技术创新是一个复杂的活动过程，从新思想、新概念开始，通过不断地解决各种问题，最终使一个有经济价值和社会价值的新项目得到实际的成功应用。70年代下半期，他们对技术创新的界定大大拓宽了，在NSF报告《1976年：科学指示器》中，将创新定义为"技术创新是将新的或改进的产品、过程或服务引入市场"，明确地将模仿和不需要引入新技术知识的改进作为最终层次上的两类创新而划入技术创新定义范围中。

20世纪七八十年代开始，有关创新的研究进一步深入，开始形成系统的理论。厄特巴克（J. M. Utterback）在70年代的创新研究中独树一帜，在1974年发表的《产业创新与技术扩散》中，他认为"与发明或技术样品相区别，创新就是技术的实际采用或首次应用"。缪尔赛（R. Mueser）在80年代中期对技术创新概念做了系统的整理分析。在整理分析的基础上，他认为："技术创新是以其构思新颖性和成功实现为特征的有意义的非连续性事件"。

著名学者弗里曼（C. Freeman）把创新对象基本上限定为规范化的重

要创新。他从经济学的角度考虑创新，认为技术创新在经济学上的意义只是包括新产品、新过程、新系统和新装备等形式在内的技术向商业化实现的首次转化。在1973年发表的《工业创新中的成功与失败研究》中，他认为"技术创新是一个技术的、工艺的和商业化的全过程，其导致新产品的市场实现和新技术工艺与装备的商业化应用"。其后，他在1982年的《工业创新经济学》修订本中明确指出，技术创新就是指新产品、新过程、新系统和新服务的首次商业性转化。

我国自20世纪80年代开始开展技术创新方面的研究。傅家骥对技术创新的定义是：企业家抓住市场的潜在盈利机会，以获取商业利益为目标，重新组织生产条件和要素，建立起效能更强、效率更高和费用更低的生产经营方法，从而推出新的产品、新的生产（工艺）方法，开辟新的市场，获得新的原材料或半成品供给来源或建立新的企业组织，它包括科技、组织、商业和金融等一系列活动的综合过程。此定义是从企业的角度给出的。彭玉冰、白国红也从企业的角度为技术创新下了定义：企业技术创新是企业家对生产要素、生产条件、生产组织进行重新组合，以建立效能更好、效率更高的新生产体系，获得更大利润的过程。

进入21世纪，信息技术推动下知识社会的形成及其对技术创新的影响被进一步认识，科学界进一步反思对创新的认识：技术创新是一个科技、经济一体化过程，是技术进步与应用创新"双螺旋结构"（创新双螺旋）共同作用催生的产物，而且知识社会条件下以需求为导向、以人为本的创新2.0模式进一步得到关注。

二、概念

创新是指人们根据既定的目的，调动已知信息、已有知识，开展创新思维，产生出某种新颖、独特、有社会价值的新概念或者新设想、新理论、新技术、新工艺、新产品等新成果的智力活动过程。

从字面上来看，创新就是抛开旧的，创造新的。从创新的内涵和外延看，创新不同于自然形成的新东西，它必须是由人创造发明的，过去从来没有的；或是从来不曾有人研究过的，通过研究提出了自己的符合事实的看法；或虽有人研究，但结论不符合事实，通过研究纠正了前人的错误，提出了正确的新见解；或在前人研究的基础上增加了新内容。创新的本质是有目的的、有价值的、以知识为基础的内涵，创新是一个过程。

三、创新的特点

创新有以下 6 个特点。

（1）普遍性。创新存在于一切领域，没有哪个事业、哪个行业、哪个领域是一成不变的。创新能力有大有小，创新内容和形式可以各不相同，创新层次有高低，但每个人、每个团体、每个行业都具有创新的潜能。

（2）独创性。这是创新最本质的特征，创新是突破原有的框框和束缚，力求探索新的思路，运用新的思维方法，更深入地揭示事物的本质属性，寻找新事物、新形态与旧事物之间的差异，在"异中求同，同中求异"中产生新的质疑，找出新的发现，提出新的创见，实现新的突破，得出不同于以往和他人的、第一次创造且具有开拓性的、崭新的结论和抉择。

（3）灵活性。创新所凭借的创新思维不囿于固定不变的思维模式和方法，所产生的创新实践不局限于某种现成的工作程序和方法，其思维框架、实践模式常变常新。创新的灵活性也带来风险性和突变性。

（4）科学性。任何创新活动都必须遵循客观规律，符合客观实际，经得住实践检验，具有令人信服的科学性。这也是衡量创新是否具有"存在价值"的一条重要依据。创新的科学性，还具体体现在它的现实性、继承性和功利性。

（5）艰巨性。有两个因素导致了创新的艰巨性：其一是由于创新的超前性，因为超前，所以可能得不到他人的理解和支持，甚至遭到反对，给创新者造成很大的压力，并制造了艰难的创新环境；其二是由于创新本身，创新是做前人或他人没有做过的事情，实现创新的过程和方法都需要探索，因此带有不确定性和技术上的难度。

（6）综合性。创新活动是一种综合性极强的创造性、开拓性行为。任何学科、领域、部门都是人为划分的结果，既然是人为划分，就可以人为打破，故创新也是无边界、无框框的。在专业知识面前，不同的行业、专业有着很大的差别，但在创新面前，规律是一样的，不同学科之间的原理可能是相通的，而且越是跨行业、跨领域的创新，越是能诞生超乎寻常的结果。

四、创新的性质

创新有两个性质：无中生有、有中生无。"无中生有"是指科学发现和技术发明，"有中生无"则指对现有事物的改进。

整个世界发展史就是一部创新的历史。从钻木取火、电的发现到世界上第一台蒸汽机、电灯、电话、电视、电脑、激光、原子能等，都是"无中生有"的结果，都是伟大的创新，都改变了整个人类的生活。而超薄笔记本、当当网等都是"有中生无"，属于改进型的创新。

五、创新与再造、创造、创立的区别

1. 创新与再造的区别

再造，就是人类经过自己所特有的思维活动，把曾经认知的事物或掌握了的知识，复制或复述出来。再造，也称再现，它是已有"原型"的"复活"，又称"复制"。但这种复制，已有重组，且带有重组者个人的特征。因此，再造不是简单的原型复现，而总是或多或少带有新增的个性，再造具有创新的品质。

再造，是人类文化和经验传承的主要方式，但这种传承不是传袭，而是发扬光大。京剧表演艺术中不同时期著名演员关于著名剧目角色的把握技巧的再创造，以及现在经常见到的老歌翻唱都是常见的事例，因为演绎者的不同打上了各自不同风格的烙印，让人耳目一新。当然，再造中的创新要求"基本符合原型"。在再造中，首先必须"复原"，然后才可"立异"创新。因此，再造是建立在原型基础上的复现，局限于原型范围内进行创新，它是创新的最低层次。

2. 创新与创造的区别

创造，是创新的中间层次，是在人类已有知识和经验的基础上的进一步升华，其成果表现方式不是简单的原有事物的再造，或原有知识的复述，而是以新颖为特征的产品或观念。

创造按照发现事实或是创造出产物分为发现和发明两类。发现是在具备创造性的工具辅助下发现原来就客观存在的、在隐蔽处或以变形的方式存在的对象。此时，发现的获得说明创造已经有成果了。门捷列夫发现元素周期表，马克思发现了商品价值的两重性等均属发现的成果之列。发现是发现者对存在的事实做出突破性的分析之后并进行理论的概括，或形成一个新的概念、表述为一个新的原理。发现与发明的不同在于最后成果的理论形式。

发明，是创造出新产品、新技术或新工艺，具有"新颖"和"独特"两个特征。"新颖"是指除旧布新、前所未有；"独特"是指不同凡响、别出心裁。发明是在运用一切已知信息和现有材料基础上的新组织架构。发明又分为改造性发明和独特性发明两大类。改造性发明是摆脱陈旧、寻找到新的生长点后的创造，独特性发明是在新的生长点与众不同的前提下制造的新作。因此，独特性发明高于改造性发明。

凡是创造都是人将创造力运用到各种不同的活动领域，产生新的具有社会意义产物的过程。从这个意义上讲，无论是发现或发明，其产品都是对于社会或个人具有重大价值的思维产品，包括认识性产品（如调查报告、消息报道、社会动态、科学考察等）、表现性产品（如文学作品、艺术创作等）、指导性产品（如工作计划、工程设计、技术图纸、改革方案等）和创造性产品（如科学实验、技术发明、远景规划等）四大类别。这些创造的成果，思维产品都是原型加工，因添加了加工元素，从而具有创造性成果的价值，

3. 创新与创立的区别

创立，是创新的最高层次。创立在创造的"新颖"和"独特"特征的基础上，把"新颖""独特"做出理论表达，形成科学体系。这种科学体系要能广为传播成为学派，或变成指导实践的现实武器才是创立。创立的必备条件为内容的新颖性、表达的理论性、体系的完整性和实践的指导性。

达尔文创立的生物进化论，马克思创立的历史唯物论，爱因斯坦创立的相对论，都是创立，都属于创新中的最高成就。在评价一个伟大的创新者（包括学界、政界）时，可以用达到"创立"层次，且其所创立的理论结束了人们在这一领域中的黑暗摸索这两个标准来衡量。

六、创新的方法

笛卡儿说过，最有价值的知识是关于方法的知识。方法不仅仅可以提高个人的学习和工作效率，达到事半功倍的效果，其更重要的价值还在于能够复制成功。

创新的方法也如此。创新的方法是指创新活动中带有普遍规律性的方

法和技巧。通过研究一个个具体的创新过程，如创新的题目是怎样确定的、创新的设想是怎样提出的、设想又如何变成现实等，从而揭示创新的一般规律和方法。

以下列举5种创新的方法。

1. 缺点列举法

缺点列举法，是指通过对已有的、熟悉的事物进行深入的分析，在对其缺点一一列举的基础上，找出相应的解决方案，从而完成创新的方法。

对于创新来说，"常见不疑"的心理极大地影响了人们的创新活动和创新效果。带着这样的心理很难看到事物的"问题"，看不到问题，久而久之，人们就容易形成思维的定式，很难突破。缺点列举法可以帮助人们突破"问题感知障碍"，启发人们发现问题，找出事物的缺点和不足，从而有针对性地进行创新和发明。

2. 奥斯本检核表法

检核表是指围绕需要解决的问题或者创新的对象，把所有的问题罗列出来，然后一个个来讨论，以促进旧的思维框架的突破，引向创新设想。检核表法几乎适用于任何类型与场合的创新活动，因此享有"创新方法之母"的美称。目前，在不同的领域流传着许多检核表，但知名度最高的还要数奥斯本检核表，后来的许多方法都来源于此表。

奥斯本检核表法以该技法的发明者奥斯本命名，引导主体在创造过程中对照9个方面的问题进行思考，以便启迪思路、开拓思维想象的空间，促进人们产生新设想、新方案。其核心是改进，或者说，通过变化来改进。其基本做法是：首先，选定一个要改进的产品或方案；其次，面对一个需要改进的产品或方案或问题，提出一系列问题，并由此产生大量的思路；最后，根据第二步的思路，进行筛选和进一步思考、完善。

奥斯本检核表虽然是围绕产品设计进行，但也可广泛应用于各个领域。下面是奥斯本检核表的内容。

（1）现有的东西有无其他用途？保持原状不变，能否扩大用途？稍加改变，有无别的用途？运用扩散思维的方法，想方设法广泛开发它的用途。

（2）能否从别处得到启发？能否借用别处的经验和发明？过去有无类似的东西可供模仿？谁的东西可供模仿？现有的发明能否引入到其他的创造设想之中？

（3）现有的东西是否可以做某些改变？改变一下会怎样？可改变一下形状、颜色、音响、味道吗？是否可能改变一下型号模具或运动形式？改变之后，效果如何？

（4）现有的东西能不能增加一些东西？能否添加部件、拉长时间、增加长度、提高强度、延长使用寿命、提高价值或加快转速？

（5）缩小一些怎样？现在的东西能否缩小体积、减轻重量、降低高度，使之变小、变薄？能否省略，能否进一步细分？

（6）可否用别的东西代替？能否由别人代替，用别的材料代替？能否用别的方法、工艺代替？能否用别的能源代替？可否选取其他地点？

（7）有无可互换的成分？可否变换模式？能否更换顺序？可否变换工作规范？

（8）上下是否可以倒过来？左右、前后是否可以对调位置？里外可否对换？正反可否倒换？可否用否定代替肯定？

（9）组合起来怎样？能否装配成一个系统？能否把几个目的进行组合？能否将各种想法进行组合？能否将几个部件进行组合？

3. 和田十二法

和田十二法是我国学者徐立言、张福奎在奥斯本检核表法的基础上加以创造提出的一种创新技法。由于该方法只涉及 12 个动词，又是在上海市闸北区和田路首先使用的，所以和田十二法又称为和田检核表法或聪明12 法。

该法是指人们在观察、认识一个事物时，可以考虑是否可以加一加、减一减、扩一扩、缩一缩、变一变、改一改、联一联、学一学、代一代、搬一搬、反一反、定一定。该法既是对奥斯本检核表法的一种继承，又是一种大胆的创新，且这些技法更通俗易懂，简便易行，便于推广。

（1）加一加：在原有物体上添加什么东西会有新的发明出现？对原有物体能否加高、加厚、加多、组合等？

（2）减一减：将原来物体减轻、减少、省略等，会不会有新的物体出现？

（3）扩一扩：将原有物体放大、扩大、提高功效等，是否可以导致新产品的问世？

（4）缩一缩：是否可以把原有物体缩小或微型化而产生新的东西？

（5）变一变：原有物体改变形状、颜色、气味、音响、次序等，是否会有新的突破？

（6）改一改：能否修改原有物体的缺点、不便、不足之处，使其更新换代？

（7）联一联：把原有事物和另一事物联系起来，会有什么新的东西产生？

（8）学一学：能否通过学习模仿别的物体的原理、形状、结构、方法，以求创新？

（9）代一代：用别的材料、方法或物体代替原有物体，是否能产生新的发明思路？

（10）搬一搬：把原来的设想、技术、方法搬到其他地方，是否会有新的设想、技术和方法？

（11）反一反：将某一事物的性质、功能、前后、上下等加以颠倒，是否会有新的事物产生？

（12）定一定：对原有物体进行某种界限或排序，是否能提高工作效率或者导致创新？

4. 组合法

组合法是指将两种或两种以上的事物或理论部分或全部加以连接，从而使之变成彼此不可分割的新的整体的方法。

组合创新是最常见的创新活动，许许多多的发明和革新都是组合的结晶。在人们的日常生活中，组合的产品随处可见，如带笔筒的台灯、带照相机的手机、组合塑料文具架、板凳手杖、带小灯的儿童旅游鞋、有计数器的跳绳、鸡蛋豆腐、带录像功能的电视机，不胜枚举。

组合法的实现方式如下。

（1）主体附加。主体附加是在原有的事物中补充新内容，在原有的产品上增加新附件的创新方法。主体附加法有四个要点：一是在组合创新中，主体不变或变化不大，即原有的技术思想或产品基本保持不变；二是附加的部分只起到补充完善主体的作用，不会导致主体大的波动；三是附加的部分有两种，第一种是已有的产品（如自行车附加的铃铛、后视镜、里程表等），第二种是根据主体情况专门设计的产品（如自行车专用雨罩、专用货物架等）；四是附加物大都是为主体服务的，用于弥补主体的不足。

引用主体附加法，可以首先运用缺点列举法全面分析主体的缺点，然后围绕这些缺点提出解决方案，通过增加附属物来达到改善主体性能的目的。

（2）异类组合。两种或两种以上不同领域的思想、领域方法的组合，或两种或两种以上不同功能的产品的组合，都是异类组合。

异类组合有3个要点：第一，组合对象来自不同方面，一般没有主次关系；第二，参与组合的对象从意义、原理、构造、成分、功能等任一方面或多方面相互渗透，整体变化显著；第三，异类组合是异中求同，相对于主体附加来说，创造性更强。

（3）辐射组合。辐射组合是扩散思维的表现形式，它是以一种新事物为中心，将其原理、结构、材料、方法等应用到多种事物中的方法，其中的新事物称为辐射源。

辐射组合的要点是：在确定辐射源后，充分运用扩散思维，从已有的信息出发，不受限制地向四周扩散，直到才思用尽。

（4）同物组合。同物组合就是相同事物的组合。如情侣表、情侣帽、子母灯、子母电话机等。

同物组合的要点是：第一，组合的对象是两个或两个以上的同一事物；第二，组合前后，参与组合的事物，其基本原理、基本结构一般没有根本变化；第三，在保持原有功能和意义的前提下，通过数量增加来弥补原功能的不足，或求取新的功能和意义，而这种新功能和新意义是事物单独存在时不具有的。

5. 移植法

所谓移植法，是指将某个领域中已有的原理、技术、方法、结构、功能等，移植应用到其他领域，导致新设想诞生的方法。移植法是创新思维中最简单、有效的思维方法之一，也是应用研究中使用最多的方法之一。

移植法的原理是各种理论和技术互相之间的转移，一般是把已成熟的成果转移到新的领域，用来解决新的问题。因此，它是现有成果在新情境下的延续、拓展和再创造。

运用移植法首先遇到的问题是：移植什么？为什么移植？这涉及移植法的应用条件。经验表明，下面3点是应用移植法的必要条件：

（1）用常规方法难以找到理想的设计方案或解题设想，或者利用本专业领域的技术知识根本就无法找到出路。

（2）其他领域存在解决相似或相近问题的方法。

（3）对移植结果能否保证系统整体的新颖、先进和实用性有一个估计或肯定性判断。

当具备这3个条件时，采用移植法的创新活动才能有实质性的意义。

移植法有以下4种类型。

（1）原理移植。原理移植是指把某一领域的原理移植到另一不同的领域，从而产生新设想的方法。例如，把飞机的"黑匣子"原理移植到汽车上，就有了汽车的"黑匣子"。

（2）功能移植。功能移植是指将某项技术独特的功能，应用到其他领域，导致功能扩展的方法。例如，将"气泡"功能移植到冰激凌中，诞生了口感松软的雪糕。

（3）材料移植。材料移植就是将原有材料进行创造性的应用，从而带来新的适用功能和使用价值的方法。例如，树脂材料用于镜片的制造。

（4）方法移植。方法同样可以从一个领域移植到另一个领域。例如，纳米技术用于化妆品、洗衣机等产品。

6. 头脑风暴法和菲利普斯66法

（1）头脑风暴法。头脑风暴法也称为智力激励法，这种方法自从美国的奥斯本率先发明、使用并发表之后，风行全世界，成为创新活动最常用的方法。

许多人在一起讨论问题时，各自以不用的思路思考可以突破各种局限，具有互补效应；各种思想相互启发，互激升华，能形成互激效应。互补效应和互激效应使得集体思维能力可以大大高于个人思维能力，起到增强思维能力的作用。

要使得思维活动真正起到互激的作用，就必须制定一些规则，遵守一定的原则。

①延迟评价。在提出设想阶段，只能专心提设想而不能对设想进行任何评价。这是因为创造性设想的提出有一个诱发、深化、发展完善的过程，常常是有些设想在提出时杂乱无章不合逻辑，似乎毫无价值，然而它却能够引发许多有价值的设想，或在以后的分析中发现开始没有发现的价值。因此，过早的评价会使许多有价值的设想被扼杀。延迟评价既包括禁止批评，也包括禁止过分的赞扬。头脑风暴法禁止任何批评或指责性言行。批评和指责是创造思维的障碍或抑制因素，是产生互激效应的不利因素，同样，夸大其词的赞扬也不利于创造性的发挥。延迟评价原则是智力激励法的精髓。

②鼓励自由想象。自由想象是产生独特设想的基本条件。这一原则鼓励会议成员要坚持独立思考，敢于突破，敢于"异想天开"，甚至提出荒唐可笑的想法，使思想保持"自由奔放"的状态。

③以数量求质量。要相信提出的设想越多，好设想就越多。因此，要强调在有限的时间内提出尽可能多的设想。会议安排中可规定数量目标，如每人至少要有 3 个设想或更多。这样做可使与会者在追求数量的活跃气氛中，不再注意评价。

④鼓励巧妙地利用并改善他人的设想。已经提出的设想不一定完善合理，但却往往能提出一种解题的思路。其他人可在此基础上进行改善、发展、综合，或由此启发得到新的思路，从而提出更好的设想。

团队只有遵守以上四项基本原则，才能充分发挥大家的创造性，保证会议气氛轻松愉快，从而能够起到互激作用，想出更多更好的解决问题的方案。

（2）菲利普斯 66 法。菲利普斯 66 法，也叫小组讨论法，该方法以头脑风暴法为基础，采用分组的方式，限定时间，即每 6 人一组，围绕主题限定只能进行 6 分钟的讨论。该方法是由美国密歇根州希尔斯达尔大学校长 J. D. 菲利普斯发明的，因此称为菲利普斯 66 法。这种方法的最佳应用环境是大会场，因人数很多，可通过分组形成竞争，使会场气氛热烈，犹如"蜜蜂聚会"，因此也有人把这种方法叫作"蜂音会议"。

7. TRIZ 法

TRIZ 理论（theory of inventive problem solving），中文含义为发明问题解决理论，是 1946 年苏联发明家阿奇舒勒（G. S. Altshuller）通过对 4 万份（后来扩展到 250 万份）高水平发明专利的研究、分析、归纳总结，揭示隐藏在专利之中的奥秘、萃取数以百万计发明家的智慧而创立的卓越成果，被喻为"神奇点金术"。TRIZ 理论是一种创新方法，它使创新思维从发散走向收敛，利用创新的规律，使创新走出了盲目的、高成本的试错和灵光一现式的偶然。

TRIZ 理论的核心思想如下。

（1）无论是一个简单产品还是复杂的技术系统，其核心技术的发展都是遵循着客观的规律发展演变的，即具有客观的进化规律和模式。

（2）各种技术难题、冲突和矛盾的不断解决是推动这种进化过程的动力。

（3）技术系统发展的理想状态是用最少的资源实现最大数目的功能。

TRIZ 理论中发明问题解决路径是发现问题，找出解决问题的方法，找出解决问题方案。具体阐述如下。

（1）当发明问题产生时，首先对照技术系统进化法则确定其所处的发展阶段，预测其未来发展方向，确定理想解。

（2）然后，对该系统进行分析，利用功能分析、资源分析和矛盾分析等工具，将一般问题转化为 TRIZ 标准问题（确定技术矛盾），提取通用工程参数，查找矛盾矩阵表，运用 40 个发明原理求解。

（3）确定为物理矛盾的，运用分离原理配合 40 个发明原理求解。

（4）在矛盾表述不太清晰的情况下，运用物场分析工具，建立物场模型，通过 76 个发明问题标准解和效应知识库求解。

（5）对于复杂问题，通过发明问题解决程序将复杂问题分步骤、逐渐分离出关键矛盾，然后参照一般问题解决路径求解。

TRIZ 理论中发明的 5 个等级从低到高是合理化建议、适度新型革新、专利、综合性重要专利、新发现和基础性专利。发明等级越高，其发明难度会越高，所需跨领域的知识也越多。

目前，TRIZ 法已在自动控制、电气与电子、航天航空、机械仪器、动力、汽车、化工制药、医疗卫生、轻工和食品等十大技术领域中发挥作用，并延伸到非技术领域。国外 TRIZ 法专家正在试图把 TRIZ 法用于管理和商业领域，并取得成果。TRIZ 法正成为全能的创新方法。

七、创新的三大领域

创新贯穿于人类社会的一切领域，技术创新、制度创新和理论创新是创新的三大领域。

1. 技术创新是推动生产力发展的强大动力

技术创新是指经济实体应用创新的知识和新技术、新工艺，采用新的生产工艺和经营管理模式，提高产品质量，开发生产新的产品，提供新的服务，占据市场并实现市场价值的活动。简而言之，技术创新是指改进现有的或创造新的产品、生产过程或服务方式的技术活动。它是从创新思想的形成到创新成果被广泛应用的全过程。

在当代社会，科技已成为生产力发展和经济、社会进步的最主要的因素和决定性力量。技术创新在科技进步中处于核心地位，当今世界的经济社会发展的主导力量是科技力量，其实就是邓小平所讲的"科学技术是第一生产力"的体现。事实上，这种科技生产力就是技术创新的能力。没有技术创新或技术创新能力低，相应的必然是科技进步水平低。因此，技术创新既是科技进步的推动力，又是科技进步的最终体现。

2. 制度创新是社会进步的重要保障

制度创新是指在人们现有生产和生活环境条件下，通过创设新的、能更有效地激励人们行为的制度、规范体系，来实现社会的持续发展和变革的创新。其核心内容是社会政治、经济和管理等制度的革新，在变革或革新中激发人们潜在的创造性和积极性，在社会实践中不断创新，最终推动社会的进步。

体制对社会各要素及社会的运行有着重要的制约和保障作用，体制不突破，机制不创新，发展就会受到制约。制度创新对其他创新具有重要的保障作用，没有制度创新，其他一切创新都难以顺利进行。一切理论创新的成果必须落实到制度层面，才能成为在实践中发挥作用的规范。一个好的理论只有获得制度条件的支持，落实为现实的社会制度安排，才能获得广泛的社会认同，融入公众的社会生活实践之中。从本质上来说，制度建设具有根本性、全局性、稳定性和长期性。所有创新活动都有赖于制度创新的积淀和持续激励得以固化，并以制度化的方式发挥自己的作用。因此，制度创新是社会进步的重要保障。

3. 理论创新是社会发展和变革的先导

理论创新是指人们在社会实践活动中，根据实践的发展和要求，对前人的理论观点通过扬弃和修正进行丰富和发展；对不断出现的新情况新问题做新的理性分析和理论解答；对认识对象或实践对象的本质、规律和发展变化的趋势做新的揭示和预见；对人类历史经验和现实经验做新的理性升华。

科学理论是每个发展阶段的理论导向，它能引导时代不断前进和发展。一旦停止理论创新，人们的认识就会落后，思想就会僵化，社会也随之停滞不前。正如列宁所说，"没有革命的理论就没有革命的运动"。理论创新，引导着社会的变革，促进社会向前发展。只有实现理论创新，不断突破陈旧思想观念的束缚，才能在新的理论指导下，实现其他方面的创新。

理论创新虽然不像科技创新那样具体，那样显而易见，但释放出来的力量却是巨大的，对于国家的兴盛往往起着先导性的作用。例如，在西方历史上，文艺复兴就是一个典型例子。文艺复兴运动把人们的注意力从来世转到现世，从以神为中心转到以人为中心，它是欧洲从中世纪封建社会向近代资本主义社会转变时期的反封建、反教会神权的一场伟大的思想解放运动，是人类历史上一次伟大的、进步的变革。

第三节　创新团队

进入 21 世纪，创新已经成为一个国家经济发展最重要的动力源泉，也是抢占全球经济竞争制高点的关键。随着世界科学技术飞速发展，科学研究的分支化趋势和综合化趋势日益加强，多学科交叉发展使传统的学科界限变得越来越模糊。如何有效提高国家的技术创新能力，已成为政府、企业与学术界高度关注的焦点问题。自熊彼特提出创新理论以来，众多学者不断地研究驱动技术创新的因素，试图探索出提升创新能力的有效路径。创新与团队合作相结合，才能够相得益彰。通过团队建设开展协同创新和联合攻关已经成为企业发展、科技创新的客观需求。创新团队是把创新精神制度化而产生的一种新的组织模式，是新观念和新方法的融合。

一、创新团队的概念与特征

（一）创新团队的概念

国内研究将实体创新团队定义为：由一群训练有素、充满了创造力的人组成的主要进行复杂系统创新活动的集体。国内管理学界对实体团队的类型、结构、技能、过程以及如何构建高绩效团队方面进行了广泛的探讨。虚拟团队和实体团队的区别体现在团队成员的临近程度、互动特征、资源利用、控制和责任、文化和技术差异上。

（二）创新团队的特征

1. 创新团队与一般团队的区别

创新团队与一般团队最主要的区别体现在其完成的任务是创新性活动，在实施过程中与一般团队又有所不同。

创新团队具有四要素：任务导向性、关系依赖性、团队精神以及协同性。其中，团队目标、团队精神以及协同性是衡量团队是否达到高效的标准，而团队目标的实现、团队能否产生协同效应又依赖于关系氛围。创新团队作为一种新型组织模式是个有生命力的系统，由许多学科交叉、技能互补且扮演不同角色的相互依赖的人所组成，这些人共同努力，以各自独特的方式在所处的环境中共同完成预先设定的创新目标。在团队的整个生命中，团队既要完成任务、履行任务措施，又要维护关系、履行关系措施。

创新团队是创新理论和团队概念的杂交与整合。它拥有以下4个显著的特征。

（1）创新团队有明确的研究方向和目标。研究方向可以是多年研究形成的，也可以在团队目标的指引下，结合原有优势开拓出新的方向。研究方向和目标可以根据科学技术和社会经济的发展进行适当调整，但核心研究方向必须保持相对稳定性。

（2）创新团队成员相互尊重、相互信任，团队氛围民主。创新团队的组织结构通常是扁平型的，强调"自由平等"，从而充分发挥团队成员的创造能力和责任感。

（3）创新团队成员优势互补。在围绕创新团队研究方向和研究目标的前提下，团队成员之间的年龄、性格特征、工作风格、人文素养、知识结构、能力、思维方式、研究经验等优势互补。

（4）创新团队能够持续地产生创新成果，尤其是重大的科技成果。创新团队由于目标明确，组织协调能力强，能够较好地胜任复杂的科技研发任务。

创新团队从结构上可概括为核心层、支撑层和环境层；从技能上必须具备3个方面的技能，即与技术性或实用性专业知识有关的技能、解决问题及做出决策的能力、处理人际关系的能力；从过程上，一个创新团队从孕育至发展成熟需要经历5个阶段，分别为工作组、伪团队、潜在的创新团队、真正的创新团队以及绩优创新团队。

二、构建创新团队的原因

在商业领域，创新已经成为竞争战略的基石和产生竞争优势的主要手段。更贴切地说，今天的组织仅为了生存就得创新，要发展更是必须创新。然而，创新至今为止是所有组织面临的最有挑战性和最复杂的问题。创新是一个由不确定性、风险和机会所驱使的活动。实际上，大多数创新是失败的或者不了了之了。彼得·德鲁克曾经指出"99%的创新，人们都闻所未闻"。在最近的一次调查中，美国管理协会询问了500名首席执行官，问题是：在21世纪，对企业生存他们最优先考虑的问题是什么？大多数人都声称创新是他们最优先考虑的问题，但是，当问他们的创新工作开展得怎样时，只有30位执行官表示他们的创新工作取得了进展。

总之，创新有自己的特质，即创新具有不确定性。为了驾驭这种不确定性，人们产生了对所谓"创新团队"的急切需求。一个创新团队必须不断地创新。构建创新团队远不只是单纯地集合一群人，然后要求他们提供成功的创新。团队协作尤其是创新团队的构建，是一门发展中的学问，其研究成果可以用来显著地提升团队的绩效。

三、创新团队的影响因素

影响创新团队创新能力水平的因素很多，其中创新团队个体（员工）素质的高低直接决定了创新团队的创新能力。根据协同理论，在团队个体创新能力一定的情况下，协同作用可以发掘团队更大的潜力，从而大大提高创新团队整体的创新能力。

影响创新团队创新能力的因素具体表现在以下几方面。

（1）创新的团队文化。团队文化是一个团队所共有的价值观，是创新团队拥有核心竞争优势的源泉之一。在具有创新文化的创新团队里，创新被摆在核心位置，高度重视创新和团队协作的作用。

（2）创新的组织结构。组织结构是团队的框架体系。不同组织结构必然以不同的方式影响企业的创新活动，相应的，不同的创新活动也要求不同的组织机构与之相适应。

（3）创新思维的管理者。任何一个创新团队都需要一名具有创新理念的领导者。他是创新思维的倡导者，不仅具有鼓励创新的魄力，而且具有管理团队创新者的能力。

（4）顺畅的沟通渠道。沟通是创新团队成员之间进行的信息传递与理解过程，具有控制、激励、表达情绪和传递信息的作用。顺畅的沟通渠道，对于形成创新团队合力是至关重要的。

（5）创新的激励机制。激励机制的目的是激发员工通过努力来实现团队的目标，并以此满足其自身的某些需要。

（6）创新的绩效评价体系。绩效评价是对员工的工作绩效和行为做出评价，以确保员工的工作活动以及工作产出与团队的目标保持一致。创新的绩效评价体系有利于创新团队目标的实现，有利于创新团队绩效的提高，有利于员工行为的改善和能力的提升。

四、创新团队的运行

创新团队可以在组织提供的自由空间中开展自己的创新研究。当然，在创新团队内部和创新团队之间运行方式是不同的。

（一）创新团队的内部运行方式

在创新团队内部，采用结合头脑风暴法（brain storming）和德尔斐法（Delphi technique）各自优点的工作方式，称之为 BD 法。具体步骤如下。

（1）创新团队领导解释具体的工作目标，同时努力营造一个良好的会议环境，让团队成员都能够自由地发表自己的观点或方案。

（2）每个团队成员把自己认为合理的创新思想或方案以及形成这些思想或方案的原因和需要注意的事项记下来，以便收集。

（3）创新团队的领导把汇总来的思想和方案一次性分发给全体团队成员，通过团队成员之间充分的讨论进行说明、研究和解释。这是形成创新思想或方案的最关键的一环。

（4）重复上述步骤，不断相互启发，综合各个思想及方案的优点，形成从各自角度出发的可行性创新方案，排除不切实际的方案，缩小分析范围。

（二）创新团队之间的运行方式

创新团队之间的工作方式主要采用分组德尔斐法，即此时德尔斐法中的创新团队成员已不再是个人，而是变为 3 个角度的创新团队：技术角度的创新团队、个人角度的创新团队和组织角度的创新团队。要求团队与团队之间尽可能少交流，以便保持相互独立性。具体步骤如下。

（1）创新团队领导把 3 个创新团队形成的创新方案以书面的形式一次性分发给各个创新团队，各创新团队根据既定的目标、要求及标准，研究并选择创新方案，同时阐明对方案可行性的不同看法。在此过程中还可以吸收其他创新团队方案的优点，从而形成综合性的、最佳的创新方案。

（2）创新团队领导得到三个创新团队不同意见的方案后，进行集中、整理和归纳，然后通过书面的形式再次分发给各个创新团队，再次咨询意见和反馈信息，最终便可以得到一个相对一致的、满足各方要求的、综合的创新方案。

五、对创新团队的要求

在信息经济时代，为实现创新的目标，作为整个创新体系中的"细胞"，创新团队应具备哪些条件，具有哪些功能，或者说信息经济时代又对创新团队提出一些什么样的要求呢？

（1）创新团队应具备一定的物质基础。这里所指的物质基础是创新团队可以实际支配和利用的设备、资金和权力，还包括与创新团队相关的理论或技术基础，这是基本的物质保障，包含"硬"基础和"软"基础。设备资金等属于"硬"基础，而理论或技术基础则属于"软"基础。

（2）创新团队应具备内在激励机制。内在激励机制可以使创新团队的主观能动性得到极大的发挥。尤其在信息经济时代更应该重视对人才的激励，这是时代的要求。既然信息经济是以人的信息和知识作为发展的主要动力的，而信息和知识的载体又是人才，因此在信息经济时代如何对人才实行有效的激励将具有举足轻重的作用。对于创新团队创新活动的激励，思想上和观念上的更新是很重要的，如创新意识、奋斗精神和奉献精神的教育是不可缺少的，但更重要的是创新团队分配制度的改革。

（3）创新团队应具备畅通的知识和信息流动网络。这种流动网络体现在两个方面：①创新团队与外界的沟通和联系；②创新团队内部的结构和联系。同时还应建立相应的交流和反馈的途径和机制。

（4）创新团队应具备学习的能力。强调不断学习是创新团队的一个基本特性，在信息经济时代更是如此。只有不断学习，才能不断进步，不断创新，才能避免被时代淘汰。

参考文献

[1] 孙海法,Tjosvold D. 沟通方式和尊重对上下级讨论问题的效应[J]. 广州师院学报,1998.

[2] 张忠宇. 现代企业团队理论研究[D]. 哈尔滨:哈尔滨工程大学,2004.

[3] 王文亮,韩珂,王亚伟. 创新型企业持续创新能力分析与培育策略[J]. 技术经济,2006,25(11):72 – 73.

[4] 科技部关于开展创新型企业试点工作的通知(国科发政字〔2006〕110 号)[EB/OL].

http://www.law.lawtime.cn/d326145331239.html.

[5] 孙明华.论创新型企业的特点和作用[J].商场现代化.2007,5(504):97-98.

[6] 闫永.团队管理理论对科研团队建设的启示[J].管理研究,2007(1):163-164.

[7] 严志庆,王振江,金敏.团队假设评价研究[J].上海大学学报,2000,6(5):442,443.

[8] 贝尔雷 M,麦吉 C,英兰 L,等.超越团队[M].王晓玲,译.北京:华夏出版社,2005.

[9] 周坤惠.企业团队运行机制研究[D].南京:河海大学,2004.

[10] 胡光霞,顾克鹏.德国团队理论对体育小组合作教学模式的启示[J].教学与管理,2014(4):143-145.

[11] 邱云桥.创新的概念[J].四川农机,2001(4).

[12] 何小英.创新得当论[D].长沙:中南大学,2011.

[13] 胡飞雪.创新思维训练与方法[M].北京:机械工业出版社,2015.

[14] 许国辉.创造技法的研究与应用[D].兰州:兰州大学,2009.

[15] 赵敏,史晓凌,段海波,等.TRIZ 入门及实践[M].北京:科学出版社,2009.

[16] 哈里斯 K.构建创新团队:培养与整合高绩效创新团队的战略及方法 [M].北京:经济管理出版社,2005.

[17] 胡琛.创新型企业的创新团队建设研究[D].合肥:合肥工业大学,2010.

[18] 罗长刚.创新企业论[M].武汉:湖北科学技术出版社,2005.

[19] 余桂玲.略论创新型企业[J].消费导刊,2008(4):73,74.

[20] 周坤惠.企业团队运行机制研究[D].南京:河海大学,2004.

[21] 孟娜.团队的素质[J].管理纵横,2001(9):38-39.

[22] 李长春,王小玲,陈嘉开.论创新型团队的建设[J].科技创业月刊,2006(6):137,138.

[23] Sewell G. The discipline of teams:The control of team-based industrial work through electronic and peer surveillance[J]. Administrative Science Quarterly Ithaca Jun,1998.

[24] Pelled L H,Eisenhardt K M,Xin K R. Exploring the black box:An analysis of work group diversity, conflict and performance[J]. Administrative Science Quarterly Ithaca Mar,1999.

[25] Harris K. Bulding Innovative Teams[J].PALGRAVE MACMLLA.N,2004(8).

刘邦统揽全局，

萧何抚民安邦，

张良运筹帷幄，

韩信驰骋疆场。

角色的魅力，

在于有效的分工，

和出神入化的担当。

郭鲁钢 摄

第二章　团队角色理论

第一节　贝尔宾角色理论

一、角色的含义

角色（role）一词最早起源于戏曲舞台。20 世纪初，美国社会学家米德（G. H. Mead）将"角色"一词借鉴过来，运用于社会学研究之中，用来形容"处于一定社会地位的个体，依据社会客观期望，借助自己的主观能力适应社会环境所表现出来的行为模式"。角色存在于一定的社会环境中，受到社会期望与个人能力的双重影响，是个体协调适应外部环境的结果，并最终以一定的行为模式为表现。

角色的含义可以从两个角度进行解释：一是从人类社会学的角度，角色可以看作是一个占有社会职位的人的价值观、态度和行为的综合体，同时也与他的具体社会地位相关。林顿（R. Linton）将角色定义为"个体在其社会职位中和社会地位上所表现出并与之相对应的行为"。二是从心理学的角度看，彼德尔（B. J. Biddle）将角色定义为对其所处位置应表现行为的期望，表示与人相互作用过程中的行为表现，组织中各种职务和职位都伴随着旁观者和角色承担者自身的一些预期，另外还有对个人在角色行为中所表现出来的独特个性的预期，这些预期就是角色。

二、团队角色理论

团队角色理论概括起来主要有如下几种。

（1）贝恩、希茨角色理论。团队必须担任三种角色：团队任务角色、团队建设和维护角色、个人角色。

（2）双重角色理论。普林斯（G. Prince）提出这一理论，认为成功的团队中任务的完成和社会满意度是通过团队中成员的任务专家角色和社会情绪角色这两种类型的角色达成的。

（3）团队管理轮盘。马格利森和麦卡恩（Margerison & McCann）提出，他们认为团队中存在八大角色：开拓宣传者、发展评估者、组织推动者、总结者、检查监控者、维持拥护者、报告建议者、创造革新者、联系人，并将八大特定角色划分为开拓者、建议者、控制者和组织者四类。

（4）贝尔宾团队角色模型。贝尔宾（M. R. Belbin）将团队角色划分为9种：协调者、塑造者、创新者、调查者、监督者、支持者、执行家、完成者和专家。

除了上述理论之外，在团队角色研究方面认为团队成员角色多元化的观点已成为团队角色研究的新趋势，这方面主要的代表理论有凯利（S. Kelly）与爱利生（M. A. Allison）的三维角色理论（任务角色、关系角色和自我角色）；另外，耶恩（Jehn）、派勒德（Pelled）等人的相关研究也反映了团队成员角色多元化研究的新趋势。

三、贝尔宾角色理论

贝尔宾博士毕业于英国剑桥大学卡莱尔学院，凭《团队管理：成败启示录》和之后的《工作中的角色》两本书而被誉为"团队角色理论之父"。贝尔宾博士说："一个团队并不是一堆有职位头衔的人，而是一群有着被他人所理解的团队角色的个人。团队成员寻求特定的角色，且在最接近他们本质的角色中表现得最有效。"团队角色是指团队成员为了推动整个团队的发展而与其他成员交往时表现出来的特有的行为方式，它定义了具有特定性格特征和能力的成员在团队中的表现和能为团队做出的贡献。贝尔宾团队角色理论的基本思想是：没有完美的个人，只有完美的团队。

1967 年，在初步具备理论雏形的基础上，经过多次管理游戏的实验数据积累，贝尔宾博士以及他的同事们发现，在游戏中团队成员对所在团队的最终成绩的贡献，基本包括协调团队的努力、明确前进的方向、开创新思想、开发资源、评估选择、组织活动、细化工作、支持他人以及提供专业服务等方面。

贝尔宾团队角色理论的主要观点如下。

（1）在团队中，每个成员都具有双重角色：职能角色（functional role）和团队角色（team role）。职能角色是由个体的专业知识和专业技能所决定的，是工作任务赋予个体的角色；团队角色是由个体的气质、性格所决定的，是个体与其他团队成员相互作用时表现出来的特征模式。在团队中，每个成员都通过同时扮演这两种角色而对团队目标做出贡献。

（2）完美的团队是一支以行为为主、以理性思考为主、以人事为主的不同角色组成的结构合理的团队，该模型粗略地勾勒出 9 种角色在团队中的分工与定位：塑造者（shaper）、执行者（implementer）、完成者（completer/Finisher）在团队中以行为为主；创新者（plant）、监督者（monitor evaluator）、专家（specialist）以理性思考为主；协调者（coordinator）、支持者（team worker）、调查者（resource investigator）以人事为主。团队中的每种团队角色都有自己独特的行为特征，这些特征不但影响到团队整体的绩效，而且还影响到个人在团队中的绩效。

（3）一个成功的团队必须包括这 9 种角色。通过担任不同团队角色的人的优势互补，才能组成有力的团队。这九种角色与团队的规模无关，在很多情况下一个团队成员要承担多种角色或者多个成员承担一个角色。

（4）不同人有不同的角色偏好。由于个性特征和智力因素的差异，个体可能更适合某些角色，而不适合其他一些角色。团队成员正确认识和发展自己的团队角色知识和能力，能促进团队的有效发展。

四、9 种角色的优缺点及在团队中的作用

贝尔宾角色模型中 9 种角色的优缺点及对团队中的贡献见表 2 - 1。唯有角色齐全，才能实现功能齐全、优势互补。正如贝尔宾博士所说的，"用我的理论不能断言某个群体一定会成功，但可以预测某个群体一定会失败"。因此，一个成功的团队应该是 9 种角色的综合平衡。团队需要的不是一个个平衡的人，而是能够在组合起来以后平衡的一群人。团队中的每个人都是既能够满足特定需要而又不与其他的角色重复的人。这样，成员的弱点才能被克服，优点才能充分发挥出来。贝尔宾角色理论为团队建设提供了有力的工具。

表 2-1 贝尔宾的 9 种角色

类型		典型特征	优点和对团队的贡献	可允许的缺点
以行为为主	塑造者	具有挑战性、好交际、富有激情	乐于迎接挑战、效率高，反对自满和欺骗行为	易怒，缺乏耐心，好引起争端
	执行者	有责任感、有效率、守纪律、保守	组织能力强、务实，工作效率高，能把想法转化为实际行动	缺乏灵活性，出现新机遇时反应慢；阻碍变革
	完成者	勤恳、守秩序、尽职尽责、易焦虑	善始善终，注意细节，坚持不懈，精益求精，确保团队赶上工作进度	容易为小事而焦虑，不愿放手，甚至吹毛求疵
以理性思考为主	创新者	有创造力、个人主义、非正统	有天分，富有想象力，智力超群，知识渊博。能为团队所面临的主要问题带来新的突破性的思想和见解	好高骛远，无视工作细节和计划；不善于具体操作
	监督者	冷静、不易激动、谨慎、有策略	判断、辨别能力强，分析问题和评估解决方案，确保决策制定的均衡	好批评，做出决定慢，缺少灵感，缺少鼓舞他人的能力和热情
	专家	诚心诚意、主动性强、甘于奉献	具有奉献精神，拥有丰富的专业技能，致力于维护专业标准	只局限于狭窄的领域，专注于技术而忽略大局；忽视能力之外的因素
以人事为主	协调者	成熟、冷静、自信、有自制力	能够明确目标，促进决策，善于分派工作，待人公平	智力和创造力中等；喜欢控制别人
	支持者	擅长人际交往，性情温和、敏感	善于协作和察言观色，倾听别人，善于化解各种矛盾，促进团队精神	关键时刻缺乏果断决策力，容易受别人影响
	调查者	外向、热情、好奇、善于交际	能联络人，寻找机会，建立联系，喜欢探索新事物，善于迎接挑战	过于乐观，当最初的兴奋消逝后，容易对工作失去兴趣

（一）以行为为主

1. 塑造者（shaper，SH）

典型特征：具有挑战性、好交际、富有激情。

优点：随时愿意挑战传统、效率高，反对自满和欺骗行为。

缺点：喜欢挑衅、易怒，易冲动、易急躁、做事没有耐心；不会用幽默或道歉的方式来缓和局面。

角色描述：塑造者是能力发达、精力旺盛和迫切追求功名的人；他们思维敏捷、开朗，主动探索，目的性强，具有强烈的进取心；性格外向且干劲十足，喜欢挑战他人，好争辩，关注取得的成功；喜欢领导和驱动他人行动；如果遇到障碍则会找到出路；倾向于对任何形式的失望和挫折表达强烈的情绪反应；他们是团队中最具竞争力的动力。

职能定位：塑造者通常会是好的管理者，因为他们在压力下反应兴奋，产生行动并积极进取。他们给团队注入活力，并且在发生复杂情况或事情进程受到阻碍时能发挥重要作用。正如名字所显示的，他们在集体讨论和活动时会施加重要影响，善于把团队的工作任务具体化，制订计划和方案并付诸行动，使团队内的任务和目标成形，推动团队达成一致意见，并朝向决策行动，以推进事物发展进程。因此，塑造者是保证一个团队积极行动的最有效成员。

众所周知的《水浒传》中梁山好汉也是一个优秀的团队，战果累累，团队成员中有各种角色的代表。

小旋风柴进与塑造者角色吻合。他仗义疏财，专门结识天下好汉，人称当世孟尝君，是水泊梁山的"后勤部长"。

2. 执行者（implementer，IMP）

典型特征：有责任感、有效率、守纪律但保守。

优点：有组织能力、务实，能把想法转化为实际行动，工作努力、自律。

缺点：刻板、缺乏灵活性及自发性；对未被证实的想法不感兴趣，不追求自己的个人兴趣；出现新机遇时反应慢；阻碍变革。

角色描述：执行者非常现实，传统甚至有些保守。他们崇尚努力，计划性强，喜欢用系统的方法解决问题；工作的实际组织者，将各种决策和想法变成明确的具体任务，并将之转变为实际的步骤去执行；执行者有很好的自控力和纪律性，对团队的忠诚度高，为团队的整体利益着想而较少考虑个人利益。

职能定位：执行者的可靠性、高效率和执行力对一个团队很有作用，把谈话与建议转换为实际步骤，考虑什么是行得通的，什么是行不通的，整理建议，使之与已经取得一致意见的计划和已有的系统相配合。执行者会做所需要做的，不管所做的工作是否令人感觉舒服。好的执行者常常由于在解决必要任务时具有好的组织技能和完成重要任务能力而晋升到高级管理者的职位。

《水浒传》中行者武松与执行者的角色吻合。打虎好汉，爱打抱不平，遭人陷害，自从上梁山后，每逢大战，从不惜力。

3. 完成者（completer/finisher，CF）

典型特征：埋头苦干、守秩序、尽职尽责、易焦虑。

优点：坚持不懈，精益求精。

缺点：容易为小事而焦虑，不愿放手，不洒脱；吹毛求疵。

角色描述：勤奋有序、认真、理想主义、注重细节、追求完美；持之以恒、具有很强的坚持到底的能力；性格内向，工作动力源于内心的渴望，有紧迫感，几乎不需要外界的刺激；尽职尽责，严格按日程办事，确保所有工作都按计划完成，维护工作秩序；经常担心可能会出什么错，善于寻找错误和疏漏；不大可能去做那些没有把握的事情；喜欢事必躬亲，不愿授权；无法忍受那些做事随随便便的人。

职能定位：完成者能胜任需要高度集中精力和精确完成的任务，强调任务的目标要求和活动日程表，在方案中寻找并指出错误、遗漏和被忽视的内容。在管理方面崇尚高标准，注重准确性，关注细节，坚持不懈而比别人更胜一筹。

《水浒传》中的豹子头林冲与完成者角色吻合。他是东京八十万禁军教头，被奸臣陷害，充军发配，又被追杀，几经挫折，一向执着的他最终无奈落草，谨小慎微的细致个性，做事很精细。

（二）以理性思考为主

1. 创新者（plant，PL）

典型特征：有创造力、个人主义、非正统。

优点：有天分，富有想象力，智力超群，知识渊博。

缺点：好高骛远，无视工作细节和计划；与别人合作可以得到更好的结果时，却过分强调自己的观点；不拘礼仪。

角色描述：创新者才华横溢、有智慧、知识面广，是改革者和发明家，具有高度的创造性；思路开阔，观念新，富有想象力，是"点子型的人才"；是新思想的源泉，善于解决棘手的问题；爱出主意，是否高明则另当别论，其想法往往十分偏激和缺乏实际感；不大顾及团队的需要和目标；不受条条框框约束，不拘小节，难守规则；大多性格内向，以奇异的方式工作，喜欢与团队的其他成员保持一定的距离而运用自己的想象力单独开展工作；与人打交道是他们的弱项。

职能定位：能产生新的建议并解决复杂的问题，通常在一个工程的初始阶段或者当项目进展失败时非常需要他们，他们通常会是一些组织、工程的创始人和新产品的原创者。然而，在一个团队内有太多的创新者可能会有负效应，尤其是当他们倾向于花费时间强调自己的观点并相互攻击时。

《水浒传》中的智多星吴用与创新者角色吻合。吴用是梁山的军师，熟读兵书，精通六韬三略，所谓"胸中藏战将，腹中隐雄兵"。神机妙算，善出奇谋，如智取生辰纲、智取大名府、智取文安县、巧用双掌连环计、智赚玉麒麟，在二打曾头市中巧用"番犬伏窝"之计。

2. 专家（specialist，SP）

典型特征：诚心诚意、主动性强、甘于奉献。

优点：具有奉献精神，拥有丰富的专业技能，致力于维护专业标准。

缺点：只局限于狭窄的领域，专注于技术而忽略大局；沉迷于个人专门兴趣。

角色描述：专家是指那些具有技术技巧和专业知识的个人，能够提供不易掌握的专门知识和技能。他们的优势集中在坚持专业的标准和推进他们自己的领域发展并为之辩护，专心致志，主动自觉，全情投入。当他们沉醉于自己的研究主题时，一般对别人的主题缺乏兴趣，最终会成为一个狭窄领域的绝对权威。

职能定位：专家是一些团队中不可或缺的团队角色，他们为组织的产品和服务提供专业的支持；作为管理者，他们在专业领域内知道的比任何人都多，因此他们要求别人的服从和支持，通常他们会根据其丰富的知识经验做决策。

《水浒传》中的玉麒麟卢俊义与该角色吻合。卢俊义一身好武艺，天下无双，威名远扬。面对武艺超群的梁山劲敌史文恭，只有更"专业"的玉麒麟方可匹敌，是一名骁勇的战将。

3. 监督者（monitorevaluator，ME）

典型特征：冷静、不易激动、谨慎、判断精确。

优点：冷静，判断、辨别能力强。

缺点：缺少鼓舞他人的能力和热情；自己也不容易被别人鼓动和激发。

角色描述：监督者头脑清醒、严肃、谨慎、理智，气质冷血，天生就不会过分热情，也不易情绪化。在外人看来监督者都是冷冰冰的、乏味的甚至是苛刻的，他们与群体保持一定的距离，在团队中最不受欢迎；判断力强、分辨力强、讲求实际，具有将所有因素考虑周全的精明的判断能力，善于对方案进行利弊分析，从而确保决策的均衡，避免使团队误入歧途；一个好的监督者几乎从来不出错。

职能定位：监督者最适合分析问题并且评估观点和建议，善于权衡正面和反面的选择。在许多旁观者看来，监督者可能是枯燥的、令人厌烦甚至过分苛刻的；一些人甚至怀疑他们是否会成为管理人员。然而在许多情况下，监督者往往会占据战略性的职位并热衷于高水平的职位。

《水浒传》中的入云龙公孙胜与该角色吻合。公孙胜道号"一清先生"，善于审时度势，最终归隐山林。

（三）以人事为主

1. 协调者（coordinator，CO）

典型特征：冷静、自信、有控制力。

优点：目标性强，待人公平。

缺点：智力和创造力中等；将团队努力的成果归于自己。

角色描述：协调者能够引导一群不同技能和个性的人向着共同的目标努力。他们沉着、成熟、自信、有控制局面的能力；办事客观，不带个人偏见；办事有条理。协调者不一定是团队中最聪明的成员，但除具有权威性之外，更有一种个性的感召力，在人际交往中能很快发现每个人的优势和不足，并在实现目标的过程中妥善运用；能看到工作中的漏洞，及时采取措施弥补；时刻想着目标，能激发团队成员对共同目标的忠诚和热情；协调者因其宽广的和全局性的视野而广受尊敬。

职能定位：当组织需要各种技能和个性特征的团队时，协调者通常能发挥很大作用，帮助确定团队中的角色分工、责任和工作；明确团队的目标和方向；总结团队的感受和成就，综合团队的建议。他们在处理相近或相等阶层的同事关系时会比处理直接的上下级关系更好，通常倾向于平静地处理问题。他们有可能会与命令者发生冲突，因为二者的管理方式相反。

《水浒传》中的及时雨宋江与该角色吻合。宋江为人仗义、广结好汉，作为梁山的第一把交椅，他承载着众人的命运。

2. 支持者（team worker，TW）

典型特征：合作性强，性情温和，敏感。

优点：随机应变，善于化解各种矛盾，促进团队精神的形成。

缺点：在危机时刻优柔寡断；不愿承担压力。

角色描述：支持者是团队中最具支持性的成员。他们温文尔雅，善于与人打交道并且很老练，善解人意，关心他人，处事灵活；是团队内部信息的积极沟通者，是团队的黏合剂，防止和抵消了由监督者、塑造者和专家偶尔引起的矛盾与摩擦；他们是良好的倾听者，很容易把自己同化到群体中去并适应环境，通常是一个集体中最受欢迎的成员。

职能定位：支持者的作用是防止团队内出现个人与个人之间的矛盾。支持者不会成为高级管理者，尤其是当塑造者在管理者中占支配地位时。支持者信奉"和为贵"，对团队起润滑的作用，给予他人支持，并帮助别人，通常被视为不对任何人有威胁，而且是最让人乐于接受和受欢迎的管理者。

《水浒传》中的黑旋风李逵与该角色有相似之处。他力大如牛，每逢战斗总是冲在最前头，做事积极，敢闯敢进。

3. 调查者（resource investigator，RI）

典型特征：外向、热情、好奇、善于交际。

优点：有与人交往和发现新事物的能力，善于迎接挑战。

缺点：当最初的兴奋消逝后，容易对工作失去兴趣。

角色描述：调查者性格外向、热情、好奇、机灵；调查者善于与团队外的人沟通交流，是天生的交流家，喜欢聚会与交友，在交往中获取信息并加深友谊，并善于发掘新的机会和发展新的联系。他们消息灵通，能够把组织外的思想、信息带回到组织之中，他们不断探索新的事物，勇于迎接新的挑战，随时准备看到任何新鲜事物的可能性。调查者对外界环境十分敏感，能最早感受到变化。通常受到别人的热烈欢迎。

职能定位：调查者善于社交活动，具有刺探他人信息的能力，善于收集和报告团队外的观点和资源，是建立对外联络并执行对外协商的最佳人选。

《水浒传》中的浪子燕青与该角色吻合。他才貌双全，是相扑高手，善射短箭，是梁山的谍报专员，在招安一事上展现了卓越的外交才能。

9 种团队角色在团队运作中发挥着不同的力量，团队中的领导力主要从协调者和塑造者两个角色身上得来。协调者在实现团队共同目标的过程中将团队团结在一起，最适合领导团队；塑造者善于打破团队内部的平衡，激发成员们的行动，最为适合领导开拓变革型团队。团队的创造力主要从创新者、调查者和监督者身上得来。前两类角色是团队中最有主意的，后一种角色提供了准确的判断力，他们的结合为团队提供了良好的创新能力。团队的执行力来源于支持者、专家、完成者。他们确保任务的完成。

第二节 团队角色理论的实践应用

在有关团队角色理论的研究中，贝尔宾博士提出的团队角色理论被公认为最为完整而且应用范围最广的有关团队管理和发展的模型。世界上很多大企业，如波音公司，都将贝尔宾团队角色模型推广应用，并取得很大的成功。斯特拉斯克莱德大学心理学系的特里·亨特花了五年多时间完成了一项更广泛的研究，验证了贝尔宾团队角色模型的有效性和可信性。而且，贝尔宾团队角色模型现在已成为管理教育中一个基本部分，如 HR 管理世界俱乐部，IBM 公司的职能培训以及英国皇家采购与供应学会等许多知名的公司已经将其作为培训的核心课程，并且在产业上获得了很好的效果。贝尔宾角色理论最终目的就是建立一支高绩效的团队，提升自我认识和自我意识，建立相互信任和理解，建立有效团队合作关系。因此，熟知高效团队的特征就显得尤为重要了。

一、高效团队的特征

1. 明确而共同的目标

西方有句谚语："对于盲目的航船来说，所有的风向都是逆风"。这句谚语道出了目标对于航程的重要性。

贝尔宾博士也曾说过："我不知道什么团队一定成功，但我知道什么团队一定失败，就是没有明确而共同的目标的团队一定会失败。"可见目标对于团队建设来说是何等重要，直接关系到团队的生死存亡。

高效的团队对最终的目标都有清楚的认识，并坚信这一目标包含重大的意义和价值。而且，这种目标的重要性还激励着团队成员把个人目标升华为群体目标。

在中国家喻户晓的四大名著《西游记》中，唐僧是能力最差的，而且慈悲为怀，不辨人妖，动不动还给孙悟空念紧箍咒。但是，在孙悟空一赌气回了花果山，猪八戒开小差跑回高老庄，沙僧也犹犹豫豫的情况下，唐僧毅然一个人奋勇向前，不达目的誓不罢休。唐僧心里清楚并坚定地知道，他要去西天取回真经普度众生。无论路程多么艰险，前途多么危险，唐僧都毫不动摇地继续前行。最后，唐僧师徒四人取回了真经，同时三个徒弟也修行圆满。可见，清晰的目标对一个团队来说是何等重要。

2. 相互的信任

团队成员之间相互的信任是高效团队的显著特征。每个成员对其成员的道德品质和技术能力都深信不疑。而且，也只有充分信任他人才能换来他人的信任。

从前，有一个泥瓦匠，他在干活时，有一滴白灰浆溅到了他的鼻子尖上。那滴白灰浆很小很薄，薄得像苍蝇的翅膀一样。他便叫来他的搭档，一个名叫匠石的木匠，请他用斧头砍去鼻尖上的白灰浆。匠石挥起一柄锋利的大斧，大吼一声，对着泥瓦匠的鼻子尖闪电般地劈了过去。寒光闪过，那很小很薄的白灰浆全被削尽，而鼻尖却毫无损伤。泥瓦匠稳稳当当地站着，面不改色。周围的人无不感到惊讶！

成员之间高度信任就能创造故事中的奇迹。

3. 互补的技能

高效的团队必然是由一群技能互补的团队成员组成的，这是团队实现目标的必要条件。一群没有技能的团队成员组成的团队无法拥有与其他团队竞争的实力。高效的团队中必须包括担任不同角色的人，通过他们的优势互补，组成有力的团队，最终实现团队的目标。

自从 F1 取消赛中加油之后，换胎速度便成为各个车队夺冠的关键因素。F1 赛车 4 个轮胎的换胎工作基本要在二三秒钟内完成。换胎工都是经过特殊训练的，而且换一次轮胎，需要 14 个人齐心协力完成。4 个轮胎，每个轮胎 3 个人伺候，一个操作气泵拆装螺栓，一个卸轮胎，一个装轮胎。剩下的两个人一前一后操作撬杠。这一任务不仅需要换胎工发挥其高超的技艺，同时需要整个团队成员的高度配合，任何一个环节的耽搁，都会导致整个团队的失败。

4. 良好的沟通

团队成员之间良好的沟通是高效团队必不可少的一个特征。团队成员之间以及团队成员与管理层之间通过畅通而且清晰的渠道交流各种信息，包括各种言语交流和非言语交流。

例如，由经过精挑细选的世界顶尖足球明星组成的足球明星联队，阵容强大但并不是所向无敌，常常并不能踢出令人赏心悦目的好球，比赛有时还很乏味。球队由世界一流球星组成，而且球队的每个位置都是由该位置的世界最佳球员担任。按说这样一支顶级配置的球队应该是逢球必进、逢赛必赢才对，结果却并非如此。究其原因就在于他们都是一流球星，他们都习惯于以自我为中心，习惯于围绕自我组织战术，他们之间缺乏良好的沟通，没有娴熟的战术配合。而足球恰恰是一项集体运动，只有当所有队员都能为球队的整体利益而相互协作、相互配合时，球队才能发挥出整体的实力，才能赢球。因此，尽管世界足球明星联队拥有众多球星，但却不是最佳的球队，球星间缺乏相互密切的协作和配合，他们只是一个群体而不是一个团队。因此，由最有才华的人组成的群体并不能获得最佳绩效，而由并非最有才华但合理配置并能互相协作的人组成的团队往往能取得更佳的绩效。完美的个人并不能成就完美的团队。

5. 恰当的领导

团队领导主要是通过引导来影响团队成员的行为，团队领导在团队中的作用如同教练在球队中的作用一样，他们对团队提供指导和支持，但并不试图去控制它。团队领导为团队指明方向，给予团队成员充分的授权，帮助他们充分地了解自己的潜力，鼓舞团队成员的斗志，激发团队成员的工作热情，营造良好的团队氛围。团队领导作用的发挥不是靠法定授权和强制权，主要是靠个人技能和个人魅力的影响来实现的。

2015 年，小米成立 5 周年。在第五轮融资后，公司估值高达 450 亿美元，成为全球估值最高的未上市公司。据小米董事长兼首席执行官雷军预测，按照既有速度，小米在两年内将有机会进入世界 500 强。如果这个目标得以实现，小米将成为全球最短时间进入世界 500 强的企业。小米公司整个团队的人数加起来超过 5000 人，如此庞大的团队，如此繁杂的业务，这样一个公司却号称在进行"轻管理"，极其扁平化，无关键绩效考核指标。小米的企业组织架构简单得惊人，核心创始人→业务负责人→普通员工。小米内部没有 PPT，没有工作报告和年终总结。在小米副总裁黄江吉看来，小米的秘诀就在于它是一家"轻管理"型公司，小米团队把 80% 的精力都集中在产品上，而不是耗费在内部的团队管理上。

6. 外部环境的支持

成为高效团队的最后一个必需条件就是它的外部支持环境。管理层应给团队提供完成工作所必需的各种资源。这些资源中既有物质方面的，诸如团队建设和活动所需要的场地、设施、条件以及团队成员的培训机会等；也包括政策资源，即通过建立合理的体制与机制来为团队建设提供制度保障。

二、高效团队角色定位

一个团队要有领导型、执行型和创造型三类基本角色：领导型人才组织团队，推进工作；执行型人才实干，尽职尽责；创造型人才创新，先知先觉，正确评估与决策。角色齐全才能保证功能齐全，功能齐全才能保证有足够的战斗力，这三类人才的有效组合是建立一个高效团队的先决条件。一般领导型和创造型人才的数量不需要太多，只要能有效地实现其功能就可以了。另外还需要出谋划策的创新者，又需要将工作落实和维护的完成者；既需要提供和推广新思想的调查者，又需要将概念转变为实际的步骤并执行的执行者；既需要头脑冷静、分析复杂问题的监督者，又需要鼓舞士气、促进合作的协调者。

1. 角色齐全，各显其能

唯有角色齐全，才能实现功能齐全、优势互补。按照贝尔宾角色理论，高效团队就像一个由优秀的教练、前锋、后卫等组成的能攻善守的球队，或是一个由指挥及各类乐手组成的、吹拉弹唱技能齐全、最终演出动人乐章的乐队。团队的构成实际上是一个平衡的问题。一个高效的团队首先应该是9种角色的综合平衡，团队中的每个人都是既能够满足特定需要而又不与其他的角色重复的人。只有这样，成员的弱点才能被克服，优点才能充分发挥出来。

2. 团队领导是团队的核心

团队领导是团队的核心。好的团队领导是团队最乐于接受的、个人举止和形象与团队成员期望中的领导最相符的人，还是那种在任职期间最可能带领团队完成既定目标的人？从管理的角度来看只有一种选择：有战斗力的领导。一名受人欢迎但却效率低下的领导只会给成员带来一种虚幻的幸福，以牺牲长远利益为代价换取眼前的利益。领导的本质就是通过他人实现他自己设定的目标或实现他所服务的团队设定的目标。高效团队领导至少要和队员的智力水平相当，绝不能高于或低于队员太多。领导能够引导一群不同技能和个性的人向着共同的目标努力。领导成熟、自信和信任，办事客观，不带个人偏见；除权威之外，更有一种个性的感召力。领导在团队中能很快发现各成员的优势，并在实现目标的过程中妥善运用。不同类型的团队领导适合不同类型的团队：董事长型适合稳定型团队；塑造者型适合开拓/变革型团队；智者型适合高智商型团队。团队领导要成功地领导一个团队，一要看他能否逐渐养成一种既让人信服又适合自己性格的领导风格；二要看他与团队究竟在多大程度上彼此适合；三要看他能提供多少团队需要的资源。

3. 容人所短，用人所长

团队由各种角色的成员组成，知人善任是每一个管理者都应具备的基本素质。管理者在组建团队时，应该充分认识到各个角色的基本特征，容人所短，用人所长。在实践中，真正成功的管理者，对下属人员秉性的了解都是很透彻的，而且只有在此基础上组建的团队，才能真正实现气质结构上的优化，成为高效的团队。

用人所长首先要知人所长。事实上，所谓"完人"实际上隐含着对人的最特殊的才能的亵渎。人的最特殊的才能是：把他所有资源都用于一项活动、一个专门领域、一项能达到的成就上的能力。因为人只能在某一领域内达到卓越，最多也只能在几个领域内达到卓越。

4. 尊重差异，优势互补

对于团队内一份给定的工作，完全合乎标准的理想人选几乎不存在——没有一个人能满足所有的要求。但是一个由个人组成的团队却可以做到完美无缺，因为它并非是单个人的简单组合，而是在团队角色上亦即团队的气质结构上实现了互补。也正是这种在系统上的异质性、多样性，才使整个团队生机勃勃，充满活力。优秀的团队成员总能够限制自己的团队角色，给别人创造更大的发展空间，从而充分发挥所有成员的潜力。

优秀的团队成员总能找到最佳的时机介入团队事务。他们知道应该在什么时候以自己最合适的团队角色出现，也知道什么时候应该保持沉默。那些管不住自己嘴巴的人和腼腆的内向型人都没有这种把握时机的能力。

优秀的团队成员善于维护团队的利益。优秀的团队成员为别人创造角色的唯一原因是做符合团队整体利益的事，除此以外没有其他任何动机。优秀的团队成员乐于承担别人不愿做的工作。

5. 增强弹性，主动补位

当一个团队在9种团队角色出现欠缺时，其成员应在条件许可的情况下，增强弹性，主动实现团队角色的转换，使团队气质结构从整体上保持合理稳定，以便更好地达成团队共同的绩效目标。事实上，多数人在禀赋和个性上存在着双重甚至多重性，这使得团队角色的转换成为可能。不过，团队角色的转换并没有那么容易，那些能够迅速转换自己角色的人要给其他队员一个信号，告诉他们现在他要扮演什么角色。高效团队的主要特点是它们在关键的团队角色上都有人担任，且其他成员也都很有能力。即使那些有一些弱点的团队，也能够在认清自己弱点的基础上采取一些补救措施。优秀的团队成员总能够在不同的团队角色之间灵活转换。因此，团队成员之间的兼容性对团队的成功至关重要。

三、实践应用

贝尔宾团队角色模型是经过实践证明指导团队组建的有效理论，目前在世界上很多领域得到了广泛应用，并且取得了良好的效果。

（一）科研团队

科研团队是以科学技术研究与开发为内容，由为数不多的优势互补且愿意为共同的科研目的、科研目标和工作方法而相互承担责任的科研人员组成的群体。

科研团队的本质特征有如下几点。第一，科研团队必须有特色鲜明的研究方向和明确的研究目标。研究方向可以是经过多年研究形成的，并具有显著的优势；也可以围绕重大目标，结合原有优势开拓出新方向。团队的研究目标应该紧密结合国家和行业的重大需求或学科发展前沿的重大问题，具有明确的可实现性和阶段性目标，这是保证团队成员旺盛的战斗力和凝聚力，使团队获得支持和实现可持续发展的重要条件。第二，科研团队应该是一个成员优势互补的科研群体。这里所说的"优势互补"是在围绕团队研究方向和研究目标的前提下，实现团队成员知识结构、能力、思维方式、研究经验的优势互补以及年龄、性格特征、工作风格、人文素养的优势互补。第三，科研团队应该是一个成员相互尊重、相互信任，能够充分发扬学术民主的研究群体。科研团队的组织结构是扁平式的，且团队内学术平等。团队的领导者应该自觉地创造这种学术氛围，才能够充分发挥每个成员的创造能力和责任感，使成员之间的优势互补真正起作用。第四，科研团队的领导者应该具有战略眼光和很强的协调能力，能够使整个团队和谐有序地运作。团队的领导者不仅应该是学科带头人，能够准确把握学科发展方向、选定发展目标，而且应该善于调动团队成员的积极性并调整成员之间的关系。团队领导者还要善于运用激励措施，对不同成员区别对待，建立必要的管理制度，解决科研团队发展的各种实际问题，创造良好的外部环境，这些都是科研团队生存和发展的必要条件。第五，科研团队应该是一个持续产生新成果，尤其是重大科技成果的高效研究群体。评估科研团队绩效的最根本指标是科技创新能力，具体表现为科研成果的数量和质量。

只要称之为科研团队，必须是高绩效的，这是团队的价值所在。低效平庸的学术群体不可能是真正意义上的科研团队。

英国的卡文迪许实验室自建成至今的一个多世纪以来，始终站在科学发展的前沿，研究领域遍及科学发展的各个方面，并开创了很多极其重要的科研新领域，取得了极其丰硕和辉煌的科研成果，为近代物理学的发展做出了杰出的贡献。实验室百余年来培养出了20多位诺贝尔奖获得者及一大批各科研领域的学术领军人才，被誉为"造就大师的殿堂"，至今仍不失为世界最著名的实验室之一。是什么造就了这样一个百岁科研团队呢？一方面，卡文迪许实验室有鲜明的研究方向。实验室自成立至今在研究方向上先后做出过4次重大转变：第一次是从电磁物理学到气体放电和电子结构理论的转变；第二次是由气体放电及电子结构理论到核物理方向的转变；第三次是由核物理方向到以分子生物学和天体物理学为主的多学科研究的转变；第四次是由多研究方向到固体物理和凝聚态物理方向的转变。学术方向的每一次转变，都是综合考虑国内外科学发展的形势和需要、学术带头人的特点、科研经费及研究人员的实际情况，同时兼顾传统与创新而做出的决策。在以负责人的研究方向为大方向的基础上，充分发挥科研人员的积极性和创造性，选择最具有发展前景并已经逐渐显出优势的研究方向予以扶持。研究方向的转变都立足国际科学发展前沿，审视自身科研队伍、设备和经费现状，充分估计能够取得突破性进展的可能性以及形成有竞争力新学派的可能性，力求每一次发展都能够开辟新的研究领域。另一方面，卡文迪许实验室在长期的发展过程中在选择团队领导方面形成了几条标准：在国际上享有崇高的声誉和威望；科研成果卓著并能够领导实验室卓有成效地开展工作；能够争取到足够的科研经费，并能够对剑桥大学的决策发挥重要作用；严谨的治学态度和民主的管理风格以及协调、组织、管理和培养人才的能力等。这样的科研团队才能经久不衰，持续维持活跃的生命力。

（二）医疗救援团队

医疗救援团队是一种行动与磋商团队。它具有成员差别性高、合作性弱的特点。近年来，各种自然灾害、大型公共安全事件和工业安全事故经常发生，社会各界对快速救援的要求不断提高。医疗救援是一项技术专业性和时间紧迫性都极强的工作，在与时间赛跑的过程中，如何体现医疗救援团队的高效能显得尤为重要。各类专家具备扎实的专业技术和知识，他们会全力以赴地投入救援工作，在整个过程中提出专业的建议和指导，会为团队工作质量提供强有力的技术保障。调查者是一个内外部信息汇聚中心，给救援团队提供各种信息，保障救援的有效实施。由于救援团队组建时的紧迫性必然导致团队成员相互间缺乏足够的了解，在救援过程中会出现相互配合不够默契、缺乏充分沟通的情况，此时需要协调者介入，充分发挥其独特的感召力，引导不同技能和个性的人向着共同的目标努力。支持者能为团队成员提供良好的心理支持，化解内部矛盾和冲突，从根本上提高救援团队的实力。执行者忠于救援团队目标的实现而不会计较工作是否与兴趣相符合，他们必然是团队救援目标实现的基础。救援工作不可能一帆风顺，在错综复杂、瞬息万变的救援过程中势必会出现头脑发热的冒进者或者情绪低落的退缩者，监督者异常冷静，善于分析和判断，在困难面前能够权衡利弊，选择合理的营救方案。在救援过程中一些细节的忽视会造成整个救援方向的偏移或延缓救援进程，完成者是救援中重要的、高难度的和高准确性的任务实施的有力保障。在救援遭受突然变故或陷入困境时，需要创新者提出一些近乎新奇的想法，引导团队构建新思路，突破困境，但是必须克服创新者所固有的"忽视实际"的弊病，将新点子与具体实际相结合。塑造者是救援团队强大的发动机，他能以其知难而进的勇气和自身的活力感染团队中的每一个成员，促使成员达成共识，统一行动。

（三）创业团队

根据企业管理的一般理论，企业的基本职能主要包括营销、研发、生产、财务四大部分，企业的经营运作主要是围绕着这四个方面展开。所以，新创企业的创业高管团队岗位应主要包含总经理、营销主管、研发主管、生产主管和财务主管。这5种基本岗位具有密切关联与交互的特点，是新创企业不可或缺的五种基本岗位组合，同时也与组织领导、资源整合、设计创新、协作执行、监督评估等 5 个创业团队角色类别相对应。因此，在组建新企业时，可以根据创业团队的 5 类角色特征，使 5 种基本岗位与创业团队成员角色合理匹配。

2007 年 7 月 16 日，复星集团在香港联交所整体成功上市，融资 128 亿港元，成为当年香港联交所第三大 IPO，同时也是香港史上第六大 IPO。《中国周刊》有一篇报道叫作"郭广昌的商业帝国"，介绍了复星集团董事长郭广昌的成功轨迹。郭广昌、梁信军、汪群斌、范伟和谈剑，这五个人都毕业于复旦大学，被称作"复旦五虎"，他们共同打造了郭广昌的商业帝国。总结起来他们的团队有 3 个特点：第一，相互信任；第二，志同道合，能力互补；第三，各尽其才，个人优势得到了最大限度的发挥。

第一，相互信任。1992 年，二十四五岁的"复旦五虎"拼凑起 3.8 万元一起创业，收获的第一个亿是在生物医药领域获得的。郭广昌没有任何生物医药专业基础，但当他知道了生物工程和医药有前景后，充分信任具有专业基础的梁信军、汪群斌等人，并在他们的组织下在这个领域中大赚了一笔。相互的信任让他们不断取得成绩。

第二，志同道合，能力互补。"复旦五虎"在复星身居要职，他们都毕业于复旦大学。现任复星集团董事长郭广昌毕业于复旦哲学系；复星集团副董事长是毕业于复旦遗传学系的梁信军；CEO 是汪群斌，毕业于复旦遗传学系；复星集团联席总裁、复地集团董事长是范伟，毕业于复旦遗传工程系；谈剑，毕业于复旦计算机专业，现任复星集团监事会主席、软件体育产业总经理。这个核心团队总结说："我们身上有很多相似性和互补性。"志同道合让他们聚在一起，能力互补让他们把企业发展壮大。

第三，各尽其才，个人能力得到了最大发挥。梁信军对这个"五人团队"的评价是："郭广昌不保守，从来没有觉得有什么事情只能想不能做，他的系统思维能力很强，处事比较公正，是一个很合格的董事长；在他之外，最适合做总经理的是汪群斌，他对行业的战略意识敏锐，情商、智商兼具，行动能力、业务能力、学习能力和业务操作能力都很强，是个领袖型的企业家；范伟同他们两人的优点很像，有点差异的地方就是他不太爱说话，是讷于言敏于行的那一类，但从品牌策划上他是其他人所不能及的；谈剑的学习能力很强，有段时间她分管我们的行政，在财务上做得非常专业，一般的财务总监都比不过她。而且，在人际关系与业务合作上，她都很有一套。"

第三节　团队角色测评

团队是为了实现某种既定的目标由性格不同的成员组成的，团队成员在团队中具有双重角色。其一是职能角色，即团队分工，是团队赋予个人的"任务型"角色；其二是团队角色，是由个人气质、性格所决定的在团队中发挥独特行为风格的角色。个人的性格特质决定其在团队中承担的角色，团队角色又是在承担任务、完成任务的过程中实现其在团队中的职能定位，因此，首先通过个人性格测评进行角色定位，然后以角色测评实现个人的职能定位。另外，角色定位及职能定位又是基于团队大背景进行的，脱离了团队环境进行性格测评、角色测评以角色定位、职能定位是毫无意义的（图2-1）。

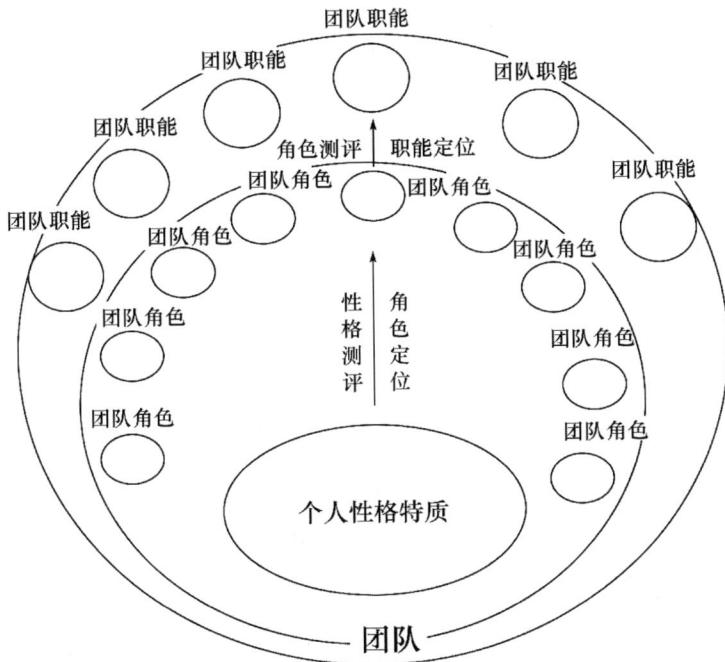

图2-1　团队个人性格特质、团队角色、团队职能（分工）三者的关系

一、个人性格特质测评

团队角色是团队成员由于其独特的性格特质在团队中表现出的个人行为风格，测评和了解团队成员的性格特质，是定位其团队角色的前提条件与基础。对团队成员性格的测评，对成员个人来说可以更好地了解自己，全面认识自我，在团队中找到自己合适的位置，进行自我调整；对整个团队来说，可以更准确地对团队成员进行角色定位，充分利用、合理分配人力资源，最大化地发挥其作用。

个人性格是一个人表现出来的独特的行为方式。从遗传学的角度来看：表现型 ＝ 基因型 ＋ 环境。基因型又称遗传型，它反映生物体的遗传构成，即从双亲获得的全部基因的总和；表现型是由基因型（遗传）与环境共同决定的。因此，个人性格的形成是两方面共同作用的结果，一方面来源于遗传因素，一方面又受到环境因素（家庭、教育、工作）的影响。人的性格与生俱来，但在生长的过程中受周围环境的影响不断改变、不断完善，逐步形成个人独特的行为风格，基于此，将测评个人性格特质的方法归纳为两大类：一类是从基因型（遗传）角度来进行测评的，如 ABO 血型、与气质配合的 4 种典型性格等；一类是从表现型（包含行为表现和心理表现）进行测评的，如内向型和外向型、MSCP 性格、九型人格等进行测评。

（一）基因型个人性格测评

1. 血型性格测评

1901 年，奥地利维也纳大学的卡尔·兰德斯泰纳首先发现了 ABO 血型，将人类的血液分为 A 型、B 型、O 型、AB 型 4 种血型，继而许多人类学家与遗传学家开始了对血型的研究，并且将其与人们的思维、性格、气质、行为联系起来。一些日本、韩国的学者指出，血型与性格之间有一定的内在联系，4 种血型表现出的性格特点如下。

A 型血的人领袖欲高，擅争斗，有能力达到既定的目标，他们对自己的力量充满自信，乐于合作，有强烈的团队精神，表现出的缺点为忌妒心强、自负、易冲动、保守，有时患得患失、优柔寡断。

B 型血的人率直、爽朗、充满活力、认真、决断力较强，表现出的缺点是冒失、善变、好管闲事、奢华、夸张，有消极感、懒惰感，缺乏毅力与忍耐力。

O 型血的人稳重、踏实、能干、明快、富于活力，头脑冷静、富于理智，有自控力，表现出的缺点为比较固执，冷漠、缺乏融洽性，具有个人主义倾向。

AB 型血的人待人和善，具有强烈的服务精神及正义感，擅长交际，工作认真，喜欢和平，表现出的缺点为性情易变、易生气、神经质，常常有焦虑情绪，爱发牢骚，害怕与人正面冲突，毫无野心，有知足感。

血型和性格关系的研究已经持续了多年，在日本和韩国，尤其坚信"血型性格论"，但西方对此比较漠然。以方舟子为代表的中国伪科学批判学者也反对"血型性格论"，他认为血型与性格"相关并不等于因果性"。如前所述，人的性格由遗传因素与环境因素共同影响，血型源于先天基因遗传，人的性格只有 30% ~ 40% 与血型有关，而 60% ~ 70% 是由后天的学习、环境影响决定的。也就是说，不能完全否定血型性格论，血型测评个人性格仅能作为一种参考。上述每种血型的描述都有其优点和缺点，但这种优缺点也不完全或纯粹的是指某种性格或气质的好坏，通过血型测评个人的性格还要基于时间、地点等因素的考虑。尤其在团队运行的不同时期，具有不同血型的团队成员也会表现出不同的性格。就上述血型的特征而言，在团队建立初期，团队的凝聚力及目标完成性非常重要，A 型血人的表现较适合在团队中承担创新者或协调者的角色；在团队的稳定期，需要保持不断的创新及准确按时完成阶段任务，B 型、O 型血人的表现适合承担监督者、创新者、执行者的角色。而不论在团队处于那个时期，具有 AB 型血人的表现都适合承担支持者的角色，以促进团队内部的合作及整体的发展（表 2 – 2）。

表 2 – 2　基于四种血型特征的团队角色定位

类型	塑造者	执行者	完成者	创新者	监督者	专家	协调者	支持者	调查者
A 型	√			√		√	√	√	√
B 型						√	√		
O 型		√	√	√	√	√	√		
AB 型						√		√	

2. 气质型性格

古希腊著名的医生希波克拉底认为人体中有 4 种性质不同的液体，它们来自于不同的器官。其中，黏液生于脑，是水根，有冷的性质；黄胆汁生于肝，是气根，有热的性质；黑胆汁生于胃，是土根，有渐温的性质；血液出于心脏，是火根，有干燥的性质。人的体质不同，是由于4种体液的不同比例所致，形成"四液说"。罗马帝国时期著名的生物学家和心理学家盖伦（Galen，130～200）从希波克拉底的体液学说出发，创立了气质学说，提出经典的四种气质性格，即多血质型、胆汁质型、黏液质型和抑郁质型。

（1）多血质型

特征：外向、活泼、善于交际、思维敏捷、容易接受新鲜事物。

表现：多血质又称活泼好动型。在工作学习上富有激情、活力，精力充沛而效率高，爱钻研，表现出机敏的工作能力，很容易适应新环境。在集体中积极、乐观、向上；兴趣广泛。表现缺点是浮躁、缺乏耐心和毅力、感情易变。多血质的人通常在团队中能承担塑造者、执行者、监督者的角色。《三国演义》里的曹操、我国著名的外交家乔冠华就是典型的多血质。

（2）胆汁质型

特征：外向，率直热忱、精力充沛、思维敏捷、不怕困难，情绪高涨、易冲动、脾气暴躁、行事鲁莽，易感情用事、办事冲动、缺乏持久性。

典型表现：胆汁质的人在工作上干劲十足，具有强烈的兴奋度和迅速的反应过程，遇到困难或障碍时，有不可遏止和坚韧不拔的劲头，但不考虑是否能做到；当精力耗尽时易失去信心；情绪易激动，行动敏捷，暴躁而有力。具有这种性格的人在团队中关键时期是好的执行者、支持者，如《三国演义》中的张飞、《水浒传》中的李逵就是典型的胆汁质型。

（3）黏液质型

特征：内向，情绪稳定、不容易受外界环境影响，考虑问题周全，能够控制自己的情绪，具有忍耐性。

典型表现：这类人又称为安静型，在生活中是一个坚持而稳健的辛勤工作者。这类人具有与兴奋过程相均衡的较强的抑制力，所以行动缓慢而沉着，严格恪守既定的生活秩序和工作制度，不为无所谓的动因而分心。黏液质的人态度持重，交际适度，不做空泛的清谈，情感上不易激动，不易发脾气，也不易流露情感，能自制，也不常常显露自己的才能。这种人长时间坚持不懈、有条不紊地从事自己的工作。其不足是有些事情不够灵活，不善于转移自己的注意力。惰性使其因循守旧，表现出固定性有余，而灵活性不足。具有从容不迫和严肃认真的品德，性格有一贯性和确定性。黏液质型的人在团队中最适合承担监督者、执行者的角色。《三国演义》中的诸葛亮、关羽是典型的黏液质型。

（4）抑郁质型

特征：沉静，对问题感受和体验深刻、持久，情绪不容易表露，反应迟缓但深刻、准确性高。

表现：有较强的感受能力，易动感情、情绪体验的方式较少，但是体验持久而有力，能观察到别人不容易察觉到的细节，对外部环境变化敏感，内心体验深刻，外表行为非常迟缓、忸怩、怯弱、怀疑、孤僻、优柔寡断、恐惧。抑郁质型的人在团队中适合承担支持者的角色，如《三国演义》中的刘备就是典型的抑郁质型。

气质型性格在团队中的角色定位见表2-3。

表2-3 气质型性格在团队中角色定位

类型	塑造者	执行者	完成者	创新者	监督者	专家	协调者	支持者	调查者
多血质型	√			√					√
胆汁质型		√							
黏液质型			√		√	√	√		
抑郁质型			√				√	√	√

（二）表现型个人性格测评

从表现型测评个人性格特质的已有很多方法或模型，许多模型对个人性格特点的测评有独特之处，但对性格特点的归纳与描述也有重复和交叉之处。

1. 内向型和外向型

瑞士心理学家荣格（C. G. Jung）把人的性格分为外向型和内向型。他认为每个人都有一种"精神的能量"，如果这种精神的能量是向外的，产生的性格则为外向性；如果这种精神的能量是向内的，产生的性格则为内向性，这就形成了外向型和内向型性格。

（1）内向型性格特点

内向型性格特点：喜欢安静、具有自我意识，注重自己的习惯和思想；深思熟虑，处事谨慎，考虑周全；在乎别人对自己的看法，固执、喜欢自我反省；缺乏果断力，经常犹豫不决；对新环境适应能力慢，不习惯与陌生人接触；对周围环境的变化观察敏锐，但不张扬；不善交际，与人交往时比较被动，不易交新朋友，但对老朋友、亲密的朋友则深交。

团队角色定位：执行者、完成者、创新者、专家、监督者、支持者。

（2）外向型性格特点

外向型性格特点：坦荡、直爽、热情、好动，容易接受和适应新的环境；能随不同场合调整自己的态度与行动方式；能够经常保持对周围事物变化的观察；容易接纳别人；行动迅速但思考不深，冒失，草率行事；善于社交。

团队角色定位：塑造者、协调者、支持者、调查者。

2. DISC 型

DISC 是美国心理学家马斯顿（W. M. Marston）对前人的人格特质研究进行梳理并归纳总结而成。马斯顿筛选出他认为比较典型的 4 种因子，即支配（dominance）、影响（influence）、稳健（steadiness）与服从（compliance），将其命名为 DISC，并在他的著作《正常人的情绪》（*The Emotion of Normal People*）中对 DISC 系统做了阐述，并以此来评测人的性格与行为。每个人的身上不会只具有一种特质因子，一般是以一种特质因子为主导因子，而同时也存在有其他因子，因此以一高（主导因子）一低（非主导因子）综合形式来判定。DISC 理论提出后就被广泛用于企业人才的选拔，指导企业岗位及职务与人员的合理配置。

（1）支配型

支配型因子是表示该类型的人具有高度的控制和权利的行为风格，其性格特点是有控制欲，工作积极主动，大胆、具有冒险精神，解决问题果断，办事高效，注重结果，勇于担当，具有创新精神，追求成功与成就。在团队中，支配型为主导的成员一般承担管理岗位，能积极主动带领团队工作，能够增加整个团队的凝聚力。

团队角色定位：塑造者、执行者、完成者。

（2）影响型

影响型因子是表示该类型的人具有高度外向的行为风格，其性格特点是性格热情、开放、乐观、自信，令人信服、值得人信赖，受人欢迎，善于交往，但容易被别人的评价或周围的环境所感染，且时常希望成为众人目光的焦点。此类型的人易冲动，易相信别人，易受伤害。

团队角色定位：塑造者、协调者、支持者、调查者。

（3）稳健型

稳健型因子是表示该类型的人具有高度的毅力、耐心及同情心的行为风格，其性格特点是热情、优雅、明智，生性忠诚，值得信赖，注重合作，有毅力，有耐心，对待困难不屈不挠直至克服。但此类型的人缺乏自信，采取行动比较稳健，三思而后行。喜欢维持现状，不愿受到干扰。喜欢与人为伍，喜欢倾听别人的意见，善解人意。

团队角色定位：专家、支持者、协调者。

（4）服从型

服从型因子是表示该类型的人具有高度的理性行为风格，其性格特点是注重事实，注重细节，具有分析力、洞察力、长远性，严肃、严谨，深思熟虑，按章办事，要求高标准、正确性、精确度。不喜欢冒险，不能直面压力。此类人在团队中具有较强的解决问题的能力，同时具备较强的组织能力，能够快速推进团队工作进度，使团队成员各司其职，团队高效运转。

团队角色定位：完成者、创新者、监督者、技术专家。

DISC 型性格在团队中角色定位的归纳总结见表 2 - 4。

表 2 - 4　DISC 型性格在团队中角色定位的归纳总结

类型	塑造者	执行者	完成者	创新者	监督者	专家	协调者	支持者	调查者
支配型	√	√	√						
影响型	√						√	√	√
稳健型						√	√	√	
服从型			√	√	√	√			

3. 九型人格

九型人格（enneagram），又名性格形态学、九种性格。它按照人们习惯性的思维模式、情绪反应和行为习惯等性格特质，将人的性格分为 9 种。1 号性格：改革者（the reformer）；2 号性格：给予者（the helper）；3 号性格：实干者（the achiever）；4 号性格：个人主义者（the individualist）；5 号性格：观察者（the investigator）；6 号性格：忠诚者（the loyalist）；7 号性格：享乐主义者（the enthusiast）；8 号性格：领袖者（the challenger）；9 号性格：调停者（the peacemaker）。九型人格理论应用广泛，美国心理学家帕玛（H. Palmer）将它用作研究人类行为及心理的专业课题，包括斯坦福大学在内的多所美国大学将其列作教材，成为心理研究课程。美国中央情报局（CIA）亦曾使用它，协助探员了解各国元首的行为特质。世界500强中的美国通用汽车公司、可口可乐、惠普等企业也早已把九型人格学运用于企业管理。

（1）完美主义者

1号性格完美主义者的特征：勤奋，高标准、严谨细致，做事井井有条，重视道德和原则，改进问题的专家、天生的改革家，具有管理能力、富于建设性，是九型人格中最有智慧的人。弱点：在意别人的褒奖，常批评别人的不好，吹毛求疵，事必躬亲。典型的1号性格者：包拯、撒切尔、狄更斯、马丁·路德。

（2）给予者

2号性格给予者的特征：富于爱心和奉献精神，站在他人立场看问题、及时洞察他人的需求，善于倾听他人的心声、成就他人，重视人情世故、重视人际关系，以人为本、容易赢取人心，擅长营造关爱的氛围，权利追随者、幕后的支持者。弱点：惯于恭维和献媚、崇拜权力，忽视自己的需求，不清楚自己真正想要什么。典型的2号性格者：诸葛亮、麦当娜、伊丽莎白·泰勒。

（3）实干者

3号性格实干者的特征：充满活力、激情与自信，注重自己的外在形象，适应能力强、喜欢竞争、追求成功，典型的工作狂，行动能力强、工作效率高，擅长交际、天生的领导者，受人欣赏、有能力、出众。弱点：好胜、不愿意接受失败，自恋、重视名利、喜欢炫耀。典型的3号性格者：刘邦、沃纳·艾哈德、里根。

（4）艺术者

4号性格艺术者的特征：内向，被动，多愁善感、富有同情心、极高的敏感度。弱点：过于专注自己的内心、自我沉醉，易受负面影响。典型的4号性格者：李清照、徐志摩、三毛、奥森·威尔斯。

（5）观察者

5号性格观察者的特征：精神重于物质，敏锐的知觉力、极强的专注力和分析力，理性、以事实为导向，善于做准备工作、擅长规划、善于学习。弱点：过于看重知识、行动力较弱，思虑过度、害怕冲突，不善于经营人际关系。典型的5号性格者：爱因斯坦、彼得·德鲁克、巴菲特、比尔·盖茨。

（6）忠诚者

6号性格忠诚者的特征：内向、保守、忠诚，有高度的警觉、做事谨慎，较强的危机意识、有责任感、注重团队精神，严守时间，看淡成功。弱点：多疑、拖延行动、缺乏信心。典型的6号性格者：刘备、岳飞、伍迪·艾伦。

（7）享乐主义者

7号性格享乐主义者的特征：活跃气氛的高手，敢于冒险、兴趣广泛，富有创意、善于制订计划，优秀的公关人员、具有抗挫折的能力。弱点：缺乏耐性，盲目乐观、过度自恋、难以注意他人的感受。典型的7号性格者：乾隆皇帝、莫扎特。

（8）领袖者

8号性格领袖者的特征：疾恶如仇、崇尚正义，具有挑战精神，直率坦诚、重情重义、善交朋友，影响力大、富有领袖气质，有开拓精神、不知疲倦的工作狂。弱点：不能审视内心，专横独裁、行事冲动、贪恋权力。典型的8号性格者：林登·约翰逊、乔治·巴顿。

（9）调停者

9号性格调停者的特征：善于调解冲突，毫不利己、专门利人，闲适的人生态度，善解人意、个性随和、富有亲和力，思想富有创意、善于发现他人的优点、适应能力强。弱点：自我迷失，规划能力差，害怕冲突，自我牺牲、逃避问题。典型的9号性格者：帕瓦罗蒂、里根、列夫·托尔斯泰、伊丽莎白二世。

九型人格在团队中的角色定位见表2-5。

表2-5　九型人格在团队中的角色定位

类型	塑造者	执行者	完成者	创新者	监督者	专家	协调者	支持者	调查者
完美主义者		√	√		√				
给予者							√	√	
实干者	√	√							
艺术者								√	
观察者				√					
忠诚者		√	√						
享乐主义者	√			√					√
领袖者	√	√							
调停者							√	√	

通过以上不同性格模型对团队成员性格特质测评并进行团队角色定位，可以看出：外向、活跃、实干性格的成员贴近团队中的塑造者；内向、实干、忠诚、支配型的成员贴近团队中的执行者或完成者；活跃、完美性格的成员贴近团队中的创新者；内向、平稳、稳健型贴近团队中的监督者；内向、稳健、服从型的成员贴近专家；具有影响型和给予者、观察者性格的成员贴近团队中的协调者；AB 型性格的成员最贴近支持者；活跃、外向的成员贴近调查者（表 2－6）。

表 2－6　角色与个人性格特质类型

角色定位	个人性格特质类型
塑造者	A 型，多血质型，影响型，外向型，实干者，领袖者，享乐主义者
执行者	O 型，胆汁质型，支配型，内向型，实干者，忠诚者，领袖者
完成者	O 型，黏液质型，抑郁质型，内向型，支配型，忠诚者
创新者	A 型，O 型，多血质型，服从型，活跃型，内向型，完美主义者，享乐主义者
监督者	O 型，黏液质型，服从型，内向型，稳健型，观察者
专家	四种血型，黏液质型，抑郁质型，内向型，服从型，稳健型，完美主义者
协调者	四种血型，黏液质型，抑郁质型，影响型，给予者，观察者，调停者
支持者	A 型，AB 型，抑郁质型，内向型或外向型，影响型或稳健型，给予者、艺术者或调停者
调查者	A 型，B 型，多血质型，影响型，享乐主义者，外向型

二、贝尔宾角色理论测评

贝尔宾博士角色理论用以描述各具特征的团队成员角色，因此，通过团队角色理论特征测评团队成员的行为风格，并通过角色理论及分工的对应关系进行职能的定位。深入理解团队角色与职能角色之间的关系，对现实团队中团队成员的合理分工及职能定位具有非常重要的借鉴与指导意义。第二章第一节对贝尔宾角色理论做了详述，并对各种角色的功能及团队中的作用做了详细的分析，在本小节不再赘述，但需要提及的是角色理论测评应该灵活应用。

（一）厘清理想与现实

贝尔宾博士角色理论是基于理想团队中角色的配置，团队角色与团队分工一一对应。作为一个团队，需要全部的 9 种角色，缺一不可。如果团队中缺乏某种行为风格的角色，就会在团队协作中出现偏差甚至失败。但是，在现实团队中，团队角色与团队分工则不会那么理想化。在具体分工上，有可能 9 种角色同团队的具体分工建立一一对应关系，每种角色都有具体的任务与之对应；也有可能 9 种角色未必都在分担的任务中找到明确的对应，仅有行为风格上的对应，这也可以是高效的团队。

（二）角色测评≠性格测评

团队角色测评是基于团队大环境、大背景下的角色测评，是通过任务的分工及完成发挥作用的，强调的是角色在团队任务的执行过程中，团队成员表现出的行为风格，一些团队角色理论的践行者会误把团队成员的性格特质作为行为风格，过分强调性格的作用。实际上，很多团队成员的行为模式是其性格特质在团队目标任务的实现中通过良好的团队合作、沟通等机制获得完善并得以表现的。因此，在团队成员团队角色的测评中，重点应该是其行为模式的测试而不是性格特质的测试，性格测试仅作为一种参考。

第四节　团队生命周期角色分析

一、团队生命周期理论

团队是为了实现一定的目标任务形成的一个团体，它的运行过程如同生命体一样，会经历由形成到成熟再到衰落的不同发展阶段，每个阶段紧密相连，构成团队完整的发展变化过程。

最早的团队生命周期模型是塔克曼（B. W. Tuckman）提出的"团队发展五阶段"模型，他依据团队成员的行为态度和心理特征，将团队的成长划分为形成期、变革期、规范期、绩效表现期和衰退期 5 个阶段。之后卡曾巴赫和史密斯从团队的绩效角度出发，把团队生命周期分为工作组、伪团队、潜在团队、真正团队和高绩效团队 5 个阶段。然而，有一些学者却提出了相反的观点，如罗宾斯（S. P. Robbins）提出"间断－平衡"模型，他认为团队的成长并不一定要依次经历相同的发展阶段，可能有几个阶段同时出现或在成长历程中回归到前一个阶段；国内学者王青认为，团队经历了形成期后会首先进入规范期，之后才会进入震荡期。对于生命周期的研究，国内处于一个"百花齐放，百家争鸣"的阶段，以张海燕、陈士俊，周彬、黄熙，马丽华等为代表的多位学者从不同的层面和角度出发对团队生命周期做了进一步的研究。以项目任务为目标的项目团队，其生命周期包含了创立期、振荡期、成熟期、衰退期或转型期4个阶段；以科研任务为核心的科研团队，其生命周期有酝酿期、创建期、运作期和解体期。综上所述，团队的生命周期基本上都遵循了"创立—发展—成熟—衰退（转型）"的基本规律，通过研究不同阶段的特征及出现的问题，明确不同角色在生命周期不同阶段中应发挥的作用，对于团队建设与运行具有重要的借鉴意义。

从创新的角度出发，可将团队划分为两大类：一般任务型的团队和创新团队。一般任务型的团队以既定的目标任务完成为核心，其生命周期遵循典型的从生到死的基本规律；而创新团队以创新为主体，具有一般任务型的一些阶段特征，但其发展变换又有着明显的区别于任务型团队的阶段特征，这也就决定了创新团队在不同阶段中对角色的不同定位与需求及其发挥的作用。

二、任务型团队生命周期各阶段团队特征及角色作用

任务型团队生命周期各阶段团队特征及角色作用见表2-7。

表2-7　任务型团队生命周期各阶段团队特征及角色作用

团队周期	阶段特征	关键角色及作用
形成期	目标、任务分工不甚明确，工作效率低，期望值高，士气高，角色与分工对应不明显	塑造者、执行者与协调者；确定团队中的角色分工、责任和工作界限，明确团队的目标和方向
动荡期	问题暴露、内部冲突增多、士气受挫、任务完成不明朗	塑造者、执行者、支持者、协调者；对于团队内部出现的消极、挫折、焦虑等情况，他们将采取积极的行动进行讨论，推动团队达成一致意见，并进行决策，推动任务的进程
规范期	新的工作制度及规范建立，目标及分工逐渐清晰明确，团队特色形成，团队协作及凝聚力增强	完成者、专家；完成者勤奋有序，认真完成既定的任务，对任务的精确完成将起重要作用。同时，专家不可或缺，他们将对目标任务的完成提供强有力的技术支持

续表

团队周期	阶段特征	关键角色及作用
成熟期	各种机制得到完善，团队凝聚力进一步增强，团队成员角色与分工合理对应，目标任务高效完成，团队成员得到职业的发展	监督者；其谨慎的判断、严肃、理智的考虑将在该时期为目标任务的精准完成发挥重要作用
衰退期	目标任务完成，重心转移、调整心态、寻求发展	创新者、调查者；创新者将产生新的思想、建议、创意，成为下一个团队生命周期的创始人或新产品的原创者。调查者将善于发掘新的机会并发展新的联系，为新的团队生命周期的开始收集和提供有用的信息和资源

（一）第一阶段：形成期或创立期

特征：在团队创立期，团队目标、任务分工都不甚明确，工作效率低，成员对新环境、新同伴、新项目有很高的期望值，团队士气非常高，但成员对于新观念、新技术和新知识掌握得不多，成员角色对应不明确。

角色作用：在该阶段，塑造者、执行者与协调者起主要作用，塑造者与执行者都具有积极性与主动性，优秀的塑造者能够使团队的目标和任务明确成形，执行者具有的组织能力将得到发挥。因此，具备塑造者或执行者行为模式的成员职能定位适合于领导管理岗位。协调者在团队形成期也起着不可忽视的作用，他能帮助确定团队中的角色分工、责任和工作界限，明确团队的目标和方向，职能定位于团队副手或领导助理。

《三国演义》中刘备为诸葛亮三顾茅庐，诸葛亮遂向他陈述三分天下之计，分析了曹操、孙权的形势，讲述攻打中原的战略，以著名的《隆中对》确定了刘备及蜀国未来的目标及方向。刘备团队在创立初期，诸葛亮在团队中承担了塑造者的角色，为刘备勾勒出团队未来的发展方向。

美国第36任总统林登·贝恩斯·约翰逊，在其执政的高层领导团队中承担了塑造者的角色。他上任之初就提出了有关人权、减税、反贫困和资源保护的倡议并得以立法；随后以"向贫穷开战"为主旨，提出建立"伟大的社会"的政策；之后建立了一系列法律与制度，如民权法和选举权法、老年保健医疗制度、医疗补助制度，深得美国人民的拥护，政权得到稳固。

（二）第二阶段：动荡期

特征：现实与期望发生较大偏离，隐藏的问题逐渐暴露，团队成员有消极、挫折和焦虑感，内部冲突增多，成员之间相互猜疑、对峙和不满，不确定能否完成任务。

角色作用：动荡期，是队员之间、队员与任务之间的磨合时期，塑造者、执行者的作用将更为明显，对于团队内部出现的消极、挫折、焦虑等情况，他们将采取积极的行动进行讨论，推动团队达成一致意见，并进行决策，推动任务的进程。这个阶段支持者和协调者的作用开始凸显，帮助队员，促进团队的合作，促使队员朝着共同的目标努力。

第二次世界大战期间美国名将乔治·史密斯·巴顿，在美国军事团队中堪称一位非常优秀的塑造者、执行者，他积极、主动，有开拓精神，并具有很强的执行力，为美国军队的胜利做出了杰出贡献。年轻时候的巴顿对军刀的敏锐感觉促使他在《陆海军杂志》撰文建议改进骑兵军刀——"以法国式的直剑取代美军盛行的弯刀"，引起军界高层的关注并得到采纳。巴顿自己监督军刀的生产，并编写《军刀教员讲义》《军刀训练》以指导士兵对军刀的使用。"作为统帅人物，巴顿将军的最大特点就是以他本人的尚武精神去激励部下，用他的个性去影响部下。"巴顿本人也宣称："在一周之内，我能使任何部队的士气高昂。"1940年7月，马歇尔批准组建装甲师，巴顿受命迅速组建一个装甲旅；1943年3月5日，巴顿临危受命，接任被隆美尔击败的美第二军军长，从到达第二军的那天起，他便全力以赴地整肃军纪，迅速改变了全军涣散的软弱状态。1943年3月17日，面目一新的美第二军向德军发起进攻，一路猛攻猛打，进展迅速，很快与英军在突尼斯北部完成了对德军的合围。英国亚历山大元帅称巴顿是一个推进器，随时准备去冒险、去战斗。

（三）第三阶段：规范期

特征：新的工作制度及规范建立，目标及分工清晰明确，需要提升技能及掌握新技术，人们发展出融洽的关系，团队特色逐渐形成，团队成员信息交流、合作意识、凝聚力增强，成员归属感越来越强，团队成员建立了忠诚和友谊。

角色作用：在规范期，塑造者、执行者依然发挥作用；完成者成为该时期的关键角色，其勤奋有序，认真完成既定的任务，在此阶段完成者对任务的精确完成将起重要作用。同时，专家不可或缺，他们将对目标任务的完成提供强有力的技术支持。

英国前首相撒切尔夫人，在参政执政的生涯中，无论在哪个团队都承担了完成者的角色。在她担任内阁教育部大臣时，为减少政府经济开支，坚决执行废除工党政府的综合教育计划，坚持取消对小学生的免费牛奶供应、提高伙食费的政策；在她整个首相任期内，严密支配内阁阁员，严格执行金融政策，促使工会服从法律的约束。推行国有企业的民营化，切实保证对北大西洋公约组织（NATO）的强有力的承诺，并主张英国要有独立的核武器威慑力量。她切实、严厉执行政策的行为风格使她获得"铁娘子"的称号。

（四）第四阶段：成熟期

特征：沟通机制、合作机制得到完善，团队凝聚力强，信息共享。队员协力合作，共同解决问题，并建立了依赖感与可信度，通过标准流程和方式进行沟通、化解冲突和分配资源，团队成员得到职业的发展。围绕工作进展引起的种种问题，监控进展及完成项目任务是这个阶段的重点。

角色作用：在成熟期，团队的运行较为通畅、合理，角色与职能基本定位，执行者、完成者、专家、协调者、支持者缺一不可；好的执行者由于在解决必要任务时具有组织技巧和能力而晋升到高级管理者的职位；团队的重心在于目标任务的完成，监督者谨慎的判断，严肃、理智的考虑将在该时期发挥重要作用。

唐朝宰相魏征在唐太宗团队里承担的是名副其实的监督者角色。在唐贞观十二年（638），魏征洞察到唐太宗逐渐怠惰、懒于政事、追求奢靡，便奏上著名的《十渐不克终疏》，列举了唐太宗从开始到当前执政态度的10个变化，他还向唐太宗奏上《十思》；魏征在贞观年间先后上书二百余条，强调"兼听则明，偏听则暗"，这对唐太宗开创的"贞观之治"起了重大的作用。

（五）第五阶段：衰退期

特征：目标任务完成，重心转移、调整心态、寻求发展。

角色作用：在衰退期，随着目标任务的完成，重心开始转移，具有高度创造性、富有想象力的创新者将发挥重要作用，他们将产生新的思想、建议、创意，成为下一个团队生命周期的创始人或新产品的创造者。同时，调查者也是该时期重要的角色，他们善于发掘新的机会并发展新的联系，为新的团队生命周期的开始收集和提供有用的信息和资源。

宋美龄在蒋介石团队中承担调查者的角色。在抗战期间，宋美龄作为蒋介石的特使访问美国并成功募得款项；在美国多次发表演讲，不但获得美国政府的慷慨捐款用以支援中国抗日战争，而且受此影响美国国会废除了"排华法案"，以提高美国华人的地位。宋美龄还曾去加拿大访问，进一步扩大了中国抗战的国际影响。宋美龄外向的性格及善于交际的天赋使她在团队中完全能够胜任资源调查者的角色，在抗战期间积极与外部资源协调联络，为蒋介石的军事战争发挥了重要的作用。

三、创新团队生命周期阶段特征及角色作用

世界物理学界最负盛名的科研创新团队——卡文迪许实验室创建于1871年，坐落于美丽的剑桥校园中，由当时的剑桥大学校长威廉·卡文迪许私人捐款，于1874年建成。实验室研究团队经历了不同阶段的改革与发展，成为剑桥学派物理学研究的核心，它的生命周期经过了经典的从创立到成熟再到转型的各个阶段。下面以卡文迪许实验室创新团队为典型案例，分析创新团队生命周期不同阶段特征及在不同阶段中关键角色的作用（表2-8）。

表2-8　创新团队生命周期阶段特征及角色作用

团队周期	阶段特征	关键角色及作用
形成期	目标定位比较明确，工作效率高、期望值高、士气高，创新任务实施的不确定性与风险性	创新者、执行者；以创新的思维给团队注入活力及新的发展方向，明确团队的目标，积极推动团队的发展
动荡期	问题暴露、内部冲突增多，研究方向的偏差与选择，技术路线和具体分工方面的偏差与调整	塑造者、执行者、创新者；他们将采取积极的行动调整发展方向，开辟新领域，推进团队的发展
规范期	面临与处理实验失败问题或外部技术环境变化（如技术进步和竞争者出现）带来的风险	执行者、完成者、专家、调查者；他们的认真、勤奋、智慧、知识，彰显团队的创新力。调查者将为团队收集和提供有用的外部技术信息和资源
成熟期	强烈的创新意识，创新成果在工程化、市场化和产业化方面得以发展应用，监控进展及完成项目任务依然是这个阶段的重点	塑造者、执行者、完成者、专家、协调者、支持者、监督者，他们各司其职，各尽其能

续表

团队周期	阶段特征	关键角色及作用
转型期	重心转移、调整方向、寻求发展	塑造者、执行者、创新者、调查者、专家，贡献创新思路、新的发展方向，为创新团队转型进入另一个生命周期发挥更加重要的作用

（一）创新团队生命周期各阶段特征及角色作用

1. 第一阶段：形成期或创立期

特征：目标定位比较明确，工作效率高，团队成员掌握新观念、新技术和新知识，成员对新环境、新同伴、新项目有很高的期望值，团队士气非常高。但由于创新任务实施的不确定性与风险性，任务分解和进度计划方面可能与实际情况差别较大。

角色作用：在该阶段，创新者、调查者、协调者、执行者起主要作用。

卡文迪许实验室第一任主任由著名的物理学家麦克斯韦担任。在实验室建立初期，他主张系统讲授与演示实验相结合的教学方法，主张使用自制仪器，并要求学生自己动手。他特别重视科学方法的训练，同时也很注意总结前人的经验，在他的主持下，实验室的教学和科研工作初具规模。瑞利是卡文迪许实验室第二任主任，在瑞利担任实验室主任的5年期间，他对实验物理的教学模式进行了改革，并进一步完善了实验室的各项规范和工作制度，实验室从此逐步向规范化和体制化方向发展。该团队创立初期，麦克斯韦与瑞利承担了创新者、执行者的角色，为团队后来的发展奠定了基础。

2. 第二阶段：动荡期

特征：现实与期望出现一定的偏离，隐藏的问题逐渐暴露，团队成员有消极、挫折和焦虑感，内部冲突增多，成员之间相互猜疑、对峙和不满，但主要体现在研究方向的偏差与选择、技术路线和具体分工方面的偏差与调整。

角色作用：在创新团队的动荡期，队员之间、队员与任务之间需要磨合，在团队内部也容易出现消极、挫折、焦虑等情况。这个阶段塑造者与执行者的作用较大；最为重要的是专家提供的专业知识支持，以及对技术路线的完善及具体分工方面的调整。

汤姆森是继瑞利之后的第三任卡文迪许实验室主任，他在实验室的建设中承担了塑造者、执行者、创新者的角色，主要体现在以下两个方面。首先，紧跟世界科研步伐选择科研方向。汤姆森就任之初就果断将实验室的研究方向转移到气体电磁研究领域，取得了一系列重大的研究新成果。而后随着伦琴射线的发现，汤姆森又敏感地意识到一个新的物理研究时代的来临，他带领学生及助手致力于将 X 射线应用于气体电磁研究中，开辟了物理学研究的新领域，即原子物理和核物理领域。

3. 第三阶段：规范期

特征：面临与处理实验失败问题或外部技术环境变化（如技术进步和竞争者出现）带来的风险。

角色作用：执行者、完成者、专家将为团队贡献他们的认真、勤奋、智慧、知识，彰显团队的创新力。调查者也是该时期重要的角色，他们将为团队收集和提供有用的外部技术信息和资源。

汤姆森在实验室初步走上正轨的时候建立了一整套培养研究生的管理体制。1895 年，他制定了一个学位改革的新章程，明确了卡文迪许实验室吸收外校乃至国外大学毕业生攻读硕士学位的制度。一批批优秀的年轻学者来到这里，在汤姆森的指导和培养下进行了学习和科研，卡文迪许实验室在此期间共培养出了 7 位诺贝尔奖获得者和一大批对世界科学具有重大贡献的学术带头人。

4. 第四阶段：成熟期

特征：团队的创新意识得以加强，创新成果在工程化、市场化和产业化方面得以发展应用，监控进展及完成项目任务依然是这个阶段的重点。

角色作用：在此阶段，塑造者、执行者、完成者、专家、协调者、支持者都将有着重要的作用，而创新者是创新团队保持旺盛生命力最大的贡献者；团队的重心是创新成果的广泛推广与应用，监督者依然在该时期发挥重要的作用。

在卡文迪许实验室发展的最巅峰时期，汤姆森的学生、核物理学的奠基人卢瑟福任卡文迪许实验室第四任主任，他在实验室的建设中承担了推动者、专家、支持者等多种角色。卢瑟福率领他的弟子们发明了加速器，并利用加速器实现了几乎所有元素的人工转变，将人类发展带入了核时代。卢瑟福共培养了 11 名诺贝尔奖获得者，在他的领导下，卡文迪许实验室不仅成为世界重要的物理研究中心，也成为培养世界级物理学家的摇篮。

5. 第五阶段：转型期

在创新团队生命周期的第五个阶段是转型期，在此阶段，创新型团队有别于一般的任务型团队，是新的创新项目的衔接期或过渡期。朱铁一认为，创新型团队是一个跨职能部门自愿组成的高效团队，创新型团队成员随目标而聚合，长期合作，即使当前目标任务结束，创新型团队依然存在，不存在衰退期。

特征：寻找下一个创新项目或者团队总体转型为创业型团队。

角色作用：创新团队在生命周期的成熟期后进入转型期，开始新的创新活动或进行创业活动，塑造者、执行者、创新者、调查者、专家活跃在创新的舞台，为创新团队进入另一个生命周期发挥更加重要的作用。

1937 年卢瑟福去世，晶体结构学家布拉格成为实验室第五任主任。由于二战之后英国政府成立了一个核物理研究国家实验室，将先前从事核物理研究的科学家及科研经费都转移过去，致使卡文迪许实验室一时间失去了研究方向。面对这种形势，布拉格实行了科研主攻方向的战略转移，果断将研究方向改为晶体物理学、生物物理学和天体物理学。布拉格的远见卓识，使实验室在困难的条件下也产生了辉煌的科研成果，如类星体及脉冲星的发现等，其中最值得一提的是沃森和克里克发现了 DNA 双螺旋结构，此发现被称为 20 世纪最伟大的发现。

著名的固体物理学家莫特是卡文迪许实验室继布拉格之后的第六任主任，莫特上任之后果断地将实验室的主要发展方向转移到大力发展半导体和超导体物理研究之中，在金属导体、离子晶体及半导体等方面做出了许多非常有影响的贡献。

布拉格与莫特在卡文迪许实验室的关键时期承担了创新者、调查者、塑造者等关键角色，明确实验室的发展方向并成功转型。卡文迪许实验室自建成至今的一个多世纪以来，始终站在科学发展的前沿，研究领域遍及科学发展的各个方面，开创了很多极其重要的科研新领域，取得了极其丰硕和辉煌的科研成果，为近代物理学的发展做出了杰出的贡献。

（二）创业团队生命周期各阶段特征及角色作用

创业团队作为一个具体的团队类型，其团队生命周期特征及角色作用同创新团队有很多相似之处，可以参考借鉴。创业团队的角色定位及其作用也有其特殊的规律和特点。相对来说，一个优秀的创业团队无论处于生命周期的哪个阶段，都必须包含以下几种行为风格的人：一个创新意识非常强的创新者，决定公司未来发展方向，相当于公司战略决策者；一个策划能力极强的完成者，能全面周到地分析整个公司面临的机遇与风险，考虑成本、投资、收益的来源及预期受益，甚至还承担公司管理规范章程、长远规划设计等任务分工；一个执行力强的执行者，具体负责下面的执行过程，包括联系客户、接触终端消费者、拓展市场等；一个专家，掌握必要的财务、法律、审计等方面的专业知识，如果是一个技术类的创业公司，应该有一个技术研究型专家（甚至是研究领导者型人物）。

参考文献

[1] 李朝波. 团队角色理论在团队建设中的应用研究［D］. 南京:南京师范大学, 2011.

[2] 方振邦,徐东华. 管理思想百年脉络:影响世界管理进程的百名大师[M].北京:中国人民大学出版社,2012.

[3] 戴大双,冯志刚,徐坤. 角色模型在 R&D 团队关键角色选择中的应用研究.［J］.科学学与科学技术管理, 2005(3)：122 – 124.

[4] 康旭东, 王前, 郭东明. 科研团队建设的若干理论问题[J]. 科学学研究, 2005, 23(2)：232 –236.

[5]刘琼,陈建斌,周发春,等. 贝尔宾团队九角色模型对救援医学教育改革的启示［J］. 医学教育探索, 2009, 8(3)：233 –235.

[6] 贝尔宾 M R. 管理团队:成败启示录[M]. 郑海涛,译. 北京:机械工业出版社. 2001.

[7] 洪斌武. DISC 在部门员工管理中的应用[J]. 话题,2013(2)：32 – 35.

[8] 周科慧.DISC 性格测评的理论意义与现实意义[J].梧州学院学报,2010,20(6)：98 – 100.

[9] 陈宇杰.DISC 分析在企业人力资源管理中的应用[J].科技经济市场,2015(10)：39.

[10] 廖春红. 图解九型人格[M]. 北京:中国华侨出版社. 2015.

[11] 罗宾斯 S P. 组织行为学［M］. 第 7 版. 孙健敏,等,译. 北京:中国人民大学出版社,1997.

[12] 王青. 团队管理[M].北京:企业管理出版社,2003.

[13] 张海燕,陈士俊,等.基于生命周期理论的高校科研团队影响因素探析[J].科技管理研究,2006(12)：149 – 152.

[14] 周彬,黄熙.论科研团队形成及成长机理[J].科学学研究,2009(5)：457 –461.

[15] 马丽华,蔡启明.基于生命周期理论的项目团队成员沟通策略研究[J].技术经济与

管理研究,2006(1):64 – 65.

[16] 朱铁一.创新型团队组织建设[M].济南:山东大学出版社,2014.

[17] 丁栋虹.创业管理[M].第 2 版.北京:清华大学出版社,2011.

[18] Tuckman B W,Jensen M A. Stages of small – group development revisited[J]. Group &Organization Management,1997,2(4):419 – 427.

[19] Katzenbach J,Smith D. The wisdom of teams – creating the high – perormance organization[M]. Boston:Harvard Business School Press,1993.

创新是一种信仰，
角色是一种担当。
角色清晰的协同创新，
才是最美的方向。

刘清珺 摄

第三章 创新团队角色分析

创新团队是指围绕技术创新开展活动的团队，是一支围绕产品开发活动实现商业价值开展系统性过程活动的团队。本章将在分析研究技术创新的概念、技术创新链条和阶段的基础上，开展创新团队职能与角色匹配研究、不同类型创新团队的角色分析以及创新团队常见缺陷分析。

第一节 创新团队职能与角色匹配

一、技术创新概念

（一）创新

自从熊彼特提出创新理论以后，许多学者不断对创新研究加以丰富和完善。国内外学者从不同角度对创新理论进行了深入的研究，并赋予了创新不同的内涵，形成了技术创新学派和制度创新学派。以曼斯菲尔德（E. T. Mansfield）、卡曼（M. Kamien）等人为代表的技术创新学派强调了技术作为内生变量在经济增长中的作用，通过研究企业组织行为和市场结构等因素对技术创新的影响提出了技术创新扩散模型、创新周期模型等。以戴维斯（L. E. Davis）为代表的制度创新学派运用新古典经济学理论中的静态均衡方法对技术创新的外部制度环境进行分析，充分肯定了制度创新对技术创新的作用，认为建立一个维持人们创新的产权制度是保障技术创新持续努力的关键。同时，制度创新学派也认可技术创新对改变制度安排的受益和成本的普遍影响，认为技术创新可以增加制度安排的潜在理论，降低制度操作成本。

（二）技术创新理论发展

创新包括工作方法创新、学习创新、教育创新、科技创新等，科技创新只是众多创新中的一种，科技创新通常包括产品创新和工艺方法等技术创新，因此技术创新是科技创新的一种表现方式。技术创新是指生产技术的创新，包括开发新技术，或者将已有的技术进行应用创新。科学是技术之源，技术是产业之源，技术创新建立在科学发现的基础之上，而产业创新主要建立在技术创新的基础之上。

对技术创新过程的理论研究一直是学术界关注的课题。20世纪40—50年代，技术创新过程表现出单一、线性和内源式的特征；60—70年代则主要探讨如何通过企业内部R&D活动的有效管理来推动技术创新的发展。这两个阶段研究的共同点都是局限于企业个体单一的技术创新活动。到了20世纪80年代，系统论的出现给了人们全新的视角去看待企业技术创新过程。罗斯韦尔（Rothwell）、达塔尔（S. Datar）以及我国学者傅家骥等一批国内外知名技术创新学者开始从系统理论的角度进一步去揭示技术创新过程的动态性、集成性和复杂性。随着人们对创新理论研究的不断深入，技术创新的内涵已经超出科学技术的发明和发现范畴，被认为是新构想经过研究开发和技术组合形成生产力并成功进入市场，得到商业应用并产生经济、社会效益的商业化全过程。

（三）技术创新的内涵与特征

1. 技术创新的内涵

全面理解技术创新的概念，技术创新就是一个从产生新产品或新工艺的设想到市场应用的完整过程，它包括新设想的产生、研究、开发、商业化生产到扩散等一系列活动，本质上是一个科技、经济一体化过程，是技术进步与应用创新共同作用催生的产物，包括技术研发和技术开发应用这两大环节。技术创新的最终目标是实现技术的商业应用和创新产品的市场成功。技术创新不仅仅关注技术创新中的市场导向，同时关注技术研发本身，即技术发展的自身规律。

本书认为技术创新的核心是技术开发活动实现商业价值的系统性过程。对企业来说，技术创新活动就是企业建立将新知识、新技术与市场有机联系起来的机制，以不断满足市场发展需求和引领市场消费为目标，创造性地实现新产品、新服务的价值。技术创新涉及新产品开发、新工艺与新材料应用、新的组织与管理形式实施、新的供货渠道与新市场的开拓等方方面面，但本书的技术创新仅涉及技术研发并实现其商业价值的活动，不涉及组织创新、管理创新和商业模式创新等"非技术"创新的内容。

2. 技术创新特征

根据相关学者研究成果，结合技术创新的内涵，笔者认为技术创新的特征主要有 4 个：创造性、市场性、风险性和协同性。

（1）创造性。技术创新过程中，创造出新的资源并对相关要素进行重新组合，必然带来创造性的活动。因此，创造性是技术创新的首要和基本特征。技术创新的本质就是要创造出新产品（服务）、新技术、新工艺、新材料等，最终体现为企业生产的产品具有不同于其他同类产品的全新功能，能够满足用户对该产品的功能需求，为企业创造出别人难以超越的竞争优势。

（2）市场性。技术创新的最终目的，就是把技术创新的成果推向市场，取得经济效益。因此，技术创新活动的目的体现在市场性，即取得经济效益。市场性是指技术创新过程与市场密切相关，企业的技术创新成果需要通过市场的检验，只有将市场作为技术创新活动的反应器，才能更好地促进企业的发展。本质上讲。技术创新是一种经济行为，创新技术产品的市场、实现经济效益是整个技术创新过程中最为关键的环节，也是其同科学研究、技术发明等单一活动的根本区别所在。

（3）风险性。技术创新过程涉及许多相关环节和众多影响因素，其本身就是一个具有很大不确定性的概率过程；且这个过程需要投入大量的人力、物力、财力，但投入与产出并不是正相关。美国的一份研究报告曾经断言，美国的每 10 个专利中，只有一个能变成创新。也正是因为技术创新活动的创造性特征，必然会遇到未曾遇到的问题，这些问题的不确定性带来了风险。

（4）协同性。技术创新活动是一项系统性活动，有技术研发、产品开发、生产制造、市场营销等方方面面的环节，并不是一个单位、一个部门能够完成，需要与其他部门、其他单位协同合作完成。因此，协同性是技术创新的重要特征，它体现在技术创新过程很多时候需要有高等院校、科研机构、政府、企业等多个单位的参与和合作，从而有效降低技术创新的风险，提高技术创新概率。

二、技术创新团队的角色结构

按照技术创新活动的内涵与特征，对技术创新团队的角色结构和角色配置进行分析，指导技术创新团队建设。技术创新团队是一支团队，其团队的角色结构与一般团队的角色结构有共同特点，依据技术创新活动的内涵与特征，其团队的角色结构的类型也有其自身特点。

（一）团队一般活动的角色结构

一个团队开展活动，一般情况下都会经历以下过程，即确定目标、实现路径、制定方案、保障激励、组织实施、贯彻执行等。在这些过程中，不同阶段都有其关键角色。

在团队活动的每个阶段需要发挥关键作用的团队角色是不同的，因此需要根据团队活动的发展进程，激发相应角色成员的作用，从而推动团队目标更好地实现。确定目标，就是团队依据需求来确定团队的目标；这一阶段的关键角色有塑造者和协调者，这两者都是目标感强烈的角色。实现路径，就是目标确定后，怎么实现，实现的路径选择；这一阶段的关键角色有创新者和调查者，创新者能够提供提出新想法和开拓新思路，调查者有与人交往和发现新事物的能力，能够为选择好的路径出谋划策。制定方案，就是在确定路径基础上，制定好的方案；这一阶段的关键角色是执行者，执行者具有可靠性、高效率及处理具体工作的能力，执行者能够确保决策的政策执行。保障激励，就是为方案的具体实施提供人、财、物的保障和激励，这一阶段的关键角色是支持者和调查者，支持者能够处理团队中的各种矛盾，安抚人心，调查者能够鼓舞士气，激励团队成员。组织实施，就是将方案落实到具体的步骤，这一阶段的关键角色是执行者和协调者，执行者具体实施，协调者在具体实施过程中协调各项事务，确保成员各司其职。贯彻执行，就是要有一个好的实现目标的结果，这一阶段的关键角色有执行者和完成者，执行者具体实施，完成者确保好的完成结果。

《西游记》中的师徒4人，每个人都扮演不同的团队角色。唐僧承担了塑造者和完成者的角色，孙悟空是创新者、调查者、专家角色，猪八戒扮演了监督者和支持者角色，沙和尚是执行者和协调者的角色。团队内在角色和谐的状态，凝聚了团队发展和前进的内在动力，每一个团队成员对自己的角色认知也比较清晰；有妖怪出现，孙悟空总是自觉地冲在前面；起程时，沙和尚主动去挑担子；猪八戒会协助孙悟空捉妖怪，并把业务动态报告给唐僧；唐僧能凝聚大家的力量，坚持完成任务等。

（二）创新团队的角色结构

团队的角色结构要求达到均衡，依据一般团队的角色结构，结合技术创新活动的内涵与特征，技术创新团队的角色构成可以分为以下 4 种类型：第一类是组织管理类型角色，包括协调者、塑造者、监督者；第二类是保障激励类型角色，包括调查者、支持者；第三类是技术创新类型角色，包括创新者、专家；第四类执行类型角色，包括执行者、完成者。

在技术创新过程中，在技术创新团队中需要建立客户市场营销团队。以市场营销团队建设作为案例，贝尔宾 9 种角色不可或缺。执行者、协调者、塑造者、创新者、调查者、监督者、支持者、完成者、专家各自担任不同的角色，互相配合，共同推进市场营销活动的顺利开展。执行者适合做市场方案的具体实施工作；协调者适合做项目管理工作；塑造者推动市场营销活动的进度；创新者为市场营销方案提供思路和设想；调查者善于做需求调研、外联工作；监督者善于从事市场绩效的考核工作；支持者善于从事团队建设工作；完成者适合做市场营销的细节工作，为市场营销活动服务客户精益求精提供支撑；专家善于解决市场出现的技术专业问题，为市场客户服务。一个人可以担任多个角色，角色之间相互配合，各角色协同努力推进市场营销活动。

三、技术创新阶段与角色特征分析

技术创新链是技术开发链与创新链有机融合形成的。技术开发链可以分为技术链与开发链，技术链和开发链是两个与技术开发过程关联密切的概念。技术链位于创新过程的前半段，它以技术研发为目的，是促进技术成果不断升级的根本动力。开发链衔接技术链，以产品开发为目的，是使产品不断更新换代的重要因素。技术链和开发链的衔接关系到企业技术创新成果向现实生产力的转化。企业资源的有限性决定了其必须将有限的资源在技术链和开发链上进行合理的安排，使两者进行良好的对接，以保持技术成果对产品开发形成有力的供给。只有这样，企业从事技术创新的成功率才能够得到保障。

罗斯韦尔认为创新链的思想源自技术推动、市场拉动，通过反馈环实现研发和营销的耦合。然而，随着时代背景的不同以及研究的目的和关注点的差异，人们关于创新过程和模式的认识也有所差异：第一代创新模式是技术推动模式，第二代创新模式是市场拉动模式，第三代创新模式是技术与市场交互作用模式，第四代创新模式是一体化模式，第五代创新模式是网络化模式。第五代模式认为技术创新过程是一个多机构系统集成网络联结的过程；相应，创新链也是多机构创新链的系统集成，其复杂性程度大为提高，并表现出强烈的网络化的特征，反映了组织更加开放的边界。

尽管企业创新活动日趋复杂化，创新链的模式也随之相应地进化，并形成了多种类型，但其本质是从新思想到技术价值市场实现的一系列职能活动的序列集合，是指将科研成果或发明转化为产品，实现产品的商品化，在具有强大的市场竞争优势的前提下，实现产业化，最终完成国民经济分支产业的技术经济全过程，也即通常所讲的科技成果产业化的过程。

（一）技术创新阶段的不同划分

按照技术创新理论与技术创新链，关于企业技术创新过程的阶段划分，不同的学者有不同划分方式，主要可以概括为以下几种。

1. 按照创新活动承担部门划分

技术创新过程可以分为 5 个阶段：研发部门，创新设想首先进入这里，形成概念和发明；设计部门，在这里将发明设计成产品原型；工程部门，解决产品生产的工程技术问题；生产部门，制造出新产品；营销部门，将产品推向市场，实现经济效益。

2. 按照创新活动的特点划分

依据创新活动的特点进行划分，最普遍的划分方式是把创新过程分成 3 个阶段：设想形成阶段、发明阶段和实现阶段；也有的学者将创新过程分为设想实现、项目确认、解决问题、设计和开发、生产、销售 6 个阶段或概念形成、可行性分析、开发、小规模试验、半商业化、常规化 6 个阶段。

3. 将创新活动特点与决策结合起来划分

将创新活动的特点与决策结合起来，把技术创新过程划分为 4 个阶段：感性阶段、概念化阶段、开发阶段和生产运营阶段。

在所有划分方式中，最具代表性的是我国学者傅家骥在《技术创新——中国企业发展之路》中提出的观点，他认为技术创新全过程由两个层次的 3 个主阶段和 6 个子阶段构成。第一层次分为 3 个主阶段，第二层次每一主阶段分别包含 2 个子阶段。各阶段的主要内容、目标、决策问题和行为特征见表 3 - 1。

表 3 - 1 企业技术创新过程的阶段划分

技术创新阶段	主阶段	发现/决策阶段		开发阶段		实现阶段	
	子阶段	创新构思	开发/采用决策	准备	试验开发	规模投入	实现与扩散
主要内容		1. 市场或技术机会发现 2. 自身能力比较 3. 创新构思	1. 构思系统化 2. 创新方案评估 3. 创新开发或模仿采用决策	1. 工程分解 2. 投入准备 3. 组织调整 4. 创新分工	1. 小规模投入 2. 试验性市场开发 3. 反馈调整	1. 大规模投入 2. 创新活动全面展开 3. 组织结构深入调整	1. 生产规模形成 2. 市场实现 3. 形成生产体系 4. 创新扩散
主要目标		寻求更多机会,形成多种创新构思	正确评估与果断决策	工程性可靠分解与充分准备	新问题的尽早发现调整	1. 规模投入优化 2. 组织变动顺利	1. 较好实现效益 2. 生产体系尽早稳定形成
主要决策问题		如何有效收集信息与激发创造性思维	创新与否及其基本类型选择	投入量与可供量的匹配	试验规模及其继续或中止	实际投入方式与组织协调	评价标准,评价结论即扩散与否
阶段行为主要特征		探索与创新	风险决策	分工准备	反馈调整	优化投入与配套管理	规模实现与稳定完善

资料来源:傅家骥. 技术创新——中国企业发展之路 [M]. 北京:企业管理出版社,1992.

(二) 符合创新团队需要的技术创新阶段划分

按照不同学者提出的技术创新阶段的划分,笔者为方便团队管理,明确主题任务,结合创新团队的研究需要,提出符合创新团队需要的技术创新阶段的划分,如图 3 - 1 所示。本书技术创新阶段主要提出三大阶段:技术研发阶段、产品(服务)开发阶段、产品(服务)价值实现阶段。

技术研发阶段,是指技术预见、创新构思、新技术、新材料、新工艺的技术发现阶段。一般情况下,大部分科技型企业的技术发现活动与高校、科研机构进行合作,共同发现新技术、新材料、新工艺。

产品(服务)开发阶段,是指新产品(服务)的设计、样机开发、试制、小试、中试等产品开发与生产,为大规模生产活动提供技术、工艺与组织支撑。

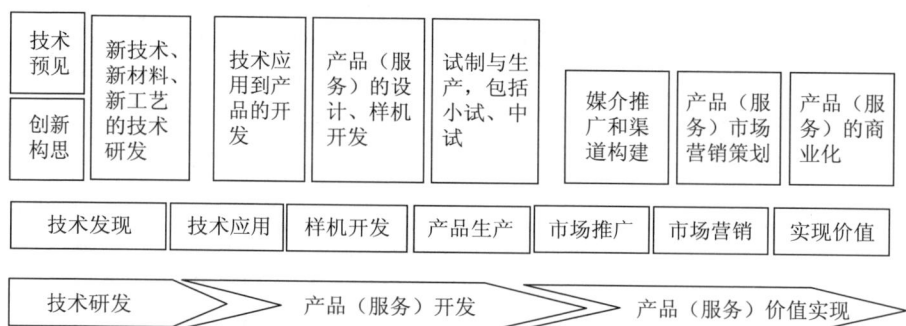

图 3-1 技术创新阶段划分

产品（服务）价值实现阶段，指新产品（服务）价值的实现阶段，包括营销策划、市场推广、销售渠道建立、产品（服务）的商业化等，为企业进一步做大做强提供市场支撑。

（三）技术创新阶段角色特征分析

技术创新活动在不同环节有不同的内容、风险及特点，需要针对这些不同环节的活动进行分析，了解这些环节创新活动的角色特征（表3-2）。

表 3-2 技术创新阶段创新活动内容与角色特征分析

创新阶段	创新主要内容	风险	关键任务	角色特征
技术研发	创新构思、技术预见、技术发现阶段	技术风险大	技术研发	专业的知识与技能
产品开发	产品（服务）的设计、样机开发与试制等产品开发与生产活动	新产品开发风险大、生产风险大	将开发的新技术应用到产品（服务）并生产出来	严谨，执行高效
产品（服务）价值实现	新产品（服务）营销策划、市场推广、销售渠道建立、销售等活动	市场风险大	实现经济效益	灵活，善于社交

1. 技术研发活动与角色特征

技术研发活动，主要进行技术本身的研究开发活动，主要分为两个方面：一是依据技术自身发展规律，有条不紊地推进技术研发工作；二是面向市场开展与新材料、新技术、新工艺和新材料的应用相关的技术研发活动。在进行技术研发活动时，技术研发分为独立研发和联合研发。独立研发是指依靠自身力量进行技术研发活动，联合研发是指联合单位以外的研发力量进行研发。按技术来源，技术创新可以分为原始技术创新、集成技术创新、引进技术再创新。原始技术创新是指在科学研究基础上，研发一种原创性全新技术；集成技术创新是指将多个技术进行集成形成一种新技术；引进技术创新是指将外部的技术引进、消化、吸收再进行创新。

在此创新活动环节，企业需要投入大量资金，特别是将市场纯利润投入技术研发活动中。由于技术研发前景不是十分明朗，存在很大的失败风险。此阶段的关键任务是技术研发，特点是技术研发成功的前景不明朗。

在技术研发方面，格力电器是较好的典型案例之一。格力电器先后突破了变频空调关键技术、直流变频离心机技术、无稀土变频压缩技术、双级变频压缩机等一系列尖端技术，从"1赫兹"核心技术到后来的双级压缩技术、不需要换滤芯的空气净化技术以及"不用电费"的光伏直驱变频技术，不仅在国内行业中起到了引领作用，在国际上也处于领先水平。这得益于格力多年以来对技术研发的重视，格力拥有一支由8000多名科研人员组成的技术研发团队。格力目前已掌握了压缩机与电机技术、变频控制技术、系统节能技术等全球行业领先核心技术，这些技术不仅成功转化应用到自身新产品开发中，还应用到日立、中国南车、东风汽车、大金、三菱、惠而浦、英格索兰（特灵）等国内外企业的产品研发中。

针对技术开发活动，结合实际案例，这阶段的团队角色特征需要专业的知识和技能，技术研发活动需要专业知识深、较好技能的角色去完成技术研发任务。

2. 产品（服务）开发活动与角色特征

本创新活动环节主要包括基于技术研发的新产品设计、样机开发与试制、小试、中试等活动；基于产品（服务）技术研发活动的成果已初步成为实物，并对试制样机进行小批量、小规模的试生产活动，为大批量生产新产品提供工艺技术支撑；从生产制造角度来说，新产品的生产环节基本已能够确定。此环节活动的关键任务就是将技术研发成果应用到产品（服务）中，并能够按照设计要求和市场需要生产出来。

在技术应用方面，格力也是典型案例之一。格力将自己研发的变频技术和节能技术应用到中央空调上，即光伏直驱变频中央空调，其最大卖点、也是其最核心的技术就是光伏直驱节能技术，利用太阳能直接驱动空调，做到直发直用，省去了光伏逆变上网的逆变损耗及进空调的整流环节损耗，实现光伏与空调的无缝结合，大大提高转换效率，光伏利用率高达

99%，比常规光伏发电并网＋空调系统用电模式提高6%至8%。然而，在产品开发活动中，并不都是一帆风顺的，在改善某型空调出风口的设计，以及最新上市的隐形家用中央空调"翼之恋"的设计方案上，由于没有达到创新的完美要求，使已投资五百多万的模具变为废铁。正是严格的工艺设计要求，使格力产品的品质得到市场的认可。另外，格力在拥有核心技术的基础上，不仅将其应用到空调产品上，提升性能和品质，还开发出新的产品，如空气能热水器、TOSOT 生活电器、晶弘冰箱等，开拓新的市场。

针对产品（服务）开发活动，结合实际案例，这阶段的团队角色特征就是工作严谨、执行高效。工作严谨就是能够按设计要求和工艺要求进行样机开发、试制、小试、中试、生产制造等活动；执行高效就是能够按要求严格执行、高效落实（表3-2）。

3. 产品（服务）价值实现活动与角色特征

本创新活动环节主要是市场推广、市场营销及市场扩大等。市场推广环节更注重新产品的媒介推广阶段，主要通过广告、活动、示范、试用等不同渠道，使市场尽快认可和接受新产品，并进一步得到现实市场的真实反馈。市场营销主要是制定营销方案、建立营销渠道，让新产品与用户之间无缝链接，是实现新产品价值的重要环节；并通过大量用户反馈的真实信息，不断改进与完善新产品。随着新产品市场份额的扩大、产业规模的不断扩张，资金需求量不断增加，企业的发展需要更多资源的投入做大做强。

在市场营销案例上，格力同样是典型案例之一。在营销广告用语上，格力刚开始使用的是"好空调 格力造"，现在的广告用语是"格力掌握核心科技"，始终在市场营销上体现格力产品的品质。但目前的市场营销，体现的是在掌握核心科技基础上的产品品质。同样，在市场上推广格力最具创新性的产品——光伏直驱变频中央空调，广告用语是"不用电费的中央空调"。广告是万达集团董事长王健林和格力集团董事长兼总裁董明珠共同出演的，万达旗下四大产业，分别为商业地产、高级酒店、文化旅游、连锁百货，其产业很多地方需要空调，而格力是生产空调的，消费者与生产者共同为新产品市场推广出演广告，市场营销方案很灵活，有很好的创意，非常有利于新产品的市场营销活动。

针对产品（服务）价值实现活动，结合实际案例，这阶段的团队角色特征要求灵活、善于社交。灵活就是要求在瞬息万变的市场环境下能够灵活处理各项情况，完成市场营销任务；善于社交的角色特征就是要善于与市场客户打交道，充分了解市场客户需求，用产品（服务）满足客户需求。

四、技术创新不同阶段的任务与职能

基于上述技术创新不同阶段的创新内容和特点，进一步分析技术创新不同阶段的任务与职能。

（一）技术研发阶段的任务与职能

按照技术创新的功能和作用，结合技术研发活动的内容，技术研发阶段的核心任务就是研发出一种能够应用到产品（服务）的技术，技术可以是原创的技术、集成的技术，也可以是引进、消化、吸收、再创新的技术，研发的形式可以是联合和独立开发。同时，技术研发还涉及领域相关新技术发展趋势、技术机会发现、创新构思等职能。

根据技术研发阶段的核心任务内容，结合职能设计要求，可以分析出，技术研发阶段的主要职能有积极创新、协同合作、技术交流、分析思考、解决问题、沟通协调等。积极创新就是要求有创新的思想、发现技术与市场的机会；技术交流就是要求技术研发阶段要时常关注领域相关科技的最新发展动态，了解领域相关科技资源；协同合作就是要求在技术研发过程中要有联合的思想，不能单打独斗，能够整合和利用其他单位的技术资源；分析思考就是要求对领域相关技术进行深入研究；解决问题就是要求技术研发以问题导向，一种技术的出现能够解决什么问题；沟通协调就是要求技术研发活动要与市场、产品开发等节点进行沟通交流，协调技术创新整体进程。

（二）产品开发阶段的任务与职能

按照技术创新的功能和作用，结合产品开发活动的内容，产品开发阶段的核心任务就是将研发出来的技术成功应用到产品（服务），并能够按照市场用户需求生产制造出来，其任务包括技术应用开发、基于技术应用进行的产品设计、样机开发与试制、小试、中试和组织生产等。

根据产品开发阶段的核心任务以及相关活动内容，结合职能设计要求，可以分析出，产品开发阶段的主要职能有积极创新、问题解决、计划组织、高效执行、沟通协调。在产品开发阶段的积极创新要求提供更多的

方式和方法，能够加快推动技术应用；在产品开发阶段的问题解决要求提供更详细的方案，在遇到技术、工艺、材料等技术应用问题积极进行解决，能够加快将新产品（服务）的生产；计划组织就是要求有计划、有组织地将过程多种要素进行组合并生产出来，涉及的要素包括产品设计要素、原材料要素、生产工艺要素、生产设备要素、生产组织要素等；高效执行就是在本阶段产品设计定型后，能够按市场、技术、工艺、设计的要求严格地生产出来；沟通协调就是要保持与技术研发方与市场方双方的沟通协调，重点是与市场方的沟通，确保设计定型的产品（服务）符合市场用户需求，有序推进技术创新活动。

（三）产品（服务）价值实现的任务与职能

按照技术创新的功能和作用，结合产品（服务）价值实现的内容，产品（服务）价值实现阶段的核心任务是将基于技术应用生产制造出来的产品（服务）推向市场，实现经济效益，其任务包括产品（服务）市场营销策划、媒体宣传、市场渠道的构建、市场推广、销售等任务。

根据产品（服务）价值实现的核心任务以及相关活动内容，结合职能设计要求，可以分析出，产品（服务）价值实现的主要职能有顾客服务、影响说服、发现机会、社交人脉、销售技巧、沟通协调等。顾客服务就是要有市场用户意识，在市场营销策划、宣传、推广、销售等方面要符合市场用户的需求；影响说服就是要有能力说服市场用户使用新产品（服务），加快产品（服务）价值的实现；发现机会就是在市场千变万化情况下，能适应变化，捕捉和抓住产品（服务）的机会；社交人脉就是有广泛的社会交往和人脉关系，有利于构建市场渠道，更快推动产品（服务）实现价值；销售技巧就是在推广和销售产品（服务）时能够较快推销出去；沟通协调就是与技术研发方、技术应用方保持沟通，协调进度，重点是将市场用户使用情况反馈给技术方与生产方，持续完善产品。

五、创新团队不同创新阶段职能与角色匹配

依据创新团队不同创新阶段的职能，结合贝尔宾团队9种角色理论，进行角色匹配分析与研究。

（一）技术研发阶段的职能与角色匹配

技术研发阶段的主要职能有积极创新、协同合作、技术交流、分析思考、解决问题、沟通协调等，此阶段的主要任务是进行技术发现、技术研

发等。因此，依据贝尔宾团队角色理论，结合本阶段的任务与职能，本阶段创新团队中的关键角色要有智者取向的角色和面向人取向的角色，如创新者、专家、监督者、调查者、协调者、支持者。

创新者角色思路开阔，观念新，富有想象力，有利于创新构思，善于解决棘手的问题，有利于问题的解决；专家角色是专业领域的权威，能够对技术进行分析思考，有利于技术研发活动。智者取向的角色由于沟通协调能力较弱，且易引起内部矛盾，因此此阶段创新团队还需要有面向人取向的角色，如调查者、协调者、支持者。调查者是天生的交流家，喜欢聚会与交友，能够执行开展技术交流、协同合作的职能，同时能够把组织外的思想、信息带回到组织之中，为团队提供外部技术最新信息；协调者善于协调各种错综复杂的关系，不仅能够为团队开展协同合作创新，能够支撑服务，也能化解团队内部产生的矛盾，能够引导创新团队共同努力，迈向共同的目标；支持者是团队内部信息的积极沟通者，是团队的黏合剂，防止和抵消了由监督者和专家偶尔引起的矛盾与摩擦。

因此，根据本阶段创新团队的职能，本阶段创新团队的关键角色有创新者、专家、监督者、调查者、协调者、支持者。

（二）产品开发阶段的职能与角色匹配

产品开发阶段的主要职能有积极创新、问题解决、计划组织、高效执行、沟通协调，此阶段的核心任务就是将技术研发出来的技术成功应用到产品（服务），并能够按照市场用户需求生产制造出来。依据贝尔宾团队角色理论，结合本阶段的任务与职能，本阶段创新团队的关键角色有行动取向的角色和面向人取向的角色，如创新者、塑造者、执行者、完成者、协调者。

创新者富有想象力，智力超群，知识渊博，为技术应用到产品提供思路和方案，加快技术应用到产品中的进程；塑造者善于把团队的工作任务具体化，制订计划和方案并付诸行动，因此塑造者能够制订技术应用方案、研发定型产品实施方案，并监督实施，发挥高效执行职能作用；执行者计划性强，喜欢用系统的方法解决问题，能够系统解决技术应用到产品中的问题，与创新者配合，能够进一步加快推进技术应用到产品中的进度，发挥问题解决的职能作用，同时执行者还是工作的实际组织者，将各种决策和想法变成明确的具体任务，并将之转变为实际的步骤去执行，能够在样机的试制、小试、中试、产品生产等活动中发挥计划组织、高效执行的职能作用；完成者角色的特点是尽职尽责，严格按日程办事，确保所有工作都按计划完成，维护工作秩序，因此该角色能够推动本阶段活动有序开展，并能够使生产的产品严格按照设计与工艺要求制造出来；协调者角色的特点是在人际交往中能很快发现每个人的优势和不足，并在实现目标的过程中妥善运用，在本阶段能够将技术应用、生产组织、计划安排等活动，让合适的人去计划组织活动，确保上述活动顺利进行，同时能够与本阶段的前一阶段与后一阶段进行有效沟通，发挥协调沟通职能作用，确保上下衔接，推动整个技术创新活动顺利实施。

因此，根据本阶段创新团队的职能，本阶段创新团队的关键角色有创新者、塑造者、执行者、完成者、协调者。

（三）产品（服务）价值实现阶段的职能与角色匹配

产品（服务）价值实现阶段的主要职能有顾客服务、影响说服、发现机会、社交人脉、销售技巧、沟通协调等；核心任务是将基于技术应用生产制造出来的产品（服务）推向市场，实现经济效益。依据贝尔宾团队角色理论，结合本阶段的任务与职能，主要面向组织外部的市场用户开展工作，要求团队成员对市场要有激情，在面对市场千变万化的情况下能够灵活处理，因此，本阶段创新团队的关键角色要求面向人取向的角色，要有激情的角色和灵活的角色，主要有协调者、调查者、支持者、塑造者、创新者等角色。协调者的角色特点是能够激发团队成员对共同目标的忠诚和热情，座右铭是"有控制地协商"，喜欢平心静气地解决问题；在面对市场用户时，能够保持整个团队对用户的热情，并在面对市场问题时，能够平心静气地解决问题，发挥顾客服务、影响说服、沟通协调的职能作用；并将市场用户使用产品的信息反馈给技术研发方和生产制造方，不断持续完善产品。调查者角色的特点是喜欢聚会与交友，是天生的交流家，在交往中获取信息并加深友谊；其典型特征是外向、热情、好奇、善于交际；在本阶段构建销售渠道、与市场用户打交道中，调查者能够开拓社交人脉，加快销售渠道的构建。支持者的角色特点是善于与人打交道、善解人意、关心他人、处事灵活；在本阶段支持者角色能够了解市场用户的需求，善解人意，同时在面对千变万化的市场环境能够灵活处理问题，发挥顾客服务、销售技巧的职能作用。塑造者的角色特点是遇到困难时总能找到解决办法；在团队中活力四射，尤其是在压力下工作精力旺盛，是团队的推进器和火车头；塑造者一般都是高效的管理者，能够加快市场营销策划方案的实施，在市场出现问题时总能找到解决办法，发现市场机会，特别是在市场不景气，能够激发团队工作热情，保持团队积极向上的激情，对创新团队开拓市场有很大帮助。创新者的角色特点是能提出新想法和开拓新思路，善于解决棘手的问题；在本阶段中能够为新产品在市场中找到用户提供新想法和新思路，有利于销售渠道的构建，富有想象力，能够在市场营销策划、媒体宣传等工作发挥智多星的作用；在市场随机万变的情况下，会出现很多棘手问题，而创新者能够解决棘手问题，推动市场营销顺利开展。

因此，根据本阶段创新团队的职能，本阶段创新团队的关键角色有协调者、调查者、支持者、塑造者、创新者等角色。

第二节　不同类型创新团队的角色分析

本节通过对技术创新类型的分析，重点分析不同技术创新类型的创新团队应具有的关键角色，以及角色发挥的作用。

一、技术创新类型

技术创新类型通常可以根据技术创新的程度、创新对象、创新来源等不同标准进行划分。依据技术创新的程度，或可称作根据技术创新对企业经营的冲击程度大小，可以将技术创新划分为渐进型创新与激进型创新两种类型；依据技术创新对象，可以分为产品（服务）创新和工艺创新。依据技术创新来源，可以分为原始创新、集成创新、引进再创新。

（一）渐进型和激进型技术创新

一般认为，技术创新根据对企业经营中的冲击程度大小可分为渐进型创新（incremental innovation）与激进型创新（radical innovation）两种类型，前者以既有知识为基础进行创新，对于企业既有的核心能力具有逐步强化的效果；后者则在与现有知识几乎完全不同的新知识基础上进行创新，对于企业既有产品可能产生替代性的破坏效果。学术界根据不同的标准对技术创新的类型进行了不同的划分，如被分成重大产品创新和改良式生产创新，或者延续性创新（sustaining innovation）与突破性创新（disruptive innovation）等。

1. 渐进型创新

渐进型创新是一种主要依靠市场需求和技术推动的创新。这种创新所涉及的变化都是以现有技术和生产能力为基础的，且是针对当前的市场和顾客的变化。创新的结果是巩固了现有的技能和资源的利用，但不能明显地改变经济的动力机制。作为一个整体，它对产品的成本降低和性能提高有显著的累积性效果，从而对延长产品生命周期、提高生产率具有重大的影响。另外，渐进型创新能支持规模经济，进而使企业获取竞争优势。

渐进型创新的案例很多，如苹果 iPhone 手机，已经发展到 iPhone 6。与之前的手机相比，iPhone 6 在外观、性能等方面都有很大提高，而这主要是针对市场和客户的需求，在原有 iPhone 手机基础上，进行一系列改进与完善的结果，这种创新就属于渐进型创新。

2. 激进型创新

激进型创新是指在技术上有根本性、突破性变化的创新。一般情况下是指企业首次向市场引入的、能对经济产生重大影响的创新产品或技术。它是一种跳跃式的技术变化过程，往往通过全新的方式生产产品和提供服务。一般说来，激进型创新与科学上的重大发现有着紧密的关系，其创新周期比较长，在创新过程中要得到其他各种创新的不断充实和完善，同时也会引发出大量其他创新。基础创新是促进产业结构变化的决定性力量，它常常能主导一个产业，最终彻底改变竞争格局和技术格局。

激进型创新的案例很多，如大家经常看的电视机。电视机最早的显示方式是显像管，通过显像管来显示图像，其后电视显示方式由显像管变革到等离子电视、液晶电视、OLED 电视，这几种类型显示方式的电视在技术来源、生产方式上都是全新的，这几种电视机的创新属于激进型创新，带来的是全新的消费体验。

3. 渐进型创新与激进型创新的关系

渐进型创新与激进型创新具有紧密的关系。一般地说，激进型创新决定了渐进型创新，并为渐进型创新的形成提供各种技术机会；而大量渐进型创新的出现则孕育着激进型创新。激进型创新主要集中在技术发展生命周期的早期阶段（即产品开发期和成长期），随着技术的不断成熟，激进型创新逐渐减少而渐进型创新开始增多；在衰退期，由于激进型技术创新所提供的形成重大变革的技术潜力已基本耗竭，即使需求和投资增加也难以有效地刺激激进型技术创新的增长。

苏布拉马尼亚姆（M. Subramaniam）和 M. A. Youndt 认为渐进型创新能力是增强现有的产品和服务方面创新的能力，而激进型创新能力是能够对现有的产品和服务产生重要变革创新的能力。Gatignon 等认为渐进型创新包括改进和开发现存的技术路径，而激进型创新包括打断现存的技术路径。渐进型创新旨在建立和加强现存的知识的应用性，而激进型创新则打破一个现存知识基础的价值。因此，渐进型创新能力侧重对主流知识的积累和加强，这些创新将得益于对主流知识的改进；激进型创新能力则侧重对主流知识的改革，使得主流知识淘汰陈旧的知识变换为新的重要知识。

（二）产品（服务）与工艺创新

1. 产品（服务）创新

产品（服务）创新是指把新设想、新技术、新材料应用到能在市场上销售的新的或者显著改进的产品上，降低产品（服务）成本，提高产品（服务）品质与性能。将产品创新与产品生命周期理论结合起来，产品开发时间短，不断提供新颖的产品进入市场，能够提高产品市场竞争力。理想的产品生命周期形态是开发期、成长期短，成熟期持续时间长，衰退过程缓慢。因此，缩短产品开发时间，提高产品在市场上的新颖程度就成为产品创新的核心。一般说来，激进型创新对企业的发展影响较大，渐进型创新对企业的影响有小有大，但前者往往比较难以实现，投入也大；后者较易做到。

2. 工艺创新

工艺创新是指研究和采用新技术或有重大改进的生产方法，这些方法包括生产设备、生产流程、生产组织等方面的变化。通过工艺创新，可以实现现行生产方法无法完成的新的或改进的产品（服务）性能与品质，也可以用于降低生产成本、提高已有产品的生产效率。因此，工艺创新不仅对开发新产品、改进原有产品起到重要作用，还对提高产品产量、性能和品质起到重要作用。在经济上的重要性，工艺创新并不亚于产品（服务）创新。一般情况下大多数工艺创新是渐进的，投入大小和难度都比较适合中小企业的特点，因而也是中小企业技术创新的重要途径之一。

3. 产品（服务）创新和工艺创新的关系

产品（服务）创新和工艺创新之间常常相互影响、相互交融、相互促进，并与中小企业的直接经营活动密切相关，因而具有较大的普遍性，在中小企业的技术创新活动中占有重要位置。产品（服务）创新往往会导致原有生产工艺的变化和创新，工艺创新有时能够产生一种新的产品（服务）。因此，产品（服务）创新和工艺创新之间常常相互影响、相互交融、相互促进，很难区分两者的关系。

（三）原始创新、集成创新与引进再创新

1. 原始创新

原始创新是指在科学研究发现基础上，发明创造一种新技术，这种新技术应用的成果，就是基于原始创新而形成的产品（服务）。原始创新是最困难的，但也是最有价值的，因为原始创新是在科学理论研究基础上，开展的一种全新的技术研发和应用的结果，是站在技术前沿的，不是花一两年时间就能够超越的，如电脑芯片技术、新药研发、压缩机技术等。

2. 集成创新

集成创新是指把现有的技术组合起来，创造一种新的产品（服务）或者新的技术，或者是把某个领域里成熟的技术引进另外一个领域里，使得它能够产生新的变化。这个在日常生活里也有很多例子，如汽车行业轿车的轻量化技术，就是将材料领域的新技术应用到汽车行业中。还有很多领域的新技术应用，如倒车影像、倒车雷达、疲劳驾驶提醒等。

3. 引进再创新

引进再创新是指组织在引进别人技术基础上，结合自身需要做一些扩展或变动而研发出来的新产品（服务）或工艺。例如，CDMA 最初是美国和欧洲研发出来的，韩国的手机全是 CDMA 制式，引进的是美国的技术，但是它在引进美国技术的基础上，在技术的外围做了很多研究工作，也形成了拥有自己知识产权的技术，这就属于一种引进再创新。尽管韩国 CD-MA 现在的核心技术是美国的，但由于外围专利技术的树立，使得其具有自己的特色，有一定的先进性；这种创新也具有很重要的意义，能够加快推动先进技术应用的步伐，跟上时代要求，加快推动产业和国家进步。

（四）技术创新类型之间的关系分析

依据技术创新的程度、对象和技术来源，对技术创新类型进行深入分析。为继续深入分析技术创新的类型，需要进一步剖析上述技术创新类型之间的关系，为进一步梳理技术创新团队类型打好基础。

1. 技术创新程度与技术创新对象之间的关系

按技术创新程度来分，技术创新分为渐进型创新和激进型创新；按技术创新对象来分，技术创新分为产品创新和工艺创新。渐进型技术创新是增强现有的产品和服务方面创新的能力，是改进和开发现存的技术路径。因此，渐进型技术创新可能会是产品（服务）创新，也有可能是工艺创新，也有可能是产品（服务）创新和工艺创新并存，关键是要判断这种渐进型技术创新是应用到产品功能扩展上还是工艺技术改进上，或者产品（服务）创新和工艺创新都有新技术应用。激进型创新往往是全新的一种技术创新，对现有的产品（服务）产生重要的变革，打断现存的技术路径。激进型创新肯定会带来产品（服务）的创新，且是重大的变革性的产品（服务）创新，同时也会导致工艺创新。因此，激进型技术创新会产生产品（服务）创新和工艺创新。

2. 技术创新程度与技术创新来源之间的关系

按技术创新程度来分，技术创新分为渐进型创新和激进型创新；按技术创新来源来分，技术创新分为原始创新、集成创新、引进再创新。渐进型技术创新是改进和开发现存技术的路径，而集成创新和引进再创新的技术大部分都是现存技术。因此，渐进型技术创新的技术来源大部分是引进再创新或集成创新。激进型技术创新在技术上有根本性、突破性变化，而原始创新往往是在科学研究发现基础上，发明创造一种新技术，这种新技术成果的应用就是原始创新。因此，激进型创新的技术来源往往是原始创新。

综上所述，渐进型技术创新是对现有存在技术的集成创新或再创新，继而将集成创新技术或再创新技术应用到现有产品（服务）和工艺的过程，从而实现产品（服务）创新、工艺创新或两者都有创新的目标；激进型技术创新是在科学研究基础上，进行技术发明创造，并将发明创造的新技术应用到产品（服务）的过程，实现一种全新的产品（服务），这一过程包含产品（服务）创新和工艺创新两个创新。

二、技术创新团队的人员特性与功能

按照技术创新类型，结合创新团队职能与角色分析的要求，将技术创新团队分为两类，即渐进型技术创新团队和激进型技术创新团队。

（一）渐进型和激进型创新团队的人员特性

1. 渐进型技术创新团队的人员特性

由于渐进型创新能力主要是针对现有组织的相关知识和技术的积累能

力，团队成员的通用性对渐进式创新能力有着关键的影响。渐进型技术创新本质上是知识和技术积累，而激进型技术创新的本质是知识和技术的转移，因此，与激进型产品创新能力相比，渐进性产品创新能力意味着较少的创造性、探索性和实验性，其创新能力意味着较强的广泛性、多元性和集成性，与之相适应的通用性与激进型创新相比也较强，即团队人员的通用性越强，渐进性产品创新能力越强。

2. 激进型技术创新团队人员特性

组织若要增强激进型创新能力，则需要加强知识和技术转移的能力，非线性地进入其他知识领域，需要创造性。要进入新的知识领域和获得新知识主要依靠有创造性的、聪明的、有技能的员工，在组织中这类型的人员越强，越会给组织带来高激进型创新能力。通过分析，团队中创造性的人员具有创新性、探索性和实验性等要素，这些要素都有利于激进型创新能力。团队人员的创造性越强，激进型产品创新能力越强。

（二）渐进型和激进型技术创新的职能分析

1. 渐进型技术创新的任务与职能

渐进型技术创新就是利用现存技术对现有组织的知识和技术进行持续改进与完善，实现降低生产成本，提高产品（服务）数量，提升产品（服务）品质，向市场不断提供新颖的产品（服务），进而提高组织的产品（服务）竞争力，使组织获得更大经济效益。因此，渐进型技术创新的核心任务就是要对与组织领域相关的现存技术有充分了解，而后进行集成创新和引进再创新，持续不断改进现有产品（服务）。

依据渐进型技术创新的核心任务，结合职能设计的要求，渐进型技术创新的核心职能有技术交流、适应变化、社交人脉等。技术交流要求及时了解领域相关技术的发展动态，广泛了解领域相关技术的现状，为引进再创新和集成创新提供现存技术；适应变化就是要适应现存技术发展的状态，善于接受和发现现存新技术的应用；社交人脉就是要广交朋友，了解领域相关科研资源、新技术应用、新产品（服务）情况，将现存技术引入组织，为组织技术创新带来新的信息。

2. 激进型技术创新的任务与职能

激进型技术创新就是利用科学基础研究成果，通过自主或协同合作进行技术的发明创造，并将发明创造的技术应用于产品（服务）中，向市场用户提供一种全新的产品（服务），开拓新的市场，形成一种新的主导型市场地位。因此，激进型技术创新的核心任务就是要通过自主或协同创新的模式，在领域相关科学研究基础上，发明创造一种全新的技术，进而实现技术的商业化。

依据激进型技术创新的核心任务，结合职能设计的要求，激进型技术创新的核心职能有探索思考、影响说服等。探索思考要求对领域相关技术进行深入研究，对探索未知领域有极大兴趣，遇到困难也不放弃，持之以恒，长期钻研。影响说服要求影响和说服其他专业人士能够与之一起共同长期从事专题研究工作。

三、不同类型技术创新团队职能与角色匹配

（一）渐进型技术创新团队职能与角色匹配

渐进型技术创新的核心职能要有技术交流、适应变化、社交人脉等。依据贝尔宾角色理论，结合渐进型技术创新的核心任务与职能，渐进型技术创新团队关键角色有调查者、创新者、支持者等。调查者的角色特点是其天生就是交流家，能够把组织外的思想、信息带回到组织之中，对外界环境十分敏感，适合做外联和持续性的谈判工作。因此，调查者能够及时了解领域相关技术的发展动态，广泛了解领域相关技术的现状，将现存技术引入到组织中，发挥技术交流、社交人脉的职能作用。创新者的角色特点是思路开阔，观念新，富有想象力，不受条条框框约束，不拘小节，难守规则。因此，创新者往往能够不按套路，为外部技术或现有技术的应用提供思路和方法，为开展集成创新和引进技术再创新提供新思想的源泉，对技术创新发挥重要作用。支持者的角色特点是关心他人，处事灵活，适应能力很强，很容易把自己同化到群体中，成为适应环境的支持者。因此，在渐进型技术创新中，支持者能够适应新技术带来的变化，协调各方提供的技术和技术应用的意见和建议，促成技术的集成创新和引进再创新，发挥适应变化的职能作用。

渐进型创新典型的案例，如百度，在保持延续性和风格一致的基础上，由千千万万用户的体验来进行渐进型创新。通过不断地调查用户需求，进行海量数据的分析，基于对于用户价值观、使用习惯和趋向性热情的研究，以用户希望作为方向，不断地对功能和产品进行创新。百度产品的每一次创新，往往都是将经过长年累月的分析和探索发现的微妙感受用于产品的改进和完善的结果，从而使千千万万的用户获得更好更"爽"的

体验。人们在使用百度地图时会发现，能通过渠道反馈百度地图的错误信息，达到完善百度地图的目的，使用户体验和交互性得到满足。目前，百度产品已经涵盖生活的方方面面，如搜索服务、社区服务、导航服务、游戏娱乐、旅游、宾馆、吃饭、购物等，用户的需要就是百度的产品和服务，正是这种对用户无微不至的渐进型创新，使百度产品和服务成为人们生活的一部分。

（二）激进型技术创新团队职能与角色匹配

激进型技术创新的核心职能有探索思考、影响说服等。依据贝尔宾角色理论，结合激进型技术创新的核心任务与职能，激进型技术创新团队关键角色有专家、创新者、完成者等。专家的角色特点是具有奉献精神，拥有丰富的专业技能，致力于维护专业标准。因此，专家角色能够在自己领域长期从事专题研究，对自己领域能够保持奉献精神，主动工作，发挥探索分析的职能作用。创新者的角色特点是有创造力，智力超群，知识渊博，通常会成为一个公司的创始人或一个新产品的发明者。因此，激进型技术创新过程中，创新者能够为技术的发明创造提供方向和想法，推动发明创造的成功发挥重大作用。完成者的角色特点是具有持之以恒的毅力，坚持不懈，精益求精，尽职尽责完成工作。因此，在激进型技术创新过程中，由于发明创造需要很长的周期，需要完成者持之以恒的毅力，坚持不懈的作风，尽职尽责地完成工作。三个角色的共同努力，长期坚持能够吸引和说服其他有志之士参与到这项工作，形成一种魅力型创新团队。

激进型创新典型案例，如中国华为。华为公司成立于1988年，历经20多年的艰苦奋斗，已经成为著名的国际性大企业，能与爱立信、西门子等公司比肩而立。这主要得益于华为重视研发工作，目前华为拥有7万多人的研发队伍，全球有16个研发中心，在过去10年在研发上的投入超过200亿美金。正是对研发工作大量的、持续的长期投入，使得华为研发创新出两大架构式的颠覆性产品，一个叫分布式基站，一个叫SingleRAN，华为的竞争对手进行模仿至今未有实质性突破。正是这样的颠覆性产品，过去几年给华为带来了欧洲和全球市场的重大斩获。而在5G研发上，2009年华为已经开始了5G的研究。其设定的目标是2018年部署5G试验网，2020年正式部署商用网络。在5G研发经费投入方面，除了之前几年的投入积累外，未来5年华为将投入6亿美元，集中用于5G的基础研究和创新，不含设备与终端产品开发，整体投入会远远超过6亿美元。另外华为也在强化前沿布局，争取核心技术持续突破。截至目前，华为在虚拟化无线接入、5G宏基站、5G毫米波系统等重点领域都已有关键进展，许多方面都已经在华为的实验室完整验证。在实验室建设方面，截至目前，华为全球专门从事5G研发的专家超过300名，全球拥有9大5G研发中心，其中中国有3个（深圳、上海、成都），海外有6个，分别位于美国、加拿大、瑞典、英国、法国、德国。从华为案例可以看出，激进型创新需要持续的大量的人力、财力、物力的投入，并且是长期的、持续性的研发。

第三节　创新团队常见缺陷分析

本节针对技术创新不同阶段核心任务失败的原因，结合贝尔宾角色理论以及创新团队常见缺陷，从技术创新团队建设角度，分析技术创新不同阶段应关注团队建设的环节，完善技术创新团队建设。

一、技术创新过程中的常见问题与角色分析

技术创新是一个系统性工程，包括技术研发、产品开发、产品价值实现等三个阶段，三阶段互相影响，任何一阶段的失败都会导致技术创新的失败；但在技术创新过程中，要紧紧抓住各个阶段主要任务，确保主要任务的成功，才能确保技术创新的成功。因此，在分析技术创新过程中的常见问题时，要紧紧抓住导致不同阶段主要任务失败的问题，解决该问题，就会加快推动技术创新工作的实施。

（一）技术研发阶段常见问题与角色分析

技术研发阶段的主要任务是进行技术发现、技术研发，符合市场需求的应用技术研发。在此阶段导致任务失败的常见问题有两个：一是过于关注技术本身，导致技术研发的周期延长，不能及时应用到产品上；二是技术与产品应用的要求和市场的要求衔接不上。

从团队角色理论角度来看上述两个问题，过于关注技术的先进性，大部分原因是团队中专家角色过多，因为专家角色的缺点是只局限于狭窄的领域，专注于技术而忽略大局，也是团队角色的不均衡导致的；技术与产品应用的要求与市场的要求衔接不上，大部分原因是缺少与产品开发和市

场两方的沟通协调，这是因为团队中调查者缺位或错位，因为调查者负责将外部信息带到组织内容。因此，在此环节上，不仅仅要关注技术研发的事务，也要关注沟通协调的事务。

在实际中，技术没能应用到产品上的案例很多，诺基亚技术研发团队就是一个研发与市场脱节的典型案例。时间回到苹果推出 iPhone 的 7 年前，诺基亚技术研发团队研发出一款拥有彩色触屏、屏幕下方有一个单独按键的手机，且这款手机能够定位餐馆、玩赛车游戏，还可以订购唇膏；在 20 世纪 90 年代末，诺基亚技术研发团队曾秘密开发出一款平板电脑，有无线连接功能和触屏。这些与后来的苹果 iPhone 和 iPad 何其相似。诺基亚实际上是开发出了今天消费者疯狂抢购的几类终端，只是没有把这些终端引入市场。这是因为诺基亚技术研发工作与生产销售的实际运营活动脱节，导致消费者从未在市场上看到诺基亚这两款产品。诺基亚 CEO 史蒂芬·埃洛普曾无奈地表示，要是诺基亚的创新当初落实在产品上面，诺基亚就不是现在这个样子了。

（二）产品开发阶段常见问题与角色分析

产品开发阶段的主要任务是将研发出来的技术成功应用到产品（服务），并按照市场用户需求生产制造出来。在此阶段导致任务失败的常见问题，一是研发出来的技术转化为产品时不能大规模制造出来，二是生产制造出来的产品不符合技术、工艺设计要求。

从团队角色理论角度来看这些问题，研发出来的技术不能应用到产品中，大部分原因是技术应用的方向和方法不到位，这是因为在团队中创新者缺位或错位，因为创新者可以为技术应用到产品中提供好的方法和路径；生产制造出来的产品不符合技术、工艺设计要求，大部分原因是没有按照要求严格执行造成的，这是因为在团队中执行者和完成者出现错位或缺位，因为执行者能够严格按照要求行事，完成者注重准确性，关注细节。

在实践中，研发生产制造出的产品不符合工艺设计要求的案例很多。如在加工制造一种新产品时，工艺要求产品加热到一定温度后，以退火方式进行 24 小时自然冷却；但在生产制造过程中，生产者未按上述工艺要求执行，而是将产品通过水介质进行了淬火，导致产品硬度很大，韧性不足，性能达不到工艺设计要求；庆幸的是在质检时发现了该问题，最后，按照工艺要求，重新加工制造该产品，造成制造成本增加。因此，在新产品生产制造过程中，一定要严格按照工艺要求进行，不能因为任何原因在生产制造过程中更改工艺，否则产品性能达不到要求，不能满足市场客户的需要，会失去市场时机，甚至失去市场。

（三）产品价值实现阶段常见问题与角色分析

产品价值实现阶段的主要任务是将基于技术应用生产制造出来的产品（服务）推向市场，实现经济效益。在此阶段导致任务失败的常见问题，一是没能及时掌握市场行情变化，失去市场先机；二是未能准确了解消费者需求，没有关注消费者需求的细节；三是产品销售渠道构建不到位，市场局面无法全面打开，市场收入无法持续提升。

从团队角色理论角度来看这些问题，掌握市场行情变化信息不及时、渠道构建不到位、销售局面不好、未能及时准确了解市场消费者需求，大部分是因为在团队中调查者的缺位或错位，因为调查者善于社交活动，人脉较广，善于做市场消费者需求调研工作，能够将外部信息及时带到组织中，且在构建销售渠道上有较大优势。因此，可以看出，调查者角色在市场营销活动过程中的重要性。

市场对产品（服务）技术创新的成败发挥关键性、决定性作用，来自市场消费者的需求准确反馈到研发生产环节是决定技术创新成败的关键。但在实际情况中，有很多案例就是失败于此。

中国移动推出的飞信业务是其中一个典型代表。2007年5月，中国移动建立飞信，到2010年年底，中国移动飞信活跃用户数已达到1.83亿，国内即时通信市场份额紧随腾讯QQ，排名第二。2011年6月26日，中国移动将飞信的运营权转交给广东移动的南方基地，运营权变更，飞信业务彻底被中国移动放弃。飞信失败的原因很多，但关键点在于飞信附属手机号，且手机号变动，飞信号也随之变动；但许多消费者希望拥有一个固定的飞信号，且可随意对飞信号实现不同手机号的绑定，用户不在线时消息以短信方式发到用户手机上。另外，飞信功能过于单一，软件外观、图标呆板等。这些问题导致产品与消费者需求脱节，进而导致飞信的失败。

二、创新团队角色常见缺陷分析

建设技术创新团队的目的是非常明确的，就是确保技术创新活动的成功，通过技术应用提高产品（服务）的市场竞争力，取得更好的经济效益。但在技术创新团队建设过程中，往往会忽略团队角色的均衡性，特别是职责任务不明确所导致的角色缺位、错位，会阻碍技术创新合作和内部创造性活动的有序开展，不利于创新的工作氛围，进而阻碍创新绩效。在团队运作过程中，往往需要成员密切配合和通力合作才能达成团队的既定任务目标；团队内部任务角色分配的适当与否，影响到团队成员间的配合程度和合作效率，其结果则直接反映在技术创新团队的创造性产出效果上。

（一）角色不均衡

角色不均衡是指在团队建设中过于强调某一角色的重要性或不重要性，过多或过少地安排这个角色的成员，或者一个成员集多个重要角色于一身。这样在团队成员之间容易形成冲突，不能形成互补性的团队。有一些领导者将最聪明、能干的人员抽调到一起组建成团队，结果却事与愿违。因此，团队角色结构是否合理，成为影响团队绩效的关键。

现实中，市场营销团队有多个关键角色，但某一关键角色在市场营销团队建设中并不是多多益善，如调查者，社交能力强，善于与人打交道，有激情，但调查者角色在市场营销团队中越多，反而会导致低效能的结果，因为调查者的缺点是最初的兴奋消逝后，容易对工作失去兴趣，所以过多的调查者会导致工作低效能。其他角色有时也能承担与人沟通的功能，如支持者，协调者等。

在实际案例中，三国时期的诸葛亮，一人身兼数职，封武乡侯、益州牧、顾命大臣，还是三军统帅，同时又是制定战略战术的军师，集蜀国军政大权于一身，事必躬亲，将外连东吴、内平南越、整顿武装、工械技巧、粮草运输等都揽在自己身上，甚至校对文书、检查账目、处罚士兵等一切"碎务"，他都要亲自裁决、亲自处理、亲自过问。这一方面说明诸葛亮确实是中国古代一位杰出的政治家、军事家，他运筹帷幄，决胜千里，真可谓大智大能；但另一方面也说明蜀汉团队角色的不均衡，诸葛亮作为丞相，是一人之下万人之上的领导，多种角色集中于一身，过多承担其他职能，势必会削弱其领导角色职能，而将主要精力放在管理琐事，会导致其不能更好发挥领导识人和用人的作用，导致整个团队效能大大降低。最终，诸葛亮积劳成疾而终，北伐也未能成功。可见，在团队的构建过程中，要注重角色的均衡性。

（二）角色缺位

在团队建设中，常见的另一个缺陷就是角色缺位，就是在团队中缺少某一角色或某一角色特性不显著。在团队组建时，某种角色的缺失，不仅会影响到其他角色作用的发挥，还会产生冲突和矛盾，影响整个工作进程，如果是团队中某种关键角色的缺失，甚至会导致团队工作任务的失败。

在技术创新的技术研发阶段，若缺少专家这个关键角色，那整个研发活动就无从谈起。在技术创新阶段的产品开发阶段，缺少监督者这个角色，那整个计划安排推进的进度就会受到影响；有监督者但团队支持者的角色不显著，则团队内容易引起冲突，不团结，内部易混乱，更谈不上工作进展。因此，在团队建设中，团队角色的缺位是可怕的，团队角色的缺位会导致团队效率和效果的双重降低，甚至导致团队任务失败。因此，在团队建设中，一定要注意角色缺位的问题，角色缺位就要有相应的角色来补位，形成角色互补、功能互补，实现团队工作效率"1+1＞2"的效果。

在实践中，有一个创业案例。两位大学毕业生 A 和 B，毕业后创业，各自开了一家煎饼店。学生 A 性格热情开朗，热情好客，经常面带笑容，光顾的人很多，生意很好，但是粗心，经常丢三落四，管理做得不好，所以入不敷出。学生 B 性格细致严谨，思维缜密，钱账管理得很好，但是性格不开朗，太过严肃，成天阴着个脸，搞得人越来越少，店的生意不好，收入也是入不敷出。这两支创业团队中都缺一位角色，学生 A 缺账务管理角色，而学生 B 缺市场营销角色。假设，学生 A 和学生 B 共同创业，双方形成优势互补，开一家煎饼店，店门前肯定是一派欣欣向荣的景象，生意肯定兴隆。

（三）角色错位

角色错位就是指职能与角色匹配不到位，也就是角色定位不准确。在团队中，影响团队成员角色定位不准确的因素通常包括角色模糊、角色冲突和角色超载。角色模糊是指不知道别人预期什么，主要原因是角色职能任务不明确；角色超载是指角色所从事的职能超出角色的能力范围，无力完成职能任务，主要原因是角色预期不合理或角色承担者能力有限；角色冲突是指团队各个角色之间不知道或不明确各自角色职能定位，主要原因是角色准备不足等。角色模糊、角色冲突和角色超载给团队成员带来不良作用，影响团队的效率。

在技术创新团队建设中，要满足成员角色期待的任务，角色的安排和职责分工保持一致，保证技术创新成员能够在适合自己专长的角色岗位上发挥作用，做到"人尽其才"，充分发挥个体成员的自身价值，提高成员的工作积极性，有利于更高效地完成工作任务。在团队建设中，若将执行者的角色职能与创新者的角色职能互相错位，可以想象，让创新者按计划方案去执行具体任务，会执行不到位，甚至出现撒手不干的情况；而让执行者去提供好的想法和建议，则很难实现，其在该职位上工作会很困难。在团队中出现角色错位，整个团队的效能会大大降低，出现"1＋1＜2"的效果。

在我国历史上，许多皇帝多才多艺，如汉末汉灵帝不仅对诗词歌赋很是擅长，对建筑和排水系统也有一定的研究。他在自己的宫殿里建了一个很棒的排水系统。南唐后主李煜开创的"恰似一江春水向东流"般的词风，对后人产生了巨大的影响。北宋的宋徽宗赵佶擅长于诗词书画，开创了"瘦金体"书法以及花鸟画风，自创瘦金字体独步天下，并留下传世不朽的《瘦金体千字文》《夏日诗帖》等作品；明朝"木匠皇帝"朱由校，木匠活很有水平，据传，凡是他所看过的木器用具、亭台楼榭，都能够做出来，且还自己亲手制作。但这几位皇帝都是失败的皇帝，汉灵帝为满足自己兴土木的需求，他竟然卖官做生意，这时期被"誉为"汉朝最黑暗的时代，大大加速了汉朝的衰亡；南唐后主李煜性格优柔懦弱，宋军攻打南唐时，用人及其糊涂，用小人去抵挡宋军，败得一塌糊涂；北宋宋徽宗赵佶任用奸邪之人，加重了社会黑暗，加上其性格懦弱和不负责任，在金兵压境情况下，竟然将皇位传给他儿子；明朝皇帝朱由校对国家大事不闻不问，宠幸魏忠贤，结果朝政被阉党把持，国家面临深重的内忧外患。这几位皇帝角色的错位，导致了严重的后果，也用历史事实证明，团队角色错位的危害程度。

三、技术创新团队的角色配置

依据贝尔宾角色理论，结合技术创新的内涵与特征，提出技术创新团队角色配置的建议。

技术创新团队角色配置的总体要求，即在团队建设中领导和成员必须明确各自角色定位与功能，充分发挥个人在团队中的角色优势作用，并形成角色互补、相互配合、沟通协调顺畅的团队运行机制，不断提高团队整体效能。

（一）团队角色结构配置要均衡

许多技术创新团队往往重视技术的新颖性，为了追求技术的前沿性和技术的竞争优势，集中精力寻找技术拔尖人才，花费大量时间，希望找到集优良素质和技能于一身的技术创新人员，而忽略了角色的配合。在组建技术创新团队时，要注重团队成员的合理组合，不仅仅关注个人的能力、素质。如果随意地将某一方面优秀的人组合成一个集体，常常出现"1＋1＜2"的情况，不能达到理想效果。

在现实中，大家都知道美国国家男子篮球队"梦之队"，是由当时NBA几乎所有的顶尖篮球队员组成的，被人们看作是历史上最强大的篮球队，但在21世纪以来的多次比赛中败北。2002年世锦赛"梦之队"6胜3负名列第6，2004年雅典奥运会半决赛"梦之队"输给阿根廷，2006年世锦赛"梦之队"再度负于希腊止步半决赛。事实证明，成功的团队不仅仅是优秀个人的大组合。构建技术创新团队，要根据技术创新工作的实际需求，考虑知识、技能、性格、气质等多方面因素，挑选能承担所有团队角色的成员组合，而不是一组"单个优秀成员"的组合。

（二）团队角色隐性结构要重视

组建技术创新团队时，往往习惯考虑操作性强的年龄、性别、学历、专业和职称等显性结构，而对团队成员的性格、气质等特质是否互相相容互补考虑不足，忽视隐性结构的合理搭配，或者因为在实际操作上难度大，放松要求。在现实中，大部分团队就是因为这些隐性结构不合理，或形成一种过分稳定、缺乏活力的结构，或造成角色重复，从而产生冲突，增加内耗，甚至解体。

团队中成员性格、气质各异，千差万别，这就要求成员角色之间要相互认同、理解。团队内部成员之间的矛盾是难免的，有矛盾才有发展，特别是由性格差异造成的行为方式、表达意见的方法、处理问题的路径等不同，引起团队成员间的冲突，团队领导要在面对个体的差异时，正确处理角色之间的矛盾和冲突，并将其转化为积极因素，达到团队成员之间的和谐团结。团队成员之间性格、气质等秉性相投，上下一致，有利于团队协同工作。但是，作为一个团队，角色过于类似和一致，团队内部难以听到质疑和异音，会导致团队缺乏创造性，并沉迷于"团结""和谐""一致"的碌碌平庸；同时，导致团队对外开放性不足，很难适应外部环境的变化，不利于团队建设和发展。事实证明，尽管团队成员的隐性结构不明显，但合理的隐性结构却是团队稳定、发展所必需的。

（三）团队角色功能要完整

团队成员角色应齐全，只有角色齐全，才能实现团队功能的完整性。唯有角色齐全，才能实现功能齐全、优势互补。正如贝尔宾博士所说的那样，"用我的理论不能断言某个群体一定会成功，但可以预测某个群体一定会失败"。所以，一个成功的团队首先应该是9种角色的综合平衡。

一个团队如果缺少调查者就会使团队得不到最新信息，可能导致团队方向目标决策失误；如果缺少协调员就会减弱团队的领导力；如果缺少执行者就会使团队执行任务困难；如果缺少监督员就会造成团队的大起大落；如果缺少支持者就会使团队人际关系紧张；如果缺少完成者就不会准确落实团队计划，使团队工作粗制滥造；如果缺少塑造者就会造成团队工作效率不高；如果缺少专家就会使团队缺少专业和技能支持。因此，一个成功的团队首先应该是9种角色的综合平衡。团队中的每个人都是既能够满足特定需要而又不与其他的角色重复的人。这样，成员的弱点才能被克服，优点才能充分发挥出来，形成一支高效能团队。

（四）团队角色功能要互补

贝尔宾角色理论中的9种角色，每种角色各有所长、各有所短，优势、劣势并存。因此，领导和管理者在组建团队或团队建设时，要充分认识到各个角色的优势和弱势，容人所短、用人所长。在现实中，真正优秀的领导和管理者，能够对团队成员的性格、气质了解得很透彻，能够将团队成员的性格和气质与角色和职能达到有效的统一，实现团队角色气质结构上的优化，建设一支高效能的团队。

在实践中，用人所长首先要做到"知人所长"。领导或管理者在选人和用人时，要如何发挥团队成员的长处，以成员能做什么为基础，而不在于如何减少成员的短处。对于团队成员的短处和不足，通过合作与学习弥补角色的不足。"没有人十全十美，也没有人一无是处"。任何团队成员都有其优点和弱势，在团队成员中不是他们缺少优点，而是缺少对成员优点的发现和弱势的使用；同时，团队成员的弱势和不足，可以通过角色互补、团队成员相互配合达到弥补成员的短处的目的。只有合作才能弥补个体的不足，才可能创造出完美的团队。俗话说，世界上没有完美的个人，但是却有一支由个人组成的完美团队，因为团队并非是单个人的简单罗列组合，而是在团队角色上、团队成员的性格气质上实现优劣势互补；正是团队成员的这种异质性、多样性，才使整个团队充满活力，生机勃勃，具有旺盛的生命力。

（五）团队中的角色要具有弹性

一个团队9种角色缺一不可，但当一个团队的角色出现缺位时，其成员应在条件许可的情况下，增强弹性，实现团队角色的转换，主动补位，使团队角色、性格气质结构从整体上保持合理，以更好地达到团队制定的任务目标。团队中许多成员在禀赋和性格上存在着双重甚至多重性，使得团队的角色弹性成为可能，为这种团队角色转换提供路径。

现实中，团队角色的转换很难，没有那么容易，能够将自己角色迅速转换的团队人员，要向团队其他队员传递一个信号，明确告知其现在要扮演的角色。一支成功的优秀团队，在关键角色转换上都能实现补位，其他角色也都能正常运行。因此，团队成员之间的包容性对优秀团队建设至关重要，一支优秀的团队成员总能够在不同的团队角色之间灵活转换。

参考文献

[1] 许庆瑞. 研究、发展与技术创新管理[M]. 北京:高等教育出版社,2000.

[2] 和金生. 企业战略管理[M]. 天津:天津大学出版社,1998.

[3] 吴晓波,吴东. 论创新链的系统演化及其政策含义[J]. 自然辩证法研究,2008（12）.

[4] 文罡,梅其君,曹志平. 中小企业技术创新的类型分析[J]. 经济管理研究,1999(6): 55－58.

[5] Christense C M. 创新的两难[M]. 台北:商周出版社,2000.

[6] 邓超. 高绩效团队的角色配置与管理[J]. 企业改革与管理,2012(10):61.

[7] Henderson R M, Clark K B. Architectural innovation:the reconfiguration of existing product technologies and the failure of established firms[J]. Administrative Science Quarterly,1990,8(2):145,155.

[8] Chiesa V and Gilardoni E. The valuation of technology in buy－cooperate－sell decisions [J]. European Journal of Innovation Management,2005,8(2):157－181.

[9] Abernathy W,Clark K B. Mapping the winds of creative destruction[J]. Research Poplicy, 1985(14):3－22.

[10] Subramaniam M, Youndt M A. The influence of intellectual capital on the types of innovative capabilities [J]. Academy of Management Joumal,2005,48(3):450－463.

[11] Gatignon H, Tushman M, Smith W, et al. A structural approach to assessing innovation: construct development of innovation locus, type and characteristics [J]. Manage-

ment Science, 2004(48):1103 –1123.

[12] Olson E M, Waliker O C, Buekert R W. Organizing for effective new product development: the moderating role of product innovativeness [J]. Journal of Marketing, 1995 (59):48 –62.

[13] Snell S A, Dean J W. Integrated manufacturing and human resource management: a human capital perspective [J]. Academy of management Journal, 1992(35):467 –504.

[14] Tushman M, Anderson P. Technological discontinuities and organizational environments [J]. Administrative Science Quarterly, 1986(31):439 –465.

创新的目的在于成功，

团队的价值在于运行。

优化高效的机制建设，

让创新团队活力无穷。

陆永俊 摄

第四章　创新团队的运行机制

创新团队是为了实现某一特定的创新目标而组成的，要实现其创新目标，必须依据团队角色理论进行合理分工，把总目标分解为若干个分目标，分配给团队成员去完成。在实现创新目标的过程中，最为关键的因素不是团队成员个人的能力，而是建立整个创新团队良好的运行机制，使团队成员的个人能力在团队的范畴内形成互补，并使之有机融合，达到团队成员执行力 $1+1>2$ 的整体效果，实现团队创新能力的最大化。

第一节　创新团队的执行力

创新团队的执行机制是基于执行力的运行机制，是创新团队建设的重要组成部分，是团队成员为实现团队目标而共同努力的综合反映。创新团队缺乏优秀的执行机制，就会导致执行力上的缺失，影响创新团队的发展与创新目标的实现。创新团队要想提高核心竞争力，在创新中有所斩获，必须结合自身情况，建立有效的执行机制，实现整个团队执行力的全面提升。

一、什么是创新团队的执行力

（一）执行力

阿里巴巴的马云与日本软银集团总裁孙正义曾探讨过一个问题：一流的点子加上三流的执行水平，与三流的点子加上一流的执行水平，哪一个更重要？结果两人得出一致答案：三流的点子加一流的执行水平。作为创新团队，拥有了好的决策和创新目标，必须以严格的执行和组织实施为保证。强劲的执行能力，能够在一定程度上弥补决策或执行方案上的不足；若缺乏足够的执行力，再完美的创新思想，也会因为执行不利而难产。

"力"在物理学上被定义为"物体对物体的作用"，将它与"执行"

嫁接在一起，就构成了一种全新的力——执行力。执行力是一个古老的概念，从有了人类社会、有了组织开始，人们就一直在追求如何完成任务，使劳动更有效果和效率，其实这就是在追求执行力的提升。在中国传统文化中，对执行力有诸多的描述。王阳明提出的"知行合一"，最后一个字就落实在"行"上。按照中国传统文化中道家、儒家的观点，一个团队，只要决策层对任何一个任务都持慎重、科学的态度，把能胜任的人提拔出来，鼓励后进，执行层端正态度、提升自己的执行能力，这个团队的执行力自然就能提高，而且是自然而然的，甚至还会根深蒂固地渗透于团队文化之中。

目前，对执行力研究的重点主要集中在企业执行行为上，针对创新团队执行机制建设还没有受到足够的重视，对这一领域的研究也较为薄弱。拉里·博西迪（L. Bossidy）和拉姆·查兰（R. Charan）合著的《执行：如何完成任务的学问》一书，比较全面系统地阐述了执行力问题，提出执行之所以关键，在于执行是目标与结果之间的桥梁，是战略实施中不可或缺的一环，是各级领导者的主要工作，是企业文化的灵魂。执行力对组织目标的实现具有非常重要的作用，就创新团队的发展机制建设而言，提升整个团队的执行力和创新能力也是至关重要的。实践证明，即使再科学、再完美的战略目标和制度标准，没有实际行动加以落实，都是一纸空文，永远无法实现。

对于执行力的界定，不同的专家、学者有不同的见解。《执行：如何完成任务的学问》中对执行进行了较为详细的解释，认为执行是一套系统化的流程，是一种暴露现实并根据现实采取行动的系统化的方式。陈汇明认为，团队执行力是指一个组织贯彻落实各项决策部署既定目标的能力。柳传志认为，有效地执行是需要领导者亲力亲为的系统工程，而不是对企业具体运行的细枝末节的关心。马月琴认为，执行力即把决策转化为结果的能力。也有人把执行力划分为宏观执行力和微观执行力，所谓宏观执行力，就是组织制定的战略规划和长远目标能否顺利实现；而微观执行力就是组织中的部门和个体能否将既定的目标和安排的任务按时、高质量地完成。通俗地讲，执行就是按照目标的要求和制度的规定进行的实施、操作行为，是把目标转化为实际行动的一个过程，就像一支部队要到河的对岸去，过河的目标已经很清楚，关键在于过河的方式，也就是要解决是造船过河，还是搭桥过河的问题。

因此，所谓执行力可以归结为贯彻落实某一组织既定的制度规范和战略规划，以顺利实现预期目标的能力。

（二）创新团队的执行力

执行力是基于执行某一事项的载体的。在讨论执行力的时候，需要明确"执行力"一词所指的主体，或者说使得"执行力"具有意义的前提或者载体，是一个组织的执行力，还是一个个体的执行力。主体不清，容易混淆执行力的概念，对执行力的提高和解决执行过程中的问题造成障碍。对创新团队来说，执行力的主体就是整个团队本身，不是团队的领导者，也不是团队的成员。彭志强在其《卓越执行》一书中引用的一个企业实例可以形象地说明这一点。某企业为了进一步发展，招募了一些能人出任高管，其中有海归人士，有行业资深人士等。初期，大家雄心勃勃，在市场上也名噪一时。但不久之后，业绩开始下滑，人心离散。其中一名副总在辞职前不无惋惜地叹道："其实我们有很好的产品基础，很好的经营理念，但是我们缺乏执行力。因为我们每一个人的能力都很强，以至于我们只希望别人认同我们的想法，却不能认同别人的想法。于是我们只好各自执行各自的想法，没能相互配合，最终丧失了集体的执行力。"

团队成员的执行力是执行计划、完成任务的能力，创新团队的执行力对整个团队来说，是组织整体创新实施战略和达成创新目标的能力。成功的企业，20%靠战略，60%靠企业各级领导和员工的执行力，剩下20%靠运气等其他因素；也有人说，企业成功"三分靠战略，七分靠执行"。这里所说的企业各级领导和员工的执行力就是企业整体的执行力。对于创新团队来说，最关键的也是团队整体的创新能力。创新团队运作中，需要进一步依照创新目标将总体任务逐层分解为很多子任务，并相应地交给团队中不同角色的成员去完成，而所有参与人员在执行任务过程中所表现出来的综合能力以及最终产生的效果就可以作为衡量组织执行力高低的依据。就如短板理论的描述，一只木桶盛水量的多少不仅取决于最短的一块木板的长度，还取决于木板与木板之间的结合是否紧密。现在看木板不能只看长短了，如果所有木板都长了，但板与板之间的契合不紧密，就会出现漏水，不仅水盛不满，而且水桶也可能越来越松，最后导致散架。在团队层面上，要围绕创新目标的执行，以团队整体的创新能力为保障。

在整个创新环境中，创新团队的执行力如何，将决定整个团队的发展。如何保障创新团队的创新能力，需要建立一套适合创新团队发展的执行机制。在机制的保障下，执行才能持久，不会因团队成员的变化而变化，才能将执行机制作为团队成员人人遵守、人人维护的制度。要通过创新团队能力的实现，将团队既定的创新战略一步一步落到实处，从这一层面来看，执行力是团队内部形成的一种机制和文化，是保障创新团队发展的能力。创新团队执行力作为一个复杂的、不断变化的系统工程，目标设置、领导者、成员、有效沟通及团队文化是主要的相关因素，任何一方的缺失，都会成为木桶的"短板"，限制和阻碍团队执行力的提高。

二、创新团队执行力的影响因素

（一）目标设置与创新团队执行力

众所周知，高效团队的一个重要特征就是具有共同的、明确的目标。创新行为作为一种"角色外行为"，它的展现很大程度上受到动机的影响。成就目标导向对个体的成就行为之所以产生不同的影响，是由于不同的目标导向会激发不同的动机系统，学习目标导向更易激发任务掌握和道德中心的动机系统，而成绩目标导向则更多激发自我中心的动机系统，不同的动机系统会对个体的心理和行为产生不同的影响。

目标导向的概念最早产生于 20 世纪 80 年代德韦克（C. S. Dweck）和她的同事们对小学生做了一项研究。孩子们被分配到 两种解决问题的任务，一种是他们很容易解决的，另一种是超过他们的能力范围的。当解决容易问题时，两类孩子表现得同样成功。当孩子们在解决问题中遇到困难时，研究者观察到两种截然不同的反应模式。一部分孩子很快表现出无助的反应，他们士气低沉并且对继续任务毫无兴趣，对自己的能力失去信心并且感到沮丧和不开心，解决问题的策略变得随机且低效。而另外一部分孩子采用的是更具适应性的反应模式：这些孩子乐于接受挑战，并相信自己最终能够解决问题，并想出更多的问题解决策略。研究者对这两类反应模式进行了深入调查，发现孩子们在处理情境时带有不同的目标。具有无助式反应模式的孩子做事的目的是获得他人的好评。具有适应性反应模式的孩子做事的目的是学习新事物并不断发展自己的能力。当面临挑战时，这两种不同的目标导向会对个体行为和绩效产生深刻的影响。

对于创新团队来说，其目标的设置是围绕创新战略设置的，组织总目标的分解，它不仅是一种战略，而且是对团队创新方向的明确。创新团队的执行力则是在实现团队创新目标的过程中成员多种能力的结合与体现，它们是内在联系、相互影响的。

要提高团队的执行力，必须要有明确的团队目标，而团队目标的确定应以团队执行力为前提，脱离团队实际执行力的目标是无法达成的目标，它无法通过调动成员的积极性去实现。因此，团队目标首先必须是一个坚定、明确和有可能达成的目标，如果成员感到他们正在进行的是一个无法完成或异常艰巨的任务，团队的表现将很难达到最佳。其次，团队目标必须是一个属于成员的目标，如果是人人参与设定的目标，那么整个团队便会产生一种同心协力的气氛，成员会对团队产生归属感，也会拥有去实现目标的原动力。最后，它还必须是一个强调执行的目标。在团队目标设定后，最重要的就是执行。有目标而不认真地按目标执行，在任何一个环节出现偏差，都将会影响目标的实现。

（二）团队领导者与团队执行力

在绝大多数的团队运作中，团队领导者都起着非常关键的作用，俗语"兵熊熊一个，将熊熊一窝"就是对团队领导者重要性的通俗说法。在现实中，也存在诸多"引入一个好的领导，可以挽救一个企业"的例子。领导者是团队中的"领头雁"，是影响团队执行力的主要因素之一。

在创新团队的构建之初，其成员并不完全具备制定及完全认知团队创新目标的能力，需要团队领导者根据创新目标设置团队目标，并带领团队发展目标。创新团队实现创新目标，需要团队成员个体的发展目标与团队整体的创新目标一致，这就需要团队领导者协调、整合、指导、激励成员，使团队朝着创新目标努力前进。从领导者的角度，提升团队的执行力也是必须要面对的问题。IBM 公司是公认的执行力非常强的跨国公司，公司正式定义的管理者有 3 万人，将领导力贯穿于战略设计和执行全过程，保证公司的战略意图能够彻底地贯彻落实。

创新团队的领导者最重要的不是领导者个人素质和个人才能，而是将个人的领导素质和领导才能转化成团队的执行力，并带领团队实现创新目标的能力。联想集团副董事长马雪征毕业于首都师范大学中文系，既没有 IT 背景、也没有学过财务，却曾担任联想集团的首席财务官，主导了联想与 IBM 个人电脑部的并购案。用她的话说，她既无 IT 背景，又不懂财务，但她知道两件事情：一个是方向，一个是团队。她能把懂 IT 的人组织起来，然后指明一个方向，"以船主的心态做船长"，带领团队走向成功。这就是一个领导者在团队中的核心作用。

孔子道：其身正，不令则行；其身不正，虽令不从。团队领导者的任务是使团队成员真诚地集合在自己身边，并引导他们自觉地沿着团队目标前进。创新团队的领导者要培养团队成员的创新价值观、确立团队的创新目标以及分配团队成员的角色、培养团队成员的创新能力、促进团队知识管理和传播、建立团队与外部的各种联系和交流渠道、为团队发展创造良好的外部坏境，以及对团队成员的成功给予认同、肯定和赞扬等，通过这些举措，提高团队的创新能力和执行进度，激励团队取得进步。

（三）团队成员与团队执行力

团队成员是团队任务的主要执行者，也是团队执行力的具体体现。创新团队是由一个个具有创新能力的成员构成的，整个团队要想取得较好的创新成绩，首先要求团队成员围绕整个团队的创新战略完成创新要求的工作，从而达到创新目标。在创新团队中，围绕创新目标的实现，每一个团队成员的角色都有定位，工作职责范围划分明确，每个人对团队创新任务的完成都负有责任。

创新团队的成员在团队中分别承担不同的角色，他们的个性相异，个人的执行力也有个体化的差别。对整个团队来说，虽然成员的个人执行力是团队执行力的前提，但是前者的强弱并不直接决定后者的强弱。其原因主要是，团队除了明确分工外，更重视成员之间的合作。对创新团队的成员而言，要提高执行力，必须在成员间培养正确的技能组合，即团队成员能够具有与完成创新目标相适应的必备技能，其中既包括专业知识的技能、解决问题和决策的技能，又包括人际关系的技能。

通过分工，团队目标分解成次一级目标，分解到成员个人。而次一级的目标只是相对独立，它们之间存在内在关联性，一个次一级目标的达成需要另一个或多个目标的支持。因此，团队成员之间是相互依赖的，需要借助彼此的专业技能、不同的见解和共同的付出来实现团队目标。要提高团队执行力，团队成员必须做到：一方面，通过学习，使自己具备能够实现次一级目标的各项能力；另一方面，学会彼此信任。只有相互信任，成员才会愿意分享各自的想法，进行有效的沟通，相互帮助，更有效地达成目标。没有具有专业知识的科研人员，科研团队就不能起步。解决问题和决策的技能也是同等重要的，科研创新团队必须能看到面对的问题和机会，对必须采取的后续步骤进行价值评估，然后对如何发展做出必要的权衡、取舍和决定。尽管多数人都是在工作中成长起来的，但是大多数情况下需要有部分人员一开始就具有这些技能。人际关系的技能是容易被忽视的，没有有效的交流和建设性的冲突，就不可能产生共同的理解和目的；而有效的交流和建设性的冲突又要依靠人际关系的技能，这些技能包括承担风险、善意批评、客观公正、积极倾听等。

创新团队必须培养起正确的技能组合才能具备较好的执行力，完成创新目标。这就要求创新团队成员在所处创新角色的位置上，不断提升自己的创新能力，根据创新团队的目标进行技能上的互济余缺。

（四）有效沟通与团队执行力

创新团队目标的实现依赖于全体成员之间有效的分工与合作，团队成员的紧密合作为有效交流以及智力、能力和资源的共享提供了前提。没有紧密的创新合作，团队中的成员实际上仍为众多的独立个体，不但难以产生加在一起的总作用，相反还可能会相互制约，无法形成高效的创新合力。普雷兹（D. Plez）和安德鲁斯（F. M. Andrews）通过对来自各行各业的 1311 位科研人员和工程师的调查，总结出与团队绩效相关的因素，第一点就是"同事间的沟通"。他们的研究发现，对科研实验室的博士们来说，和同事沟通越多，对该领域的贡献越大，对于工程师来说，和同事沟通越多，他们的工作对组织越有用。因此，在创新团队中，要建立良好的沟通渠道，以团队角色为基础，协调好成员之间的分工与合作，使整个团队成为一个真正的创新协作体。

创新团队内部的沟通是通过信息的不断双向传递，使团队成员相互合作以实现共同目标的手段，而有效沟通是建立在对团队共同创新目标的认知之上的。犹如作为琴师的俞伯牙和以砍柴为生的钟子期，在音乐的沟通上达到了一种默契，引出一段"高山流水"的千古佳话。对共同目标的认知，可使团队成员实现信息的传递、情感的表达、自我的控制和相互的激励。准确而有效的沟通，可以使成员之间增进了解，化解矛盾冲突，增强互信，并不断地增强团队的凝聚力。创新团队的成员角色不同，各有分工，只有在成员之间实现有效沟通，才能够使彼此了解对方的目标完成情况，相互帮助，这样才能将成员的个人执行力真正转化为团队执行力。

创新团队成员之间有效的交流与沟通，使他们在创新合作的过程中能够相互信任、相互依赖，增强对创新工作的责任感。乔哈里窗（图 4-1）提供了解决创新团队成员有效沟通问题的视角，沟通使相互之间的信息得到渗透，团队成员由于相互了解而相互信任，友谊的建立又加深了沟通。

逐渐地，公开的自我将变大，而隐藏的我则变小。不能忽视的是，创新团队的成员作为个体也存在自我盲点，这种盲点的存在会对创新工作产生障碍，从而影响团队的执行力。由于自我盲点的客观存在，也必须通过沟通，借助团队其他成员提供的信息，修正自己未知的盲点。有效沟通融合了团队中多样化的见解，整合了非一致性信息，使得团队成员对整个任务有一个宏观把握，进而促进了整个创新团队执行力的提升。

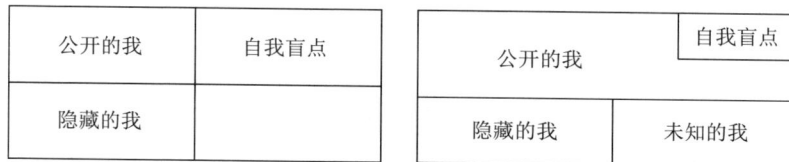

公开的我	自我盲点
隐藏的我	

公开的我	自我盲点
隐藏的我	未知的我

图 4-1　乔哈里窗示意图

现代社会信息技术发展迅速，通信更加便捷，为创新团队的沟通提供了便利，也带来一些挑战。从提高创新团队执行力角度来看，要进行有效沟通需注意以下几个方面：一是团队领导者应带头做到尊重其他成员，与他们打成一片，真正做到相互交流；二是信息传递者需根据团队成员的不同特点，整合需要发送的信息，做到重点突出，提高信息沟通的质量；三是信息接受者首先必须做到用心聆听，只有认真倾听，才能帮助自己理解所传递的内容，并提出切实的意见，真正做到有效沟通。要保证沟通的有效性，进而提升执行力，从创新团队的层面来说，要搭建一个可以沟通的平台，建立良好的沟通机制；从领导者来说，要加强沟通的管理，做好协调和沟通工作；作为团队成员也需要掌握沟通的技巧。

（五）团队文化与团队执行力

团队文化是团队在发展过程中形成的，是团队成员所共有的思想价值观念和行为观念。它能够加强成员之间的了解，减少人际关系中的摩擦，降低矛盾冲突，使成员达成共识，以便有效完成目标。团队文化对于任何团队的成功都是关键要素，团队的执行力在很大程度上也是依赖团队文化。成功的创新团队，能够借助团队文化的建设和管理，将创新融入整个团队的发展之中，对员工的创新行为产生直接影响。从这一层面来讲，团队文化激励创新团队的创新和创造，影响创新的数量、水平及创新的途径，同时使得团队更好地整合资源，提升创新的执行力。

对于创新团队来说，提升团队执行力，必须重视团队文化的塑造，具体可从以下几个方面入手。首先，团队领导者要以身作则，以身示范，把执行力融入团队文化中，使团队成员深刻理解并认真落实提升团队执行力的要求；其次，建立健全激励机制，奖励那执行力强的成员，同时采取一定的惩罚措施，影响和改变执行力差的成员的态度和行为，在团队里营造浓厚的执行力文化氛围；最后，在团队内部建立开放的对话机制，鼓励成员进行有效沟通，让成员认识到执行力对团队的重要意义，使成员在具体的执行过程中，形成一股合力，全面提升团队执行力。

三、提升创新团队执行力的方法

（一）制定切实可行的目标分解体系

目标是团队成员合作的愿景和努力的方向。在实践过程中，不仅要树立明确的创新目标，而且要对战略目标进行细分，让团队成员对创新目标以及实现创新目标的战略做到心知肚明。以创新为导向的团队，其目标可以分解为创新战略目标、部门创新目标和成员个人的创新目标。结合创新工作，赋予创新目标有效性，可以使团队成员为了共同愿景而积极参与团队的执行。从团队整体而言，创新目标是团队发展的指南针，也是团队成员个人目标的风向标，这就需要把员工个人目标与团队目标有机结合起来，从而促进团队执行力的提升。现实中，一些团队制定的目标并不切实可行，或者对战略目标没有进行有效细分，这会导致团队成员方向无法统一。应在创新团队中形成强大的执行力，在团队共同的创新愿景下，让团队成员为了创新目标，共同承担责任、一起奋斗。因此，制定好团队目标是保证团队执行力更加有效的首要条件。

（二）团队成员构成的互补性

创新团队之中，依据团队角色分配，成员要对所处角色具有较好的胜任能力，在此基础之上，实现的团员优势互补。在一些团队中，团队中成员个人能力很强，但角色定位不清，也不能与其他团队成员实现能力互补，不仅不能发挥 $1+1>2$ 的作用，反而使整体执行力下降。同时，如果团队成员脱离团队去追求个人成功，对团队长期发展也是不利的。在硅谷有这样一个规则：由两个 MBA 和 MIT 博士组成的创业团队几乎是获得风险投资的保证。这句话给大家一个启示，一个优势互补的团队对团队执行力的影响是巨大的，对于团队发展而言是举足轻重的。创新团队不仅需要技术型、决策型、公关型人员，还需要团队成员在能力、背景、年龄、经验、创新性等方面实现优势互补。这样，面对创新过程中的不确定性，团队成员之间可以实现相互协作、优势互补，更利于团队整体创新目标的实现。

（三）团队领导者的授权和监督

团队领导者进行有效授权，并实施有效监督是决定创新团队执行力的重要因素。对团队领导者而言，授权也存在量变与质变，因此要把握一个度。如果团队的领导者对如何授权、授权到什么程度并无把握，或是对授权缺乏计划、没有充分指示或者是害怕被取代，从而无法充分授权，将权力长期集中在自己手中，这种集权化的管理使领导者不愿意放手既得权利，会影响整个团队执行力的提升。也有团队领导者在授权之后不闻不问，出现授权执行过程中的混乱和滥用，对团队执行力的提高和组织灵活性的变动也会造成不良的影响。因此，对创新团队来说，实施有效的授权对领导者、员工和整个团队都是有利的。团队领导者要认识到实施有效授权和监督是提升领导者自身、团队成员积极性和团队整体执行力的有效方式。领导者在授权之前，要明确本团队的创新战略，理清工作任务与职责的关系，分清亲力亲为的关键任务和适合授权的任务，并将其授权给相应角色的团队成员，在充分解释任务的情况下，确定好授权的方法、权限、内容等。在授权的同时，要定时追踪，在保证创新任务完成的前提下，予以考核监督。

（四）促进团队沟通

团队除了讲求分工之外，更加重视合作。成员相互协作的基础是信任。以人为本是团队加强协作的准则，而团队成员相互协作最重要的就是做好沟通。联想集团初始 11 个层次的沟通渠道，曾使其执行力大幅度下降，杨元庆将中间环节减少到 4 层后，企业大大加快了沟通步伐，也增强了团队整体的执行力。

团队沟通既包括领导者与团队成员之间的沟通，还包括团队成员之间的沟通。促进沟通最重要的路径是畅通渠道，使团队成员能及时准确地了解组织任务、领导者指示、其他成员的见解等。这不仅有利于消除误解，也会促使成员提出更多宝贵的意见。对领导者而言，用在与团队成员交流上的时间应该多一些。走动式管理是加强领导者与其他成员关系的较好方式。通过走动式管理，领导者不仅可以加强与成员的联系，还能发现问题。对于加强团队成员之间的沟通，通过非正式渠道会更好，如举行非正式会谈、举办趣味比赛、开展集体游戏等。

（五）恰当的激励

激励是增强团队凝聚力的最好方法，而不应该成为团队的松懈剂。激励机制如果不能使团队成员的行动与团队目标相吻合，就是无效的。不可否认，胡萝卜加大棒式的管理是普遍存在的。很多团队的激励手段虽然在不断改进，但是却没有将团队成员的需要与团队目标有效结合起来。对团队进行有效激励，可以更好地发挥团队的力量。团队激励的方法很多，如建立团队精神、给予队员更大自主权、使任务富有挑战性、薪酬激励等。这里需要说明的是，对团队的薪酬激励要将公平和差别待遇体现出来，把员工的成绩与团队的业绩结合起来，将短期激励和长期激励结合起来，以结果为导向，利用工作激励、薪酬激励等多种方式促进团队成员之间相互协作，从而促进团队整体执行力的提高。

一家复印装订公司的 A4 复印纸用完了，经理让一名员工去买复印纸。刚好公司的车都不在，员工没有计较，开着自己的车就去了，买了一包复印纸回来。经理说道，咱们这么大的公司一包复印纸怎么够，我至少要 3 箱。员工没说什么，又买回 3 箱复印纸。经理一看，又说，你怎么买了 B5 的，我要的是 A4 的。于是员工又出去买了 3 箱 A4 的复印纸。经理有些愤怒，抱怨道：买个复印纸都不会，跑了一整天才买好。员工说：你又没有说什么时候要。一个买复印纸的小事，员工跑了 3 趟，经理气了 3 次。经理摇头叹道，员工执行力太差了！员工心里会说，经理能力欠缺，连个任务都交代不清楚，让下属白忙活，自己掏油钱补贴公司，也没有得到表扬！

在这个案例中：①公司经理没有把任务的目标向员工讲解清楚，于是员工就不知道该买哪种规格的复印纸；②经理没有进行充分授权，员工不知道应该买多少复印纸；③复印公司的其他员工没有进行有效互补，没有把缺少 A4 纸的信息告诉采购纸的员工，团队配合失当；④一次采购失败，经理没有与员工形成有效沟通，导致再一次出现无效的采购行为；⑤员工开自己的车为公司办事，没有得到应有的补偿和表扬，会对员工以后的积极性造成影响。

第二节 创新团队的协作能力

一、协作和协作能力概述

协作原意是指劳动协作，即许多人在同一生产过程中，或在不同的但互相联系的生产过程中，有计划地协同劳动。在一个团队中，协作是指为实现预期的目标而用来协调成员之间、工作之间以及成员与工作之间关系的一种手段。协作能创造出一种比单个战略业务单元收益简单加总更大的收益，即实现协同效应。协作的优点是可以充分有效地利用组织资源，扩大经营空间范围，缩短产品的生产时间，便于集中力量在短时间内完成个人难以完成的任务。

团队协作能力对于一个团队至关重要，所谓团队协作能力，是指建立在团队的基础之上，发挥团队精神、互补互助已达到团队最大工作效率的能力。在团队中，每个人都有自己的相对角色、有自己的优势，对于创新团队的成员来说，不仅要有个人能力，更需要有在不同的位置上各尽所能、与其他成员协调合作的能力。

二、协作能力的重要性

现代管理中，竞争是无法避免的，良性竞争是最理想的状态，但两败俱伤的局面也很普遍。尤其是内部竞争，会消耗大量资源，对发展并不一定总是起到良性作用。"杀敌一千，自损八百"绝不是最佳的求胜方式。巴菲特曾经说过："当商业运作像进行一场战争时，就很少会有胜利者。"无论自己多强大，要生存下去，仅仅依靠个人的力量是不够的，也是没有必要的。互相帮助、各取所需、各展才干，才是把握生存机会的关键，协作才是生存的法则。

对于一个优秀的创新团队来说，团队协作十分重要，团队成员必须有精诚协作的精神，这样才能形成 $1+1>2$ 的效果。

协作可以帮助创新团队解决错综复杂的问题。在一个创新团队中，往往会有多个优秀的个体，但是再优秀的个体，其个人能量也是有限的。相比而言，创新团队整体的力量则是无比强大的，团队的智慧和创造力也是无与伦比的。当一个创新团队因为某个目标而建立的时候，团队成员往往会自发地产生奉献的思想意识，对于过程中共同遇到的问题往往能产生强烈的共鸣，并且有一起克服的决心。在评价一个创新团队是否优秀时，一般不会单纯强调个人的贡献，更强调整体的工作成绩。创新团队强调成员的共同努力，而不仅仅是个人优秀才能的发挥，不同角色的成员相互之间的优势互补、齐心协作才是团队的真谛。当团队遇到错综复杂的问题时，单纯依靠某个人的力量往往是不够的，每个人都有自己的优势，也一定有自己的短板，只有发挥每名团队成员的优势，集思广益，取长补短，才能更好更快地找到解决问题的突破口，帮助团队渡过难关。

协作可以帮助创新团队增强学习动力。每个人都有实现自己人生价值的愿望，并且希望得到别人的认可与尊重。团队协作可以增强成员的学习动力，激发成员的学习热情，将团队构建成一个学习型组织。作为创新团队，团队目标不是单一完成一项重复的工作，而是需要不断探索，勇于尝试没有走过的道路。因此，当团队开始执行一项任务的时候，要求每个团队成员都应该为团队做出贡献，每名成员必须在完成自己任务的同时，积极与其他团队成员协作，任何一名成员的失利都有可能导致整个团队的失败。因此，为了提高团队的整体创新能力与执行能力，团队成员应该认识到个人角色特质的局限性，能够自发地进行交流与学习，推动自己不断进步和提高，进而在团队任务中有出色的表现，来获得整个团队的认可。一旦团队成员发现自己有不足的时候，这种不服输的心理和大局意识就会促使团队成员奋发上进，在团队内形成一种良性的竞争，这种有效协作与良性竞争的相互交融，推动了团队整体素质的提高，促进团队的成长。

协作能提高创新团队的工作效率。团队与多个分散个体的一项重要区别就是，团队应该具有一致的目标，当团队中大部分成员明确了共同的目标，就会通过协作来一起实现目标。同时，共同的目标会在团队内部形成一个方向感，这种方向感会增强团队的凝聚力，使相互协作更有效率。对于创新团队来说，保持积极的协作态度能够产生一种舒适、轻松的工作氛围，良好的工作氛围使得每个团队成员都能够保持一定的工作热情。协作使创新团队成员受内部形成的观念氛围影响，能够自发地规范和约束自己的行为，减少消极怠工的现象，并且相互之间也能形成良好的监督和榜样作用，有效提高工作效率。

调查发现，国外很多先进的管理方法没能在中国的团队中产生良好的效果。优秀的团队和普通的团队导入同样的管理模式和方法，结果却可能相差悬殊，究其原因就在于团队是否具有协作能力。实践证明：再大的团队，失去协作能力也可能会瞬间崩溃；而再小的团队，有了协作能力，就可以快速成长起来。

提升协作能力是适应外部环境的需要，是解决内部冲突的需要，是攻坚克难的需要，也是灵活性的保证。

创新型团队比一般团队有更高的目标和要求，这就要求创新型团队的成员在面对复杂问题时要有更多的解决办法，在面对个人角色特质缺失时能更加主动地开展学习，在面对任务重、时间紧的项目时能有更高的效率，这些都需要以团队协作能力作为坚实保障。

三、创新团队协作能力的建立

作为全球最大也是最早创立的航空快递公司，FedEx 向包括中国在内的 220 个国家及地区提供 24～48 小时之内的、门到门的快递运输服务。2004 年，FedEx 被《财富》杂志评为 2004 年度"全球十大最受推崇公司"。

航空快递业务的最大特点在于业务流程环环相扣，区域跨度大、时间连续（有些环节部分昼夜）且紧迫。用 FedEx 员工的话说，就是与时间做斗争，而且要求准确无误。在 FedEx 遍布全球的物流网络上，存在着成千上万个团队，如负责销售的团队、负责收派件的团队、负责分拣的团队、负责客户服务的 800 团队、负责调度的团队，以及负责技术的团队和负责航空运输的团队等。客户的包裹就像接力棒一样在这些团队的手里快速传递着，任何一个环节出现失误，都将给后续工序造成连锁并且是成倍增加的压力，甚至可能给客户造成无法挽回的损失。

因此，FedEx 的业务绝不是某个员工单打独斗就能完成的，需要若干成员组成的团队以及由若干个小团队组成的更大的团队共同完成，这就是团队协作的效果。

从上面的案例可以看出，一个优秀的团队要想达成目标、完成任务，必须要通过有效的团队协作，实现整体的增值，而这个过程，绝不是一蹴而就的。因此，要想在团队中建立协作能力，需要经过全方位的规划、长时间的培育和持续不断的改进。

（一）共同的目标

一个团队要想充分发挥协作能力，首先必须要建立起真正明确的目标。这个目标不是脱离实际、空洞无力的战略口号，也不是领导者心中一厢情愿的个人意愿。这个目标不能模糊不清，不能是非不定，应该尽量准确、清晰，如果可以量化则更好。当然目标不是建立后就不能更改的，在创新团队中，很多项目或任务在执行过程中都会因各种原因造成目标的改变，但这并不代表不需要目标，不需要考虑目标的明确性。目标的明确性，是目标一致性的前提条件。

一致的目标应该是尽可能被全体团队成员所接受和认可的，并且会在实现过程中成为成员自觉自发地调动资源、协同奋战的目标。团队没有一致的目标，团队成员就没有一致的努力方向，成员的力量又如何能充分地发挥出来，更谈不上形成合力。团队只有达成一致目标后，团队内部才会形成一种众人合一的感觉，并传递到团队的每名成员，融入各种不同的活动中去，使资源共享、共同协作成为可能。

（二）有效的沟通

有效的团队沟通可以保障信息的充分交流与资源的合理共享，可以保障不同思想的真实表达，还可以促进团队成员之间的感情互动，这些都能促进团队协作的产生。在创新团队中，那些能够大胆地说出自己的不解和疑惑的团队成员，比起那些思想封闭、不善言辞、不敢道出自己想法的团队成员能更好地学到新的知识和解决问题的办法。当团队出现新生事物或目标发生变化时，畅所欲言有助于成员间建立互信，尽快达成共识，并激发出创意、建议和革新的理念，从而实现团队创新发展的目标。这也正是创新型团队比普通团队对沟通的需求更强烈、有效性要求更高的原因。

（三）企业文化与团队精神的结合

FedEx 中国区副总裁陈嘉良说："公司是公平的，不会有什么歧视，只要你有能力，就可以做到很高的位置。"FedEx 的管理，实际上是在营造一种"平等"的文化氛围，以此来充分调动员工的积极性，让员工全身心投入企业发展之中，使企业获得更多的利益。如果想使团队成员的个人行动切实服务于企业整体发展，就必须将团队精神与企业文化相融合。团队精神是企业上下精诚团结、目标一致、协同共进，这种精神保障了企业能在激烈的竞争中长盛不衰。企业文化则是团队的灵魂，越是优秀的企业，文化建设越是占据重要的位置，它贯穿于企业的管理和团队成员的思想和行为中。良好的企业文化能促使团队精神更好地发挥作用，它使每个团队成员自觉为企业做贡献。企业文化和团队精神对任何一个组织来讲都是十分重要的，并且是缺一不可的。

（四）个人愿景与共同愿景并重

强调团队协作并不意味着否认个人智慧、个人价值，个人的聪明才智只有与团队的共同目标一致时，其价值才能得到最大的体现。成功的团队提供的是尝试积极开展协作的机会，而团队成员所要做的，正是在其中寻找到生活中真正重要的东西——乐趣，工作的乐趣、协作的乐趣。团队成员只有对团队拥有强烈的归属感，强烈地感到自己是团队的一员，才会真正快乐地投身于团队的工作之中。

在一个团队中，领导经常会告诉团队成员目标是什么、应该做什么，甚至告诉他应该怎么做，这是领导的个人愿景，在接受它的同时，每个团队成员也可能有属于自己的目标，有自己想要发展的方向，有自己的长远规划，这个愿景可能和领导的愿景不尽相同。个人愿景是客观存在的，团队中每个成员都会拥有，而且可能各不相同。而团队要想实现整体目标，着眼长远发展，必须在团队中建立共同愿景。

所谓共同愿景，就是由团队成员所制定，经过团队讨论，获得一致性的共识，形成大家愿意共同努力实现的未来情景。共同愿景对于团队和成员都具有重要意义，因为成员的奉献精神与团队的共同愿景息息相关。如果没有共同愿景，不仅不会产生奉献的行为，连真正遵从的行为也不可能。例如，没有阶级、没有压迫、没有贫穷、没有失业、人人幸福的共产主义社会其实就是全世界共产党人的共同愿景，共产党人能够坚定信念、甘于奉献，也是因为希望实现共产主义社会这一美好的愿景。对于团队来说，领导会制定各种各样的愿景，但领导所制定的愿景并不一定会在团队成员中产生同样大的热情。如果一个团队领导仅仅根据自己的意愿来制定团队的共同愿景，则很难把它与团队相融合。因此，愿景也分为有意义的和没有意义的，差别就是有意义的愿景可以引起团队成员的关注、热情及接受挑战的意愿，这种愿景才可以被称之为共同愿景。真正的共同愿景，是能够与所有团队成员都有感情上的联系，或个人利益的联系。也就是一个共同愿景的建立，要团队成员一起思考，把团队中每名成员的个人愿景和团队共同愿景有机结合在一起。从某种角度上说，建立一个共同愿景的过程，其实就是团队成员间讨论和交流的过程，是一个持续的过程，不是一蹴而就的，在团队中建立共同愿景也是提高团队协作能力的有效途径。

对于创新团队来说还有个特殊之处，创新团队内部积蓄的力量和热情是巨大的。在这个团队中，往往不是组织结构决定成员在团队中的工作，而是成员自己决定的，成员所具备的角色特质会在执行任务中或多或少的发挥作用。换句话说，创新团队的成员可能更少受到外界或上级的制约，更像是自己领导自己。一旦这个创新团队形成了有意义的共同愿景，成员被团队的目标和责任所吸引，为了实现共同的愿景，成员愿意主动分享技能、方法和能力，在完成自己的任务同时，愿意关注同伴的任务，不论遇到多大的问题和困难，都发自内心地感到有团队成员的陪伴是件愉快的事情，协作能力就是这样在一步步的选择中表现出来的。

四、团队协作能力的培训方法

一个团队能否在完成任务时发挥出良好的集体作用，一般取决于整体执行力的有效程度。提高团队执行力有效性的策略主要有三类：一是甄选团队成员的资质，选择与团队目标相匹配的成员；二是重视环境设计，为团队搭建适宜的发展环境；三是通过培训手段，培养团队成员的协作能力。实践中，很多时候团队成员和团队所处环境很难任意选择，往往不受控制，所以培养团队成员的协作能力是比较常用的策略。团队协作是一种可以学习的技能，团队协作能力的培养是使团队成员能够更有效获得知识、技能和方法，并获得团队工作经验的重要途径之一。

关于培训方法的研究有很多，本书经过研究与分析，参考了相关文献，认为丁奕、严云鸿的分类方法比较清晰，故将团队协作能力培训方法归为 4 类。

(一) 团队式培训

团队式培训是指根据不同的目标，将受训者分组，各组成员以互动的方式实现共同的目标。实施团队式培训可增强团队成员协作的熟练程度，加强成员对同伴个性特质的了解，从而提高团队效能。采用这一方法应满足三个条件：一是所需培养的团队成员间具有相关性，但成员的工作内容差别较大，对目标的贡献要以协作方式实现；二是团队所处的环境、所要完成的任务，以及团队成员在团队中的角色相对稳定，成员之间配合默契；三是团队工作流程衔接紧密，充分体现协作的重要性。团队培训相比个体培训，在组织和实施上难度更大，但效果往往更加明显，而且经常和其他技能培训结合使用。

（二）交叉培训

交叉培训是指团队成员之间通过相互沟通各自的任务和职责，获取其他成员的角色、任务和信息。交叉培训对培养团队协作能力的作用受任务特征的影响，当任务对动作技能依赖小而对认知技能依赖高时，利用该类培训的获益将比较明显。交叉培训的形式还适用于生产型和服务型团队，通过轮换工作可以使不同团队成员学习到其他成员的技术。但这种培训方法并不适用于大多数知识型团队，因为知识型团队成员的专业知识较多，实施培训所需的时间和开销成本过大，操作性较差。

（三）基于仿真系统的培训

基于仿真系统的培训是指团队成员借助仿真设备或模拟场景，在一定的环境背景下完成需要协作的团队任务。这种类型培训的特点，一是团队协作聚焦于一般性的团队目标；二是从团队绩效或群体动态中抽取一般性的范式；三是培训大量使用模仿、规则、指导手册、反馈；四是集成了基于信息、展示和实践的方法；五是通常时间较短。基于仿真系统的培训是让员工在一个虚拟现实的环境中培养技术技能和团队协作能力，是一种基于实践而不是基于观察的培训方法，这也符合技能培训需要通过实践和试错的方式加以熟练掌握的原则。在仿真系统培训中，团队成员通过实际操作、角色扮演等方式尝试动态的认知和行为过程，并接受实时的反馈和修正，从而提高培训有效性。

基于仿真系统的培训一直被公认为团队协作能力培训最为有效的方法之一，在培训过程中，不仅培养了团队成员的技术技能，也培养了彼此间的协作能力。但该方法需要投入大量的资源开发模拟平台来模拟现实情景，这种培训方法大多在差错成本较高的组织中使用。

（四）基于元认知的培训

基于元认知的培训是提高受训者认知过程，或是任何调节认知过程的认知活动。之所以被称为元认知，是因为其核心意义在于对认知的认知。团队对引导其成员对团队过程中自身认知策略、行为方式等的思考和评价，可以提高个体和团队的元认知能力。例如，团队自我纠错培训就是基于团队成员元认知过程和能力的培训方法，它是团队成员在指导下学习诊断团队存在的问题并提出有效的解决方案，通常由团队领导者或指导者调查团队过程，促使团队成员发现自身问题，并在培训和作业情景中加以改进。

元认知培训的重点是激发团队成员对自身既有的团队协作的再认知，从而改变个体对团队合作的态度，从而修正自身的行为。

以上四种培训方法各有优缺点，对于培养团队的协作能力都有着实际的作用。根据不同的团队类型，不同的目标任务，以及不同行业领域，可以选择合适的培训方法提升团队的协作能力（表4-1）。

表4-1　团队协作能力培训方法的比较

培训方法	应用范围	优点	缺点
团队式培训	较为广泛，任务和团队相对稳定，流程依赖性较强	互动体验式学习、实时反馈、技能针对性强	相对于个体式培训方法组织和实施难度大，对指导人员要求高，能力可迁徙性弱
交叉培训	工作负荷高、认知技能依赖高、专业知识复杂程度低	培训成本低	对团队成员的要求较高
基于仿真培训	目前主要运用于差错成本高的行业	方法集成度高，培训的技能内容全面，培训效果最佳	需要投入大量资源开发模拟平台
元认知培训	较为广泛，如团队自我纠错培训	能力针对性强，培训成本低	对指导人员要求较高，培训效果难以准确评价

协作能力是团队综合利用内外部各种资源，使之发挥超强效用的能力，它通过对结构、人员、流程、战略的有效整合，既保证了团队自身的健康运转，又能快速适应环境的变化。

一个优秀的创新团队，绝不是随随便便地将成员组合到一起，而是做到明确一个共同的愿景，确定团队每名成员的角色特征，通过相互的沟通，找到每个人的正确方向和树立真实的理想，激发出团队的合作精神，激发出团队成员的激情和斗志。同时，要打破人性的弱点，坚决克制消极、安逸、犹豫、懒惰、各自为政等人性的弱点。一个优秀的创新团队，成员之间要彼此信任，互相交心，只有团队的每一个成员彼此之间紧密合作，才能真正做到整个团体的紧密合作。

第三节　创新团队的沟通机制

一、沟通的概念

沟通本指开沟以使两水相通，后泛指使两方相通连，也指疏通彼此的意见。《左传·哀公九年》："秋，吴城邗，沟通江淮。"杜预注："於邗江筑城穿沟，东北通射阳湖，西北至末口入淮，通粮道也。"这里沟通指挖沟使两水相通。徐特立《国文教授之研究》第一章："扬雄《方言》，服虔《通俗文》，刘熙《释名》，钱竹汀《恒言录》等，皆为沟通事物之名称而作。"这里沟通指使彼此通连、相通。管理学家西蒙（H. A. Simon）认为，沟通可以被看作是一种程序，组织中的每一位成员可以借此程序将其所决定的意见或前提传达给其他有关成员。组织行为学家罗宾斯认为，沟通是意义的传递和理解。英文 Communication 这个词既可以译作沟通，也可以译作交流、交际、交往、通信、传达、传播等。这些词在中文中的使用尽管有些差异，但它们本质上都体现了信息的交流或交换，体现了"与他人分享共同的信息"这层含义。

综合各种说法，本文认为，沟通就是信息交流，是人们在互动过程中通过某种方式将一定的信息从发送者传递给接受者，并获取反馈的过程。沟通是人与人之间、人与群体之间思想与感情的传递和反馈的过程，它是一个人获得他人思想、感情、见解、价值观的一种途径，是人与人之间交往的一座桥梁，通过这座桥梁，人们可以分享彼此的感情和知识，也可以消除误会、增进了解。

沟通不仅与日常生活密切相连，在人力资源管理中更发挥着重要作用。团队沟通是伴随团队出现应运而生的。团队沟通包括了团队内部发生的所有形式的沟通。在任何一个团队中，成员不再是独立的个体，而是其中一个组成部分，只要有团队，就一定会涉及沟通，并以沟通的信息作为团队执行任务的决策依据。

在创新型团队中，沟通更是一项必不可少的关键行为。创新型团队的成员往往具有较为明显的角色特质，这种特质既是团队发展进步的助推剂，但也可能成为影响团队和谐共处的绊脚石。而沟通更像是润滑剂，如果没有沟通，即使是最好的决策、最富有创造性的建议或最完善的计划，也可能发挥不了作用，成为一纸空谈。只有沟通畅通，信息的传递才能快速有效，团队的目标才能准确实现。

二、沟通的内涵

首先，沟通是信息的传递。信息没有被传递出去，则谈不上沟通。沟通成功，意味着信息不仅要被传递，而且还需要被理解。成功的沟通应该是接收者收到的信息与发送者发出的信息完全一致或者意义相同。需要注意的是，观念或信息并不能像实物一样由发送者直接传送给接收者。在沟通的过程中，沟通双方通过语言、身体动作、表情将要表达的信息传递给彼此。发送者首先要把需要传递的信息"翻译"成符号，而接收者则进行反向的"翻译"过程。沟通者之间传递的大多是一些符号。但是，由于每个人的"储存系统"各不相同，因此对同一符号可能存在着不同的理解。例如，在美国，把拇指和食指捏成一个圈，同时竖起另外三个手指，这个动作是"OK"的意思，象征着同意、赞扬；在印度，该手势表示"正确"；在日本、缅甸、韩国，该手势表示"金钱"；在法国，该手势表示"微不足道"或"一钱不值"。问题在于，许多人在沟通过程中并没有意识到彼此的"储存系统"是存在差异的，经常会自认为对方可以准确理解自己发出的词汇、动作等符号所想表达的意思。这种客观因素，使沟通看似发生了，但却往往是不成功的。这种情况，有时候是可以避免的，如果沟通双方能事先充分了解彼此的身份和特征，可以选择对方能够接受或理解的方式表达自己的意思，释放出对方可以理解的符号，沟通成功的概率就会大大增加。当然，并不是每一次沟通都有机会提前准备，更多的沟通发生在临时情况下，要想使沟通成功，就需要双方在沟通过程中，端正态度、学会倾听、善于表达、相互理解，并且随时调整沟通方式，有效传递彼此的信息。

其次，沟通的信息是包罗万象的，信息的种类也是多种多样的。沟通过程中的信息可分为：事实、情感、价值观、意见观点等等。如果信息接收者对信息类型的理解与发送者不一致，就有可能导致沟通障碍和信息失真。在沟通中，不仅传递消息，而且还表达赞同、欣赏，或者不满、厌恶，甚至提出自己的意见观点。许多时候，接收人对信息到底是真实的情况还是对方表达的意见观点混淆不清，产生误会，造成沟通失败。

另外，人们经常会认为，成功的沟通是使双方能达成一致协议。当沟通双方出现意见分歧时，不少人常常将分歧出现的原因归结为对方未能完全理解自己的想法，他们认为良好的沟通是使别人接受自己的观点，但是在日常生活或工作中，经常会有已经非常明白对方的意思但是依然不同意对方看法的情况发生。事实上，沟通双方能否达成一致协议，别人是否接受自己的观点，并不单纯是沟通良好与否这个因素决定的，它往往还涉及双方的根本利益、价值观念是否一致等其他关键因素。例如，在商业谈判过程中，沟通双方已经充分理解了对方的观点和意见，但如果双方存在根本利益的冲突，即使沟通氛围再好，沟通技巧再娴熟，沟通过程再顺畅，也不能达成一致协议。又如两个国家对领土所有权存在争议，不同的教徒拥有不同的宗教信仰，两个人喜欢不同的颜色，这些问题，都不是单纯靠彼此听懂、理解就能够达成一致的。因此，成功的沟通，其实更应该定义为在传递完整信息的同时，沟通双方能准确理解信息的含义，而非双方接受彼此的意见并达成一致。只有认识到这一点，团队成员才能正确看待并有效开展沟通，而不会将出现的任何问题都归结为沟通不成功。

三、沟通的要素

沟通不是射箭，不管中没中靶，箭都是只有去没有回，而沟通不仅是行为，也是一个过程，一个消息引出一个反应，一个反应又会产生另一个消息。沟通是为达到某一目标而形成的动态过程，这意味着要想发挥好沟通的作用，就要努力在沟通的每一个阶段都要有回应，通过这些回应，知道对方在想什么，并且可相应地调整发送的消息，对方可以更好地参与这个过程并为实现目标做出同样的努力。

怎样才能在创新团队中建立良好的沟通呢？创新团队就像一个有生命的组织，而沟通则是组织的血管，通过流动将信息传递到组织各处，给组织系统提供养分，实现组织的良性循环。无论你是要表达一个简短的个人意见，还是要提出一项复杂艰巨的改革方案，想要沟通顺畅，就必须认真考虑沟通的主体、客体、环境、消息、渠道和反馈等，这些就构成了沟通的基本要素。

（一）主体和客体

信息发送者和接收者是沟通的主体和客体。信息发送者是指带有沟通目的的人，其决定了沟通的方式、对象。信息接收者是信息发送者想将信息传达到的对象。信息发送者和接收者的态度、知识以及文化背景都会对沟通效果产生影响。信息发送者和接收者之间的互动关系也会影响沟通的效果。信息发送者最重要的一点是明确自己要传递的信息，如果将自己都不清楚的信息甚至错误的信息传递出去，必定产生不好的沟通效果。而不同的信息接收者由于自身特质不同，对于同样的信息也会有不同的理解。

（二）环境

沟通是在具体的环境中发生的。沟通环境既包括社会整体环境（如政治制度、经济制度、政治观点），又包括区域环境（如学校、工作单位、家庭等），还有团队内部环境（如人员类别、专业背景、年龄、性别等）。沟通环境对沟通效果的影响往往是巨大的，同样的沟通双方，同样的沟通内容，在不同的沟通环境下，可能产生截然不同的结果。因此，作为创新团队的成员，要想在沟通过程中取得实效，不白费力气，在制定沟通策略前，应当充分、准确地了解沟通环境，有条件的还可以自主选择有利于沟通的环境。

（三）信息

沟通最直接的目的就是有效传递信息，信息是沟通的核心。信息通过编码会形成特有的物质形态。当我们说话时，语言是信息；当我们写字时，文字是信息；当我们绘画时，图画是信息。因此，信息实际上在沟通时变成了一组符号或标志。一般来说，信息都是由两种符号组成的：语言符号和非语言符号。语言符号包括语言、文字、图形等，非语言符号包括表情、手势、语调等。当团队成员在进行沟通时，信息以不同的符号形式在彼此间相互传递，但并不是每种符号形式都能达到同样的效果，有些信息可以通过只言片语快速表达，有些信息必须通过书面文字详细说明，有些信息只能通过图纸表现出来。在一个创新型团队中，每名成员因为专业背景、学习生活环境以及个人角色特质不同，会有自己擅长的表达方式和不擅长的表达方式，如何选择有效的符号来表达信息，选择合适的方式来传递信息，会直接影响沟通的结果。

（四）渠道

沟通渠道是将信息从沟通主体（信息发送者）传达给沟通客体（信息接收者）的途径。沟通渠道既能将思想观念快速、准确地传递给沟通客体，而且还能及时、全面地收集客体的思想动态和反馈的信息。因此，沟通渠道是实施沟通过程、提高沟通功效的要素。在不同的组织结构、工作环境中，沟通渠道各有不同，包括面对面谈话、会议、电话、邮件、备忘录等。各种渠道都有各自的优势和劣势。其中，面谈所能够传递的信息内容最多、最丰富，但较为不方便，会受到时间、空间的限制。因此，在沟通过程中，对沟通目的和内容做了初步分析后，哪种渠道能够把发送者的信息最有效地传递给接受者，哪种渠道就是最合适的。

（五）反馈

反馈是指信息发送者获得接收者对信息反应的过程。反馈是沟通过程中一个重要环节，也是最容易被忽视的环节。反馈使信息传递成为一个往返的过程，使沟通成为一种动态的双向行为。通过反馈，可以检验信息发送者是否及时、准确地将信息传递出去了，信息接收者是否正确理解了发送者所表达的意思，过程中是否存在"误发"或"误解"。如果发送者认为还没有达到共同理解，则发送者和接收者要多次进行循环沟通，以便及时修正，直至双方达到共同的理解。很多团队在执行任务的过程中，就是因为团队成员常常"自觉"地认为信息传递出去了，沟通就结束了，缺少有效、及时的反馈，造成沟通的失败。创新团队面临的任务可能更艰巨、信息量更多、环境更复杂，这也对团队间的反馈提出了更高的要求。

四、沟通的功能

良好的沟通有助于团队开展文化建设，提高成员的士气。不良的沟通会危害到团队间的人际关系，影响团队的业绩。那么沟通对于一个团队的作用到底有哪些？相关的理论有很多，笔者认为以下4点是最主要的功能。

（一）控制

团队与个体最显著的区别就在于，团队是一种组织，不论组织形式是什么，个体在团队中都不再是一个人单打独斗，而是需要服务于团队的整体发展需要，与团队其他成员相互协作。一旦形成团队，个体就要受到团队的控制。这里所说的"控制"，不是约束个体所有的行为和思想，而是要求个体了解团队的方向，了解其他人的想法，要将个人的行为与组织行为结合在一起。因此，沟通便成为团队控制个体的一种行为。它帮助团队管理成员，帮助团队成员有效完成使命，帮助成员之间相互协作。沟通的这种控制作用，更像是一种驱动，但是比驱动涵盖的内容更多，语言、会议、文件、制度等都是沟通的形式，都可以作为有效的控制手段。

（二）激励

每个人都希望能得到别人的尊重、社会的认可和自我价值的实现。有效的沟通能影响甚至改变团队成员对工作、生活的态度，调动他们的积极性，激发出超群的自发性和创造性。可以明确告诉成员应该做什么，如何来做，没有达到标准时应如何改进工作，做得好可以得到什么奖励等。通过沟通，将正面、积极、对成员有益的信息传递给他们，激励他们在团队中形成健康向上的团队文化和工作氛围。

（三）表达

沟通是人与人之间的思想和信息的交换。对于团队整体而言，沟通是完成任务、达成目标的一种有效手段。而对于团队成员自身来说，沟通还是一种表达自我、交流情感、宣泄情绪的途径。团队就好比一个微型的社会组织，拥有共同的目标或任务，每个成员在其中发挥着各自的作用，担负着各自的责任，可能会面临着压力，也会享受到喜悦。人是情感类生物，在经历各种事件时，必然会产生不同的感情，而团队成员便是以沟通这一社会交往形式来表达自己的想法，愉悦、骄傲、遗憾、气馁，都可以在沟通中得到表现，同时在彼此间交流，得到他人的认可或者帮助，使自己的内心得到释放，这对于团队的稳固发展是十分重要的。对于创新团队来说，沟通尤为重要，一旦沟通受阻，不仅信息得不到有效传递，而且内部情绪无法表达可能严重影响团队成员的工作效率、判断力、积极性，使团队的创新能力大打折扣。

（四）决策

团队在执行任务或完成目标时，离不开决策。决策会影响团队前进的方向、完成任务时使用的方法、开展行动后产生的后果。决策的正确与否有时候能改变一个团队的命运。正确的决策不是凭空冒出来的，而是基于信息分析研究出来的。决策的过程，其实就是一个对信息筛选加工、分析处理、综合预判的过程。其首要前提，就是要有信息做支撑。没有信息基础的决策往往是空洞、虚幻、不着边际的，类似于没有做过任何调查研究的主观臆断，对于团队发展来说，这样是相当危险的。可见，决策对信息的依附性是非常强的。而信息的出现，正是沟通的结果。沟通越多，可获取的信息越充分；沟通越深入，信息的价值越显著。沟通不怕产生分歧，一项伟大的决策绝不是在一帆风顺中产生的。

五、沟通的形式

沟通的分类方式有很多，综合来看主要有以下几种。根据信息载体的不同，可以分为语言沟通和非语言沟通；根据规则要求的不同，可以分为正式沟通和非正式沟通；根据组织结构和信息流动方向的不同，可以分为上行沟通、下行沟通和平行沟通。下面分别对这些形式进行介绍。

（一）语言沟通和非语言沟通

按照信息载体划分，沟通可以分为语言沟通和非语言沟通。

1. 语言沟通

语言沟通是指以词语符号实现的沟通，可以分为口头沟通和书面沟通。

（1）口头沟通是指借助口头语言实现的信息交流，较好地保持了信息的整体性，在日常生活中最为普遍。平时的聊天、讨论等都属于口头沟通。口头沟通的优点是信息传递较快，反馈及时，产生误会的概率较低，易于达成一致意见；感染力比较强，表现直接，对于接收者来说说服性强；在面对面进行口头沟通时，可以通过面部表情或声音增强沟通效果。口头沟通也存在缺点，如信息在传递的过程中可能会失真，传送过程越长、环节越多，失真的可能性越大。当传递环节多于两个人时，中间就会有过渡环节协助完成信息的传递，由于每个人的位置不一样、理解能力不同、有自己的偏好和表达方式，信息经过长途跋涉从第一个人到最后一个人时，内容很可能与最初的含义存在重大偏差。另外，口头沟通往往没有书面记录，不利于信息的储存和查阅，在遇到质疑沟通内容的情况时，往往无据可查，较为被动。

（2）书面沟通是以文字为媒介的信息传递。书面沟通方式主要包括电子邮件、报告、文件、公告等。书面沟通的优点是有实际承载物，便于长期保存，可以作为法律依据，方便事后查询，对于过程复杂、历史漫长的事件来说，这尤为重要；较为严谨，书面材料在正式发表之前能够反复修改，作者的意图能够被充分地表达出来，减少了情绪、他人观点等因素对信息传递的干扰；内容易于复制、传播，有利于大规模传递，降低失真的概率。当然，书面沟通也有自己的缺点：相比口头沟通，书面沟通所需时间更长；书面沟通不如口头沟通的反馈直接，由于接收者没有及时反馈，发送者无法确定信息是否顺利传递，也无法确保接收者是否正确理解信息含义，发送者往往要花费额外的时间、采取其他手段了解信息是否已被成功接收并被准确理解。

选择口头沟通还是书面沟通来传递信息需要根据具体情况确定，两者各有利弊。如果强调时效性，沟通需要立即得到直接反馈，口头沟通更合适；如果传递的信息量很大，或者需要存档以备日后查阅，建议选择书面沟通。

2. 非语言沟通

非语言沟通是通过某些介质而不是通过讲话或文字来传递信息。非语言沟通一般分为身体语言沟通、副语言沟通和物体操纵沟通。身体语言沟通是通过表情、手势等身体动作来实现沟通的一种形式。沟通者可以通过身体动作或姿势来传达赞同、否定等态度。副语言沟通是心理学家对非词汇的声音信号的称呼，是通过非词汇的声音，如语调、重音、哭、笑等实现沟通的一种形式，不需一言一语，却可以充分表达喜怒哀乐。除了运用身体语言之外，人们还可以运用物体、环境等手段进行非言语的沟通，如张贴喜字代表结婚，红色代表喜庆，黑色代表肃穆等。

（二）正式沟通和非正式沟通

按照沟通的组织系统划分，沟通可以分为正式沟通和非正式沟通。

1. 正式沟通

正式沟通是指通过规定的渠道进行的信息传递和交流，如组织正式发布的规章、制度、文件、通知，组织召开的会议，上下级之间的汇报批示等。正式沟通的优点在于约束力强、沟通效果好，一般较重要的信息都采用这种方式沟通。它的局限性是受组织结构影响，有时沟通过程中涉及的环节可能较多，沟通速度较慢，而且正式沟通一般不易沟通情感类信息。

2. 非正式沟通

非正式沟通是在正式沟通之外进行的信息传递和交流，与组织内部的规章制度无关，如员工之间私下交谈、电话聊天、私人聚会等。非正式沟通不受形式的限制，沟通渠道灵活，传递速度快，是团队中形成良好氛围的必要条件。非正式沟通更多是建立在社会关系基础上的，其缺点是难以控制，传递信息准确性无法把握，不留证据，容易被利用传递负面、不实的消息，影响团队凝聚力。非正式沟通中要注意甄别信息，不要被流言飞语所干扰，以至于混淆视听。

正式沟通一般是官方的，比较规范；而非正式沟通是非官方的，比较灵活。在创新团队中，正式沟通和非正式沟通都很必要，正式沟通保障了团队在规则内正常运行，非正式沟通为团队成员提供了自由交流经验、激发创新思想的渠道。要在团队中做好二者的平衡。

（三）上行沟通、下行沟通和平行沟通

按照组织结构和信息流动方向划分，沟通可以分为上行沟通、下行沟通和平行沟通。

1. 上行沟通

上行沟通是指由下级向上级传递信息的一种形式，通常是下级向上级汇报工作，或反映下级的问题等。其主要形式有书面报告、汇报会、建议箱等。

如果信息的流动因缺乏上行沟通渠道而阻断，管理者就无法了解任务进展情况和员工的实际情况，缺乏足够的信息来为决策做支撑。作为上行沟通的关键，管理者要认识到上行信息的重要性，对各种信号都要保持高度敏感，这样才能获取来自不同渠道的信息。

上行沟通可能存在以下问题。

（1）沟通的延迟。在沟通过程中，一些员工在向上反映情况时可能会瞻前顾后、犹豫不决，因为这样做可能意味着承认自己存在问题，工作没有做好。因此，每一层的人都可能会延迟沟通以便设法想出借口躲避责任或尽快弥补过失，这就会造成信息在向上传递时十分缓慢。

（2）信息的过滤。每个人都有自我表现和自我保护的意识，这种意识是自发形成的，员工在向上级汇报时往往会选择那些他们认为上级喜欢、想听的内容，而忽略掉那些不好的、不利的信息，也就是对信息进行了过滤。这种情况，可能会造成某些信息在传递过程失真，影响上级对事情真实性的判断。当然，信息过滤也有合理的原因。信息在传递过程中可能会经历很多环节，有些信息并不一定准确，需要进一步核查；或者上级提出要求，让员工仅报告事情的要点，忽略过程或细节。因此，沟通中的过滤，可能会造成负面影响，也可能是正常需要。

为了防止信息的过滤，在团队尤其是具有多个层级的团队中，成员有时会绕过中间层级上报信息。从积极的一面来看，这种方式可以减少信息的延迟和过滤；但其不利的一面是会破坏团队内部的规则和秩序，可能会引起被绕过的人的不满，通常是不鼓励这种做法的。

（3）信息的扭曲。有些人为了得到更多的表扬或认同，会故意夸大工作业绩或任务难度；有些人为达到某个目标会掩盖事实真相甚至捏造信息，这些都是有意改变信息以便达到个人目的行为，是在扭曲信息。信息的扭曲会给团队沟通带来很大的难度，使团队成员间无法准确了解真实情况，不能做出正确的决策。而且，扭曲事实是一种不道德的行为，会破坏沟通双方的信任。

可以采取其他的措施改善上行沟通。

（1）制定规则。建立良好的上行沟通，可以通过制定规则，给下级提供有据可循的方式方法，这种办法对大型组织或团队尤其适用。

（2）主动提问。由于阶层的客观存在，下级往往害怕主动与上级进行沟通和汇报，这就要求上级管理者通过主动提问题来鼓励上行沟通。这一措施意在向员工表明管理层重视员工的意见，希望得到更多的信息。提问的形式也很灵活，最常见的如开放式和封闭式。开放式提问可以不指定主题，答案任意发挥；封闭式提问聚焦于一个主题，方向较为具体，答案往往比较明确。无论哪种形式，都能很好地推动上行沟通。

（3）用心倾听。倾听并不是简单地完成"听"这个动作，不是做做样子，而是要用心。好的倾听者不仅听到对方说的内容，理解对方字面的意思，而且能了解对方的感受和情绪。只有做到这几点，才是有效的倾听。

（4）广开言路。广开言路就是要秉持开放的心态，鼓励员工主动、乐于进行上行沟通。可以通过组织集体座谈、一对一接待、意见箱、热线电话等方式，鼓励员工积极表达自己的困难与需求，分享获得成功的喜悦，提出解决不了的困惑和疑虑。这些方式可以帮助管理者深入探究员工内心的问题，再加上相应的跟进措施，成员的消极态度会得到改善，积极性会得到提高，辞职率会下降。当然，广开言路说起来简单，实施起来并不容易，因为在管理者和员工、上级和下级之间常常会有无法逾越的层级障碍。虽然管理者愿意打开大门，但心理和社会的障碍依然存在，使员工不愿意进门。这就要求上级管理者要具有宽容大度的心胸，团队中要有良好的民主氛围。

2. 下行沟通

下行沟通是指由上级向下级传递信息的形式，通常包括命令、文件、规定等。下行沟通的核心在于上级、管理者，成功的管理者应该具有高度的敏感性，以对员工的诚心和关心来进行沟通。有效的下行沟通应该注意以下三点。

（1）积极的沟通心态。管理者与员工永远是少数对多数，管理者往往没有精力与所有的员工进行沟通，但是，必要的下行沟通是必需的，管理者必须通过下行沟通让员工了解他们的想法和管理意图。他们必须认识到，沟通是他们工作的重要组成部分。

（2）建立相互信任。前文提到，管理者要想做出正确的决策，必须依靠获取大量的信息。同时，他们还应该主动与员工分享自己拥有的信息，让员工在认同管理者丰富知识的同时，感到被信任，使员工形成成就感和幸福感。

（3）做好沟通前的准备。作为一名管理者，通过下行沟通传递的信息不能是随意、不负责任的，这些信息可能会影响下一个任务的成败。因此，管理者在进行每一次下行沟通之前都应该是做好准备的，保障沟通信息的正确性和合理性。

上行沟通和下行沟通都可能存在两个问题，就是沟通过量和沟通欠缺。有时管理者由于自己的权威性，潜意识驱动下可能会向员工提供大量的信息，他们认为这些信息对员工会有帮助，以至于员工们觉得自己被信息所淹没，但事实可能并没有完全理解管理者的意图；员工有时会担心自己没有将意思完整明白地汇报给管理者，影响领导对自己的看法，就将有关没关的信息一股脑都告知管理者，使管理者摸不清核心问题所在。这些都属于沟通过量。与此相反，管理者不愿与员工沟通，只言片语就默认员工能够充分理解；或者员工担心说的太多管理者会认为自己没有主见、办事能力不足，将很多信息搁置不予汇报。这些属于沟通欠缺。其实，良好沟通的关键在于它的时机和质量，而不在于数量。如果沟通的质量很高且时机恰当，即使沟通总量再多或再少，也能得到很好的理解。

3. 平行沟通

平行沟通是指同级别成员之间的沟通，即同级别成员可以直接对话，而不必按照隶属关系逐级向上传达后再层层向下传递。在一个团队中，管理者往往是少数，平行沟通比上、下行沟通要更普遍，发生概率更大。

平行沟通大多是非正式的，不受上行或下行沟通中规则制度的限制。平行沟通更多体现的是交流与协调。团队内部同级别成员的沟通、同级别部门的沟通，都需要平行沟通发挥作用。平行沟通常常是日常管理中的主要沟通形式。

创新型团队的沟通方式更侧重于平行沟通，尽量避免因繁杂的规则，约束或制约了团队成员间的交流。创新型团队应该充分发挥平行沟通全面、随和的特点，帮助加深团队成员之间的认识和了解，在团队氛围和睦融洽的基础上增强团队的凝聚力和向心力，为团队的有效协作奠定良好的基础。

六、沟通的障碍与解决技巧

沟通只是一个行为，有效沟通才是团队所追求的结果。有效沟通是指沟通双方能够进行及时、准确的沟通。任何信息在沟通过程中都可能出现失真，或者被扭曲、遗漏，或者被夸大、篡改，从而使其准确性和完整性受到影响。具体而言，沟通障碍既可能来自信息的发出环节，也可能来自信息的反馈环节；既可能由于媒介选择不当，也可能由于传递时机、环境把握不准。总结阻碍有效沟通的因素，可以分为内部和外部两个方面，即沟通者的因素和沟通环境的因素。

（一）沟通者自身的障碍

1. 过滤

过滤是指在传递信息过程中，通过筛选、删减，使保留的信息更容易被接受。常见于下级向上级汇报工作时，投其所好，主要汇报成绩、优点，回避问题和过失，报喜不报忧。过滤的程度与组织的层级数目和组织文化这两个因素有关。在组织中，管理层级越多，产生信息过滤的可能性就越大，每一层级的管理者都会有意无意地对信息进行"加工"，尤其是去掉不利于自己的信息。一个组织如果十分看重奖励和处罚形式，就会对过滤行为起到推动作用，促使员工为了获得奖励、躲避处罚而有意识地改变或删除信息。

2. 选择性知觉

选择性知觉是指人们在沟通过程中，会根据自身特点选择性地传递信息。接收者会根据自己的经验和常识，以及目标和动机，有选择地去接受信息。同时，在阐述或解释信息的传递过程中，还可能会把自己的意见和期望带进信息中，造成信息的失真。

3. 情绪

每个人都会有情绪，在沟通过程中，情绪会使信息在传递过程中不由自主地带上色彩。情绪会影响沟通双方的说话方式，也可能会改变对信息的理解与判断。当人们感到快乐时，常常夸大信息的优点；当人们感到难过时，常常突出信息的危害；当人们感到威胁时，常常会使用讽刺、攻击的信息。极端的情绪甚至可能阻碍正常的沟通。带有情绪化的沟通，会使人们无法客观公正地处理和传递信息。

4. 语言障碍

语言沟通是沟通的主要形式之一。造成语言障碍的原因大体可以分为三种：一是语言差异。方言的存在，使不同民族、不同地区的人在沟通交流时可能会存在明显障碍，这是一种直观的障碍。二是词义差异。词义往往具有多种含义，在使用中会产生歧义。而对于不同地域、不同年龄，以及不同教育和文化背景的使用者来说，同一词汇的含义也可能会不同。三是专业术语。专业术语在同一领域的专业人员之间可以轻松传递，但是，当不同领域的人员进行沟通时，理解就会增加难度，沟通的速度和效果都会受到影响。

（二）沟通环境的障碍

1. 沟通距离

沟通距离是客观存在的。沟通双方彼此间或多或少都需要保持一定的沟通距离。沟通距离一般可以分为物理距离和心理距离，而物理距离有时能够影响心理距离。如某个组织想要促进员工个体间的关系，可以将办公环境安排得紧密一些。一般来说，员工的距离越近，接触越多，所进行的沟通也就越多，员工间的关系会更亲密。需要注意的是，不同文化背景下的沟通距离是不同的。有些国家的人不喜欢与人过于亲密，有些国家的人则十分热情，热衷于亲密互动。

2. 沟通渠道

沟通渠道种类很多，每种沟通渠道所能传递的信息各有不同，选择什么样的沟通渠道，要综合考虑沟通的目的、对象等。沟通渠道障碍主要体现在以下几个方面：①沟通媒介选择不当。如对于重要事情而言，使用口头传达方式效果较差，因为没有存储介质，不易查阅，无法核对，很容易被忽视。②沟通媒介相互冲突。当同一信息使用多种形式传递时，如果没有做到口径统一，相互存在矛盾，就会使接收者难以理解信息内容。如同一事情文件上明明规定不能办理，但是上级领导表达可以办理，但没有说明具体理由，就会使操作者无所适从。③沟通渠道过于冗长。越是大型组织，机构层级越多，信息传递所需要经过的环节越多，如果沟通形式选择又不当，就很容易使信息失真。④外部干扰。沟通存在于至少两个人之间，信息在传递过程中，必然在人与人体外进行传递，并非纯粹的思想交流，难免会受到外部干扰。空间距离、物理噪声、事故故障、天气气候，这些都是在沟通过程中可能存在的外部干扰因素，都可能会影响到沟通的效果，甚至成为阻碍。

3. 信息超载

人们常常会抱怨工作内容繁重，需要处理的事情太多，电子邮件、电话、传真以及会议资料等各种信息构成了一个巨大的数据库。而每个人在单位时间内处理信息的能力是有限的，当面对的信息超过能够处理的信息量时，就会出现信息超载，以致人们无力处理和传送这些信息，降低了沟通效率。面对信息超载，人们会不自觉地筛选、过滤某些信息，使沟通有效性降低。

4. 文化差异

不同文化背景下的人，沟通方式也是不同的。如同语言障碍，当不同文化背景的员工一起工作时，文化差异往往会影响沟通的顺畅性。跨文化沟通会增加沟通的难度。

（三）改善沟通的技巧

团队沟通的目的是使信息在成员间被顺利传递并充分理解。不管是沟通者自身因素还是环境影响，都可能会对沟通形成不利影响。要想提高沟通的有效性，减少或克服沟通过程中的障碍和干扰，可以从以下几个方面入手。

1. 调整信息流

团队中不同的人对信息的要求不同。对 A 来说非常重要的东西对 B 并不一定同样重要。团队成员需要的信息类型可能是不同的，获得信息的有效途径也可能不相同。因此，要根据实际情况，学会对信息的数量与质量进行调整。优秀的团队管理者还需要学会为调整信息流改善相应的沟通方案。

2. 利用反馈

反馈是验证沟通是否有效的一种方式，如果管理者在沟通过程中充分运用反馈，则会减少由于误解造成的沟通问题。反馈可以是言语的和非言语的。言语反馈容易理解，如口头答复、书面意见、批示等；而绩效评价、调整薪水、晋升等是非言语反馈的常见方式。

3. 优化用语

语言是沟通的最主要的表达方式之一。因此，沟通双方应充分重视语言的重要性，在沟通过程中，要注意措辞、逻辑，要尽量简化语言，使接收者易于理解。在创新团队沟通中，对语言表达的要求更高，应该做到：语义准确，切忌模棱两可；通俗易懂，戒空话、大话、套话，少用专业术语；言之有据，避免捏造篡改；还有就是尽量使用短句。

4. 有效倾听

人们经常会认为听是被动行为，只需坐在那里等着信息就好了。但事实上，沟通需要的是有效倾听。有效倾听指的是要积极倾听，要能理解，要能对信息完整意义做出客观公正的判断或解释。有文献将倾听分为 5 个层次：完全漠视的听、假装在听、选择性的听、积极换位思考的听、高级专业咨询的听。在团队沟通中，前三种听是应该尽量避免的，最后一种听需要接受专业训练，所以积极换位思考的听是最佳选择。

5. 控制情绪

不良的情绪会严重影响甚至阻碍信息的有效传递，应尽量避免将情绪带进沟通中。现实工作和生活中，无法保证人完全没有情绪，但优秀的团队和出色的团队成员，应该学会控制情绪，或者当沟通者发生情绪问题时，要及时调整心态。如果情绪问题十分严重，则可以选择暂停进一步的沟通，直至恢复平静。

6. 创造良好的沟通氛围

创新团队的沟通通常会受到团队成员角色差异的影响。构建适合的沟通环境会对信息的发送方和接收方情绪产生积极的影响，有利于消除这种个体间的差异性，淡化沟通中的不利因素。

第四节　创新团队的激励机制

成功的团队或个人需要具备 3 个特质：乐观、热情、勤奋。

"激励"就是调动工作热情，使个人或团队为团队目标而勤奋工作，并对团队及个人前景保持乐观状态。激励的水平越高，勤奋程度和满意感也越强，所取得的工作效能也越高，对团队未来前景也越充满自信；反之，缺乏完成团队目标的热情，工作效率也就越低，对团队的未来前景亦缺乏信心。

一、激励的定义和原则

在实际工作中，人的工作潜能通常并未发挥出来，所以管理者（或管理团队）必须在正确认识团队成功的三要素基础上，分析影响成员工作热情的诸因素，充分利用各种激励因素，掌握激励机制，适时适度地运用恰当的激励模式和方法，激励和鼓舞成员为团队目标奋发努力。最大限度发挥管理者的智慧，从而使人力资源各项效能达到最大化。

（一）激励的内涵及维度

1. 激励的内涵

激励即激发和鼓励，其目的是获取期望的响应。它是心理学的一个术语，是为获得期望响应而驱动人们朝着某一特定方向或目标而行动的倾向，这种倾向来自于被人们所感知的内在驱动力和外部驱动力。优秀的团队必须具备持久的战斗力，而持久的战斗力离不开激励。一般认为，激励是团队通过设计适当的外部奖酬形式和工作环境，以一定的行为规范和惩罚性措施，借助信息沟通，来激发、引导、保持和归化团队成员的行为，以有效地实现团队及其成员个人目标的系统活动。

（1）激励的出发点是满足团队成员的各种需要，即通过系统地设计适当的外部奖酬形式和工作环境，来满足成员的外在性需要和内在性需要。

（2）信息沟通贯穿于激励工作的始末。从对激励制度的宣传、成员个人的了解，到对成员行为响应过程的引导控制和对成员行为结果的评价等，都依赖信息沟通。团队中信息沟通是否通畅，是否及时、准确、全面，直接影响着激励制度的运用效果和激励工作的成本。

（3）激励贯穿于成员工作的全过程，包括对成员需要的了解、成员个性的把握、成员响应过程的控制和响应结果的评价等。因此，激励工作需要耐心，做到持续改进。

（4）激励工作需要奖励和惩罚并举，既要对成员的符合期望的行为进行奖励，又要对不符合期望的行为进行惩罚。

（5）激励的最终目的是在实现团队预期目标的同时，让团队成员实现其个人目标，即达到团队目标和成员个人目标统一。

2. 激励的维度

激励的维度（类别）根据引起行为的原因分为内在激励和外在激励；

根据激励内容分为物质激励和精神激励；根据激励的作用方向分为正激励（奖励）和负激励（惩罚）；根据激励效果分为短期激励和长期激励（图4－2）。

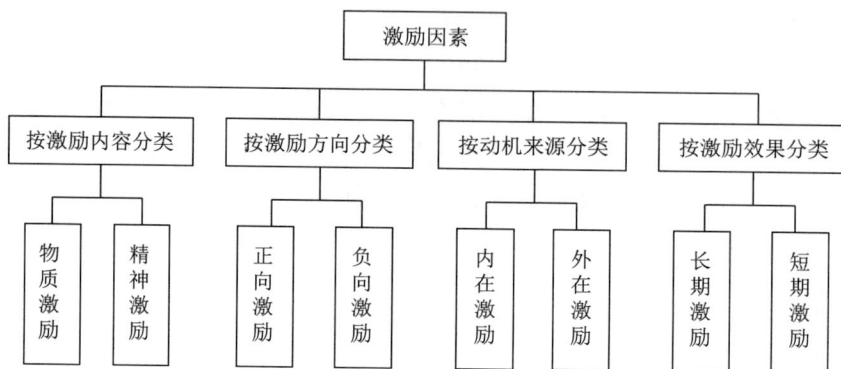

```
                        ┌──────────┐
                        │ 激励因素  │
                        └─────┬────┘
       ┌──────────────┬───────┴───────┬──────────────┐
 ┌───────────┐ ┌───────────┐ ┌───────────┐ ┌───────────┐
 │按激励内容分类│ │按激励方向分类│ │按动机来源分类│ │按激励效果分类│
 └─────┬─────┘ └─────┬─────┘ └─────┬─────┘ └─────┬─────┘
   ┌───┴───┐    ┌───┴───┐    ┌───┴───┐    ┌───┴───┐
 ┌───┐ ┌───┐  ┌───┐ ┌───┐  ┌───┐ ┌───┐  ┌───┐ ┌───┐
 │物质│ │精神│  │正向│ │负向│  │内在│ │外在│  │长期│ │短期│
 │激励│ │激励│  │激励│ │激励│  │激励│ │激励│  │激励│ │激励│
 └───┘ └───┘  └───┘ └───┘  └───┘ └───┘  └───┘ └───┘
```

图4－2　团队激励的维度和因素

（二）激励的目的及作用

激励就是激励员工的工作热情，最终达到实现个人目标和团队目标的目的。对于团队来说，实行激励机制的最根本目的是正确地引导成员的工作动机，提升工作热情，使他们勤奋工作，高效可靠地完成团队目标，同时实现个人的需要，进而增加其满意度，使他们的积极性和创造性持续地保持和发扬下去，并对团队未来保持积极乐观的态度。

良好的激励制度可以实现衡量一个项目进程与计划差距的目的，还可以作为测试项目进程的风向标，即项目是否朝着既定的方向前进。

然而，在一个更基本的层面上，好的激励制度在构建高效创新团队领域，起到6方面的主要作用。

1. 客观性

首先也是最重要的，好的激励提供了一个期望绩效的客观性。当管理者明确激励目标后，良好的激励制度可以不断敦促设计者高效地达成目标。

2. 行为塑造

好的激励还是一个强有力的行为塑造因素。通过把某一衡量标准与成员行为相应连接起来，可以明确规划和分类需要实现目标的行为，进而对成员行动产生塑造效果。然而，很重要的是，激励制度结果是把双刃剑，可能导致意想不到的行为和变化。因此，激励制度的设计必须周密思考，精心评估。

3. 沟通工具

当激励机制建立起来后，成员为达到绩效目标，会主动寻求沟通渠道及沟通方式来提高效率。激励机制也能提供一种公正的沟通工具和语言。绩效可以贴在非常显眼的墙上或公布在内部网上，以实施实时监控。

4. 自我纠正

良好的激励制度为日常活动的混乱提供了一个自组织和行动纠偏的机制。团队在创新工作中混乱一定会发生，而这种自组织和行动纠偏机制是对付这种混乱的最佳形式。

5. 注意力的集中

好的激励还会指出什么是最重要的，以及为了使项目符合预算和规格按时完成，必须解决的关键问题。因此，好的激励有助于排出轻重缓急的问题，并进行实时调整。同样，它还会指出那些没有关注的问题，而这些问题也是重要的。

6. 积极性

好的激励会激发积极性，这是激励的根本目的。同样它也能表明实现目标需要多大的努力。

二、激励理论

激励理论可分为三大类：内容型激励理论、过程型激励理论和行为修正型激励理论。

（一）内容型激励理论

内容型激励理论主要研究人们的需要内容、结构特征和其动力作用的理论。研究与传播最广的主要有4种理论，即为马斯洛的需要层次理论、奥尔德佛的 ERG（生存、关系、成长）理论、麦克利兰的成就需要理论与赫茨伯格的双因素理论。这些理论在研究领域和管理实践中都受到了高度重视。

1. 需要层次理论

马斯洛需要层次理论，亦称"基本需要层次理论"，是行为科学的理论心理学家马斯洛（A. H. Maslow）于1943年在"人类激励理论"论文中所提出的。马斯洛需要层次理论把人的需要分成生理需要、安全需要、归属与爱的需要、尊重需要和自我实现需要5类，依次由较低层次到较高层次排列。受个体客观条件的限制，不同的人的需要层次有很大的差异，自我实现需要不是每个人都能达到的。尽管马斯洛的需要层次理论存在这样或那样的缺点，但它揭示了人类行为的动力结构，为人们预测和掌握人的行为规律提供了科学的根据。因此，它为企业的管理工作，尤其是人力资源的管理工作提供了良好的借鉴。同时，由于需要层次理论本身存在缺陷，在实际应用时要针对具体的情况灵活对待，不能简单地根据需要层次理论的层级顺序来激励员工，而应该把员工的需要引向更高的内在需求方面，从而产生持久的激励作用。总之，这一理论对团队管理具有较大的指导作用。

2. 赫茨伯格的双因素理论

双因素理论是美国的行为科学家赫茨伯格（F. Herzberg）提出来的。20 世纪 50 年代，赫茨伯格在匹兹堡地区 11 个工商机构的 200 多名会计师、工程师中进行问卷调查，要求回答"什么时候你对工作特别满意""什么时候你对工作特别不满意""满意和不满意的原因是什么"等问题，根据调查的结果提出了该理论。

传统的观点认为"满意"的对立面就是"不满意"，它们应该属于同一类因素，这些因素具备，人们就"满意"，这些因素不具备人们就"不满意"。而赫茨伯格认为，传统的满意 – 不满意观点（满意的对立面是不满意）是不正确的，满意的对立面应该是没有满意，不满意的对立面应该是没有不满意。

赫茨伯格的研究发现，人们对工作"满意"与"不满意"的因素不属于同一类，人们对工作"满意"的因素主要与工作内容和工作性质有关，可以称为内在因素；对工作"不满意"的因素主要与工作环境和工作条件有关，可以称为外在因素。管理者要充分注意外在因素，并利用内在因素来激发员工的工作热情。

双因素理论实际上说明了对员工的激励可分为内在激励和外在激励。内在激励是从工作本身得到某种满足，如对工作的爱好、兴趣、责任感等，这种满足能使员工努力工作，积极进取；外在激励是指外部的奖金或在工作以外获得的间接满足，如劳保、工资等，这种满足有一定的局限性，它只能产生少量的激励作用。

管理者要正确处理外在因素和内在因素的关系。首先，不能忽视外在因素，但又不能过分注重于改善外在因素，因为满足员工外在因素并不能构成激励；其次，要善于把外在因素转化为内在因素，外在因素和内在因素是可以相互转化的，不是一成不变的。

（二）过程型激励理论

过程型激励理论主要是研究个人内在因素如何相互影响从而形成特定的行为。据此，从激励过程的各个环境去探索如何调动人的积极性。过程型激励理论主要包括期望理论、目标设置理论、公平理论等。

1. 期望理论

从人们的行为动力系统分析可知，行为除受到内在动机的激发而产生外，还会因目标的吸引力作用而发生。期望理论就是从目标吸引力角度探讨调动人的积极性问题。期望理论认为，人的积极性是建立在人对未来目标期望的基础上的，个体的行为取决于对行为结果引起的满足感的期望。该理论侧重于未来，认为激励的出发点不在于是否有需要（与需要层次理论相驳），而在于个体通过认知评价的过程进行判断，看行为的结果是否满足需要，即结果是否有价值。结果如果有价值才能激励人去行动，若无价值则不能激励人采取行动。

期望理论告诉我们，不要以为设置了激励目标、采取了激励手段，就一定能获得所需的行动和努力，并使员工满意。要形成激励→努力→绩效→奖励→满足，并从"满足"再反馈到"努力"这样的良性循环，取决于奖励内容、奖惩制度、团队分工、目标导向行动的设置、管理水平、考核的公正性、领导作风及个人心理期望等多种综合性因素。

2. 目标设置理论

目标设置理论是由美国心理学家洛克（E. A. Locke）在 1967 年提出的，他认为人的任何行为都是受某种目标的驱使。因此，通过给员工合适地设定目标，可以激励员工。

目标设置理论认为目标难度、目标的具体性、员工对目标的接受度、员工对目标的承诺这 4 个因素共同决定了员工向着目标的努力程度。而员工向着目标的努力加上团队的支持以及其个人能力与特点，则会共同影响员工的绩效。团队根据绩效给员工相应的内在和外在奖励，从而最终决定了员工的满意度。

3. 公平理论

公平理论是由美国心理学教授亚当斯（J. S. Adams）在总结有关分配的公平概念和认知失调理论的基础上提出来的，这个理论主要探讨报酬分配的合理性、公平性及其对员工行为积极性的影响。公平理论认为公平是人的一种主观认知和评价。人们通过投入与产出比的 4 类情况对比来评价是否公平。

公平理论提出的基本观点是客观存在的，作为管理者应从这里得到一些有益的启示。

（1）公平的奖励。要求公平是任何社会普遍存在的一种社会现象。公平理论第一次把激励和报酬的分配联系在了一起，说明人是要追求公平的，从而揭示了现实生活中的许多现象。

（2）平等的竞争机制。人的工作动机不仅受绝对报酬的影响，而且更重要的是受相对报酬的影响。人们在主观上感到公平合理时，心情就会舒畅，人的潜力就会充分发挥出来，从而使团队充满生机和活力。

（3）教员的认识。公平理论表明公平与否源于个人主观感觉，个人判别报酬与付出的标准往往都会偏向于对自己有利的一方，从而产生不公平感，这对团队是不利的。因此，管理者应能以敏锐的目光察觉个人认识上可能存在的偏差，适时做好引导工作，确保个人工作积极性的发挥。

（三）行为修正型激励理论

行为修正型激励理论强调了个体行为与结果之间的权变关系。行为修正型激励理论主要代表性观点包括斯金纳（B. F. Skinner）的操作条件反射、桑代克（E. L. Thondike）的尝试与错误学习以及班杜拉（A. Bandura）的社会学习理论。

三、创新团队激励构建及策略

（一）激励的多样性

了解和掌握激励理论不太困难，但将其应用于管理实践就不简单了。在实际的团队管理工作中，激励理论可应用于管理的各个职能、各个环节、各种场合。激励既要重视物质激励，又要重视精神激励；既要考虑激励对象的多样化，又要考虑激励方法的多样化。

1. 对象的多样化

激励并非是对少数成员的激励，而应当面向整个团队。传统的激励方法多为奖励极少数有突出贡献者，旨在树立"标杆""模范""楷模"。然而，这种激励手段并不理想。长期执行会使多数成员失去受奖励的机会，从而觉得奖励是极少数人的事情；同时，还可能在员工中产生逆反心理，使"标杆"在企业内部遭到孤立、嘲讽，甚至打击。因此，激励方法应充分考虑扩大激励范围。根据激励理论每个人都有受到表扬和鼓励的心理需求，即使最落后的员工也一样。

激励必须考虑员工需要的多样性。在企业中，有的员工需要高薪，有的员工想成为技术专家，有的员工希望晋升，还有的员工需要团体间的合作，即使同一员工需求也未必单一，既有物质需求，也有精神需求。可见，员工的需要呈现多样化状态。激励要从员工的个性、心理、特征出发，通过研究个体心理的不同需要，做到对症下药。

激励必须考虑激励目标的多样性。企业存在短期和长期目标，当激励制度向短期目标倾斜时，员工将更多聚焦短期目标，而忽略企业长期目标。同时目标既有进度要求，也有创新性要求，而通常创新性和进度是相互矛盾的。当激励制度过多地强调项目进度时，员工将急于迅速地完成项目任务，而忽略其创新性。

2. 方法的多样化

激励对象的多样性导致激励方法的多样性。人既有物质需求，也有精神需求。遗憾的是，很多管理者并未认识到这一点，他们注重员工物质需求，激励方法越来越单一，只依赖奖金的刺激作用，靠年终奖金或红包等物质刺激培养出"雇佣兵"。还有另外一种极端情况，管理者从成本出发，单纯考虑员工的精神需求，通过"画饼充饥"等来激励员工。优秀的管理者既注重对员工的物质激励，更重视精神激励。精神激励的方式丰富多样，远远超过相对单一的物质激励方式，如给员工以表扬、光荣称号以及象征荣誉的奖品、奖章等。通过这些方式体现对员工贡献的公开承认，可以满足员工的社交、自尊、自我实现等高层需求，从而达到激励的目的。

（二）创新团队激励机制构建原则

根据相关激励理论，创新团队的激励机制需要基于如下原则构建。

1. 利益整合原则

整合原则是把个人利益与团队利益结合起来，使个人在为团队的目标做贡献时，个人的目标能够得到保障。在整合原则下，团队目标与个人目标互为基础，相互支撑。

个人利益与团队利益的整合程度是一个从低到高的连续的分布。同一个团队中，不同个体与团队利益的一致性程度是不同的；而同一个人在不同情景、不同时间与团队利益的整合程度也是变化的。个体与团队利益的整合是动态的平衡。

在设计个人目标与团队目标整合模式时，必须综合考虑当前目标和未来目标的配置平衡。

在对团队未来利益和当前利益的认识上，团队成员经常存在差异。管理者较多考虑团队的长期目标，中层更多关注近期绩效，低层则更可能关注当前的绩效和报酬。管理者应帮助低层人员认同团队长远的目标和利益。管理者应通过沟通，帮助成员认识不同目标的价值，认识个人目标与团队目标的关系。

追求当前利益的动机常导致短期行为。成员如果主要追求个人和团队的短期利益，缺乏团队发展和个人发展的长期考虑，显然对团队和个人是不利的。成员对于当前利益和未来利益的关系以及个人利益与团队利益的关系的认识，将影响其态度和行为。

2. 目标激励原则

目标设置理论认为目标是驱动人的必要因素。创新团队需要确定团队目标并进一步细化为具体工作目标，接受长期目标和具体工作目标的成员将会进行自我管理和自我激励。

使用目标激励法要注意做到如下几点。

（1）目标要清晰明确。目标明确才能激励人，目标清晰才能具体实施。

（2）目标要难度适中。

（3）既要有团队长期目标，也要有具体的短期目标。既要有宏观目标，也要有具体目标。

（4）管理者应该提供指导，帮助成员认识目标的价值和可行性。

（5）提供实现目标所需的支持性资源。

（6）对目标的进展提供反馈信息。通过激励等反馈信息有助于增强信心和鼓足干劲，进而使团队成员保持乐观。

3. 内在激励优先原则

激发人的热情可以使用内在激励因素和外在激励因素。如果某一活动或工作本身包含激励因素，行为者就能够在该行为过程中获得某种心理满意。例如，当一个人爱好足球，那么进行足球比赛对他本身就是心理愉悦的事情；而对于一个不爱踢足球的人而言，这只会成为他的心理负担，也就是说，不包含内在激励因素。

双因素理论认为当外在激励因素与某种行为方式关联时，可以成为促使人从事该行为的激励因素。但是，该行为本身不会给行为者满足感。金钱等外在激励因素激发成员的工作动力是有效的，但其效果是有限的。外部的物质激励可以保证成员生活没有后顾之忧，但人都有更多更高的追求。因此，单纯的经济报酬不足以充分激励团队成员，人们通常期望团队给自己多方面的报偿。

需求层次理论认为团队要满足个人的多方面的需要，除了满足个人的物质条件需要外，在工作方面，还要满足个人对工作本身的要求。现代的工作者在物质需要得到一定程度的满足后，更关注工作本身。他们跳槽不是为了更高的薪酬，而是为了获得一份新的更具挑战性的工作，甚至仅仅是为了摆脱原有的乏味工作。

知识型创新型团队，要求成员发挥较高的个人创造力，对成员的技能具有较大的挑战性，能够使注重"自我实现"的个人感到较大的心理满足。因此，与自我实现需要密切相关的内在因素，对高学历、高技术工作者具有很强的激励作用，被很多研究者认为是工作内在的核心激励因素。

创新团队工作内在的核心激励因素如下。

（1）工作自主性。工作自主性就是创新团队成员能够对工作的过程和结果独自负责任，拥有足够的自主性。自主性越大，对工作者的能力和责任心要求就越高，有能力且能够负责任地完成任务，自我价值得到证明，这会使有能力、有责任心的个人感到满意。

（2）工作创造性。创新团队的工作需要成员发挥极大的创造力。创造性的实现是价值自我实现的一种重要方式。

（3）工作挑战性。任何创新性工作都具有一定的挑战性。完成这样的工作可以体现成员的能力，也是价值自我实现的一种重要体现。

（4）工作完整性。不论工作大小，需要保证工作的相对完整，保证有始有终，而不半途而废，使成员完成一件任务相对完整的工作可以使成员获得较多的满足。

4. 物质激励与精神激励相结合原则

对团队成员需要物质激励和精神激励相结合，即在给成员物质激励的基础上给以精神激励。当物质需要得到基本满足之后，人们有时不再在意物质奖励的多少，而是更在意自己的贡献是否得到承认。

人们的理智行动都要有自己的理由来支持。若团队成员仅看中物质激励时，更多精神激励也起不到应有作用，只会让其有画饼充饥的感觉；当精神激励因素足以激励一个人采取某种行动方式的时候，如果给他物质激励，有时会将其引向物质激励，削弱了精神激励因素的影响力，促使团队成员追求物质的东西；如果物质激励不能得到成员对其工作价值的认可，反而使成员认为其行动价值未收到认可，而物质激励的丰厚与否亦难评价。精神激励与物质激励的结合，绝不是两者的简单相加，需要根据具体情况灵活运用。当精神激励对于行动者起足够大的作用时，谨慎使用物质激励。过多地强调物质激励只会培养出"雇佣军"。

5. 积极激励为主原则

激励人的目的都是期望被激励者表现出激励者期望的某些行为方式、动机或态度。管理者提供被激励者所希望的激励，使被激励者为了得到希望的奖赏而表现出激励者期望的行为方式。

通过给予奖励来激发人的动机的方式属于积极激励。为了抑制成员表现出非期望的行为方式，可以采用记过惩罚和消极惩罚的方式。例如，通常的上下班刷卡制度，到月底的时候根据统计结果，对未能达到出勤指标的员工扣发他的部分奖金或者给予警告等，这是施加惩罚。为了避免受到惩罚，人们不得不表现出管理者期望的行为方式。当那些受到惩罚的人表现出管理者期望的行为方式的时候就消除惩罚，这种先实施惩罚后消除惩罚的激励方式属于消极激励。

从激励方式对人的心理满意的影响来看，积极激励的结果使被激励者获得较大的心理满意，而消极激励一般不会使被激励者感到满意，只会减少人的满意度，产生一种消极的心理体验。积极激励依靠被激励者对有利后果的追求动机；而消极激励则建立在被激励者对不利后果的逃避动机之上，依靠人的恐惧和担心来驱动人工作，只能维持最低限度的服从。因此，应该主要应用积极激励方式，避免过多地使用消极激励方式。

但是，如果只使用积极激励方式，而完全放弃惩罚的激励方式，也存在管理风险，仅仅依靠人们的自觉和责任心也是不够的。因此，团队在强调使用积极激励方式的前提下，应保留适当的消极激励方式，但应更多地采用积极激励方式。

6. 公平原则

公平性是团队管理中一个很重要的原则。公平感是每个被管理者都具有的。当成员在分配上产生公平感时，会心态平和、努力工作；而产生不公平感时则会有思想包袱、满腹怨气。取得同等成绩的成员，一定要获得同等层次的奖励；同样，犯同等错误的成员，也应受到同等层次的处罚。"不患贫而患不均"就是这样的道理。因此，管理者在处理成员问题时要有一种公平的心态，不应有任何的偏见和喜好。在管理中采取各种措施做到公平、公正、民主和科学，使成员产生公平感，从而调动成员工作的积极性。

7. 适度原则

激励的度量要准确适度，要根据激励目标本身的价值大小确定适当的激励量。奖惩不适度都会影响激励效果。奖励过重会使成员产生骄傲和满足的情绪，失去提升自己、改进工作的动力；奖励过轻起不到激励效果，反而让成员产生创造价值不被认可的心理。惩罚过重会让成员感到不公，或者失去对团队的认同，甚至产生怠工或破坏的情绪；惩罚过轻会让成员忽视错误的严重性，可能还会犯同样的错误。

8. 清晰原则

激励的清晰原则包括三层含义：第一，明确。激励的目的是需要做什么和不做什么。第二，公开。特别是分配奖金等成员关注的问题时，更为重要。第三，直观。实施物质奖励和精神奖励时都需要直观地表达它们的指标，总结授予奖励和惩罚的方式，这样才能清晰有效地传递出激励与激励目标的关系。

9. 时机原则

要把握激励的时机，"雪中送炭"和"雨后送伞"的效果是不一样的。激励越及时，越有利于将成员的激情推向高潮，使其工作热情连续有效地发挥出来。管理者千万不要等到发年终奖金时才统一犒赏成员，一旦团队成员有良好的表现，就应该尽快给予奖励。等待的时间越长，奖励的效果越差。

10. 按需激励原则

激励的出发点是满足成员的需要，只有满足成员的核心需要的激励，其效用才高。由于对激励的主观感受源于内因，激励要因人而异，不同成员的需求不同，相同的激励起到的效果也会不同。即便是同一位成员，在不同的时间或环境下，也会有不同的需求。团队管理者必须深入地调查沟通，不断了解团队成员需要层次和需要结构的变化趋势，并针对性地制订激励方案，才能取得实效。团队提供的激励必须对成员具有实际意义，并且针对不同成员提供多元激励，供成员选择。

11. 持续改进原则

激励机制的设计过程应该体现多样性、时效性和适用性的要求。人的需求具有多样性，不同时期不同环境下也有不同的需求。随着时间和环境的变化，团队的目标也会发生变化，所以激励机制需要不断地针对成员需求和团队目标的变化进行调整和完善。激励机制都是在某一时间段和环境下设立的，必然具有时效性和局限性。因此，需要根据激励机制实施时暴露出来的问题和新的需求，对激励机制不断地进行递归改进和完善。

（三）创新团队激励策略

由于创新工作具有不确定性，伴随着风险、压力及知识负荷等特征，创新团队基于上述原则构建激励机制时，也要着重考虑如下激励策略。

1. 基于成员成长的激励策略

创新团队成员与一般员工相比，更加渴望个人的成长与发展。因此，激励主体应该建立相应的成长发展规划来满足成员的成长需要，包括培训学习和工作内容设计以及知识创新成果的保护。

（1）加强培训和学习。要想发挥培训学习的激励作用，团队必须通过相关规章制度向员工灌输先进的培训学习理念。让成员意识到知识创新工作的过程就是一个不断学习的过程，在此过程中培训学习起着十分重要的作用，既能有效解决创新过程中面临的挑战，又能提高个人市场价值。在这种先进理念的熏陶下，员工自然会重视工作中学到的新知识，从而使自己在学习共享中实现个人价值的增值。

除了需要先进的思想理念，还需要建立一个完整有效的培训体系。团队应该重视团队成员培训学习的需求，为成员提供丰富、灵活的培训方式，并最终搭建团队学习平台，将创新团队建设成学习型团队，在团队成长发展规划中不断学习，以促进知识的转移、转化。

（2）设置具有适度挑战性的工作内容。创新型人才的工作具有创造性，他们喜欢挑战性的工作内容。因此，管理者需为其提供不断发展的、有挑战性的工作。在团队工作过程中突出工作的意义和挑战性能够让成员通过对工作的承担与任务的完成来验证和体现自身的价值和实力。成员对于自己工作的看法和责任心直接体现在工作的热情上。管理者要让团队成员感受到他们工作的意义、价值和使命感，同时加大工作的挑战性，这样会使成员更加团结并在工作中投入更大的精力，从而起到激励的作用。工作内容的挑战性要适当，不能难以实现，要与团队成员的个人能力与承受力相符合。需要和团队成员进行沟通，把握好工作内容的挑战性与难度，使工作内容符合团队成员的能力和需求，让团队成员信心百倍地参与创新活动。

（3）创新成果的保护。高级的知识型成员有着强烈的荣誉感，荣誉激励的作用巨大。知识创新成果的署名和保护就是一种有效的荣誉激励方式，同时也是知识创新成果的产权保护。这种激励方式不仅有利于团队成员产生知识创新的动机，让他们获得团队的认可；同时也利于知识创新者、共享者和使用者的沟通与交流，从而促进知识创新活动的有效开展。

2. 基于团队创新文化的激励策略

创新团队根植于创新文化。如果没有一个良好的支持创新的文化，就算团队成员具有创新动机和能力也将被落后的团队文化扼杀。因此，创新团队需要在组建的同时，培养有利于知识创新的文化氛围，鼓励成员积极表达自己的思路和想法。团队创新文化是团队成员共同感知到的一种有利于创新的环境。

（1）营造团队的创新氛围。营造宽松自由的创新氛围有利于成员创新思维的活跃和思想火花的碰撞，增强知识创新的协同效应。氛围的自然积淀和发展最终形成团队文化。团队创新氛围对团队整体和成员的创新都具有激励的效果，它能激发成员内心的热情，从内在引导成员，让他们从内心深处自觉萌发出为团队奉献的精神。创新氛围能够以一种软约束对成员的行为进行约束和规范，纠正不合理的行为。团队成员的互相依赖受团队氛围的影响，而团队创新氛围的形成有利于团队思想的凝聚和知识创新活动的开展。成员通过信息的互通、知识的共享建立起互相协作的合作精神。创新的氛围提供了一种容忍工作失误和失败的创新精神，成员敢于尝试，敢于探索，也敢于承担失败的风险。此外，创新氛围还有利于团队精神的形成，它要求团队成员发挥特长和释放个性，明确协同意愿和协同方式，确保团队成员共同完成任务。然而，让成员自由发表意见，这在一个创新团队是不容易的，因为各自的专业背景不同，对问题的看法也不相同；而创新型人才通常思维活跃，个性鲜明，因而对创新想法的讨论也会很激烈。创新氛围的核心就是协同合作和创新，要在尊重团队成员的兴趣和个性特长的基础上体现协作精神和创新精神，凝聚团队全体成员的力量，发挥协同效应，圆满完成团队的任务。

（2）缔结创新团队心理契约，实现协同创新。创新团队的激励，必须建立在团队与其成员间的心理契约之上，即必须基于团队成员一系列相互作用的心理期望。这些期望是契约双方互相感觉到的、没有明确表达出来的，不能被其他团队所共享。心理契约具有主观性和动态性，它增强了团队成员的归属感、依赖感和忠诚度。对团队的归属感将有利于团队成员之间彼此承担责任。由于团队知识创新的责任难以预先明确划分，而归属感能够产生对团队整体的责任感，同时这种归属感还有利于形成团队协同合作的友好氛围。选择一位有凝聚力的有人格魅力的创新团队领导很重要。有人格魅力的领导能够培养团队与其成员及团队成员间的信任与支持，他的人格魅力能够影响成员，使他们追随他，将团队成员凝聚在一起，发挥创新团队的效能。

（3）合理的流程让创新更流畅。流程是指完成某项任务的一系列逻辑相关、责权关系主体明确的作业活动的有序集合。通过流程优化设计，可以为创新团队成员提供更大的自由、更高的效率、更多的创新，同时，员工的适应性也会有明显提高。

国内某知名企业刚开始向员工从宏观上宣传"爱岗敬业，各尽其才"，员工反应平淡。企业里大多是流水线上工人，他们认为：我们没有受过高等教育，能尽什么才能。当企业将一个普通工人发明的一项技术革新成果加以表彰并以该工人的名字命名时，在工人中很快就兴起了技术革新之风。这一措施实施后，激发了员工的创新激情，不断有新的发明创造出现，都以发明者命名。员工的荣誉感得到了极大的满足。另外，企业也对干部进行考评，定期实行评分末尾淘汰制度。

一奖一罚的激励机制，树立了正反两方面的典型。对员工发明创造的认可，是对他们最好的激励，及时的激励能让员工觉得工作有热情、有闯劲，进而也激发出员工更大的创造激情。同时惩罚机制也产生无形的压力，在组织内部形成良好的工作风气，使群体和组织的行为更积极，企业更富有生机。

汽车大王福特取得骄人的成功，得益于他既注意招揽人才，又知人善任，能够让他们发挥最大的作用，并让他们在工作中得到成功的快乐和价值实现。

福特发现广告设计师佩尔蒂埃在营销方面有很高的天赋，于是福特给了他一个展示的平台，让他负责一项新型汽车的营销策划，结果取得了很大成功。负责推销的库兹思斯优点缺点都很突出，福特用其所长，委以重任，结果库兹思斯独创了一种推销方式，为福特汽车推销立下汗马功劳；福特看到德国人埃姆不仅技艺精湛，更善于调兵遣将，于是福特给予他极大重视，并提供极大发展空间，后来埃姆被公认为是汽车工业革命方面贡献最大的人。

这些人原来在岗位上默默无闻，后来成绩卓著，都得益于福特发现他们的优点与特长，委以重任，为他们提供足够空间，让他们感觉到成就感，为福特公司做出巨大贡献。

第五节　创新团队的冲突管理机制

当把一群个体以某种形式自发或组建形成团队后，团队成员之间就在团队范畴内部发生一些相互作用，如沟通、冲突、合作。其中，冲突是一项重要的行为，也是国外心理学、社会学、政治学和管理学等领域学者重要的研究主题。对于本书着重讨论的创新团队来说，创新团队内部的冲突不可避免地会对创新团队的创新绩效产生影响。这是因为，创新团队主要是致力于实现某一创新目标的研究人员组建起来的，外界的指令（如行政命令、领导指令等）对创新团队内部的运行情况的直接作用并不明显，尤其是对于处于非正式组织状态的创新团队，这种情况尤为明显。因此，在创新团队的组织内就很容易因各种原因而发生冲突，这种冲突可能有积极的作用，也可能带来消极的影响。如果不能对冲突进行良好的管理，会产生不必要的内耗，甚至会对整个创新团队造成致命的影响。面对不可避免的冲突，必须做好管理，使冲突对团队的创新行为有所帮助。

一、什么是创新团队的冲突？

（一）冲突的定义

冲突是一种普遍存在于社会之中的常见现象，众多学者们关注的焦点的不同以及他们在研究角度上的差异使得冲突产生了不同的定义。

团队冲突的研究可以追溯到学者们对于组织内冲突的研究。在组织冲突研究中，对于冲突概念的界定，不同的学科对于冲突的认知存在不同的看法，不同研究领域的研究学者也根据不同的研究需要来界定冲突，对于组织冲突概念的界定和表述存在比较大的差异。其中，Pondy 将组织冲突视为一个过程，他认为组织冲突的过程应包括前因、情感状态、认知状态以及结果 4 种因素，始于组织中某一方感到挫折，是两个以上的单位间发生的关系。这一描述得到了众多学者的认同。

在后期的研究中，一些学者也提出了不同的定义。Thomas 和 Rahim 均认为并不存在一个冲突定义是能被广泛接受的。一部分学者认为冲突是一种状态。Tjosvold 认为冲突是一种状态，这种状态是当一个人处于或被驱动去做两个或更多不兼容的反应时才会出现的。Hartwick 则认为冲突是两个或更多社会成员之间所出现的互不兼容的紧张状态。另一部分学者则认为冲突不是一种状态，而是一种过程。Rahim 认为，冲突是在社会实体内部的实体之间所出现的不一致、不相容的一种互动过程。DeChurch 则认为冲突是起始于当一方察觉到自身利益被侵害的一个过程。Guerra 认为，冲突是一种过程，当一方感知自己的利益受到另一方反对或者威胁时，冲突便产生了。罗宾斯认为"冲突是一个过程，在这过程中，试图做出某些阻挠的企图的行为，而最终导致的利益遭受损失"。国内学者谢力宁则提出冲突是"行为主体之间，由于不同的目的而导致的行为对立的状态"。刘慧敏在其研究中指出冲突是人与人之间或群体与群体之间为了利益的争夺而相互破坏、斗争甚至消灭对方的过程。而另一位学者刘明霞在研究冲突时曾提出，社会心理学中，人际冲突指的是人与人之间的敌视、排斥和侵犯等。

从团队的运行角度来讲，冲突是团队内部成员之间、团队与外部组织、个人之间因为某些关系难以协调而导致的矛盾激化和行为对抗，包括在交往中产生意见分歧，出现争论、对抗，因而导致的彼此间关系紧张。对创新团队来说，由于团队成员分处不同的角色，对创新目标认知存在一定的差异，能力水平分布也未必均匀，加之在团队的资源分配、管理科学性、合作与交流的方式等方面的不完善，使得团队的内部融合出现问题，就会导致冲突的产生。这种冲突，既可表现为发生冲突双方或各方相互之间的争执、摩擦，也可以是对立的、互不兼容的力量或性质的互相干扰、争斗等。

（二）冲突的分类

在团队中，由于个体的差异巨大，冲突的存在形式多种多样。按照冲突的不同维度，有各种各样的分类。按冲突产生和变化的历程分，可以分为目标冲突、认知冲突、意向冲突和行为冲突；按冲突的规模分，可以分为全局冲突和局部冲突；按冲突产生的原因分，可以分为利益冲突、认知冲突；按冲突所处的阶段分，可以分为隐性冲突和显性冲突；按冲突主体的层次划分，可以分为人内心的冲突、人与人之间的冲突、个体与团队之间的冲突、团队与团队之间的冲突等。本章从创新团队运行和管理的角度重点探讨两种冲突分类。

一种是依据冲突的来源进行的分类，包括关系冲突、任务冲突。关系冲突又称人际冲突或情感冲突，指的是团队中成员因关系不和谐，或者存在情感上的不合，而产生的团队成员采取不作为或某些极端的行为并伴随有不安、烦躁等负面情绪的冲突，不仅包含关系紧张和人际摩擦等在内的情感成分，而且还包括其他一些人际问题，如成员之间没有好感、互相妒忌和愤怒的情感体验等。关系冲突涉及个人因素。任务冲突是跟团队的创新战略、创新任务相关的，根据其来源的不同又可分为任务认知冲突和任务过程冲突。任务认知冲突是指团队成员之间，由于对团队任务认知不同或观点不一致而产生的冲突；任务过程冲突主要是指团队成员对于团队任务和目标如何实现而产生的争论和冲突。关系冲突主要聚焦于人际关系，任务冲突是聚焦于团队工作任务本身。无论是关系冲突还是任务冲突，其产生都必须是在特定的情境下，如意见分歧或负面的情绪。而当冲突的关联方感知到这种特定情境时会采取一定的态度，此时若能对关联方的态度进行一定程度的规范，则可以避免冲突的发生。Jehn 指出任务冲突与个人兴奋和激烈的讨论有关，但它并不会像关系冲突那样产生人际间的负面情绪。关系冲突对个体绩效、团队绩效、团队成员的满意度和团队生命力都有消极作用；就特定类型的任务而言，中等程度的任务冲突对团队绩效能够产生积极作用。

另一种是按照冲突的效果进行的分类，包括建设性的冲突和破坏性的冲突，这两种冲突在创新团队中比较常见。破坏性冲突，也可以称其为恶性冲突、功能失调性冲突，主要是由冲突双方的目的和方法途径不一致导致，此类冲突所带来的后果往往具有破坏性，对个人或团队绩效有消极或负面影响，持不同意见的双方缺乏统一的既定目标，过多地纠缠于细枝末节，在冲突的过程中不分场合、途径，是团队内耗的主要原因，严重时还可能会导致团队的分裂甚至解体。这类冲突是应当要尽量避免的。

建设性冲突，也可以称其为良性冲突、功能正常性冲突，即指冲突双方的目标一致，在一定范围内所引发的争执。良性冲突的主要特点是双方有共同的奋斗目标，通过一致的途径及场合了解对方的观点、意见，大家以争论的问题为中心，在冲突中互相交换信息，最终达成一致，这类冲突对于团队的目标的实现是有利的，可以帮助团队发现存在的问题隐患，并找到解决的途径，激发科研团队内部创新的火花，应当加以鼓励和适当引导。

冲突的分类并不是固定不变的，不同的冲突也会在特定情形下相互转变。例如，任务冲突是与团队资源的配置以及团队成员间责、权、利的分配密切相关的，当团队分工不明确或者对某个成员应该担负的责任出现理解上的分歧时，会产生过度的任务冲突。过度的任务冲突往往会由于冲突当事人所附带的不良情绪，导致当事人偏离任务本身的争论，任务冲突会向关系冲突转化。因此，任务冲突只有保持在一个适当的程度才能对团队绩效产生正面影响，如果任务冲突超出了一定的程度或者未得以及时解决则会向人际冲突转化从，而对团队绩效产生负面影响。在创新团队的管理和运行过程中，必须注意冲突的转化，突出建设性冲突，减少破坏性冲突的发生。

（三）冲突的作用

国内外组织研究者关于关系冲突的研究表明，人际间的摩擦会导致焦虑并影响认知过程，从而影响团队成员的工作绩效，并导致组织效能的下降。对于任务冲突和绩效的关系，学者们存在很多争议。一些学者指出，适度的任务冲突能够发挥其正面效用。但这一观点也受到一些学者的质疑，他们指出，任务冲突易导致情感冲突，导致团队成员偏离任务主题。也有一些学者指出，应当通过权变的观点来研究冲突与绩效的关系。其基本假设是：在不同的情境中，冲突同绩效的关系是不同的，即在冲突影响绩效的过程中，存在一些调节变量，如信任、开放性、忠诚度等。

可以看出，部分研究认为冲突有害，应采取措施加以避免。然而，随着人们对冲突认识的深入，发现冲突并非都具有破坏作用，大量的研究也表明了冲突与团队绩效和团队成员满意度之间存在负相关关系，有些冲突具有建设性作用。冲突水平与组织之间的关系见图 4-3。整个曲线呈一个倒"U"形，在开始阶段冲突逐渐暴露了组织内隐藏的矛盾，组织在冲突的压力下改进管理机制，协调各方的关系，相互磨合，故而绩效上升，即前文提到的建设性冲突。绩效达到最高点后，随着冲突强度的增大，绩效也随之下降，也就是破坏性冲突。建设性冲突可以激发思想和调动动机，破坏性冲突消磨士气和浪费资源。那些因内斗不止耽误工作的组织是过多的和破坏性的冲突在起作用，而那些死气沉沉，一言堂的组织说明冲突不足，还有一些组织沟通畅通、各种意见都能得到考虑，是建设性的冲突在起作用。

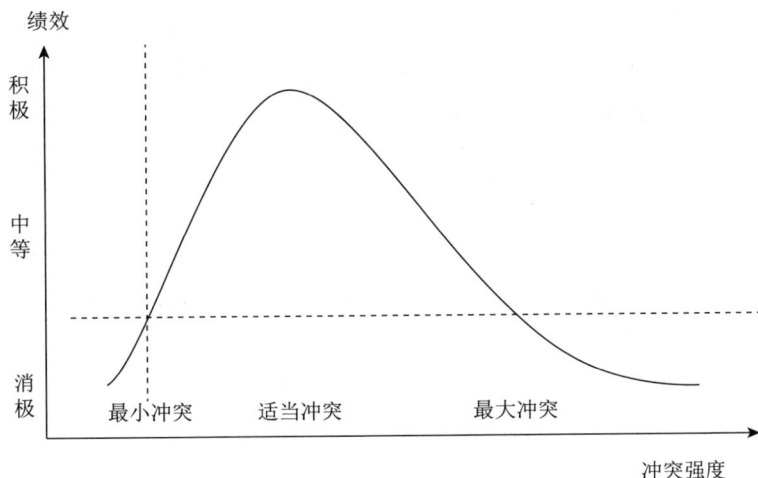

图 4-3　冲突与组织绩效的关系

因此，冲突对组织的有效运行是必要的。对于创新团队来说，这也是一把"双刃剑"。一方面，冲突可以激发团队成员间创新的火花，从而提升团队的创新水平；另一方面，也可能会引发团队成员间不和谐、不协作的关系，进而降低团队的工作效率，产生消极的影响。冲突过多会浪费团队成员的时间和精力，冲突过少不利于激发成员和团队整体的潜能和创新。只有保持一定水平的冲突才可以使团队保持活力，敢于挑战自我和权威，富于创新精神，以适应不断变化的环境要求。作为以创新为目标的团队，不仅不应限制冲突，反而必须鼓励冲突，但对于破坏性冲突，则必须加以管理，采取措施降低其破坏性。

冲突的有效性和有害性是依据它对团队绩效的影响来衡量的，不能简单地把一项冲突划归到某一类（有效性和有害性），必须在现实中根据它的建设性和破坏性加以确定。没有有效的交流和建设性的冲突，就不可能产生共同的理解和目的，而有效地交流和建设性的冲突又要依靠人际关系的技能。可以说，解决好内部冲突是创新团队高效运行的前提。

关系冲突往往表现为个体间的互不相容，从而导致团队成员偏离团队任务本身而产生争论，这会给团队的绩效以及冲突的双方带来不良的影响，甚至导致团队成员满意度和团队绩效的降低。关系冲突对团队绩效的影响显然是负面的。然而，中国社会讲究和谐，为了减少关系冲突，往往通过回避认知上的分歧来维持人际上的和谐，从而在解决关系冲突的过程中，抑制了任务冲突的潜在作用，这也从郎淳刚等的实证研究中得到体现。在中国文化背景下任务冲突的积极作用没有得到体现，任务冲突过少对于中国管理者来说更加不利。这是因为，任务冲突在产生之前可以通过团队内部的有效沟通以及团队领导的有效协调得以控制或消除。而由于针对任务而产生的冲突往往能够引发团队对任务的质疑并深入讨论，促进团队成员间的相互学习并激发新的观点和创意的产生，团队组织的创新性得以提升。这符合了创新团队目标的创新性，任务冲突过少会抑制新观点的产生，引起群体思维，不利于改善群体最终的创新绩效。因此，对于创新团队中出现的任务冲突应当进行正确的引导和激发，以提高团队创新效率，更好地发挥团队内部成员相互协作的优势。

二、产生冲突的原因

团队冲突的发生，是多种因素综合作用的结果。冲突感是团队及团队成员压力的主要表现形式之一，可以从力学原理进行解释。团队冲突的发生是团队有关各方所承受压力的不平衡而引起相互之间的抵触或不一致的行为。在团队的内部各创新单元之间、各个成员之间每一方都承受着对方给予的压力，它们构成一个动态的压力结构，当各方之间的压力处于均衡状态时，双方保持平衡并且和平相处，团队内部关系表现为一种和谐、协作的关系；而当各方之间不能承受对方的压力时，相互之间压力结构的均衡状态被打破，矛盾公开化，从而导致冲突的发生，并且随着对方给予的压力增大，冲突进一步趋于激化。由此可见，在冲突状态下，团队与外部的平衡被打破，团队所面临的压力增大了。从这个角度来看，对创新团队来说，冲突产生的原因主要来自 5 个方面：团队的组织、团队成员、创新任务、信任程度和沟通障碍。

（一）团队组织

团队的组织结构、团队规模、团队文化、团队制度等都可能对冲突产生一定程度的影响。在组织结构方面，因创新目标及团队创新战略的不同，创新团队的组织结构也有差异，一些团队创新目标相对简单，可以采取层式结构；一些团队而较为复杂，采取层式－职能结构，甚至复杂的矩阵式结构。无论采取哪种团队结构，必须与创新目标和团队的规模相适宜。团队的组织结构越复杂，管理相对就越困难，冲突也就越容易产生。在团队规模方面，团队规模越大，组织结构就越复杂，团队成员间的总体沟通水平以及总体信任程度会相应降低，意味着产生冲突的概率越高。适宜的团队规模，既有利于团队沟通、避免负面冲突，也可以提高团队创新效率，能够为创新目标的实现提供保证。在团队文化方面，和谐的团队文化能够规范团队成员的行为，为团队的协作营造积极向上的氛围，使团队得以健康的发展，营造了良好的积极互动环境，减少破坏性冲突的形成。在团队制度上，创新团队的特点在于成员关系平等、自主决策、自由沟通、彼此协调、相互弥补等，创新团队的内在机制要适应这些特点，才能发挥出团队的绩效，若仍然沿用传统的工作作风，如权力至上、等级明显、奖励不当、竞争过度等，将是合理解决冲突的障碍。

（二）团队构成

在团队的构成上，冲突的产生和特性，往往决定于团队成员的异质性和领导行为有效性。团队成员个体具备的特征和差异是冲突产生的必要条件和根本来源，异质性主要包括社会层级差异、信息背景差异和价值观差异：社会层级差异会显著增加团队内的关系冲突，而信息背景差异是与任务冲突正相关的，价值观差异则与任务和关系冲突间都存在显著的正相关关系。领导行为的有效性可以从领导的个人能力和领导方式两个方面来看。在团队中出现冲突时，团队的领导者经常作为冲突的调节者出现，调节的效果决定于领导的个人素质和能力，若领导个人素质和能力强，能够对冲突进行有效的调节，可以减少破坏性冲突的产生；反之，冲突不但不会得到缓和，甚至还会恶化。领导方式对团队冲突的产生和调解也有一定程度的影响，有效的领导有助于建立积极和谐的团队氛围，并且能够在一定程度上及时化解冲突。

（三）团队任务

创新团队的任务是以创新为特征的，这就决定了创新团队的任务是相对比较复杂的，而其要求的对信息处理的能力是比较高的，并且还要团队成员在完成任务时有较高的能力融合程度。若是对创新目标不确定或是对创新范围、创新程度不认同，团队成员将更多地为任务的边界而进行相互沟通和交流，这就增加了冲突的可能性。同时，在完成创新目标过程中，要求团队成员进行紧密的协作，共同处理和任务相关的所有信息，这在一定程度上决定了高校科研团队任务冲突发生的必然性。

(四) 团队的信任和沟通

在创新团队中，信任和冲突的关系是紧密结合在一起的。在某种意义上，信任和冲突之间存在着一种比较复杂的辩证关系。在创新团队不断发展的过程中，随着团队成员间信任形式的变化和信任水平的上升，冲突在成员交流和熟悉的各个阶段也表现出不同的变化趋势（图4-4）。团队初始建立时，成员间彼此不太熟悉和了解，沟通和交流较少，由于感情因素而引发的冲突较少。而成员的异质性，会对任务如何完成等问题产生较大的争议。此时关系冲突较低，而任务冲突很高。随着任务的不断推进，成员间的交流不断加深，关系冲突有了一定程度的上升，而最初对于任务的分歧多数得到了解决，任务冲突逐渐降低。关系冲突上升的幅度取决于对团队内部任务冲突的处理效果，如果任务冲突得到适当和及时的解决，则任务冲突上升的幅度较低。随着成员交流的进一步加深，成员之间对彼此已经比较熟悉，任务冲突会继续降低，但是降低的速度却减缓了。其中有两点原因：一是由于大多数容易解决的对于任务的分歧已经得到了妥善的解决，而未解决的分歧解决起来相对困难；二是成员间彼此更加熟悉了，信任水平的提高使得每个成员能开诚布公地表达自己的意见，之前由于成员的包容和忍让而使冲突不至于发生的情形出现较少。由于信任水平的提升有助于冲突的解决，该阶段的关系冲突最终也会降低。在最后一个阶段，成员间的合作是基于认同的信任阶段，冲突的变化趋势类似于前一阶段的变化趋势，只是在该阶段，任务冲突和关系冲突较前一阶段相比较低。

从图4-4可以看出，在高校科研团队的发展过程中，高校科研团队的特点决定了任务冲突始终处于冲突的主导地位。但值得注意的是，团队中由于团队成员对冲突所采取的态度有时会是忍让和妥协，这都避免了直接冲突的发生而使冲突成为潜在的冲突。但是随着时间的推移，成员间对彼此的熟悉和了解会让成员更多地发表自己的意见而为潜在冲突的产生提供了条件。因此，在高校科研团队成熟发展的时期，对于关系冲突的处理也不可忽视。

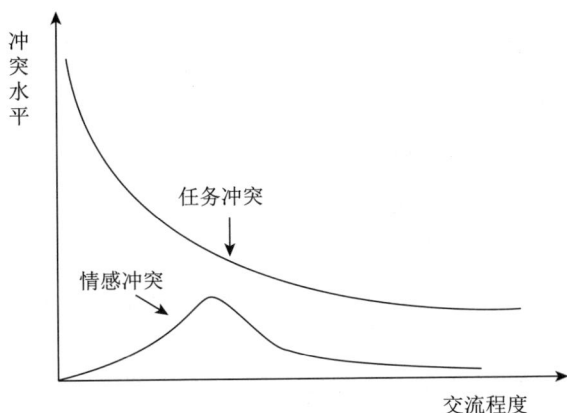

图4-4 任务冲突与情感冲突的水平随交流程度的变化趋势

（五）团队沟通障碍

团队沟通障碍是产生冲突的重要原因之一。团队的沟通障碍主要包括 7 个方面。一是空间距离造成的障碍。空间距离会导致团队成员之间面对面沟通的机会减少，造成误解或不能理解所传递的信息，从而产生冲突。二是层次差异及知识经验水平的限制。这取决于团队成员的异质性，团队领导者如果忽视了团队成员的知识层次、信息发送者与接收者在知识水平上相差，导致接收者不能正确理解发送者的信息，沟通就会出现障碍，从而产生冲突。三是选择性影响。主要是指在沟通过程中，信息接收者会根据自己的需要、动机、经验、背景及其他个人特点有选择地去看或听信息。四是沟通的曲解。沟通者一方或双方倾向于按照自己的价值观、思想、观念、意见背景或特定的目的来解释信息，而不是做客观的解释，导致曲解，形成沟通障碍。五是信任的障碍。即沟通者从某种利益、原则出发，一方或双方相互之间认为对方有不值得信任的地方，或缺乏较高的信任度，彼此怀疑，形成沟通障碍。六是情绪影响。在接收信息时，接收者的感觉会影响到他对信息的解释。不同的情绪感受会使个体对同一信息的解释完全不同。任何极端的情绪体验，都可能阻碍有效的沟通。七是职责不明确。即沟通者因职务的职能、责任、要求经历与体验的不同而导致的沟通障碍，或是团队没有工作规范、工作标准约束，增加了团队内部为控制资源和领域而产生的冲突。

三、冲突处理的一般模式

冲突水平会影响人们采取的冲突管理行为，同样，冲突管理行为也会影响团队冲突水平。冲突的好坏主要取决于对冲突采取何种处理方法。团队冲突管理，是研究在微观层面上冲突双方在面对不同冲突时所采取的行为倾向。西方经典冲突管理理论主要建立在 Blake 和 Mouton 所提出的管理方格理论基础之上。在实践上，托马斯－基尔曼冲突模型已经成为公认的冲突解决方案的评估和选择方法。这一模型，从坚持与合作的角度，形成5 种解决冲突的策略，即合作、竞争、妥协、迁就以及回避。每一种冲突管理风格都有其适应的情景，而合作型冲突管理最适合解决复杂的非常规型任务，也有学者仅仅关注其中的几种。

竞争策略又称为强迫策略，指的是牺牲冲突一方的利益，换取另一方的利益或是团队整体的利益。这是一种对抗的、坚持的和挑衅的行为，是为了取胜不惜任何代价的做法。当快速决策非常重要的时候，应当采取竞争策略来对待团队冲突。一是碰到了紧急情况，如发生了危险化工原料泄露事件，这时可能会有几种不同的处理意见，作为团队领导在平衡各种方法的可行性、经济性的基础上，还必须要快速反应，这时为了尽快开展行动，就有必要采取竞争的策略。二是执行重要的但不受欢迎，或不为多数人理解的行动计划，如缩减预算、执行纪律、裁减人员等，虽然这些措施对团队的发展是有利的，但有部分人的利益将在此过程中受到损害，抵触和冲突不可避免，在这种情形下是难以取得全体成员的理解和认可的。因此，常常也被迫采取竞争策略，通常需要团队领导者力排众议才能实现。三是出于团队的管理需要，如在团队建设的初期，团队领导需要树立威信，或领导履新之时，往往要借助一些事件来树立权威，或是在一些特殊阶段，需要借此打击竞争对手等。在这类情形下采用竞争策略，则可以建立起雷厉风行、敢做敢当的形象，当然同时也可能会留下刚愎自用、脱离群众的评价。一般来说，使用竞争策略，可以压制部分团队成员可能损害整体利益的行为，快速形成决策，解决冲突、树立权威，但使用竞争策略也有着明显的缺点。使用竞争策略并未触及冲突的根本原因，可以强迫对方服从，但不一定令对方心服。也就是说，所有事情都是强迫对方去做，不能用有效的理由来说服他。

利用合作策略解决冲突，是指冲突一方主动跟对方开诚布公地讨论问题，寻找互惠互利的解决方案，尽可能使双方的利益都达到最大化，而不需要任何人做出让步的解决方式。合作策略认为双方的需要都是合理的或重要的，哪一方放弃都不可能，也不应该，双方相互支持并高度尊重，因而得到许多人的欢迎。合作策略适宜的情形有：当双方的利益都很重要，而且不能够折中，需要力求一致的解决方案时；当需要从不同角度解决问题，平衡多方利益时；为了获得他人的承诺，或是满足对方利益可能争取自己或团队整体的更大利益时。虽然"双赢"是目前非常流行的解决冲突的方法，受到大家的普遍欢迎，但也有不可避免的缺点：采取合作是一个漫长谈判和达成协议的过程，时间很长。有时在解决思想冲突上也不一定合适。解决思想问题多半是一方说服另一方，竞争的方式更适合一些。

迁就策略指一方对冲突的另一方进行抚慰，把对方的利益放在自己的利益之上，做出自我牺牲，遵从他人观点，从而维持相互友好的关系。在调和的过程中，常常牺牲或放弃了个人的目标或利益。当需要维护团队和谐关系，或为了团队的长远建设和发展时，应考虑采用迁就策略。例如：当发觉自己的观点有错误的时候，应当放弃自己错误的观点，不必执迷不悟；当成员犯错误时，也不必穷追猛打，只要不是原则性的严重错误，应当给成员一定的机会；当事情对于别人来说更具有重要性时，不妨迁就他人，换取对方的理解和支持，如果坚持竞争难以取得成效，或坚持竞争可能会带来破坏性的结果，损坏要达成的目标时，不妨采用迁就的策略。在团队建设的特殊时期，如当团队遇到严重困难和挑战的时候，和谐比分裂更重要、氛围比成果更重要的时候，往往需要所有团队成员多一些宽容和迁就。采用迁就的策略，自然会受到对方的欢迎，但有时在重要问题上迁就别人，可能会被视为软弱。因此，虽然迁就可能会缓和冲突，维持团队的和谐气氛，但可能鼓励一些不合规的观点，并可能在未来制造冲突。

回避策略是指冲突一方意识到冲突的存在，但选择忽视和放弃，不采取任何措施（与对方合作，或维护自身利益），是一躲了之的办法。回避的方法既不合作，也不坚持，对自己和对方都没有什么要求。在一些特定的条件下，不妨采取回避的策略：当冲突事件无足轻重，或是问题很严重根本无法解决的时候，不妨或只能听之任之；当对方过于冲动，或解决问题所需的条件暂不具备的时候，不妨暂时回避，让对方冷静下来，或争取解决冲突的条件；当其他人能比自己更有效地解决问题的时候，也可回避一下，让更合适的人出面解决；坚持解决分歧，可能会破坏关系，导致问题往更严重的方向发展的时候；显而易见，采取回避的方法，只是使事态没有发展得更坏，仅维护了暂时的平衡与和谐，问题没有得到真正的解决。

妥协策略指冲突双方都愿意放弃部分观点和利益，并且共同分享冲突解决带来的收益或成果。采用妥协方式的原因在于完美的解决方案常常不可实现，坚持己见不如退而求其次，其目的在于得到一个快速的、双方都可以接受的方案。妥协的方式没有明显的输家和赢家，旨在达到双方最基本的目标，适用于如下场合：当目标的重要性处于中等程度，或属于非原则性问题；双方势均力敌，难以对一方形成压倒性优势，或难以找到互惠互利的解决方案的时候；面临时间压力或问题非常棘手、复杂，没有更多的时间实施合作策略的时候。妥协虽然不是最好的解决方法，但常常可以在双方利益、时间、成本、关系等各个方面取得较好的平衡，也是化解团队冲突的常用手法。

在上述管理团队冲突的方法中，有一个隐含的假设，即以实现团队的创新目标为前提，而不以解决冲突根源为最终目的。管理团队的冲突，一般要遵循以下原则：冲突双方要认识破坏性冲突的代价以及建设性冲突的优点，尽量保持开放及公正的心态与对方共同管理冲突；冲突双方要给予对方必要的尊重，就事论事；就冲突的解决，各方要展现自己的诚意，并客观地面对自己的负面态度；在可能的前提下，尽可能采取双赢的解决方案。

至于什么是最有效的冲突解决方式，学者们还没有形成相对统一的看法。早期的相关研究一致认为统合（或者是问题解决或整合）的冲突管理方式才是最佳的方式，这种结论事实上反映了早期管理理论的一个重要的认知，即不管组织或团队处于什么样情境，总会存在一种或几种有效的管理方式，团队可以根据自身情况选择一种最佳的管理方式。当团队成员采取合作态度处理冲突时，会关注共同问题的解决。成员认为任务结果同自身息息相关，因而会不遗余力地贡献自己的观点，从而产生更多的任务冲突；能够彼此聆听和理解对方的观点，不会担心社会面子等关系问题；往往会将冲突归因于是任务方面，而不是人际关系方面。当团队成员采取竞争型的冲突管理行为时，往往是出于某种利益的考虑而坚持己见。这一方面会促使人们贡献出彼此的观点，但同样也会造成人际间的摩擦，甚至相互攻击。这种做法不利于团队人际关系的培养，易导致任务冲突向关系冲突转化，引发更深层次的情感摩擦。

在我国，关系导向型的集体主义比较普遍。这种情况下，在采取合作行为失败时，为了维系人际和谐，常常会采取回避型行为。回避型行为可以暂时缓和紧张局面，却不利于问题的解决。它在一方面缓解了人际间的矛盾，同时却也减少了观点的产生，是一种消极的冲突管理方式。

对于解决团队内部冲突的具体方式，团队的领导者作为团队内部最有权威的成员，通常是团队内冲突管理中关键的第三方，这既是基于对团队组织的需要，也是出于对团队创新绩效的负责。领导介入并管理团队冲突可以取得良好的效果。但是，当领导缺乏介入的时间或者不具备介入的专业技能时，可以寻求内部或外部的、具有介入并管理冲突能力的顾问帮助解决。在管理方式中，除了第三方介入外，组织或团队冲突双方往往采用双方共同做决定的管理方式来管理和消解冲突。根据冲突双方的意见导向，双方共同做决定的管理可以区分为不同的冲突解决方式。不管哪种处理方式，都必须分析了解真正的分歧，然后设法弥合差异、解决存在的冲突，而不是简单地回避矛盾。

四、冲突的处理技巧

合理解决内部冲突是创新团队高效运行的前提。对创新团队来说，要管理好冲突，在团队内部形成对创新战略、创新目标的统一认识尤为重要。团队共同的远景和目标、较强的凝聚力，以及自由交流和团结协作的氛围是合理解决科研创新团队内部冲突的组织保证。团队成员在完成创新任务的过程中要有意识地培养全局观念，这就必须强调团队的整体利益，否则整个团队将会像一盘散沙，团队成员也很难体现自身的价值。当团队利益和个人利益相冲突时，团队成员必须服从团队整体利益，要有整体意识、全局观念，要考虑到整个团队的需要，立足自身的角色定位，不遗余力地为整个团队的目标而努力。管理团队的冲突，重点要做好以下几个方面。

（一）建立和认可创新远景和目标是创新团队合理解决冲突的前提

创新团队要有一个大家共同追求的远景和目标，它能够为团队成员指引方向、提供动力，让团队成员愿意贡献自身的力量。创新团队应由成员共同参与远景和目标任务的设计和确认，这样才能使团队的目标得到全体成员的认可。有了共同远景和目标，团队成员才能把工作重点放在和核心问题有关的难题和事情上，一旦发生冲突，就能够用更宽广的视野看待问题，迅速地识别问题。即使冲突双方彼此在相关议题上有异议，但本质上是建设性的，不会产生相互憎恨的情绪。而那些没有共同远景和目标的团队一旦发生冲突，往往找不到侧重点，仅仅关注于那些琐碎的事情，进行一些冗长但无实际意义的讨论，甚至会破坏成员间的人际关系，产生关系冲突。

（二）加强团队凝聚力的培养是创新团队合理解决冲突的基础

团队凝聚力指团体对每个成员的吸引力和向心力，以及团体成员之间人际关系的程度和力量。它是维持群体行为有效性的一种合力，是衡量一个团体是否有战斗力的重要标志，它对团队的存在和发展、团体行为和团体效能的发挥都有着重要作用。培养创新团队的凝聚力，就必须加快成员间的意见沟通和信息交流频率；必须充分发扬民主，消除成员的压抑感，鼓励成员间相互关心、相互尊重；必须为成员的成长和发展、自我价值的实现提供良好的条件，培养成员的归属感，使其为能成为该团队的一分子而感到骄傲和自豪。

（三）营造公开交流的氛围、培养团队的协作精神是创新团队合理解决冲突的保障

如果在科研创新过程中，仅仅是少数人在发挥着积极的作用，那么建立创新团队的价值也就不存在了。因此，创新团队要营造一种不但能够提高绩效，还要能够促进成员的积极参与、公开交流、团结协作的氛围。允许成员们自由发言，对别人的观点提出质疑，而不必担心有愤怒、憎恨、报复或威胁。公开的交流使得团队成员能够真诚地参与，不断提高创新的效率，加强了团队的共识和认可；低效的团队很少公开交流，成员害怕表达他们真实的想法，并谨慎地做出反应。虽然公开、坦诚交流会导致一些争论和冲突，但是只要团队成员能认识到冲突是为了提高团队绩效，他们就能够积极地对待。那些鼓励讨论、争论和协作的创新团队更容易创新，更容易出成果。

（四）合作策略是合理解决创新团队内部冲突的最佳个人策略选择

并不是说创新团队内的冲突都要用合作策略来解决，合作策略要求双方有合作的意愿，需要双方愿意付出时间和资源，愿意面对问题。在双方不具备合作关系的时候，顺从和回避也是人们常常使用的策略，这两种策略使成员免于无谓的争端，也给双方留下反省冲突的时间。

第六节　创新团队文化建设

团队文化是一个团队的灵魂，是团队身上难以琢磨的特质，没有多少人能清楚地描述团队文化，但每个成员都能感受到团队文化的存在和好坏。

只有优秀的团队文化，才能激活整个团队，各个部门有机结合、团结一致、互相帮助，必能形成一股和谐强大的战斗力，使团队展现出更为饱满的发展动力和更美好的发展前景，并最终获得成功。

一、团队文化的内涵及特征

（一）团队文化的内涵

团队文化就是指团队在长期的生存和发展中形成的，为本团队所特有的，且为团队多数成员共同遵循的最高目标、基本信念、价值标准和行为规范等的总和及其在团队活动中的反映。团队文化通过团队价值观使团队成员产生对工作的责任感、自豪感和使命感，增强成员对团队的认同感和归属感。

对于任何一种团队来说，由于每个团队都有自己特殊的环境条件和历史传统，形成了自己独特的哲学信仰、意识形态、价值取向和行为方式，因此，每种团队都具有自己特定的团队文化。为了满足团队运作的要求，必须建立共同的目标、共同的理想、共同的追求、共同的行为准则以及与之相适应的机构和制度，否则团队就会是一盘散沙。而团队文化的任务就是努力创造这些共同的价值观念体系和共同的行为准则。

（二）团队文化的特征

文化是由人类生产实践过程中创造的不同形态特质所构成的复合体。它是一个丰富而复杂的庞大系统，既包含社会文化、民族文化等主系统，也包含社区文化、组织文化等属于亚文化层次的子系统。团队文化属于组织文化范畴。由于文化的层次不同，其所具有的功能、担负的任务、所要达到的目的也不同。团队文化作为一种子系统文化，其特性主要体现为以下4个方面。

1. 无形性

团队文化所包含的共同理想、价值观念和行为准则是作为群体心理定式及氛围存在于团队成员中的。在这种团队文化的影响下，成员会自觉地按团队的共同价值观念及行为准则工作、学习和生活。这种作用是潜移默化的，无法度量和计算，决定了团队文化是无形的。

团队文化是一种信念的力量，这种力量能决定、支配团队中每个成员的行动方向及路线，能引导、推动整个团队朝着既定目标前进；团队文化是一种道德的力量，这种力量促使其成员自觉地按某一共同准则规范和约束自身的行为，并积淀为成员内在的品格，从而改变和提高成员的素养；团队文化是一种心理的力量，这种力量使团队成员在各种环境中都能有效地控制和调节自己的心理状态，使团队成员即使在激烈的竞争及艰苦的环境中也能有旺盛的斗志、乐观的情绪、坚定的信念、顽强的意志，从而形成整个团队的心理优势。这几种力量互相融通、促进，形成了团队文化优势，成为团队战胜困难、夺取战略胜利的无形力量。

团队文化虽然是无形的，但却是通过团队中有形的载体（如团队成员、产品、设施、规章制度等）表现出来的。若没有团队，没有员工、设备、产品、资金、规章制度等有形的载体，那么团队文化便不复存在。团队文化作用的发挥依赖于团队的物质基础，而物质优势的发挥又必须以团队文化为灵魂，只有团队的物质优势及文化优势达到最优组合，才能使团队永远立于不败之地。

2. 软约束性

团队文化对团队经营管理的作用，主要是靠其核心价值观对员工的熏陶、感染和诱导，使团队员工对团队目标、行为准则及价值观念产生认同感，自觉地按照团队的共同价值观念及行为准则去工作。它对成员有规范和约束的作用，而这种约束作用总体看来是一种软约束。合乎团队文化所规定的行为准则的成员行为会受到群体的承认和赞扬，从而获得心理上的满足与平衡；反之，违背了团队文化的行为准则的成员行为，群体就会规劝、教育、说服成员服从团队群体的行为准则，否则就会受到群体意识的谴责和排斥，从而产生失落感、挫折感及内疚，甚至被群体所抛弃。

团队文化的管理方式是以软性管理为主。也就是说，它通过柔性的而非刚性的文化引导，建立起团队内部合作、友爱、奋进的心理环境以及协调和谐的人群氛围，自动地调节团队成员的心态和行动，并通过对这种文化氛围的心理认同，逐渐转变成团队成员的主体文化，使团队的共同目标转化为成员追求的目标，并为之自觉行动，使群体产生最大的协同合力。这种由软管理所产生的协同力比团队的刚性管理制度有着更为强烈的控制力和持久力。

3. 相对稳定性和连续性

团队文化和团队的发展历史相关，是一个不断适应环境、挑战未来的继承和创新的过程。团队文化是随着团队的诞生而产生的，具有一定的稳定性和连续性，能长期对团队成员行为产生影响，不会因为日常细小的环境变化或个别员工的去留而发生变化。但是，随着团队内外环境的变化，团队文化中如价值观、经营哲学、发展战略等都会发生很大的变化。封闭化的团队文化终究会走上衰退的道路，最终导致团队覆灭。因此，在保持团队文化相对稳定的同时，也要注意保持团队文化的弹性，及时更新、充实团队文化，这是保持团队活力的重要因素。

4. 个性

创新团队文化除了具有其他类型团队的共性特征外，还要突出其创造性、创新型等个性。

创新团队文化是共性和个性的统一体。一方面，创新团队文化必须调动成员的积极性、提升成员的创造性等，这是创新团队文化的共性；另一方面，由于民族文化和所处环境的不同，其文化又有个性的一面，据此我们才能区别不同国家、不同地域的团队文化。

同一国家内的不同团队，其团队文化有共性的一面，即由同一民族文化和同一国内外环境而形成的一些共性，但由于其行业不同、社区环境不同、盈利模式不同、产品特点不同、发展特点不同等，必然会形成团队文化的个性。只有具有鲜明个性的团队文化，才有活力和生命力，才能充分发挥团队文化的作用，使团队长盛不衰。

（三）团队文化的重要性

团队文化是团队的精神食粮，一个团队只有有了自己的文化，才能具有真正的核心竞争力，否则就像一盘散沙，永远不能成为一体。团队对队员的影响和作用主要是通过团队文化来实现。只有在优秀创新团队文化的指引下，在创新认识、共同价值观、高涨士气的支配下，成员才会有前行的力量、创新的活性，并自愿地将自己的聪明才智贡献给团队，每个人才能找到自己在团队中的地位和价值。只有这样，团队成员才能齐心协力，共同实现团队的创新目标，才能积累文化的能量，做出更大的市场业绩，不断地创造新的辉煌，从而使自身得到更为全面的发展。

无论从宏观还是微观角度来讲，创新文化因素都对创新团队的行为具有重要的影响和巨大的意义。创新团队文化贯穿于团队全部活动的始末，决定团队全体成员的精神面貌和整个团队的行为和竞争能力。创新文化氛围以无形的、非正式的、非强制性的方式对团队成员的思想和行为进行约束，凝聚人心，协调部门之间、成员之间的关系，增强团队成员的创造力、认同感和归属感。

（四）创新团队文化的作用

创新团队文化的作用大小与团队文化是否浓郁、团队共同目标是否明确、成员是否具有热情和是否团结相关，但不是所有的团队文化都有利于团队绩效的增长。不同的团队文化对团队绩效的影响是不同的。依据团队的特点，建设能够发挥团队创新优势的团队文化，是建设高效创新团队的关键。

创新团队的文化建设是团队管理的重要组成部分，是更高层次的管理。团队文化能够形成创新团队共同的目标和价值取向，形成隐性高效的管理制度，形成具有感召力的创新氛围，形成团队的凝聚力和战斗力。

（1）创新团队文化可以强化目标意识、责任意识，创新意识，形成团队共同的价值取向。每个团队都有特定的团队目标和事业任务，团队鼓励每个成员把个人目标融入和升华为团队目标，从而建立团队的共同的价值体系。这也是创新团队文化建设的核心内容。

（2）创新团队文化会影响人际关系的处理和成员能力的发挥，甚至创新团队的发展。成功的团队建设能够形成有利于团队不断创新、向前发展的团队文化；失败的团队建设会形成扼杀团队创造力、阻碍团队创新和发展的团队文化。创新团队文化的培养贯穿于整个团队建设的始终，团队文化在团队建设中逐渐形成，并能促进或阻碍团队创新力量的发挥及创新团队的发展。

团队文化的促进作用在于，创新团队成员可以在没有任何人督促的情况下完成自己的工作。创新团队的文化可以让一个消极工作的成员努力工作。

团队文化的阻碍作用在于，不好的团队文化会让一个原本积极工作的成员丧失创新热情，进而消极怠工。

二、创新团队文化的内容

(一) 创新团队的目标

古人云：人心齐，泰山移。创新团队目标是合乎所有团队成员意愿的共同奋斗目标，集中体现全体成员的共同价值观，并转化为每个成员心中自觉认同的责任。有效的创新团队目标具有如下特点。

1. 创新性

创新团队的团队目标必须具有一定的创新性。创新团队的成员一般为具有创造性的知识型人才，成员的个人目标一定具有创造性及挑战性的特点。创新团队区别于其他类型的团队的本质，主要体现在其工作内容和团队目标的创新性。因此，不论从个人目标与团队目标的结合，还是从创新团队的本质上，有效的创新团队目标必然具有创新性。

2. 一致性

共同的目标是一种意境。团队成员应花费充分的时间、精力来讨论、树立共同的目标，并在这一过程中使每个团队成员都能够深刻地理解团队的目标。不论遇到任何困难，这一共同目标都会为团队成员指明方向。

3. 具体性

创新团队共同的目标可以分解为具体的、可衡量的行动目标，来具体指导各个成员的行动进程。这一行动目标既能使成员自己清晰明确地完成任务甚至实现自我创新，又能促进整个团队的目标达成。具体的目标使得成员彼此间的沟通更畅通，并能督促团队始终为实现创新团队的最终目标而努力。

4. 责任性

创新团队目标具体分解到个人身上，每位成员的行为都对创新团队整体目标的实现起着举足轻重的作用。每位团队成员都应对团队的绩效负责，为团队的共同目标、具体目标和团队行为承担各自的责任。

5. 合作性

创新团队成员为实现团队目标做出共同的承诺，各成员之间应该互相支持、互相配合、善于沟通、坦诚相待、相互信任，并勇于表达自我，从而更好地了解团队合作的进度，为了完成共同目标而共同努力。

创新团队的目标能让团队角色得到合理分配，并将团队成员凝聚起来，为团队合作指明方向。基于团队目标而生成的共同责任，更为团队有效合作夯实了基础。

一个真正的创新团队，其成员都要有共同分担的责任，这是达到团队共同目标所必需的。根据团队创新目标，依据团队角色理论划定团队成员的各自承担角色，也即确定了团队成员所分担的责任。如果大家都不承担责任，那么实现团队共同目标就成了空中楼阁。团队成员只有共同担当起责任，形成人人都管事、事事有人管的工作氛围，才能保障团队的良好发展。

首先，共同的目标和责任可以提高创新团队的工作质量和效率。责任贯穿团队工作全过程，团队成员即保障创新性任务的达成，又能控制任务进度，按时、按级、按量完成任务，这样才能提高工作效率和质量，减少和避免工作失控情况的发生。

其次，共同的目标和责任可以抵抗不确定的风险。加强责任文化教育，增强团队成员的责任感、使命感，提高团队创新过程中，因不确定性而带来的风险的防范能力，具有十分重要的意义。

最后，共同的目标和责任可以增强团队合作的动力。在创新团队内部，明确成员分担的责任，提高成员责任意识。成员为完成分担的任务，会主动寻求其他团队成员以及团队外部资源的合作。

创新团队目标的形成不是盲目的，更不是一蹴而就的，而是建立在大量精心的调研、反复深入的沟通等基础上的。

培养团队和成员的共同目标可以分以下几个步骤进行。

第一步，全面了解团队的基本情况以及团队成员对总体创新目标的意见。

第二步，与创新团队成员讨论目标的表述，注重成员参与，获得其对目标的承诺。

第三步，在前面的基础上确定创新团队共同目标。

第四步，分解共同目标。将总体目标转化成团队成员的个体目标，从而达到整体目标与个人目标一致共享的目的。

创新团队中的管理者要使团队成员接受团队目标，相信团队能够实现目标，让大家有信心为之奋斗。一般情况下，在目标指引下，团队成员不会计较眼前的得失，会主动合作达成愿景。

（二）创新团队的团队精神

创新团队精神是创新团队的灵魂，是经过培养逐步形成并被团队所有成员认同的思想境界、价值取向和主导意识，是凝聚团队成员的无形的共同信念和精神力量。它反映了团队成员对本团队的特征、形象和风气的理解和认同，也蕴含着对本团队的发展、命运、理想与希望，折射出团队的整体素质和精神风貌。

简单地说，团队精神是团队文化不可缺少的一部分，是团队不断前进的原动力。随着社会的不断发展，团队精神的内涵也在不断更新和拓展。团队精神的内涵表现为如下几个方面。

1. 精神的核心——团结合作、优势互补

创新团队精神强调的不是一般意义上的合作与齐心协力，因为这最多只带来"代数基数增长"的效果。要发挥团队的优势，在于大家在工作上加强沟通和了解，利用个性和能力不同，在团结合作中实现优势互补，实现团结合作，带来"几何基数增长"的效果。现代社会的大多创新成果都是由团队协作、协同创新获得，国际范围的优势合作也已变成常态。

2. 精神的境界——奉献精神

在团队成员对创新团队事务的态度上，团队精神表现为团队成员在自己的团队角色上"尽心尽力"，同时在其他成员的团队角色中甘当"配角"，辅助其他成员的工作。"自愿"为了团队的利益放弃自己的私利。这就是一种奉献精神。

这种奉献精神，并不是要求团队成员都去牺牲自我来完成同一件事，而是在充分尊重成员个人的兴趣和成就的基础上，根据团队角色，让团队成员积极主动参与和辅助彼此工作，共同做好团队的一件事情或一个角色。团队业绩依赖于团队成员的共同贡献。

3. 精神的重要组成——忠诚与民主意识

忠诚与民主意识是团队精神的两个重要组成元素。东方的价值观较为注重人与人、人与团队的"关系"，更多强调"忠诚"；西方的价值观较为注重人作为个体的权利，更多注重"民主"。但不管是东方的团队精神，还是西方的团队精神，都包含忠诚与民主，单纯地强调一方而忽略另一方都无法实现创新团队的目标。

4. 精神的基础——和谐的人际关系和良好的心理素质

没有良好的人际关系，就不可能有人与人之间的真诚合作；没有良好的心理素质，也很难做到相互宽容、乐于奉献、协调创新。因此，在创新团队精神的培养过程中，需要把团队精神的培养与人际关系、心理素质的培养紧密结合。

5. 精神的最高境界——凝聚力

高效的创新团队能够把松散的个人集合起来，并为共同的目标紧密合作、共同奋斗，依赖的正是全体成员的向心力、团队的凝聚力。向心力和凝聚力来自于团队成员自觉的内心动力，来自于共识的价值观，很难想象在个人目标和团队目标不一致的团队里能形成真正的向心力；同样也很难想象，在没有明确的合作意愿和合作方式下能形成真正的凝聚力。

（三）创新团队价值观

创新团队价值观是指团队内部管理层和全体成员对该团队的研发、服务等创新活动以及如何指导这些活动的看法或观点。它包括团队存在的意义和目的，团队中各项规章制度的必要性与作用，团队中各层级、各团队角色的成员的行为与团队成员利益之间的关系等。共同的价值观是创新团队文化的核心和基石，它为团队全体成员提供了共同的思想意识、信仰和日常行为准则，这是创新团队取得成功的必要条件。因此，优秀的创新团队都十分注意塑造和调整其价值观，使之适应不断变化的创新环境。

优秀团队的价值观大致包括以下内容。

1. 创新精神

创新精神是指要具有能够综合运用已有的知识、信息、技能和方法，提出新方法、新观点的思维能力和进行发明创造、改革、革新的意志、信心、勇气和智慧。创新团队精神相对于其他类型的团队，要求其工作内容和团队目标具有创新性，这个特点体现在团队精神上就是要创新团队精神必须就有创新精神。这种创新精神伴随创新团队建设和管理的全过程，是创新团队的核心竞争力。只有具有创新精神，团队才能在未来的发展中不断取得创新成果。

2. 匠人精神

匠人精神就是为了把事情做好和把事情做好的欲望。

匠人精神的第一要素是乐趣和热情。《论语》中有这样的一句话："知之者不如好之者，好之者不如乐之者。"这一句话明确概括了匠人精神的第一要素。

匠人精神的第二要素是坚持不懈。孔子曰："学如不及。"求知永无底止。孔子一生从不骄傲自满，不断地学习、积累并总结经验。

匠人精神的第三要素是坚强和忍耐。成为匠人，需要恒久的努力，需要经历种种痛苦和挫折。勇敢地直面困难，坚强地走出困境时，才能达到工匠的境界。

3. 以人为本

创新团队的价值观要注重人的价值和权利，做到"以人为本"。要充分尊重成员个性，发挥成员的主人翁精神，发挥成员的主动性、积极性和创造性。

4. 和谐共赢

创新团队的价值观要注重团队与成员、成员与成员的关系。强调加强培养团结协作的团队精神，做到"和谐共赢"。

(四) 创新团队道德

团队道德是通过团队道德伦理规范表现出来的，它由团队向团队成员提出应当遵守的行为准则，通过团队群体舆论和群体压力规范人们的行为。团队道德建设使传统的团队管理规章制度得以补充、完善和发展，正是这种补充、完善和发展，使团队的价值观融入了新的文化力量。

由于创新团队其自身的创造性和突破性，其创新的理论和产品（如原子弹、精神药物等）有可能会突破传统伦理，更需要有创新团队道德做约束。

(五) 创新团队作风及传统习惯

创新团队作风和传统习惯是团队形成和发展过程中的历史沉淀，是为创新团队最高目标的价值观服务的。团队文化从本质上讲是成员在共同的工作中所产生的一种共识和群体意识，这种群体意识与团队长期形成的传统和作风关系极大。传统的团队文化中提倡的"团结、勤奋、严谨、进取、奉献""自力更生、艰苦创业、团结奋斗、开拓前进"，创新团队文化中的"创新、发展、合作、共赢"等精神，便体现了团队的作风及传统习惯。

(六) 创新团队的行为规范和规章制度

创新团队的目标和宗旨、共同的价值观、团队精神、团队道德、作风和传统习惯等，可以归类为团队文化的"软件"，而行为规范和规章制度则是团队文化中的"硬件"，必须做到对创新团队文化中的"软件"的支撑和配合，使创新团队文化得以在团队内部贯彻。

三、创新团队的文化建设

团队文化是一种集体文化，需要全体成员的共同参与。创新团队的文化能够代替刻板的规章制度，增强团队的凝聚力，提高团队的创新能力，统一团队成员的思想，约束和激励团队成员的行为，促使团队成员为共同的目标而奋斗；同时还有利于团队成员之间形成和谐的人际关系，促使团队成员形成能够良好合作的个性品质。而差劲的团队文化只会让团队成员成为一盘散沙，阻碍团队成员能力的发挥，影响创新团队目标的实现。

事实表明，创新团队离不开优秀的团队文化。团队文化的建设是一个逐步演变、逐步完善的过程，贯穿于创新团队建设的始终。

（一）树立创新团队的核心价值观

培养创新团队文化，首先要树立团队的核心价值观。团队的核心价值观是一个团队的灵魂，是每位成员价值观、人生观的集中体现。团队核心价值观要融入团队成员的思想中。

1. 让敬业成为一种品格

敬业是创新工作最基本的要求。每个成员都应当主动热情地去干好本职工作，积极热情的辅助他人工作；做到爱岗敬业，奋发图强，不断学习专业知识、技能，进而在工作中勇于创新；在创新工作中实现自己的追求和价值。同时，开展创新工作中要遵守团队道德，约束个人行为。

2. 让奉献成为一种信念

团队成员要以创新团队整体目标为指导，个人利益服从团队利益，在团队合作中发挥奉献精神；不计较个人短期得失，不嫉妒诽谤他人；与团队成员资源共享，坦诚沟通，在团队整体业绩提升中实现个人长期价值。

3. 让"匠人精神"成为原动力

一个具有匠人精神的木匠，会专注于把正在制作的家具做得尽善尽美，即使这么做会影响到他的产量和收入；一个具有匠人精神的学生，会精益求精地把专业技能学好，而不是浅尝辄止；一个具有匠人精神的企业家，会对产品和管理的任何细节都充满无限的爱，甚至是一个偏执狂。而这种"匠人精神"也是创新团队极为渴求的精神。

（二）确立明确的团队目标

建立创新团队文化，要确立团队奋斗目标与愿景展望，从而培养成员对团队的忠诚度，提高团队的凝聚力。共同的团队目标指明了方向，并带领团队成员去努力、拼搏、奋斗。一个拥有共同目标的团队就是一个充满活力的团队，充满凝聚力和战斗力。

（三）保证团队有效的管理者

培养创新团队文化，提高团队凝聚力和战斗力，需要最佳的团队管理者。管理者是团队凝聚力的维系者，是凝聚团队精神的守护人。

团队管理者的性格通常决定了整个创新团队的文化。从团队文化可以了解团队的管理者，同样从团队管理者也可以看出团队的文化。优秀的管理者能为团队指明创新的方向及可能性，鼓舞成员的自信心，帮助他们更充分地认识自己的潜力。优秀的管理者往往既充当教练和后盾的角色，又在具体工作中根据需要变换团队角色，甚至甘愿做配角来支持和培养团队成员。管理者对创新团队提供指导和支持，但并不试图过多控制每个成员。作为一个好的团队管理者，要学会授权来要充分发挥下属的积极性，进而提升团队的运营效率。

团队创新在观念，观念创新在管理者。团队管理者如何带领团队开拓创新，对于创新团队文化的塑造具有十分重要的意义。

（四）激励团队的创新精神

培养创新团队文化，必须激励团队的创新精神。创新团队持续发展的实质就是不断创新，没有创新就没有发展。具有创新精神的团队具备以下特点：团队风气上，尊重个人观点，并能够容忍、接受不同的观点，支持在可接受范围内进行不同的试验，并容忍失败；成员的忠诚程度上，人们愿意接受团队的共同价值观，并愿意为此付出努力；成员合作方式上，成员之间能够坦诚交流，互通信息。

1. 允许失败，容忍错误

许多成功的创新团队，在成员创新工作中允许失败。假如成员尝试做某些事情失败，只要认真总结经验教训，即可获得认可。

2. 冒险与革新

鼓励团队成员发挥创意与承担风险，提倡以积极的态度来面对变革。冒险是革新之父。风险是创新固有的特征，没有风险就没有创新。但是否愿意为创新去冒险，则是一个团队创新的根本。建立一种冒险革新的风气意味着信任成员施展创造性才华而不必害怕失败。只要冒险与革新的失败带来的更多是学习而不是惩罚，那么，人们就愿意冒险，这也就有了创新的可能。

3. 保持竞争激情

保持竞争和不断改进是保持创新团队创造力的关键。只有不断激发团队成员的竞争激情，创新团队才能保持持久的创造力。每个团队都必须知己知彼，知道自己所处的位置，并知道自己团队面对将来发展趋势的准备如何。

（五）营造互信的合作气氛

信任是创新团队合作的基础和前提，互信能够提高团队合作。

首先，信任把焦点集中在工作而不是其他议题上。如果一个团队中缺乏信任，成员的注意力会转移到做人方面。怎样平息个人间的矛盾，怎样做完这个事以后不会得罪其他人，防卫心理增加、小团队利益和个人利益会代替团队利益。

其次，互信能够促进沟通和协调。缺乏信任，创新工作暂无进展的团队成员在描述问题的时候言词比较含混，难以理解，而且表现出很强的防卫心理，也不会很明确地说明存在的问题；充分信任时，团队成员则会坦诚工作进度及工作中的问题，寻求可用的资源解决创新工作中的问题。

再次，互信能够提升合作的品质。在相互信任的氛围中，团队成员才能坦诚地分享信息，包括负面信息，也会将积极思考并提出解决创新工作问题的方案，并分享交流，提升创新工作效率和团队合作品质。

最后，互信能产生相互支持的功能。相互支持是团队成功的重要法宝，这种情形下团队成员会激发出一种平时没有的能量，面对各种创新障碍的时候也能顺利突破。

（六）建立健全创新团队的规章制度

建立健全必要的规章制度，规范运行机制，同时要体现人性化的管理理念，使团队成员乐于执行，有利于团队文化的培养。

在制定规章制度的时候，注重指导思想、出发点和归宿。首先，本着管理效能的原则，少而精、要管用；第二，建章立制的过程要充分体现以人为本的理念，交给成员认真讨论，群策群力；第三，建立规章制度要更多地体现服务效能，程序简便易行，让人人感到顺手、处处感到方便。

事实表明，要建设一个创新团队，必须更多地关注创新文化建设。创新文化建设需要软硬并举，既需要注重团队精神、匠人精神、价值观、团队道德等软性文化培养，也需要构建规章制度等硬性工作来保障创新团队文化。创新文化建设有利于提升一个创新团队的整体素质，有利于培育成员的认同感和归属感，有利于充分发挥成员的积极性和创造力，有利于形成创新团队的凝聚力和战斗力。

（七）搭建适于创新的工作环境

1. 提供创新平台

为企业创新团队成员提供知识创新平台，能够有效促进团队成员间的交流和沟通。创新活动的成效与知识型人才接触新知识和信息的能力密切相关，而网络资源、文献资料库和知识交流平台能够为团队成员们提供丰富的信息资源，从而扩大团队成员的知识视野，丰富彼此间的交流和沟通，激发他们学习新知识的意愿和动机，并通过这种学习氛围产生互相之间的积极影响和感染，进而提升团队成员对团队行业地位的认识，树立自信心。

除了正式的交流方式，创新团队成员之间也需要非正式交流的方式来促进知识在团队甚至企业间流动传播。知识创新往往产生于思想的交叉碰撞中，企业可以为创新团队提供娱乐健身设施和活动室，这些设施可以提高成员的工作舒适度，降低工作压力，有利于创造力的激发，同时还可以促进团队成员间非正式关系的形成和自由交流沟通的实现。

2. 实行弹性工作制

创新团队成员的工作需要激发其创造力，而固定的工作地点和工作时间会束缚这种创造力。为此，团队可以设置人性化的工作方式，体现成员的个人意愿和特性，对他们实行弹性工作时间和灵活的工作地点，避免僵硬的工作规则，让他们充分享受到自由以及拥有支配工作的主动性。弹性工作制加大了工作时间地点的多变性，能使成员充分利用碎片时间，最大限度地发挥成员的工作积极性和创造性，同时也使得成员能有效安排其工作和闲暇时间，这符合创新团队知识型人才的需要。弹性工作制的具体形式有工作时间弹性化、工作地点弹性化、工作分担计划、工作计划弹性化等。目前大多数的软件公司已实行弹性工作计划，允许员工根据自己的习惯安排工作时间。而弹性工作地点随着现代通信技术的发展也变成现实，如所谓的 SOHO、虚拟办公室、云端 ERP 等，这些模式都是值得创新团队借鉴和吸收的。

在美国一次艺术品拍卖的现场，拍卖师拿出一把小提琴并当众宣布"这把小提琴的拍卖起价是 1 美元"。还没等正式起拍，一位老人走上台来，二话没说，抄起小提琴竟自演奏起来。小提琴那优美的音色和他高超的演奏技巧令全场的人听得入了迷。演奏完，这位老人把小提琴放回琴盒中，还是一言不发地走下台。这时拍卖师马上宣布这把小提琴的起拍价改为1000美元。拍卖开始后，这把小提琴的价格不断上扬，从2000美元、3000美元，到8000美元、9000美元，最后这把小提琴竟以10000美元的价格拍卖出去。同样的一把小提琴何以会有如此的价格差异？很明显，是协作的力量使这把小提琴实现了它的价值潜能。

一个人，一个公司，一个团队莫不是如此。如果只强调个人的力量，你表现得再完美，也很难创造很高的价值。"没有完美的个人，只有完美的团队"，这一观点被越来越多的人所认可。

参考文献

[1] 董圆圆.个人执行力与组织执行力的关系探讨[D].广州:暨南大学,2008.

[2] 杨华位.中国传统文化里的"忠"与"执行力"[J].企业家信息,2013(7).

[3] 臧月宁.高校执行文化的构建与传续研究[D].天津:河北工业大学,2011.

[4] 博西迪 L,查兰 L,伯克 C.执行:如何完成任务的学问[M].白金版.刘祥亚,等,译.北京:机械工业出版社,2011.

[5] 陈汇明.提升团队执行力至关重要[J].石油政工研究,2014(4).

[6] 马月琴.构建执行文化是提升团队执行力的关键[J].山西高等学校社会科学学报,2006,18(12).

[7] 郭鹏.执行检讨书:执行不力的十大病因[M].广州:广东经济出版社,2010.

[8] 桂绍海.世界500强企业执行力文化[M].北京:中国城市出版社,2009.

[9] 邢春晖.目标导向:团队创新气氛对个人创新行为影响的研究[D].上海:上海交通大学,2009.

[10] 季晓芬.团队沟通对团队知识共享的作用机制研究[D].杭州:浙江大学,2008.

[11] 李茂飞,钱美文.论沟通在团队中的作用[J].人力资源管理,2005(4).

[12] 魏娜.加强团队执行力的建设[J].商场现代化,2008(10).

[13] 翟耘锋.协同力:让企业生命体组织常绿[M].北京:经济管理出版社,2006.

[14] 丁奕,严云鸿.团队合作能力培训方法研究[J].中国人力资源开发,2009(7):10-13.

[15] 朱铁一.创新性团队组织建设[M].济南:山东大学出版社,2014.

[16] 韩先知.沟通要素与沟通之道[J].企业改革与管理,2010(1).

[17] 刘枭.组织支持、组织激励、员工行为与研发团队创新绩效的作用机理研究[D].杭州:浙江大学,2011.

[18] 哈里斯.构建创新团队:培养和整合高绩效创新团队的战略及方法[M].北京:经济管理出版社,2005.

[19] 张涛.团队冲突理论模型及其实证研究[D].北京:北京交通大学,2009.

[20] 郑弘岳.组织内冲突与冲突管理研究之回顾与前瞻[J].应用心理研究,2003(20).

[21] 罗宾斯 P.组织行为学[M].孙建敏,李原,等,译.北京:中国人民大学出版社,2007.

[22] 谢力宁.传统文化与高校科研团队文化的冲突与融合[J].科技管理研究,2009(12).

[23] 杨艳琴.高校科研团队冲突的形成及解决机制研究[D].武汉:湖北大学,2011.

[24] 周坤惠,余静.团队冲突的原因及对策分析[J].市场周刊,2006(6).

[25] 郎淳刚,席酉民.信任对团队决策过程和结果影响的实证研究[J].科学学与科学技术管理,2007(8).

[26] 李晨光.论高校科研团队[J].科学与管理,2003(4).

[27] 邓磊.高校科研团队成员心理失衡现象成因及其调适[J].科技经济市场,2008(11).

[28] 王琦,杜永怡,席酉民.组织冲突研究回顾与展望[J].预测,2004,23(3).

[29] 陈晓红,赵可.团队冲突、冲突管理与绩效关系的实证研究[J].南开管理评论,2010,13(5).

[30] 靳永慧.专业技术人员团队合作能力与创新团队建设读本[M].北京:中国人事出版社,2012.

[31] Rahim M A. Do justice perceptions influence styles of handling conflict wiith supervisors? What justice perceptions precisely [J]. The International Journal of conflict management,2000(11):9 – 31.

[32] Tjosvold D,Poon M, Yu Z. Team effectiveness in China:Cooperative Conflict for relationship building[J]. Human Relations,2005,58(3):341 – 367.

[33] Hartwick J. Conceptualizing the construct of interpersonal conflict[J]. International Journal of Conflict Management, 2004, I S(3):216 – 244.

[34] DeChurch L A, Haas C D. Examining team planning through an episodic lens:effects of deliberate, contingency and reactive Planning on team effectiveness [J]. Small Group Research, 2008, 39(5):542 – 568.

[35] Guerra J M,Martinez L,Munduate L, et al. A contingency Perspective on the study of the consequences of conflict types:The role of organizational culture[J]. European Journal of Work and Organizational Psychology, 2005,14(2):157 – 176.

[36] Jehn K A,Northcraft G B, Neale M A. Why differences make a difference:A field study of diversity. conflict. and performance in workgroups [J]. Administrative Science Quar-

terly, 1999,44(4):741 - 763.

[37] Medina F A, Munduate L, Dorado D A, et al. Types of Intragroup Conflict and Affective Reactions. Journal of Managerial Psychology, 2005, 20(3/4): 219 - 230.

[38] Tjosvold D, Hui C, Yu Z. Conflict Management and Task Reflexivity for Team In - role and Extra - role Performance in China[J]. International Journal of Conflict Management, 2003, 14(2): 141 - 163.

[39] Tjosvold D, Law K S, Sun H. Effectiveness of Chinese Teams: The Role of Conflict Types and Conflict Management Approaches[J]. Management and Organization Review, 2006, 2(2): 231 - 252.

[40] Simons T L, Peterson R S. Task Conflict and Relationship Conflict in Top Management teams: The Pivotal Role of Intragroup Trust[J]. Journal of Applied Psychology, 2000, 85(1).

运筹于帷幄之中，

决胜于千里之外。

领导的价值与决策的魅力，

在创新团队中无处不在。

潘勇 摄

第五章　创新团队的领导力和团队决策

领导力是社会科学研究的热点问题之一，在东西方经典文献资料中，领导力普遍被认为对组织和社会有效发挥其职能至关重要。将讨论创新团队的领导力定义、实施以及领导行为风格和艺术等问题。

第一节　领导力概念

关于领导力的研究始于 19 世纪末 20 世纪初，当时是着重研究领导者人格特质的领导特质理论（trait school of leadership），20 世纪 40 年代出现了探寻领导者在领导过程中的具体行为以及不同的领导行为对部属影响的领导行为理论（behavior school of leadership），20 世纪 60 年代的研究重点是与领导行为有关的情境因素对领导效力的潜在影响的领导权变理论（Fiedler，1967），之后出现了领导归因理论、交易型与转化型理论等。领导力理论逐渐从领导者的人格特质和行为等个体研究扩展到整个组织情境交互作用的影响。权变理论开始流行后不久的 20 世纪 70 年代，领导力关系学派（Relation School of Leadership）开始出现，吸引了大量学者关注，成为领导力研究的重要方向。随后又出现了领导力怀疑学派（skeptics of leadership school，Eden & Leviahan，1975；Rush，Thomas&Lord，1977），领导力信息处理学派（information processing school of leadership，Lord，Foti & De Vader，1984）以及新领导力学派（Bass，1985，1998；Bass & Avolio，1994）。虽然人们对领导力有了一些了解，但是关于创新团队的领导力仍存在很多领域需要进一步研究。

一、领导力定义

美国前国务卿基辛格（Henry Kissenger）博士说："领导就是要带领他的人们，从现在的地方，去还没有去过的地方。"

通用汽车副总裁马克·赫根（Mark Hogan）对领导者的描述："记住，是人使事情发生，世界上最好的计划，如果没有人去执行，那它就没有任何意义。我努力让最聪明、最有创造性的人在我周围。我的目标是永远为那些最优秀、最有才华的人们创造他们想要的工作环境。如果你尊敬他人并且永远保持你的诺言，你将会是一个领导者，不管你在公司的位置高低。"

玛格丽特·米德（Margaret Mead）曾说过："永远不要怀疑，一小组有思想和关心的公民可以改变这个世界，事情的确就只是这样。"

"领导力的研究持续了近百年，仍能发现错误的模式和错误的观念"，美国瑞津大学的领导力专家贝克博士接受记者采访时这样描述，"中国企业领导人做决策的时候，往往喜欢确立五年目标、十年目标，然后围绕着目标去制订计划，但忽略的一点就是外界因素的变化，常常导致目标难以达成。以 IT 行业为例，产品更新换代速度非常快，当某个新产品诞生时，企业制定的策略和目标往往会在短短的一两年时间内失去意义，这也对企业的领导力提出了更高的要求，传统的领导力模式已经难以满足当今企业的管理需求，中国企业家急需掌握国际化的领导力知识和视野来装备自己"。

卓越领导力学院首席执行官、亚太领袖发展协会创办人陈建宏表示："职业经理人作为现代企业的领导，通常需要具备三种能力：专业知识、管理技巧及领导能力，目前国内大多数培训都以专业知识和管理技巧为主，影响力最大、最为重要的领导力培训却十分匮乏。中国目前正处于高速发展期，急需一批拥有国际化领导力知识和格局的高素质领导者。"

领导能力是领导者的个体素质、思维方式、实践经验以及领导方法等，这些影响着具体的领导活动效果的个性心理特征和行为的总和，就是通常所说的领导力。

现在谈到的领导力是从西方文化演化而来的，英文的"Leadership"从词根上讲，"leith"是"向前（to go forth）""突破瓶颈（to cross a threshold）"或"蜕变（to die）"的意思。因此，"leadership"从本意上来说是勇往直前、创新蜕变、突破瓶颈。

在西方价值观的影响下，西方领导力的塑造是从出生就开始了。父母很早就会让孩子独立起来，自己行动，有自我思维，有独立的意识；学校一直对孩子的自我意识形成起辅导作用，充分培养孩子的想象力和创造力，使孩子有不同的人生；公司里，领导会给下属创造环境，提升、挖掘他们的潜力，给下属足够的发展空间；社会上，每个人都可以参政，都可以成为国家总统。

在与西方价值观不同的东方，领导力是什么概念呢？在《说文解字》《康熙字典》及《新华字典》中，"领"和"导"单独出现，在《现代汉语词典》中，出现了"领导"这个词。"领"的字源是颈伸，可以看出领更多是头、前部的意思，在象形字中，是一个人手拿令牌，就是有权势的头人，这个头人可以有生杀大权！"导"的意思是手牵而行，进而演化的字形是两旁车马护卫，前部遇水，而牵引后部行进。

《新华字典》中，"领导"一词是由同义为"带、引"的"领"和"导"并列合成，就是指引和带领的意思。在中国文化中，关于领导的学问很多，总体来说，有两种互不相融的思想——儒家和道家。在中国几千年的文化中，儒家思想占了上风，基本成了中国文化的主流思想。

相对而言，中国文化的"领导"概念与权位紧密相关，如果要讲领导力，那么也是讲权力领导力，是涉及少数人的范畴；而西方的领导力概念，是具有普及意义的"非权力领导力"，是影响力，是魅力。

尽管如此，道家思想在世界范畴内具有既深刻又深远的影响，尤其是在充满各种史无前例的生态挑战及诸多社会挑战的今天，老子的思想有着特殊的价值和贡献。

从某个角度来说，整个《道德经》都与领导力有关，它的智慧来自于对大自然系统的深层次理解，以此思考什么是成功的领导者，什么是成功的领导力。多年来，《道德经》在国外影响着一大批人士，尤其是高层人士如政界人士、企业界人士、学者、专家等。正是凭着这点，被福布斯（Forbes）将下面这句话列为100个领导力名言中的第一条：太上，不知有之；其次，亲而誉之；其次，畏之；其次，侮之。信不足焉，有不信焉。悠兮，其贵言。功成事遂，百姓皆谓"我自然"。（A leader is best when people barely know he exists, when his work is done, his aim fulfilled, they will say: we did it ourselves.)

在当今中国社会中，领导力有以下的现实意义。

（一）权力领导力及非权力领导力

权力领导力，简单说就是权力，依赖于职位权力和强制性，是指由岗位带来的一系列对人及事务的权力所产生的领导力，通常通过上级命令发生作用，没有讨价还价的余地，且不容怀疑，必须执行，如对人有晋升或开除的权力，对物有某些决定财务支出的决策权力。这种领导力是刚性的，是跟着职位走的。而非权力领导力是由自身的能力、魅力和魄力所产生的影响力，它来自领导自身的修炼和成长，能够影响他人自觉自愿地按领导的意图去行动。这种领导力是柔性的，是与职位无关的。

（二）领导者未必就有领导力

在岗位上的领导者有权力，但不一定有影响力。他们在这个位置的时候，有这种权力，能够指挥和发话，但如果不在这个位置，可能不具备任何领导力。在当今社会里，需要更多的领导者具有人格魅力，需要影响力。尤其是在中国以"80后""90后"为主要员工群体的今天，社会文化从过去的"服从性文化"到今天的"自主性文化"，人们有强烈的自我意识，并且社会上充满各种诱惑和选择，过去以权力领导力为主的领导模式基本失效，而非权力领导力为主的人格魅力和影响力是大家急需提升的。

（三）人人都应该是领导者

当今社会中，每个人处于不同的地位和角色，在工作中可能不是领导者，而在家庭中或社会的圈子（如同学、老乡等）里可能就是一个领导者，关键是是否把自己定位在领导者这个角色中。几千年的中国文化让人自然而然地将自己放到被领导者的地位上，习惯了听之任之，习惯了被奴役。而目前的中国，正在经历着史无前例的大变迁，人们有了不同的自我角色定位，有了强烈的自我意识，不再默默地屈服那些莫名其妙的权势。从这个意义上讲，"我思，故我在"。不这样把自己定位在领导者角色上，基本不会发展自我影响力，也不会成为领导者。即使是家庭的领导者，可能都不具备领导自己孩子的能力。而将自己定位在领导者角色上，就能有更丰富的人生，就能有更高的生产力，就能更好地实现自我潜力和价值。

（四）被领导者也应该具有领导力

过去的信念是"不在其位，不谋其政"，而今天的世界是，虽然不在其位、没有职权，但有影响力，可以充分利用自己的影响力，主动行动，使大家更有凝聚力，产生更好的行动和绩效，也使大家有更好的幸福感和成就感。当有这些正向的影响力的时候，也就具备了当好岗位领导者的基本条件。

尧舜时期，黄河流域洪水泛滥，危及百姓生活和生命安全。尧命鲧负责治水，鲧认为洪水之所以危害百姓是因为没有把它"管"起来，于是他采用"堵"的方式，水来土掩，造堤筑坝，试图把洪水围住、管住，结果洪水冲毁了堤坝。鲧治水9年都没有成功，最后被放逐羽山而死。舜根据百姓的意见命禹继续完成这项重大任务，舜吸取鲧治水的经验教训，改"管水"为"治水"，变"硬堵"为"疏导"，顺应水向低处流的自然道理，因地制宜把阻塞的川流疏通，把洪水引入疏通的河道，最终流向大海，从而平息了水患，治水成功。

二者一成一败的原因在于，鲧用管控的办法，禹用治理的办法。其实，不论是自然力量还是社会情绪，如果在相对封闭的空间里不断积聚，得不到释放，最终的结果必然是爆发，带来危害。面对不断积累的问题，只有治理的方法和艺术才能从根本上解决问题。现代管理需要顺势顺理，引导思想，疏通情绪。

因此，所谓领导力，就是一种特殊的人际影响力，组织中的每一个人都会去影响他人，也要接受他人的影响，每个员工都具有潜在的和现实的领导力。在创新团队中，领导者和团队成员共同推动着团队向着既定的目标前进，从而构成一个有机的系统。在系统内部具有以下几个要素：领导者的个性特征和领导艺术、员工的主观能动性、领导者与员工之间的积极互动、组织目标的确立以及实现的过程。

二、领导力的构成

基于对领导过程的分析，领导力是为确保领导过程的顺利进行或者说领导目标的顺利实现服务的。因此，领导力的基本构成是感召力、前瞻力、影响力、决断力和控制力。这5种关键的领导能力就构成了领导力五力模型，如图5-1所示。

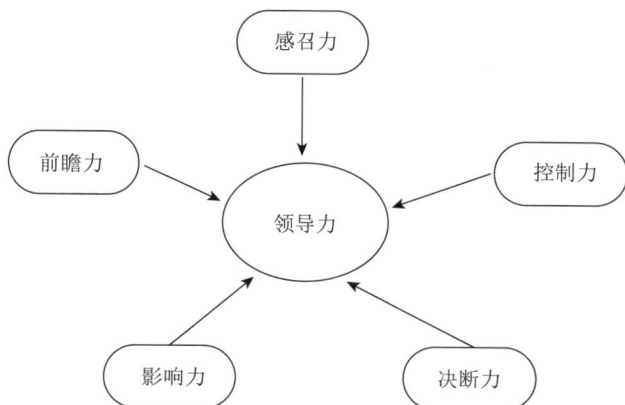

图 5-1 领导力的构成

领导力构成中的 5 种领导能力对领导者而言都非常重要，但这些领导能力并不处于同一层面。在 5 种领导力中，感召力是最本色的领导能力，一个人如果没有坚定的信念、崇高的使命感、令人肃然起敬的道德修养、充沛的激情、宽厚的知识面、超人的能力和独特的个人形象，就只能成为一个管理者而不能修炼为一个领导者。因此，感召力是处于顶层的领导能力。但是，一个领导者不能仅仅追求自己成为"完人"，领导者的天职是带领群体或组织实现其使命，这样就要求领导者能够看清组织的发展方向和路径，并能够通过影响被领导者实现团队的目标。就此而言，前瞻力和影响力是感召力的延伸或发展，是处于中间层面的领导能力。同时，领导者并非仅仅指明方向就万事大吉，在实现目标的过程中随时都会出现新的意想不到的危机和挑战，这就要求领导者具备超强的决断力和控制力，面临重大危机能够果断决策、控制局面、力挽狂澜。也就是说，作为前瞻力和影响力的延伸和发展，决断力和控制力是处于实施层面的领导能力。

（一）领导感召力

包括吸引被领导者的能力，感召力是最本色的领导能力，领导学理论中最经典的特质论研究的核心主题就是感召力。感召力主要来自于以下五个方面：①具有坚定的信念和崇高的理想；②具有高尚的人格和高度的自信；③具有代表一个群体、组织、民族、国家或全人类的伦理价值观和臻于完善的修养；④具有超越常人的大智慧和丰富曲折的阅历；⑤不满足于现状，乐于挑战，对所从事的事业充满激情。

古语说得好"得民心者得天下"，一语道出感召力的巨大价值。诸葛亮第一次指挥抗击曹军进犯时，关羽和张飞均不服气。后来，诸葛亮神机妙算接连打了几个胜仗，关、张才口服心服。诸葛亮树立了自己的威信，同时也树立了个人所具有的一种尊严，并具有使人感到信服的精神感召力。要当好领导者，是否具有感召力十分重要，这是有效开展工作的前提。

（二）领导前瞻力

前瞻力从本质上讲是制定群体或组织目标和战略的能力，是一种着眼未来、预测未来和把握未来的能力。具体分析，前瞻力的形成主要与下述因素有关：①领导者和领导团队的领导理念；②组织利益相关者的期望；③组织的核心能力；④组织所在行业的发展规律；⑤组织所处的宏观环境的发展趋势。中国有句名言"凡事预则立，不预则废"，即事业的成功，基于科学的预见。可以说，领导前瞻力——对于企业领导来说，如同鸟之于林，鱼之于水，大厦之于基石。

毛泽东在党的七大上指出：什么叫领导？领导和预见有什么关系？预见就是预先看到前途趋向。如果没有预见，叫不叫领导？我说不叫领导。坐在指挥台上，只看见地平线上已经出现的大量的普遍的东西，那是平平常常的，也不能算领导。只有当还没有出现大量的明显的东西的时候，当桅杆顶刚刚露出的时候，就能看出这是要发展成为大量的普遍的东西，并能掌握住它，这才叫领导。

（三）领导影响力

影响力是领导者积极主动地影响及感染被领导者和情境的能力，主要体现为：①领导者对被领导者需求和动机的洞察与把握；②领导者与被领导者之间建立的各种正式与非正式的关系；③领导者影响被领导者的权力。

史玉柱二次创业初期，很多时候身边的人连工资都没的领。但无论公司如何被误解、陷入何种困境，追随者始终不离不弃。在内部人眼里，史玉柱是个重情重义的人。"无论什么时候看到他，你在他眼里看到的都是自信，我一定能赢的信息，你跟他在一起充满了活力"，最终创造了脑白金的神话，领导的影响力在史玉柱身上得到了充分的诠释。

（四）领导决断力

决断力是对应于群体或组织目标实现过程的能力，主要包括正确而果断决策的能力，是一种影响利益相关者特别是被领导者利益的行为与结果。主要包括：①领导者与被领导者进行沟通的方式、行为与效果；②领导者能够有针对性地掌握并善于利用各种决策理论、决策方法和决策工具；③具备快速和准确评价决策收益的能力；④具备预见、评估、防范和化解风险的意识与能力；⑤具有针对战略实施中的各种问题和突发事件进行快速和有效决策的能力，主要体现为实现目标所需要的必不可少的资源；⑥具备把握和利用最佳决策及其实施时机的能力。

2009年末，美国总统奥巴马给自己入主白宫做了一个总结。他说："我对自己第一年的工作表现并不满意，但我起码证明了，面对艰难决策，包括那些不受人欢迎的决策，我是敢拍板的！奥巴马所指的那些艰难决策包括，在他获得诺贝尔和平奖后，仍然冒着大多数美国人民的反对，继续增兵阿富汗。

奥巴马是美国的CEO，CEO最重要的工作是决策。尽管奥巴马对自己的总体表现不太满意，但在决策能力上，还是给自己打个及格。否则，就意味他不胜任CEO。奥巴马为什么宁可挨着美国人民的骂还往中东增兵？原因是美国在阿富汗的指挥官说了，不增兵，阿富汗就会再次落到塔利班手中；如果塔利班统治阿富汗，美国这9年在阿富汗所花的上千亿美元和上千条性命就白费了；911的两座大楼就白倒了；美国在世界上的领袖地位就彻底没戏了。可见奥巴马顶着巨大压力完成了他作为总统的决断。

（五）领导控制力

控制力是控制目标实现过程的能力，是指领导者有效控制组织的发展方向、战略实施过程和成效的能力。一般是通过下述方式来实现的：①确立组织的价值观并使组织的所有成员接受这些价值观；②制定规章制度等规范并通过法定力量保证组织成员遵守这些规范；③任命和合理使用能够贯彻领导意图的干部来实现组织的分层控制；④建立强大的信息力量以求了解和驾驭局势；⑤控制和有效解决各种现实的和潜在的冲突以控制战略实施过程。

ABP公司是深圳的一家制造型企业，该公司的高级管理层在2002年的时候曾经认真地思索过企业的发展战略，他们确定了公司使命、价值观及愿景，并确定了财务及非财务性战略目标。ABP的高层意识到，实现这些战略目标的一个战略关键驱动要素是公司能否在2004年成功地实现市场的战略转型，即从原来的低端市场（国内批发市场）成功进入高端市场（国内大客户市场和国际批发市场）。

ABP 公司拥有一支很强的中高层管理与技术团队，团队成员的平均年龄大部分在 35 岁左右，他们大都是其职能管理或技术领域的专家，部分技术专家在业内还享有极高的声誉。但就是这样一个令众多竞争对手十分美慕的团队，由于 ABP 公司缺乏有效的控制和引导，使得他们在运营的执行与战略的决策出现了重大的偏差。

ABP 糟糕的运营执行首先表现在各个职能部门的执行行为与战略转型的要求出现了大峡谷般的裂痕。销售部的经理没有根据战略转型的需要去编制部门的销售计划，他不自觉地要求部门所有销售人员的工作围绕"如何在现有的低端市场中获得更大的市场份额"展开，总是不断地要求公司降价，因为低端市场的重要竞争要素是价格；研发中心总监总是强调研究成果的先进性与学术代表性，他没有根据高端市场的产品需求特点来编制研发计划，用该企业执行董事的话说"他总是搞一些不切实际的学术性研究与开发"；生产部门的生产与质量管理也不适应高端市场对产品质量的要求，因为公司的质量管理体系及生产能力没有实行有计划的提升。

上述的种种现实使得 ABP 公司的市场战略转型成为泡影，企业的最高领导们仿佛成了救火队员，哪里出了问题就奔向哪里，每天都疲于检查、纠正内部运营的每一个环节的错误，企业内部公司的执行陷入困境。ABP 公司执行失败的直接诱因就是其控制力的缺失——企业没有建立一个有效引导执行的控制力体系。该公司总经理认为这个系统中最重要的因素就是目标责任机制与激励的缺失：由于缺乏必要的目标责任机制，使得各个部门失去实现目标的动力；同时分配制度也没有与企业战略目标相对接，以销售部为例，目前简单地按照销售收入计算销售提成的奖金分配制度，实际上诱导着销售部的经理一味追求产品销售而不注意客户结构的改善；研发错位的原因也是因为其研发的责任机制不明晰，虽然他们将研发计划列入年度经营计划之中，但是分配制度等却与其脱离，使得研发人员没有实现目标、开展计划的动力。ABP 公司是缺乏领导控制力的典型案例。

领导力五力模型是领导者领导能力的高度抽象，准确地说，五力模型是作为领导学研究对象的一般领导者的领导能力的概括。在现实的领导实践中，只有杰出的领导者才能够在全部 5 种领导能力方面都达到极高的水准，真正实现领导者的全面发展。对大多数领导者而言，也都拥有全部 5 种领导能力，但他们的领导能力发展不够均衡，在某种或某几种领导能力方面存在薄弱环节，用管理学中的"木桶原理"来说明，也就是存在领导能力短板。如果不能够突破这些短板从而实现领导能力的全面均衡发展，就较难驾驭和成功领导更大规模或更复杂的组织。

领导力五力模型是理论归纳和推导的产物，就其根源而言，五力模型来源于各类领导者的领导实践。领导力五力模型最终还要用于分析和指导各类领导者的领导行为，提升领导者的整体领导力，建立高素质的创新团队。

三、领导行为风格

从团队任务和领导干预的程度来看，领导可以分为以下 6 种类型：指令型领导、专家型领导、教练型领导、合作型领导、授权型领导以及魅力型领导。以上几种领导都有各自的工作方式，当然也有其优缺点。下面将详细分析各种领导类型的特点。

（一）指令型领导

指令型领导要求下属严格按照团队的规章制度和领导者下达的命令做事。凭借领导职权与权威，以命令、指示等方式告知下属做什么、如何做、何时以及到何地去完成任务。领导者的权力要求有法律根据，或经一定程序专门授权，命令者不得越权和违法，要对自己的行为承担一切责任，同时下属必须服从。运用这种方式的领导者，还必须制定相应的纪律制度以及惩处措施作为保障，以此保证领导者的命令被执行，防止被领导者违抗领导者指令。例如，军队、武警等部门通常都是指令型领导。一般来说，命令式的领导方式比较适用于纪律约束方面的、必须立即行动的领导活动，此类领导者是通过下达命令来进行管理的。因此，对于团队任务完成来说，这类方式高效、成熟，执行力强。同时命令的内容和形式非常重要，需要运用非常明确的语言来下达指令，否则会导致下属理解的模棱两可，更不用说执行了。

（二）专家型领导

专家型领导自身拥有精湛的专业技术，并努力将员工培养成具有专业技能与自我管理能力的人才。每一个领域都有自身的特点，都有自身的运转模式和客观规律。例如，航空航天、环保材料以及高科技产品领域都具有非常强的专业性，有着自己一整套的工作要求和模式，这就要求领导在工作中做出决策时，必须了解这些工作的特性、内涵以及发展趋势，做到心中有数、了如指掌，以便于做出科学决策。例如，医院的院长、高校的校长、军队里的指挥员等都属于专家型领导。专家型领导的优势在于其科学决策带来的成效会给其增添人气，获得下属的支持，获得组织的认可，从而有利于推动工作的开展，包括自身的发展。但是专家型领导一般都是专业技术领域人才，对于管理方面知识比较缺乏，对环境和风险的把控能力不足，也容易有自恃过高、沟通能力不足等缺点，需要用先进管理的知识和团队协作经验来武装自己。

（三）教练型领导

教练型领导风格最显著的特点就是为未来培养员工，让团队取得更好的成绩。教练型领导帮助员工认识自己独特的长处与短处，并将其与个人的抱负与职业发展联系起来，鼓励员工树立长期的个人发展目标，帮助员工制订实现目标的具体计划，同时给予他们充分的指导和反馈。例如，很多退役的运动员后来成为体育教练，需要带领其队员，进行高强度的训练，对他们进行培训与激励。教练型领导给下属布置任务，教他们完成的方法，在下属遇到困难时给予激励并帮助他们。但是教练型领导也要注意，领导人由幕前的主演退到了幕后成为"平台搭建者""资源组织者""总管"，需要尽快转换角色；此外教练型领导虽然适用于大部分团队，但是只有在员工"心甘情愿"时才最有效。相反，员工由于某种原因拒绝学习或者拒绝改变自己时，教练型领导就好比是"对牛弹琴"了，也容易造成下属对其的依赖性，很多下属容易没有主动性、没有激情与活力、不敢打破常规。

（四）合作型领导

合作型领导注重培养员工间和谐的人际关系，员工互相合作来一起实现团队目标。一般来说，合作型领导对外是一个联络、沟通、获取信息以发现商业机遇的高手；对内来说可以将多样性的好处尽可能利用，同时本人还承担了任务中的一个具体事宜。无论是来自不同国家、种族、信仰或家庭背景的员工，还是坐落于不同地区的分公司，合作型领导十分善于利用多样性带来的创意碰撞，以获得更多的创意。例如，为了某个高科技产品临时组建的团队，团队里有做软件、硬件、外观设计、销售、生产等不同的团队成员，团队领导多为项目经理，在承担具体任务的同时，担任了团队的管理工作，在团队里负责项目推进、制订计划等。此时项目经理就成为合作型领导，对外联系沟通、获取资源，对内协调组织和推进项目进展。但需要注意的是，合作型领导通常只负责项目其中一项任务，因此在做决策的时候不免会持片面态度，不能统筹全局，需要多收集各方面的信息以供参考。

（五）授权型领导

授权型领导把一切的事物都交给下属，锻炼下属使之成为独当一面的将才。领导人授权的目的是让下属充分发挥积极性与主观能动性，也就是授权是让下属去完成领导确立的战略目标。例如，很多科研单位的书记一职，大部分时间是不参与科研工作的，跟科研相关的工作授权于相关的科研人员，但是在很多需要争取资源或者做重大决策的时刻，书记就需要做出正确和及时的决策。对于授权型领导最大的问题是不愿意授权，原因有很多，有的领导太在意拥有权力的那种感觉，这是人性无可厚非。权力的诱惑确实很大，几乎所有的人都很难拒绝这种诱惑，一旦拥有再失去是非常痛苦的。这就需要提高个人修养，坦然地面对权力。

（六）魅力型领导

魅力型领导者不像事务型领导者那样不擅长预测，而是善于创造一种变革的氛围，热衷于提出新奇的、富有洞察力的想法，并且还能用这样的想法去刺激、激励和推动其他人勤奋工作。此外，魅力型领导对下属有某种感召力，可以鲜明地拥护某种达成共识的观念，有未来眼光，而且能就此和下属沟通，激励他们的工作方向。例如，比尔盖茨和乔布斯，乔布斯虽然已经逝世，但是他创造的苹果神话仍能引领未来通信领域。当然魅力型领导也同样存在一些问题，团队成员往往会对魅力型领导有种盲目的崇拜，会不能准确判断工作的本身，易言听计从。面对魅力型领导，需要下属有着理性的头脑和判断力。

6种领导风格具有各自的特点，一个领导者掌握的领导风格越多、驾驭越自如效果越好。不同团队应该有相应的领导风格，优秀的领导者能够在不同的场合及时地转型，才会带领团队创造良好的工作氛围和工作业绩。

四、领导艺术

（一）激励艺术

领导者作为一个单位、组织、团体或者说一个系统的最高决策者，从事的是服务、责任、职权三位一体的科学活动。也就是说，决策的实施，必须科学合理地使用人才，充分运用激励艺术，在不同情况下运用不同的激励方式，最大限度地发挥职工的积极性、主动性和创造性。这是领导工作的一个重要方面。

1. 传统的激励方式

（1）沟通式激励。领导者和员工的沟通，通常是情感、信息、信任三方面的沟通。而这种沟通是需要建立在平等基础上的。人都是有感情的，都需要得到尊重、友情和信任，只有双方处在平等的位置上，才能情感融洽、信息畅通，作为领导者才能听得到真话、了解得到实情，才能激发员工全身心地投入工作。

（2）发问式激励。领导者在安排工作时切忌发号施令，这样往往会扼杀职工的积极性，难以激发职工的工作热情。现代管理研究表明，以发问式安排工作，可以拉近领导者与员工之间的距离，充分激发的自尊心、荣誉感，使其潜在的能力得到最大的发挥。

（3）授权式激励。授权是管理工作的重要组成部分。分配下属任务，就意味着下属要承担一定的责任，这时领导就应授予相应的权力，允许其正确行使权力，不加干预。如果领导者不放心放手，委任不授权，则下属在完成任务的过程中，可能会事无巨细样样请示、贻误战机，而且员工也会因为责权不统一而产生逆反心理，消极怠工，这样通常会造成预期的工作难以落实。

（4）参与式激励。行为科学表明，参与管理、参与决策是人类自我实现的一种需要，也是精神方面的一种高层次需求。领导者在决策过程中，要有民主作风，多听取来自各方面的意见，这是激发职工的责任心、荣誉感和团结合作意识的最有效的方法之一。在任何一个组织中，领导者和员工群体相比，其智慧总是微乎其微的。只有让多数员工明确组织的目标，并给予他们更多献计献策的机会，才会创造出许许多多不寻常的创意和有价值的建议，从而使决策更为科学，使目标更切合实际。

2. 创新激励方式

（1）采用物质激励和精神激励相结合的方式。物质激励是指通过物质鼓励的方式，促使员工更加努力地工作，主要表现形式是发放工资、奖金、津贴、福利等。物质需要是人类的第一需要，是人们从事一切社会活动的基本动力，但如果片面地认为只有物质奖励才能调动员工的工作热情也是错误的。在实践中，不少单位在使用物质激励的过程中，耗费不少，而预期的目的并未达到，员工的积极性不高，反倒贻误了企业发展的契机。人类不但有物质上的需要，更有精神方面的需要。因此，单用物质激励不一定能起作用，必须把物质激励和精神激励结合起来才能真正地调动更多员工的积极性。要通过树立正确的企业文化并得到员工认同，让管理文化真正融入每位员工的价值观里，使他们真正把集体的目标当成自己的奋斗目标，才可以为企业长远发展提供源源不断的精神动力。

（2）制定精确、公平的激励机制。激励制度首先应该建立在公正、公平的基础上，最好能在广泛征求员工意见的基础上出台一套大多数人认可的制度，并且把这个制度公布出来，在激励中严格按制度执行并长期坚持；其次要和考核制度结合起来，这样能激发员工的竞争意识，使这种外部的推动力量转化成一种自我努力工作的动力，充分发挥人的潜能；再次是需要制定更加细化、量化、标准化的考核制度，以便全面了解每位成员工作质量的好坏，防止或减少考核中的种种误差，提高考核结果的科学性与可靠性，从而客观公正地评价每位员工的工作情况。同时还需严格选择高素质的考核人员，并对考核者进行必要的训练，提高考核人员考核理论水平，使其熟练掌握现代考核方法与现代考核技术。

（3）遵循正激励与负激励相结合的原则。正激励是从正面予以鼓励，负激励是从反面予以刺激，它们是激励中不可缺少的两个方面。"小功不奖则大功不立，小过不戒则大过必生"讲的就是这个道理。在实际工作中，只有做到奖功罚过、奖优罚劣、奖勤罚懒，才能使先进受到奖励、落后受到鞭策，真正调动起人们的工作热情，形成人人争先的竞争局面。如果良莠不分、是非不明，势必造成"干多干少一个样、干与不干一个样"的不良局面，使激励无的放矢，得不到好的效果。因此，只有坚持正激励与负激励相结合的方针，才会形成一种激励合力，真正发挥出正激励的作用。

总之，激励是领导者的一项重要工作，既是一种工作方法和手段，又存在一定的技巧，在遵循一般激励原则的同时，需要领导者从员工的实际出发，灵活选择，创造性地运用。

（二）协调艺术

协调即通过减少摩擦、消除分歧、克服内耗、提高效率等，求得群体或组织的相对稳定与和谐发展。对领导者来说，协调是管理的本质，而且协调的内容很广泛，包括协调自身与上级的关系、自身与平级的关系、自身与下级的人际关系等。我国研究领导科学的学者中也有人指出，在创造性领导活动中，领导者大约要将60%以上的时间和精力用来处理各种复杂的人际关系。卡耐基也曾说过："组织的第一原则就是协调"。这就表明，能否较好地掌握协调人际关系的领导艺术，往往是一个领导者是否成熟的重要标志。

1. 处理好三个关系

协同学认为，人们不是靠外部指令而是靠相互默契的科学规则自行组织起来，是形成协同作用的关键。在协调中要确立的科学规则，分别是与上级、与平级、与下级共处的规则。在处理与上级的关系时，赢得上级的理解和信任，得到上级的支持与帮助，是领导者顺利开展工作、圆满完成任务的一个必要条件。上级领导有自己的权力，同时也承担着相应的责任。由于其所处的地位特殊，因而希望得到下属理解、支持与爱戴。下属是领导工作的主要力量，领导者能否引导和影响下属去实现组织目标、完成工作任务，取得显著领导成效，在很大程度上取决于两者之间的关系如何。判断一个领导团队是否坚强有力，重要的一点就是看其内部成员之间关系是否融洽，相处是否和谐，是否团结一心、肝胆相照，还是各自为政、一盘散沙。如果其成员之间相互扯皮，彼此消长，那么其领导效能肯定会大打折扣。

2. 相互尊重和了解

无论是和上级、同级还是下级接触，都必须尊重对方，这是取得对方帮助和支持的前提。这种尊重，不应该用语言来"表白"，而应该用实际行动来"显示"。唯有这样，才能打消对方的疑虑，使对方深受感动。当然尊重上级、同级和下属，三者之间从内容到形式都略有差异。尊重上级随之而来的，就是"服从"；尊重同级集中表现在"合作"；尊重下属更多地需要"肯定"和"支持"。尊重有能力、有水平的上级、同级或下属，也许是不难做到的，但是，倘若遇到的是低能的上级、同级和下属，能照样尊重他们吗？同样道理，尊重正确的上级、同级或下属，也许是不难做到的，但是，倘若遇到的是错误的上级、同级和下属，能照样尊重他们吗？一个成熟老练的领导者，他的交往"功夫"是否到家，恰恰表现在这一点上。

友好相处，亲密合作，必须建立在充分了解的基础上。所谓了解，就是应该尽可能周详地了解上级、同级和下属的长处和短处，并在工作接触中，尽可能使对方展其所长，避其所短，这是使对方避免感到"为难"，并能更加有效地给予帮助和支持的一个重要环节。当然了解最好是相互的，在确信对方没有"恶意"的情况下，领导者也不妨将自己的长处和短处无保留地告诉对方，以求得对方更好的支持和配合。

领导者不仅要掌握基本的领导方法，而且要有高超的领导艺术。一个成功的领导者，能够有效地协调好组织内外的人际关系，排除人为的干扰，才能创造性的完成各项领导任务，达到预期的目的。

（三）语言表达艺术

古往今来，人们对领导者的语言都是非常关注的。《论语》《战国策》《史记》中都有关于对为政者语言的劝导和评论。现代社会，对领导者语言的研究更为重视，已经把领导的语言作为一门艺术来研究。

1. 语言表达艺术的重要性

语言是人类最重要的交际工具，它是人们表达思想、传递信息、交流感情的重要手段。同一个问题，在不同的场合、不同的对象，用不同的语言方式、语言内容和语言技巧，便会产生截然不同的效果。"良言一句三冬暖，恶语出口六月寒"和"听君一席话，胜读十年书"，都说明了语言表达艺术的重要。

所谓领导者，对上是下属，对下是领导，对内对外是同志。领导的基本特征是：有一定的职务头衔，以做人的工作为其主要工作对象，在一个地区、一个部门、一个单位，处于统领、指挥地位，并对周围及下属起导向、引导和指导作用的人。为了履行自己的职责，在其位谋其政，当一名上级信任、下级拥护的称职领导，就必须善于从积极的方向表现自己，影响下属。所谓表现，无非是言和行两个方面。就其工作性质来讲，它是指挥员，而不是战斗员，不可能也不能事必躬亲。要把自己的意图转变为下属的行动，实现既定的目标，有力、有理、有利、有序、有趣的动员号召，必然离不开语言交流和感情沟通。就其工作对象来说，它以做人的工作为主要内容，调动下属的工作热情和积极性，围绕自己的意图去实现目标。

做人的工作，是一项艰苦、仔细、复杂的系统工程。有目的、有针对性、有艺术的语言表达，对领导者做好工作，就显得特别重要。就其工作成效来讲，领导者在社会人群中，扮演了非常重要的角色，起着影响一片、感召一群、决定一方的重要作用。要发挥好这个作用，不仅要能干、会干，但更多的是善于说服和善于指挥，率领、引导大家一起干。只善于前者，而不善于后者，只是"将"而不是"帅"，只是"僚"而不是"官"。

在《亮剑》里，李云龙就有过一次让人印象深刻的演讲。当时，独立团因为被日本特种部队偷袭，打了败仗，团长孔捷被撤职，李云龙火线上任，从被服厂调到独立团担任团长一职。而全团战士对老团长孔捷相当有感情，并对其被撤职一事有看法。这种情况下，作为新任团长，面对全团战士的第一次讲话显得尤其重要。

李云龙第一句话是这样说的："我怎么瞧着这一个个都跟新姑爷似的？"战士们一听这话，轰的一声笑开了。这第一句话相当有水平，首先拉近了李团长与战士之间的距离，其次让战士们放松了下来。有了这句话的铺垫，李云龙很容易就跟战士们互动起来。

有一个战士问："是不是老总说我们是发面团，有这个话吗？打一次败仗就成发面团了，可我们打过多少胜仗啊。"

这个问话首先说明战士是初步地放松下来了，愿意对话，但是又暗藏机锋：我们太委屈了，我们团长太委屈了，你给评评理，打一次败仗就成发面团了，可我们打过多少次胜仗啊！

有的领导在这个关键时刻往往会打太极。然而第一次就打太极来回避问题的话，以后在带领这个团队的时候，将很难直面其他的问题，个人的权威会在一次次的太极中逐渐消耗，甚至再也建立不起来了。

李云龙是这样说的："确有此话，老总是说了。老总说咱是发面团，咱没啥可说的，咱们确实打了败仗，挨骂是活该。"李云龙没有回避，但是光直面问题是不够的，因为团队这个时候士气低迷，作为新任领导一定不能让这种悲观情绪蔓延下去，否则会动摇军心。在《三国演义》里杨修就是因为动摇军心被处死的。如何让士气高昂起来？作为领导，自己先要不认输，自己要有一股冲天的气势，才能带领整个团队具备战无不胜的气势。

于是，他接着话锋一转，说："弟兄们，知道我李云龙喜欢什么吗？我喜欢狼。狼这种畜生又凶又滑，尤其是群狼，老虎见了都要怕三分。从今往后，我李云龙要让鬼子知道，碰到我们独立团就是碰到了一群野狼，一群嗷嗷叫的野狼。在咱狼的眼里，任何叫阵的对手都是我们嘴里的一块肉。我们是野狼团，吃鬼子的肉，还要嚼碎他的骨头。狼走千里吃肉，狗走千里吃屎。咱野狼团什么时候改善生活，就是碰上鬼子的时候。"战士们和孔捷激动地鼓掌。

看得出来，李云龙在独立团的第一次施政演说非常成功。让战士们放下了对他的戒备之心，让战士们心甘情愿地接纳了他这个空降兵，让战士们的士气重新高涨起来。

从李云龙讲话的这个例子看得出来，对处于组织指挥位置的领导者，借助语言表明意图、沟通思想、传递信息、实现目标尤为重要。当领导就要经常讲话，讲话是领导者的家常便饭。对于一个领导者来说，提高驾驭语言的能力，是走向成功的护照。古人云"言之无文，行之不远"，领导者的语言艺术成为提高领导水平、表现领导才能的重要内容，对于出色地做好工作、更多地赢得群众、恰当地展示领导风采，都具有重要意义。

2. 领导者的表达技巧

领导者在社会活动中处于特殊位置，其语言表达有自身的特点和规律，一般的要求是正确性、鲜明性和生动性。正确性，就是讲话要对人民负责、对社会有益；鲜明性，就是要鲜明地亮出观点、表明态度；生动性，就是调动一切艺术手法，使讲话达到最佳效果。另外，领导者的语言表达还有以下几个要求。

（1）权威性。领导者的言行在一定程度上代表组织，其讲话具有权威性。权威性是领导语言表达的基本特点，也是有效实现组织意图、完成工作目标的可靠保证。领导者的言行不管是否深思熟虑，都可能对下属及社会产生重大影响。权威性决定了领导者在与特定对象进行语言交流时，要考虑自己的身份，严谨周密，把握分寸，不讲过头话，注意影响。

（2）原则性。领导者不论在什么环境中，讲话都要有一定的限度、尺寸，不能随心所欲表达自己的思想观点。尽量避免无原则地对某些人和事进行评价，避免无原则地按照自己的意思，一味地表现自己。坚持原则，是保证各项领导活动成功的先决条件。讲话不讲原则，会降低领导者的威信，影响集体战斗力的发挥，阻碍正常工作的开展。

（3）政策性。一是要体现党的路线方针政策，与上级指示精神保持一致。二是讲话要按照组织意图去讲。三是对工作的知识要求要讲得具体明确，为工作提供具体依据。

（4）针对性。领导讲话要符合客观实际，切中要害，能说到点子上。要求领导者语言表达要有的放矢，做指示、提要求要具体明确，切不可泛泛而谈，大而化之。

（5）鼓动性。要求领导讲话要具有鼓动性和影响力，能够充分发动群众，最大限度地调动群众的参与热情，让他们振奋起来，按照讲话的要求去行动。

一次联合国会议在休息时，一位发达国家外交官问一位非洲国家大使："贵国的死亡率一定不低吧？"非洲大使答道："跟贵国一样，每人死一次。"外交官的问话是对整个国家而言，是针对非洲落后面貌的讽刺和挑衅。大使没有理会外交官问话的要害点，而故意将死亡率针对每个人，颇具匠心的回答营造着别样的幽默效果，有力地反击了外交官的傲慢，维护了本国尊严。

周恩来总理非常具有个人魅力。周总理的语言表达也相当精彩，十分具有技巧性。

1954 年，周恩来参加日内瓦会议，通知工作人员，给与会者放一部《梁山伯与祝英台》的彩色越剧片。工作人员为了使外国人能看懂中国的戏剧片，写了 15 页的说明书呈周总理审阅。周恩来批评工作人员："不看对象，对牛弹琴。"工作人员不服气地说："给洋人看这种电影，那才是对牛弹琴呢！""那就看你怎么个弹法了"，周恩来说，"你要用十几页的说明书去弹，那是乱弹，我给你换个弹法吧，你只要在请柬上写一句话：请您欣赏一部彩色歌剧电影，中国的《罗密欧与朱丽叶》。"电影放映后，观众们看得如痴如醉，不时爆发出阵阵掌声。

周恩来总理的言辞之间，用风趣而又一针见血的口吻指出问题所在，并且非常有效地找到了矛盾的关键。

一次，一个外国记者不怀好意地问周总理："在你们中国，明明是人走的路为什么都叫马路呢？"周总理不假思索地回答："我们走的是马克思主义道路，简称马路。"这位记者不怀好意，用意是把中国人比作牛马，和牲口走一样的路。

如果真的从"马路"叫法的来源去回答他，即使是正确的，也毫无意义。周总理的回答令这位记者始料不及。这样的表达技巧，值得我们学习。

3. 如何提高领导语言表达能力

语言艺术是领导者必备的一门艺术，是多种知识、学问和能力的综合体现，是讲话者长期生活积累、思想文化修养、扎实的理论功底和对工作情况熟悉的综合反映，是厚积薄发的结果。政治素养是提高语言艺术的前提，文化素养是提高语言艺术的基石。领导者的语言修养和表达能力，不仅在一定程度上真实客观地反映了领导者自身在政治上、思想上和情感上的成熟程度，而且往往会关系到领导工作的水平和效率，关系到组织的形象和声誉，甚至事业的兴衰与成败。因此，作为领导者，必须善于研究语言艺术，不断提高自己的语言表达能力。

（1）善于学习，丰富知识。古人云："水深则所载者重，土厚则所植者蕃。"郭沫若有两句诗很形象："胸藏万江凭吞吐，笔有千钧任翕张。"西方哲学家培根说过"读史使人明智，读诗使人灵秀，数学使人周密，科学使人深刻，伦理学使人庄重，逻辑修辞之学使人善辩：凡有所学，皆成性格。人的才智一旦遇到窒碍，读书则可使人顺畅。"

（2）勤于调研，摸准实情。精心做好调查前的准备；认真进行分析研究；真正深入下去；切实尊重事实。

（3）要有"语不惊人死不休"的勇气和毅力。在这方面，不仅要敢讲真话，更要善于会讲"新话"。心理学研究表明，人的大脑对各种信息的接收是有选择的，往往那些新、奇、特的与自己相关的事最能入耳、入脑。社会在进步，时代在发展，事物在变化，新的知识、新的信息、新的事物、新的情况、新的经验、新的成就以及新的教训比比皆是，要积极观察、认真学习，并用心思考，加以归纳整理，以新取胜，是不难做到的。要立足时事热点，抓住社会焦点，讲出新颖的观点，才能抓住听众的心理。

（4）要恰到好处地运用一些必要的修辞手法。要善于使用比喻、夸张、排比、对比、双关、设问、反问、对偶等来增强语言效果，有时可引用一些名言、名句、文言掌故以及谚语、歇后语等民间语言，增强讲话的艺术美感。

在《三国演义》中，诸葛亮舌战群儒。整个论辩过程中，诸葛亮语势磅礴，使对方慑服于他的语言威力，只有招架之功，而无反击之力。这一点突出体现在他对反问语气的运用上，如反诘张昭"鹏飞万里，其志岂群鸟能识哉？""豫州不过暂借以容身，岂真将坐守于此耶？""昔高皇数败于项羽，而垓下一战成功，此非韩信之良谋乎？"反击步骘"君等闻曹操虚发诈伪之词，便畏惧请降，敢笑苏秦、张仪乎？"对陆绩"且高祖起身亭长，而终有天下；织席贩屦，又何足为辱乎？"对严峻"岂亦效书生，区区于笔砚之间，数黑论黄，舞文弄墨而已乎？"……一连串的反问句，语势强烈，咄咄逼人。可以说，诸葛亮舌战群儒之所以耐人寻味、百读不厌，在很大程度上得益于其论辩过程语势的力量。在以理服人的基础上，诸葛亮更以其语言的气势压倒了对手。

就语句而言，也突出显示了诸葛亮语言的气势。善用短句、排比对偶句该是其突出的特点。短句的使用简洁明快，适于论辩；排比句、对偶句更有"壮气势，广文义"的修辞特征，如"甲兵不完，城郭不固，军不经练，粮不继日"极言刘备当时所处的劣势地位；讽小人之儒，则有"惟务雕虫，专工翰墨，青春作赋，皓首穷经"，可谓数尽小人儒者之弊。非语言大家无此上乘之作。

语势磅礴源于理直气壮，"理直"是因，"气壮"是果。在诸葛亮的意识中，此番东吴之行乃为正义而来，故而正气浩然，处变不惊。潇洒的风度、广博的学识，使对手在气势上先输了三分，加之诸葛亮一阵穷追猛打，遂有破竹之势。

综观舌战群儒的整个过程，诸葛亮在东吴诸儒的诘问中从容应对，侃侃而谈，纵横捭阖，游刃有余，终使"张昭并无一言回答""虞翻不能对""步骘默然无语""薛综满面羞惭，不能对答""陆绩语塞""严峻低头丧气不能对""程德枢不能对"，以至众人"尽皆失色"。真可谓三寸之舌能抵百万之兵。

总之，诸葛亮舌战群儒风头出尽，其娴熟的论辩技巧令人折服，堪称经典，值得当今习此道者深味。

（四）危机应对艺术

危机中最重要的是领导力，而且也只有在危机的时候才能真正检验出领导力的成色。在今天这样的商业环境下，有领导力，才有机会走出去，甚至走得很远。从这个意义上说，遭遇困境并且希望带领企业成功突围的企业领导人必须要展现出自己的领导力，并让员工感受到领导力。这种领导力不应该只是口头上的豪言壮语，更重要的是行动中的恰当表现。

那么，在危机中的企业领导人需要具备和展现哪些领导特质呢？笔者对大量成功的危机领导力案例进行研究后认为，最重要的危机领导力特质应该主要体现在以下 4 个方面。

1. 站出来，用行动说话

汶川大地震，一场新中国历史上仅次于唐山大地震的自然浩劫，在一瞬之间夺去了上万人的生命。地震发生后，国务院总理温家宝在第一时间亲赴灾区指挥抗震救灾，用他的实际行动向展示了什么是危机领导力。总理的出现清晰地传递出了这样一个信号：在危机面前，我和你，在一起，这极大地鼓舞了广大受灾地区民众的士气和勇气。更为重要的是，接下来，总理用他三天三夜的辛劳表现凝聚了更广泛的人心，为整个抗震救灾工作的高效展开和顺利推进奠定了坚实的信心基础。

同样，在企业遇到困境的时候，企业领导人也不能玩藏猫猫，而一定要首先站出来，让员工看到你并没有被打倒，相反还冲在他们的最前面。只有这样，员工才能真正增强战胜困难的信心和勇气。

在平时，领导可以授权，可以在幕后运筹帷幄，可是在企业的危急时刻，领导必须提升高度，深度介入公司管理，这就是所谓的"紧急状态，进入战备"。也就是说，企业领导者必须要深入一线了解情况，鼓舞士气，指挥战斗，与自己的员工并肩作战；必须要展现优秀的动手与解决问题的能力，让员工相信你有能力扭转乾坤，这样员工才会相信你。郭台铭在他的自传中曾经写道，公司哪里有困难，他就会在哪里，与员工一起解决问题，甚至彻夜不眠。正是这种领导力造就了全球第一大 IT 代工制造企业。

施振荣先生在宏碁计算机的经营过程中，曾经两度站在第一线，领导公司变革。最近的一次是领导宏碁计算机将品牌经营与代工业务切割成两家公司，成功地将宏碁集团带向另一个境界。当员工见到领导亲自站在第一线，并展现出杰出的领导力时，他们的心里也就踏实了，这就如同在黑夜恶海，见到了岸边的灯塔一般。

除此之外，在裁员或减薪的时候，企业领导人也应该率先降低薪酬、减少福利，让员工感觉到你愿意和他们同甘共苦，而不是让他们感觉到自己在连汤都快没得喝的时候你却还在大口吃肉。总之，企业领导人必须树立起一个领导人在危机中应该树立的榜样：要求员工做的，首先自己要做到（甚至要做得更好）。

2. 刺破迷雾，洞见曙光

在个人和企业遭遇危机和困境的时候，信心的价值和作用是难以估量的。信心的取得不仅仅来源于当前拥有的物资数量，更重要的是对企业未来发展的希望，而能够给予这个希望的只有企业的领导人。从某种意义上说，企业的成功首先是建立在企业高层的洞察力上，而这种战略洞察力也正是处于危机中的企业所需要的领导素质之一。在这场大的危机面前，企业领导人必须要用高瞻远瞩的战略眼光帮助企业穿越迷雾、找准方向、看到曙光。

20世纪80年代，身处困境的IBM通过向IT服务业的战略转型，不仅成功地摆脱了公司有史以来最大的困境，而且还一跃成为新时期企业创新的标杆。在这个过程中，IBM的前任CEO郭士纳充分发挥了杰出的领导力，而郭士纳的战略洞察力显然又是其领导力的重要组成部分和行为基础。当时，几乎没有多少人看好IBM，普遍的一种观点是解救IBM的唯一方式就是肢解IBM，把它从一家公司变成几家公司。然而，郭士纳却明确反对这一观点，他认为IBM应该继续保持一体，然后在此基础上向IT服务业转型，这样一方面能顺应产业未来的发展趋势，同时也可以充分发挥IBM的整体优势。郭士纳明确提出了"one for all, all for one"的企业理念，重新树立起了IBM人的信心和雄心，并最终把IBM成功打造成了一只会跳舞的大象。显然，正是郭士纳的高瞻远瞩和战略洞察力使得IBM走上了一条光明之路，否则也就不会有IBM今天的辉煌了。

3. 不退缩，敢拍板

在危机面前，企业领导人必须要勇于面对，敢于决断。勇于面对是解决困难、化解危机的首要条件。如果你连面对的勇气都没有，又何谈战胜？在1998年亚洲金融危机最严重的时候，本已深陷困境的三星电子还因产品质量问题而遭到消费者的集体投诉，此时，三星电子的总裁李健熙没有退却，相反地，他带领管理人员当场用锤子砸碎了劣质产品，并喊出"除了妻儿以外，改变一切！"的改革口号，并最终带领三星电子成功转型。

决断涉及企业的发展方向，也关系到资源的调度。重视决断，并时刻为决断做准备对于企业的领导者来说是最优先级的问题。有一位智者曾说，世界上有三种人：第一种人让事情发生；第二种人看着事情发生；第三种人浑然不知发生了什么事。瞻前顾后的人很少有能成就大事的。企业的高层领导应遵循"60%决定法则"，也就是说，一件事情只要有60%的成功概率就应该下定决心去做，商业世界本来就有太多的不确定性，很多时候只有敢于先行一步才能成为最后的成功者。相反，逃避做决策的领导者会在组织中形成优柔寡断的气氛，从而造成组织的摇摆不定。

决断力是企业领导者的综合素质中最重要的能力之一，敢于决断，善于决断是成就大事的首要前提，特别是在企业面临困难和危机的情况下更是如此。从某种意义上说，决断需要的不仅仅是头脑和智慧，更重要的是敢于承担责任的勇气。

4. 使众人行——这是你的船

众人拾柴火焰高，在企业身处困境的时候更是如此。那么，如何才能做到这一点呢？答案是必须让员工感觉到公司就是他们的家，这里有他们的希望。人们通常只会为真正属于自己的东西而无私付出。

在《这是你的船》这本书中，讲述了一名创造传奇的海军军官迈克尔·阿伯拉肖夫舰长的故事。他与导弹驱逐舰"本福尔德号"的事迹早已成为美国海军的传奇。和所有的管理者一样，阿伯拉肖夫舰长喜欢"追求卓越"，善于吸收的大脑和美国前国防部长威廉·佩里的言传身教给了他走向卓越的最强有力的资本。他的目标非常明确：不断超越自己，让"本福尔德号"成为太平洋舰队中最优秀的舰艇。当阿伯拉肖夫接任"本福尔德号"舰长的时候，这艘舰艇配备有当时美国海军最为先进的装备，可令人遗憾的是，这些价格不菲的重量级装备并没有发挥其应有的作用。当上舰长之后，阿伯拉肖夫立刻意识到，他必须改变这种情况。在短短的二十几个月里，阿伯拉肖夫为美国海军造就了一支充满自信、同舟共济而且极富责任心的团队。在这个过程当中，他最常用的口号就是：这是你的船！而这句看似普通的口号所蕴含的深意却绝不普通。"这是你的船"意味着阿伯拉肖夫要让每一位船员在这里都能找到自己的目标和梦想；"这是你的船"意味着阿伯拉肖夫要让每一位船员都把这艘舰艇当作是自己的家；"这是你的船"还意味着阿伯拉肖夫要让每一位船员都愿意为这个家的荣誉去做一些事情，甚至是放弃一些东西。显然，阿伯拉肖夫做到了，他的管理方略可以简单地用一句话来概括：确立目标，然后换位思考，即从执行者的角度考虑问题。通过不断地与水兵沟通，他让每个人都更加清楚地了解到"本福尔德号"的目标；而有趣的是，一旦明确了目标，以往散漫无度的水兵们竟然也很快学会了遵守纪律，仿佛突然之间，大家所有的精力都被这个目标吸引住了。

通过聆听水兵们的需要，阿伯拉肖夫帮每个人确立自己的方向，他让每个人都干劲十足，让他们在"本福尔德号"度过了一段难忘的经历。他坚信，美国海军不仅要培养出一流的水兵，更要培养出一流的公民，在此基础上，阿伯拉肖夫实施了充分的放权，即先给组织成员们确定一定的规范，然后让他们自由发挥。他之所以能够放心地放权给下属，是因为他已经在这个团体内树立了一个很好的信用额度，无论是阿伯拉肖夫与下属之间，还是下属与下属之间，都拥有了一种信用默契。阿伯拉肖夫的做法是："当一项决策可能会伤害甚至杀害一个人、浪费纳税人的钱或是对军舰造成损害的时候，我就必须亲自过问。除此之外，在自己的工作领域之内，水兵们可以根据情况自己做出决策。"后来的结果证明，被赋予的责任越多，船员们学到的东西也就越多。

对于中国的很多企业老板或企业家们来说，要做到使众人行的关键就是要改变传统观念，从理念上把企业看成是社会的企业，而不是个人的企业。同样，对于在企业里的员工，也要从观念上把企业看成是全体员工共有的企业，而不仅仅是老板的企业。管理者要让员工觉得在这里有他的希望、有他的理想、有他的追求，并且能产生一种油然而生的自豪感和优越感。只有这样，员工才会把自己真正当成是企业的一分子，在危机来临的时候，他们才会与企业患难与共，而不是一哄而散。

第二节　创新团队类型与领导角色

团队可以使组织更加有效地完成任务并提高绩效，如何构建适应发展的团队类型，是管理者需要思考的重要问题。如果按照团队存在的目的和形态进行分类，一般可以将团队划分成问题解决型团队、自我管理型团队、多功能型团队和虚拟团队。针对不同的团队类型，担任领导的团队角色也不同，本节将详细分析不同团队类型匹配的领导角色，并列举相应的案例来加以描述。

一、问题解决型团队

问题解决型团队（problem – solving team）是为了解决组织中的某些专门问题而设立的，组织成员就如何改进工作程序、方法等问题交换看法，对如何提高生产效率和产品质量等问题提出建议；问题解决型团队的核心点是提高生产质量、提高生产效率、改善企业工作环境等。在这样的团队中成员就如何改变工作程序和工作方法相互交流，提出一些建议。但是成员几乎没有什么实际权利来根据建议采取行动，员工参与决策过程的积极性也显得不足。

问题解决型团队最重要的任务是发现问题，寻找问题的源头，了解问题对组织造成的影响。因此，对于问题解决型团队而言，领导角色行为就显得尤为重要。领导角色有助于团队了解外部利益相关者的关注点，更为合理地设置解决问题时间表。而这时领导的作用是及时发现组织中存在的问题，引导组织对问题产生的原因进行系统的探讨。团队必须有清晰的目标以及为完成这些目标而设立的计划，这就需要领导能及时做出远景规划。为了保证任务的顺利完成，领导帮助团队明确外部利益相关者的要求，并领导帮助团队及时发现绊脚石。

我国国有企业的生产车间、班组等，大致属于问题解决型团队，即职工可对改进工艺流程以提高劳动生产率和产品质量等问题提出意见和建议，是团队建设的一种初级形式。

二、自我管理型团队

自我管理型团队（self - management team）是一种真正独立自主的团队形式，他们不仅讨论问题解决的方法，并且亲自执行解决问题的方案，并对工作承担全部责任。这类团队形式和传统的群体有所区别，传统的工作群体通常是由领导者来决策，群体成员遵循领导的指令。而自我管理型团队则承担了很多过去由领导来承担的职责，如进行工作分配、决定工作节奏、决定团队的质量如何评估，甚至决定谁可以加入到团队中来等。自我管理型团队一般由 5 ~ 30 名员工组成，这些员工拥有不同的技能，轮换工作，生产整个产品或提供整个服务，负责管理的任务，如工作和假期安排、订购原材料、雇佣新成员等。

自我管理型团队的组织扁平化，充分简化了传统的权力层级。他们将经理人的决策授权给真正从事该项工作者所组成的工作团队。不必每个点子都上报到最高管理阶层，可先研究、拟定报告，然后做决策，最后才下达指令。自我管理型团队可以自由组合，并让成员相互进行绩效评估，使领导的重要性相应下降，甚至可能被取消。员工的满意度随着权力下放而提升，但是有人发现与传统组织比较起来，自我管理型团队的离职率和流动率有所提升。因此，应视团队目前的成熟度如何，员工的责任感如何，然后再确定自我管理团队发展的趋势和反向。到目前为止，数以百计的美国和加拿大公司都曾经设立过自我管理型团队。

自我管理型团队模式最早起源于 20 世纪 50 年代的英国和瑞典，如沃尔沃现在的管理模式非常先进，其位于武德瓦拉的生产基地，完全由自我管理型团队进行整辆轿车的装配。在美国，金佰利、宝洁等少数几家具前瞻意识的公司在20世纪60年代初开始采用自我管理型团队模式，并取得了良好的效果。随后，日本将其引入并发展成为强调质量、安全和生产力的质量圈运动。到80年代后期，美国借鉴并创造性地把团队模式发展到了一个新阶段。在这20年里，企业所采用的团队类型在不断变化，以求得最佳效果，很多公司已逐渐从关注工作团队，转变为强调员工参与决策和控制决策的实施，其中以团队成员自我管理、自我负责、自我领导、自我学习为特点的自我管理型团队越来越显示出其优越性，也逐渐被主流接受。研究发现，1993年68%的《财富》1000强公司使用了自我管理型团队。施乐公司、通用汽车、百事可乐、惠普公司等是推行自我管理型团队的几个代表，据估计，大约30%的美国企业采用了这种团队形式。

在过去的20年中企业所采用的团队类型在不断变化，而强调所有团队成员自我管理、自我负责、自我领导的自我管理团队越来越显示出其优越性。在江浙一带的乡镇企业中，已形成了一些所谓的"小企业群集"，通过任务分解，迅速实现生产。它们大多分散并独立完成任务，故大致属于一种较初级的自我管理型团队。

自我管理型团队是团队在市场经济下发展的必然趋势，具有很强的环境适应能力，其员工具有高度的自主权和较高的绩效成果。

三、多功能型团队

多功能型团队（cross – functional team）也叫跨职能型团队，由来自于组织内部同一层次、不同部门或工作领域的员工组成，合作完成共同商定的目标。多功能型团队打破了部门之间的界限，使得来自不同领域的员工能够交流，有利于激发出新观点，协调解决复杂的问题。多功能型团队是一种有效的团队管理方式，它能使组织内（甚至组织之间）不同领域员工之间交换信息，激发产生新的观点，解决面临的问题，协调复杂的项目。团队通过培养周期学习心态，学习周期时间方法，对关键业务流程实施持续改进，从而快速提高团队的竞争力。通常问题不会仅仅出在某一个部门内部，解决问题也无法只依赖单独部门。需要有跨职能团队对源自不同业务流程中的要素进行统筹安排。而且来自某具体职能外的团队成员能带来可观的视角和全新的思维，可形成创造性的方案，解决和某些具体业务流程相关的问题。团队按照跨职能的方式组织，可以博采众长、集思广益，有效地开展流程变革和改进。但是多功能型团队在形成的早期阶段需要耗费大量的时间，因为团队成员需要学会处理复杂多样的工作任务。在成员之间，尤其是那些背景、经历和观点不同的成员之间建立起信任并实现真正的合作也需要一定的时间。在组织多功能型团队时应该保证所挑选的人员具有团队所需的业务能力和沟通技能，候选人员明确团队目标，并且保证团队目标与团队成员目标一致，团队成员必须非常明确地了解团队的运行方式。

多功能型团队的领导需要保证总周期时间流程得到遵循，并快速实现结果，设定团队明确目标，并把任务和责任下放给团队个人，领导团队实现目标。团队领导在组织成员完成任务过程中，统一领导团队，但不搞一言堂，并将必要的技能传授给新成员。团队的领导是整个流程的监控者，而整个流程的关键节点是以周期时间和第一次通过率衡量的，领导者需要监控和推动项目的执行和周期时间的改进，跟踪维持并实施持续的障碍排除计划，加强跨职能成员之间的沟通，制订项目实施计划和衡量指标，确保任务顺利完成。同时多功能型团队领导还需要花时间选择合适的成员，并进行培养；对成果突出的成员进行鼓励和奖励，对执行不力的成员进行相应的惩戒。

很多企业采用多功能团队形式已有多年的历史。例如，在 20 世纪 60 年代，IBM 公司为了开发卓有成效的 360 系统，组织了一个大型的多功能型团队，成员来自于公司的多个部门。但多功能型团队的兴盛是在 20 世纪 80 年代末，当时所有主要的汽车制造公司，包括丰田、尼桑、本田、宝马、通用汽车、福特、克莱斯勒——都采用了多功能型团队形式来协调完成复杂的项目。

摩托罗拉公司的铱项目就采用了多功能型团队的形式，这个项目是开发一个能够容纳 66 颗卫星的大型网络。项目总经理认为以传统形式来完成规模如此巨大、工程如此复杂的项目，并能准时完成任务是不可能的。从项目执行的第一年一直到项目进行到一半，由 20 个摩托罗拉员工组成的多功能型团队每天早晨聚会一次。后来，这个团队的成员扩展到包括其他十几个公司的专家，如道格拉斯公司、马丁马瑞塔公司、通用电气公司、亚特兰大科技公司、俄罗斯克兰尼切夫公司等。最终项目得以顺利完成。

同样，麦当劳也有一个类似的多功能型团队——危机管理部，责任就是应对重大的危机，由来自于麦当劳营运部、训练部、采购部、政府关系部等部门的一些资深人员组成。他们平时共同接受关于危机管理的训练，甚至模拟当危机到来时怎样快速应对。例如，广告牌被风吹倒砸伤了行人时该怎么处理？一些人员考虑是否把被砸伤的人送到医院，如何回答新闻媒体的采访，当家属询问或提出质疑时如何对待；另外一些人要考虑的是如何对这个受伤者负责，保险谁来出，怎样确定保险。所有这些都要求团队成员能够在复杂问题面前做出快速行动，并且进行一些专业化的处理。

虽然这种危机管理的团队在一年当中有多少时候能用得上还是个问题，但对于跨国公司来说养兵千日、用兵一时，因为一旦问题发生就不是一个小问题。在面临危机的时候，如果做出快速而且专业的反应，危机会变成生机，问题会得到解决，而且还会给顾客及周围的人留下深刻的印象。

总之，多功能型团队是一种有效的方式，它能使组织内（甚至组织之间）不同领域员工之间交换信息，激发出新的观点，解决面临的问题，协调复杂的项目。当然，多功能型团队的管理不是管理野餐会，在其形成的早期阶段往往要消耗大量的时间，因为团队成员需要学会处理复杂多样的工作任务。因此，多功能型团队的领导需要花更多的精力来促进和建立成员间的信任关系。

四、虚拟团队

前面的三种团队形式都是基于传统的理解，即团队的活动是面对面进行的。随着现代科技的发展，如互联网、可视电话会议等，使得协同性的工作并不需要面对面进行了。这种利用计算机和网络技术把实际上分散的成员联系起来，以实现一个共同目标的工作团队，即为虚拟团队（virtual teams）。

虚拟团队同样可以完成传统团队能够完成的所有工作任务，如分享信息、做出决策和完成任务等。与传统团队形式相比，虚拟团队表现出以下几方面的优点：克服了时间和空间上的制约；组织资源和文化的最优整合；降低了成本、提高了效率，并且满足了成员工作和生活的需求。这些特点既创造了虚拟团队的工作优势，也带来了一些新的问题，如情感问题等。

第三节　创新团队生命周期与领导角色

团队是指有互补技能，愿意为了共同目标而相互协作的一定的个体所组成的正式群体。团队领导人是团队的核心，是团队精神铸造的推动者，在团队发展的过程中发挥着其他团队成员无法替代的作用。著名管理学家B. W. 塔克曼认为，团队有不同的发展时期：形成期、震荡期、成熟期和转型期。每个阶段的团队状况和工作绩效都存在很大的差异。作为团队核心的团队领导人则需要在团队发展的不同阶段扮演好不同的角色，采用恰当的管理方式，减少团队内耗，降低发展成本，提高团队绩效。

一、团队形成期领导人的角色分析

团队形成期是指团队初创阶段。这一时期，各个成员尚未形成团队成员的角色意识，对团队及个人发展充满激情和希望，但同时也充满困惑，观望和疑惑是主要的特征。在人际关系方面，多半表现得很有礼貌甚至有些矜持，有冲突也不愿意直接说出来。在这个阶段，团队领导人要扮演好团队发展的规划师和团队成长的指导者的角色。

（一）团队发展的规划师

团队形成初期，团队成员对团队的发展充满了期待，但同时也充满了对团队如何发展的困惑。作为团队领导人，应着力于团队共同愿景的建立，做好团队发展的整体规划，为团队成员指明方向。共同愿景是组织中人们所共同拥有的意象或景象，共同愿景会将组织中的个人意愿整合为组织共同的意愿，使组织成员主动而真诚地奉献自身的智慧和力量，共同愿景是使互不信任的人在一起工作的第一步，它产生一体感。心理学家马斯洛晚年从事杰出团队的研究，发现它们最显著的特征是具有共同愿景与目的。团队领导人在团队形成期，要把握好团队成员的激情和希望，充当好团队愿景规划师的角色，并将之转变成团队的共同愿景。共同愿景会唤起人们的希望，共同愿景会改变成员与组织的关系，团队不再是"他们的组织"，而是"我们的组织"。

（二）团队成长的指导者

团队领导人是团队的精神领袖，是团队成员的精神导师。尤其是在团队形成期，团队成员充满了困惑，团队领导人应该加强与团队成员的沟通，主动而真诚的沟通会让这一时期的团队成员增强凝聚力。沟通也是团队领导人对团队成员进行指导的有效方式，会帮助团队成员清除障碍、理清思路，尽快进入角色。培训在这一时期显得十分重要。团队领导人要扮演起教练或教师的角色，通过言传身教和一系列针对性强的培训，训练团队成员遵守团队目标和规则，将团队理念传递到每一个团队成员心中，使团队成员尽快掌握团队工作所需要的技能。通过培训，使团队成员尽快彼此熟悉，消除沟通障碍，为团队的顺利发展打下基础。

二、团队震荡期领导人的角色分析

团队经过形成期，进入震荡期后，隐藏的问题逐渐暴露。团队成员就像从少儿期进入青春期，开始出现叛逆，激情和希望开始让位于挫折和冲突，团队成员之间、团队成员与团队领导人之间、团队与环境之间会出现各种问题和矛盾。这是团队发展的关键阶段，如果团队领导人不能因势利导、力挽狂澜，团队将面临颠覆的危险。因此，团队领导人要高度重视这一时期团队的建设，扮演好团队环境的协调者、团队情绪的调节者、团队问题的参谋者、团队责任的承担者。

（一）团队环境的协调者

团队领导人是组织的代言人，为组织的发展创造良好的发展环境是团队领导人的重要工作。尤其是在团队发展的震荡期，团队内部开始出现这样那样的问题，团队外部也开始面临各种各样的矛盾，团队领导人应当承担起团队环境协调者的角色，当好团队的宣传员和外交家。

在协调内部环境方面，团队领导人应当是宣传员，通过各种方式进一步传递团队理念和团队目标等团队文化，身先士卒直面团队中的问题，以自身的行动为团队成员树立良好的榜样。

在协调外部环境方面，团队领导人应当是外交家，负责协调与其他组织的关系，排除各种干扰，争取获得最大限度的支持。

（二）团队情绪的调节者

人们的行为往往是由思想决定，而情绪是左右思想的重要因素。拥有良好的情绪控制能力，是一个优秀团队和优秀团队领导人的必要素质。在团队发展的震荡期，团队面临前所未有的挑战，也会对整个团队的情绪产生重大的影响。在这一阶段，团队领导人要主动成为情绪控制的示范者和成员情绪的调节者。

一个情绪敏感波动、性格反复无常的领导人，他领导的团队也会像过山车一样忽高忽低，表现时好时坏。团队领导人必须首先控制好自己的情绪，在面对问题、处理矛盾的时候保持平和稳定的情绪，以积极乐观的态度去解决问题。其次，团队领导人还应该敏锐地掌握团队成员的情绪变化，并培养他们调节和控制情绪的能力。对于一些群体性的问题，应尽早发现，果断处理，在消极情绪开始蔓延之前采取有效措施，调节好团队成员的心态。再次，团队领导人还要注意排除影响团队情绪的各种干扰因素，促进团队情绪的良好运作。

（三）团队问题的参谋者

培养团队成员独立面对问题、解决问题的能力是团队领导人必须要做的功课。尤其是在团队震荡期，问题不断出现，而团队成员解决问题的能力尚在积累过程中，此时团队领导人要当好参谋，而不是干涉者和消防员。

团队领导人要避免在出现问题的时候，粗暴干涉成员解决问题的方式和过程或是直接把问题揽到自己身上，亲自来解决问题。这样做的结果只能让团队成员更加消沉，无法摆脱挫败感或是对团队领导人产生依赖，无法独立面对困难，而团队领导人也将一直充当消防员的角色。

（四）团队责任的承担者

早在战国时期，韩非子就提出"事在四方，要在中央"，意思是说具体做事情的是地方，中央要把握总的纲领。团队领导人要善于授权，但是在面对责任的时候，要勇于担当，免除团队成员的后顾之忧。

在团队震荡期，在问题和矛盾的凸显期，团队领导人要注意培养团队成员解决问题、承担责任的能力，更重要的是要传递给团队成员这样的信息：一切因对团队发展的探索而带来的失败，有一个人一定会跟他们共同承担，那就是团队领导人。这样的信息会极大地激励团队成员面对困难时的勇气和信心。

三、团队成熟期的领导角色分析

经过一定时间的磨合，团队此时逐渐克服来自内外部的各种阻力开始走上正常的轨道，团队内耗逐渐减少。团队成员之间开始形成共同目标，开始关心团队的成长，注重彼此间的协作，工作规范和团队精神开始深入人心。但团队成员仍会对震荡期存在的问题心有余悸，害怕引发矛盾而不敢充分沟通。团队领导人要扮演好团队激励的主导者和团队沟通的垂范者的角色。

（一）团队激励的主导者

拿破仑曾经说过，荣誉比鞭子更为重要。马斯洛需要层次理论也指出，每个人都有 5 个层次的需求：生理需求、安全需求、社会需求、尊重需求和自我实现需求。尊重和自我实现是人的更高层次的需求，激励正是这一时期的团队成员最需要的前进动力。作为团队领导人，在团队正规期应当扮演好团队激励的主导者的角色。

团队领导人可以通过充分授权、鼓励参与、实行奖励等方式，提高团队成员的积极性和主动性，使之真正放下震荡期带来的各种问题的后遗症，并产生强烈的团队精神，促进团队的进一步发展。在这个过程中，团队领导人应当善于观察和识别团队成员的需要，根据不同层级、不同岗位的团队成员的不同需求，充分发挥激励的作用。

（二）团队沟通的垂范者

开诚布公的交流和沟通是团队建设中的重要环节，沟通障碍是团队发展的重要问题。团队经历了震荡期之后，如何进一步消除沟通障碍，营造良好的沟通氛围，是团队领导人应当重点关注的问题。沟通、合作和协调是最重要的领导技能。尤其是在团队趋于稳定后，团队领导人以怎样的姿态和方式进行沟通，会成为团队进一步发展的关键。

团队领导人在团队发展的正规期，应该加强与团队成员的沟通，关心他们的利益，关注他们的成长。随着团队成员的成熟，团队领导人可以与团队成员一起讨论团队发展中的问题、改进团队工作流程、完善团队工作计划，进一步明确团队发展目标。沟通在这一时期显得尤其重要。团队领导人应首先做出垂范。

四、团队转型期领导人的角色分析

团队建设的高峰终于在克服重重困难后到来，这一时期，团队呈现开放、包容、创新、有为的局面。团队成员间的沟通自由而坦诚，团队成员广泛参与团队决策，齐心协力解决团队发展中的问题，将个人能力融入团队建设中，团队绩效在这一时期得到充分的体现。这一时期的团队领导人，除了要学会正确授权，当好团队发展的掌舵者，分享团队绩效，更应该着眼于团队长远的发展，扮演好团队学习的组织者和团队再发展的规划者的角色。

（一）团队发展的掌舵者

随着团队的成熟，整个团队已经掌握处理问题、解决矛盾的方法，团队精神开始显示出力量。在这一阶段，团队领导人应当完全放权，充分给予团队信任和权力，要充当团队发展的掌舵者的角色而不再是划桨者。

在把握好团队发展大方向、大原则的前提下，团队领导人应当正确授权。团队领导人应当关注预算、进度和业绩等重大问题，具体的事务和细节的问题应当交给团队成员去完成。合理授权、信任下属，会给这一时期的团队带来生机和活力。

（二）团队绩效的分享者

团队的成熟会给团队带来成绩、荣誉和利益。在面对团队成就的时候，团队领导人的态度将决定他的魅力和影响力，在整个团队的发展过程中也有着重要的影响。团队领导人应以分享者而不是独享者的角色出现，在充分享受团队成功的同时，也不能忘记团队成员付出的努力，并应努力成为团队利益的维护者，这样，团队的路才能越走越长，团队成员的心才能越聚越拢。

（三）团队学习的组织者

团队获得了阶段性的发展之后，团队领导人必须保持清醒，为团队的再发展积蓄力量。

团队领导人应当自觉成为学习的典范，也应该成为团队学习的组织者。尽管在团队的表现期，团队呈现出一片欣欣向荣的景象，但是团队要在激烈的竞争中长盛不衰，必须要考虑再发展的问题。学习型团队的建设在这一时期应当提上议事日程。团队学习应当成为团队成员的自觉行为，而团队领导人应当积极创造条件，组织开展高层次的培训，鼓励团队成员进一步学习进修，以提升团队竞争力。

（四）团队再发展的规划者

判断未来的发展趋势，是团队领导人综合能力的体现。团队领导人不应该满足于团队发展的阶段性成果，而应该未雨绸缪，成为团队再发展的规划者。

团队领导人应当以哲学家般的素养，去审视团队在发展过程中的新问题，用发展的、充满前瞻性的眼光，综观全局的胸怀，站在团队发展的远处来规划团队今天的发展。

总之，团队的发展需要经历一个从形成到震荡、正规及成熟的过程，在团队的发展过程中，团队领导人始终是核心和关键。

一名优秀的团队领导人要有完善的人格、良好的心态、哲学的眼光、管理的技巧，一名优秀的团队领导人应当在团队发展的不同阶段扮演好不同的角色，带来团队的成长。

第四节 决策的概念与过程

本节分别从决策的基本概念、决策过程和决策方法等方面阐述决策和创新决策的内涵、决策特性和要素的主要内容以及常见的决策类型。

一、决策的概念

人们在日常生活中会遇到很多问题和选择，一生中必须要做出很多决策，这些决策可能影响一个人，一个公司，甚至一个国家的命运。事实上，决策就是生活的一部分。人们找工作，找伴侣，买房子和买汽车都离不开决策。决策顾名思义是"决"和"策"，"决"即决定、决断；"策"即计谋，主意。决策就是需要在解决问题的多个选择或者多个方案中，依据问题的条件、环境和目标结果的要求，进行科学、合理、充分的判断，并选择一个最有效的可执行方案付诸实施。决策是一个过程，是解决问题和实现目标的必要条件，是行动的基础；没有决策的行动是盲目的行动，是不可能成功的行动。决策的作用是至关重要的，是核心关键步骤，它也是最有挑战、最具风险性、最关键的工作。

三国时期，因马谡战败失掉战略要地街亭，魏军大将司马懿率领15万大军向西城而来，要围困诸葛亮。当时，诸葛亮身边只有2500名士兵在城里。众人听到司马懿带兵前来的消息都不知所措。此时，诸葛亮要么投降请和，要么拼死一战。

诸葛亮一番斟酌后，果敢传令，把四个城门打开，派20名士兵扮成百姓模样，洒水扫街。诸葛亮自己披上鹤氅，戴上高高的纶巾，领着两个小书童，带上一把琴，到城上望敌楼前安详坐下，燃起香，然后温文尔雅地弹起琴来。司马懿率领大军，飞马来到城下，即见诸葛亮端坐在城楼上，笑容可掬，正在焚香弹琴。司马懿看后，疑惑不已，生怕中计，最终下令撤军。

诸葛亮的正确决策，不仅及时缓解了西城之危，而且使自己全身而退。相反地，司马懿一时失察，做出了错误的决策，让自己错失良机，遗憾不已。决策的正确与否直接关系到行动的成败，如果决策失误，行动方向就会出现偏差，加上超强的执行，反而会离目标更远，无法实现预期的目标。

创新决策是在决策的基础上充分发挥创新思维，实现创意到价值体现的过程。管理者如果没有创新意识，就不能打破常规，改变思维定式，树立风险意识，管理者的决策观念就会落后或者保守。管理者要勇于创新，要敢于果断决策；只有在决策中不断创新，在创新中不断积累经验，才能做出高质量、高效率的决策，才能更好地实现创意到价值。

在古时候，有两个女人争夺一个刚出生不久的婴儿，都声称自己是孩子的母亲。双方争执不下，就来到所罗门王的面前，请求将小孩判给自己。所罗门王听完双方的陈述后，郑重其事地下令，为了公平，两个女人分别牵着婴儿的一只手，谁能拉走，婴儿将判给谁。两个女人都想将婴儿带回家，用力拉婴儿的手，婴儿痛得哇哇大哭起来。其中一个女人生怕婴儿受伤，放开了双手。所罗门王下令将婴儿判给了这个宁愿放弃也要保全婴儿的女人，她才是这个小孩真正的母亲。说谎话的女人受到了国王的严厉惩处。所罗门王富有创新的决策，取得了意想不到的结果。

（一）决策的特性

想要更好地认知决策、运用决策，必须深入掌握决策的特性。决策是一项具有目标性、普遍性、特殊性、可行性和重要性的工作。为了达到某个目标或者解决某个问题，需要及时做出合理的决策。决策必须要有明确的目标，决策具有很强的目的性和目标性。任何决策都是要解决问题或者完成任务目标，没有目标的决策是没有意义的决策，目标已经实现，也就无须进行决策。在人类活动中，无论是个人还是集体，无论是家事还是国事，决策无处不在、无时不在。无论是学习、工作还是生活，都不可避免地面临新选择或者新机会，都需要人们做出自己的选择或者决策。因此，决策普遍存在于事物发展的全过程中。决策一定是针对特定问题、特定目标的多个解决办法或者实现方案进行决定，从至少两个以上的选择中，找出能够取得期望效果的方案，它明显具有一定的特殊性。通过科学、合理、充分的判断后，所选择的方案必须要能够可执行；如果决策方案不具有可操作性和可执行性，决策就是空谈，不是科学、合理的决策。在行动和活动中，决策起着决定性的作用，正确的决策才能让活动有好的结果，行动有意义。在整个过程中，决策的重要性是显而易见。

在一座美丽的森林里，住着一群可爱的兔子，它们过着无忧无虑的生活。突然一天，来了几只凶恶的狼，让兔子们吃尽了苦头。兔子召开全体大会，号召大家贡献一个万全之策，一劳永逸地解决生死存亡的大问题。

众兔子集思广益，有的提议培养狼成为素食主义者，有的提议马上研制新药物，毒害恶狼。最后还是一只阅历丰富的老兔子出的主意让大家佩服得五体投地，连呼高明。那就是给狼的脖子上挂上报警器，只要狼靠近兔子的领地，报警器就会响，大家就可事先得到警报，躲起来。这一决议得到全票通过，但谁也不愿去执行这个决策。无论是高薪奖励，还是颁发荣誉证书，都没有兔子站出来去执行。至今，兔子们还在开会，争论不休。

这个故事告诉我们，好的决策一定要能够执行。

（二）决策的要素

要全面、有效地展开一次决策过程，实现正确的决策，必须具备一些基本的决策要素：决策者、决策对象、决策目标、决策方案和决策方法。

决策者是决策的主体，是决策过程的核心要素。没有决策者就没有决策发生，决策者可以是单个个体，也可以是由多人组成的决策集体或者团队。决策者是决策过程中最积极、最能动、最主动的因素。从提出问题开始，经由收集信息、提供过滤、制订方案、分析对比到最后决断，决策者处于主导地位，是决策成败的核心。决策者在决策过程中，是会受到自身知识、背景、经历、社会、政治、经济和心理等诸多因素的影响。决策者的能力非常关键，一个能力结构合理的决策者，不仅能使参与决策的人各展所长，而且可以通过有效的能力组合，充分发挥集体决策者的力量。决策者不可能对所有问题、所有行业或者所有领域都具备很强的专业能力，特别是个人决策者。因此，不同背景、不同专业、不同能力组成的集体决策者，更可能做出正确合理的决策。决策者的领导行为也是决策的重要条件。它以自身良好的影响力和权威，调动其他成员的积极参与，促进决策过程的顺利进行，对决策结果有重大影响。

决策对象是决策过程的客体，是决策者有能力改变其行为，或者对其产生作用和影响的系统。项目经理的决策对象是由他管理的项目；公司董事会的决策对象显然是所经营的公司；全国人民代表大会的决策对象无疑是整个国家。如果决策者没有能力对决策对象产生作用和变化，那就不能作为决策的对象。例如，人类不能改变太阳活动，所以太阳不能作为人类的决策对象；一个正常人不能决定自己的心跳速度，所以心脏对个人来说就不能是决策的对象。决策对象随着人类的认识和科技发展，也在不断发生变化。在宇宙飞船发明之前，人类不可能决定火星探测；决策对象具有清晰的范围，决策者必定与决策对象存在某种联系，它们之间不可能没有任何关系。例如，项目经理是项目团队的领导者、直接参与者；公司董事会成员是公司的重要股东，决定着公司的发展命运；全国人民代表大会委员都是国家的精英，是国家发展的推进者。

没有目标就没有决策，决策目标是决策的必要因素。决策目标是指在一定内部和外部条件下，决策者针对所要解决的问题而期望取得的成果和实现的价值。只有正确的决策目标，才能避免决策的失误。决策目标是根据所面临的决策对象和所要解决的问题来确定的，因此，决策者所要解决的问题是决策目标的关键。任何决策从提出到执行的一系列过程，都是针对所解决问题而展开的，决策通过这一系列决策过程所要达到的目的，就是决策的意义所在。追求科学合理的决策目标是决策的出发点和评判标准。一般地，在决策之前必须要有明确的决策目标。有了目标，才能有的放矢、方向明确。然而，在实际的决策过程中，决策目标会随着决策过程的推进和执行情况而发生微小变化和调整，会变得更加清晰和具体。当英特尔在记忆存储业务中受到日韩企业的竞争而失利之时，其较为成熟的CPU芯片业务成为重要业务。英特尔起初并没有像微软那样富有远见，可是CPU芯片业务要做专、做强逐渐成为公司的决策目标。当许多企业还在以计算机、服务器设备为其主业激烈争夺市场时，IBM的经营目标已经悄然转向系统集成与服务领域。也许IBM早应该决定卖掉PC业务和X86服务器业务，但关于公司未来经营方向和目标的争论与决策，很可能会在公司内部遭到PC和服务器部门员工出于维护自身利益而表现出的反对和抵触，然而对PC业务和X86服务器业务的处理却慢慢地成为了公司决策目标。这些企业都是在经营活动的行进当中，尝试了多个经营目标和业务路线，通过实践活动以某个阶段成果为依据和契机，才逐渐清晰地意识到公司发展的决策目标。

一旦确定了决策目标，就要制订决策方案。决策者要综合考虑决策对象的情况和期望实现的决策目标。决策者围绕决策目标，搜集与决策对象相关联的信息，并识别影响决策目标结果的重要信息。通过分析各类信息，最终形成多个决策方案，这是决策的关键。很明显，在决策前，一定是数个选择方案提供给决策者，才能产生决策。决策者依据客观条件和现实环境，筛选出有价值的信息，考虑各种可能性，拟定所有可执行的解决方案。在定义问题边界、收集相关资料时，并不是资料越多越好。有时资料太多只会造成困扰，并不会提高决策的成功概率。决策者选择方案时很容易犯的一种错误，就是害怕有人反对而选择一个大家都可接受的方案，而不是选择一个"正确的"方案。决策方案的建立是件具有挑战性的工作，决策方案质量的好坏，直接关系着决策的成败。决策者应该具有足够的智慧，综合评估决策方案是否与资源、能力相适应，决策方案在经济和社会上是否科学、合理和可行，充分发挥创新能力，提出更多、更好的点子和想法，才更有助于决策的成功。

在所罗门王的"智断亲子案"中，国王是一个充满智慧的决策者。两个女人和婴儿是决策的对象，决策目标是要找出婴儿真正的母亲。摆在国王面前的选择，一是简单地将婴儿判给任意一个女人；二是婴儿送给他人，不给这两个女人任何一方；三是两个女人谁抢到婴儿，谁就能得到这个婴儿。前两个方案都比较主观、随意，不能实现决策目标。所罗门巧妙地利用了婴儿与真正母亲的关系，创新地选择了第三个方案，出奇地达到了决策目标，使小孩和自己的母亲团聚。

为了提高决策的正确性，决策者必须掌握科学的决策分析方法。一般而言，决策分析方法可分为定性分析法和定量分析法。如果决策的问题可以量化，借助于数学工具对多个决策方案进行量化分析，对比各个数据指标，然后得出正确的决策。定量分析法通常可分为三种情况：确定型决策分析、风险型决策分析和不确定型决策分析。其中，确定型决策分析是决策者的主观要求明确，决策的客观条件清楚，并可提供多个选择方案。风险型决策分析是决策方案在执行过程中，可能存在一定的不确定因素，决策者对决策结果有一定的把握，但只能确定每种决策结果出现的概率。决策者对多个备选方案进行推理判断，选择收益期望值最大，或者损失期望值最小，风险较小的决策方案；决策者可以承受各种决策方案可能出现的后果，在进行决策时，决策者要冒一定的风险。决策树、最大可能法和期望值法都属于风险型决策分析法。在不确定型决策分析方法中，决策结果出现的概率是不能确定的，它比风险型决策更加困难，更有挑战。不确定型决策分析，多数采用分析比较法，通常使用的方法有冒险法、保守法和折中法。从集体决策的角度来看，常用的决策方法有民主决策、精英决策、共识决策等方法。民主决策适合于独立投票，公正、公平，考虑各方利益的场景；精英决策适合于具有经验和技能的优秀团队成员；共识决策适合于决策者的影响力对于决策结果具有重大的作用。

（三）决策的类型

1. 按决策问题的重要程度分为战略决策、战术决策、业务决策

战略决策是指对公司经营方向和发展规划做出的决策，是关系到公司命运的重大决策，如公司董事会对新领域投资、新产品开发、发展战略转型等决策。战略决策只能由公司高层决策者做出，是战术决策的依据和指导。它对公司的作用周期长、影响范围广，直接决定了公司的发展前景。

战术决策是为战略决策服务的，是实现公司战略目标的重要决策，如公司新设备的采购、专业人才的引进、市场营销计划和生产计划等均属于战术决策。战术决策通常由公司部门经理等中层管理人员做出。

业务决策是日常工作中为提高生产效率、工作效率而做出的决策，作用范围较窄，只对组织内部产生影响，如工作安排的日常分配和检查、工作生产进度的安排和监督、岗位责任制的制定和执行、库存的控制等决策。

战国时期，秦国丞相穰侯魏冉权倾朝野，他举兵越过韩、魏两国而攻打齐国。此时，有一谋略家范雎，在朋友的帮助下来到了秦国。范雎谒见秦昭襄王，并借机取得了秦王的信任。范雎跟秦王说"穰侯总是隔韩、魏去攻打齐国，这是失策的。齐国离秦国很远，如果出兵少根本打不了齐国，如果出重兵却肯定于秦有害。大王即使打败齐国，也无法把齐国和秦国连接起来，齐国还可能得而复失。秦王为何不远交近攻，得到寸尺之地都是秦王的。现在秦王总是舍近求远，岂不是很荒谬。"范雎提出了战略目标，同时建议：首先要就近重创韩、魏二国，以解除心腹之患，壮大秦国势力；其次北伐赵国，南讨楚国，争夺中原地带，遏制各国的发展；待秦国军事实力取得绝对优势时，逐一消灭韩、魏、赵等诸国，直至灭齐国而统一天下。这一策略得到秦昭襄王的积极推行，并任范雎为相。

秦王推行"远交近攻"的战略决策，不仅巩固了秦国所攻取的土地，还破坏了东方诸国的"合纵联盟"，为后来秦始皇统一中国在政治、军事、经济诸方面奠定了坚实的基础。

2. 按决策问题的规范程度划分为程序化决策、非程序化决策

程序化决策是指决策的问题是经常出现的问题，已经具备处理经验、规范流程、标准手段，可以按照常规方法来解决的问题，如设备出现故障、销售商品已经过期如何处理等。

非程序化决策是指决策的问题不是经常出现，没有固定的处理流程和经验借鉴，要靠决策者做出新的决策来处理，如公司销售市场的调整、选择新的合作伙伴、建立新的项目等决策。

3. 按决策结果的可靠性划分为确定型、风险型、不确定型

确定型决策是指每个决策方案只有一种结果，决策者对决策问题的件、特性、结果都有充分理解，只要根据判断标准比较备选方案做出决策即可。

风险型决策是指每个决策方案可能有几种不同的结果，决策者可以测算每个结果产生的概率。例如，公司为了扩大规模建立新厂，提出两个方案：一个方案是一次投资建大厂，投资大；另一个方案是先建小厂，投资少，如果3年后产品销售好，再投资扩建。工厂的使用年限都是10年，并且公司可估算前3年和后7年的销售好坏概率。公司要对以上两个方案做出选择，以获得最大利润。

非确定型决策是指每个决策方案可能有几种不同的结果，决策者不能测算每个结果产生的概率。有些决策方案可能具有随机性规律，决策者无法认识到决策结果的发生概率，就大大增加了决策的不确定性。

有一个探险者在沙漠里迷路，他仅剩下一瓶水了，而这水仅能维持3天，必须尽快找到水源。正当疲惫不堪的时候，他发现了一口压力水井，惊喜至极，奔过去压水，却一无所获。失望之极，正要离开，却发现井边写着一行字：先倒一瓶水进去，才能打水上来。他顿时明白，可是他只剩下一瓶水了，倒进去了如果打不上来怎么办？他实在不愿意拿自己的生命做赌注。犹豫再三，他还是照着做了，把仅剩的一点水倒进水井里，开始拼命地压，一会儿，果然压出了救命的流水。

通过这个故事可以看出，决策不能只看收益，还要看风险如何。决策者面对风险时，既要有决策的谋略、胆量与魄力，不可优柔寡断、错失战

机，又不能草率决断、盲目行动。

二、决策的过程

（一）确定决策目标

决策者根据所要解决问题的性质确定未来所要达到的期望和结果。针对复杂问题，决策者要抓住问题的关键，确定主要目标，然后遵循一定规则进行分解形成多目标集合。需要注意的是，不管是简单的单目标，还是复杂的多目标，决策者必须确定这些目标所包含的一个或者几个可度量的指标。指标可以评价最终实现的决策结果所达到的程度，是否符合决策目标的要求，是否能够让决策者满意。决策目标也是决策者制定和确定决策方案的基准，正确的目标才能保证高效、高质量的决策方案。全面考虑问题的限制条件、现实环境和指标要求，是判断决策目标是否合理的重要依据。虽然所要解决的问题一样，但是决策目标如果不一样，会让决策者制定完全不一样的决策方案，最后导致决策结果大不相同。

（二）信息收集与分析

在确定决策目标之后，决策者就可以开始收集与问题和决策对象相关的所有信息，因为良好的决策需要足够多的有价值的信息来支持。而且，分析问题的前提条件也是要收集有效的信息。在决策目标确定之前，决策者并不知道真正需要什么信息。为此，决策者要根据决策对象范围、问题的性质及复杂程度，找出所需要的信息数据种类和数量。然后，通过已有的工具、资源和手段获取所感兴趣的敏感信息，并对这些信息进行分类整理。运用科学的方法进行系统的分析，筛选出对决策者真正有价值的信息。通常经验就是获取关键信息的一个好方法，通过对过去解决类似问题记录的学习将有助于得到大量的信息。此外，咨询专家的观点、建议和想法也是好的技巧。决策者要想充分理解和解释这些信息，必须采取有序的方法来组织整理这些信息。一些指标比如可靠性、重要性、时间、人力因素以及技术因素都可以用于对信息进行划分和归类。在检查整理完信息数据之后，决策者就可以仔细分析这些信息，对重要信息进行排序，确定有价值的关键信息，这有助于决策者把握住目标。

三国时期，为了平定南方，为保障北伐曹魏消除后顾之忧，诸葛亮七擒七纵孟获。第六次被擒后，南方首长孟获仍然心中不服，就向乌戈国求援，请来三万藤甲军与蜀军对决。蜀军不知藤甲军厉害，初战失利。因为藤甲浸透了油，刀箭不入，而且可浮于水面，藤甲军可轻易地渡河。蜀军大将魏延向诸葛亮报告此事，左右都想班师回朝。可是，诸葛亮不愿轻言放弃。他亲自考察地形，勘查现场，偶见一条形如盘蛇的山谷，两边都是悬崖峭壁，没有树木杂草，中间是一条大道。诸葛亮问人得知，此谷名为"盘蛇谷"。他大喜，突生一计，回到营中，命马岱准备黑油车、树木等易燃物放在盘蛇谷两出口处，命赵云带兵在路口守卫，命魏延与藤甲兵交战，要求半个月内连输15仗，丢弃7个营寨，引诱藤甲兵进入盘蛇谷。

果然，藤甲军大胜魏延，穷追至盘蛇谷口。藤甲兵见谷中并无树木，只见谷口有黑柜车，以为是蜀军粮车，便放心进入谷中。此时，谷口突然火起，藤甲军中了埋伏，全军覆没，作为后援的孟获也被诸葛亮活捉。从此以后，孟获心服口服，归顺蜀国。

上述故事告诉我们，决策前要知己知彼，才有胜算。诸葛亮得知藤甲军的特性后，了解到藤甲利水而怕火，并且亲自察看地形，收集更多的战场信息，通过仔细分析之后，拟定了有效的作战方案，最终使蜀军大获全胜。这充分说明信息收集、研判对决策和决策结果具有重要意义，直接关系到决策目标是否能够实现。

（三）拟定决策方案

决策者分析完各类信息以后，就要尽量将各种可能实现决策目标的方案设计出来。可供选择的方案越多，决策者对比、鉴别、选择的空间也就越大，因而选出的方案也就更加有利。因此，拟定可供决策者选择的多个决策方案是决策过程的一项重要内容。决策方案是决策者围绕决策对象，解决决策问题，实现决策目标的方法和途径。通常，制定出多个有区别的决策方案，是一个严谨而又具有创新性的过程。过去的经验、创造性以及最新实践都有助于拟定可行的决策方案。当然，决策方案的提出既要确保足够的数量，更要注意方案的质量。应当集思广益，拟定出尽可能多的、富有创造性的决策方案，避免遗漏可能成为最好决策的方案，这样最终决策的质量才会有切实的保证。另外，论证决策方案的可行性也是非常重要的。决策者要能估算出各个方案的实施结果，不同方案之间只是存在实现决策目标效果上的差异。

在这一阶段，决策者必须开拓思维，充分发挥想象力，这有助于创造出更多更好的决策方案。人们常用的方法有头脑风暴法和德尔菲法。在头脑风暴法中，一群具有知识背景和专长的人聚集在一起，讨论出尽可能多的潜在解决方案。由这种方法激起的创意常常是有价值的想法。在德尔菲法中，邀请一群关于问题领域的专家，围绕所讨论的问题发表各自的见解和想法，然后以科学的方法对专家的建议进行全面的处理和总结，并以无名的形式将最后的反馈结果给各专家再次征求意见，如此通过多次循环后，得到一个意见比较集中、可靠性较高且可行的决策方案。决策方案通常不是显而易见的，决策者要努力去寻找它们，使其明晰化。

(四) 确定决策方案

决策方案的确定是决策过程的拍板行动和关键阶段。它是指决策者根据决策目标和决策对象，应用科学决策方法和工具对各种决策方案进行分析、权衡和论证，从中挑选出令决策者满意的方案的过程。有效的决策方法需要对各个可行的决策方案的利弊进行深入的分析、比较、筛选和排序，并在此基础上进行综合的判断。决策方案是否符合决策目标的要求，是评判方案的基本原则。对于方案的抉择，最根本和最重要的考量就是所选方案解决决策问题的效果会更好。如果拟定的方案都不能令决策者满意，那么还要进一步寻求新的决策方案。针对客观要解决的问题，决策者肯定能找到几个可行的方案以供选择。决策者一方面要注意决策方案实现决策目标的效果；另一方面还要注意选择方案时的效率，决策者要具有胆识、果断和勇气，才更有可能做出一个正确的决策。否则，决策者很容易错失良机，失去执行决策方案的最佳时机。

在《聊斋志异》中有一则故事：一天，两个顽皮的小孩跑进丛林中，发现一个狼窝里有两只小狼。正在高兴时，突然听到了狼爸爸回来的声音。两个小孩赶紧各抱一只小狼各自爬上一棵大树，两树相隔数十米。片刻后狼爸爸回来了，找寻小狼。一个小孩在树上掐小狼的头，弄得小狼嗷嗷直叫，狼爸爸直奔过来，在树下愤怒地乱抓乱叫。此时，另一个小孩也在树上拧小狼，这只小狼也痛苦地直叫，狼爸爸又赶到那边去。就这样，狼爸爸不停地奔跑于两树之间，终于累得气绝身亡。

狼爸爸企图救回两只狼崽，一只都不想放弃。实际上，只要它守在其中一棵树下，用不了多久就能救回一只。这则故事告诉我们，狼爸爸只知道追求完美的决策目标，而不懂得如何决策。人们在面临重大决策时，都希望得到最好的结果。常常在决策之前，再三仔细斟酌、反复权衡，甚至犹豫不决，举棋不定。但在很多时候，特别是在战场上，机会稍纵即逝，不会留给决策者更多的时间思考。优秀的决策者应当具备当机立断、迅速决策的能力。

（五）决策执行、反馈与调整

最合理的决策方案出炉后，决策过程并没有结束。决策者必须明白，决策需要执行、执行是为了落实决策的主导思想。决策是解决如何做正确的事，执行却是解决如何正确地做事，再好的决策方案没有落实执行也毫无意义。决策者既要做出决策，更要执行好行动方案，实现决策目标。优秀的决策者不仅要擅长分析、制订备选方案和选择最后决策方案；而且要变决策为有效的行动。通过执行决策方案的结果可以检验当初的决策是否合理正确，是否能达到预期效果。因此，在执行过程中，必须对执行情况进行监督和检查，及时把决策方案与执行情况之间发生的变化和客观情况反馈给决策者，以便对原有决策方案做出必要的补充和调整，形成新的决策方案。这样才能构成动态的决策反馈循环，有助于提高决策方案的质量和决策者的决策水平。决策过程并非一蹴而就，而是一个反复迭代的过程。根据实际情况，决策者可能需要多次决策、多次实践活动，使决策执行的结果更趋近于决策目标。

三、决策的方法

一旦决策者明确了决策目标和决策方案，就需要考虑采取有效的方法选择正确的决策方案。决策方法对方案的选择和决策结果会产生重大的影响。合理、有效的决策方法有助于确定最适合的决策方案，并取得最好的决策效果。决策方法有很多，通常包括定性分析法和定量分析法。定量分析法又分为确定型决策分析、风险型决策分析和不确定型决策分析。这些传统的决策方法有许多的书籍介绍，这里不再做详细的阐述。

如果决策者只有一个人，如所有决策行动由领导一人决定，这就是典型的个人决策。这种独裁式的决策，好处是时间短、效率高，很快形成决策结果，但缺点也是很明显的，决策执行者或者其他成员可能对决策不能充分理解，会降低对决策的忠诚度和承诺度，应避免成为集体决策的主要决策模式。个人决策适合紧急和危险的状况，需要快速做出反应的事件或者问题。在团队的创立期，团队的领导风格处于命令型。这时，团队决策就是典型的个人决策方法。

民主决策是按照少数服从多数的原则进行投票来形成决策。每个参与者都是决策者，征求了每个决策者的意见，多数人的意见被采纳，能够较快达成决策。但是，少数人的最有建设性和价值的意见可能被忽视，尤其是真理有时掌握在少数人手中。另外，决策者之间可能存在潜在的矛盾，对决策的执行造成一定的隐患，可能降低决策的质量。民主决策适用于独立投票，对所有决策者公正、公平，尊重各方利益，让所有成员参与决策的场合。

精英决策是由少数骨干成员和优秀分子成为决策者，并对决策方案较快做出决定。少数精英的重要成员把握着决策的方向和决策过程，直接负责决策的结果。但是，精英们都不愿意放弃自己的主张或者表现机会，在决策者中形成竞争和分化的局面，有些决策者会被边缘化。精英决策适合于决策者都具有所需要的经验、知识和技能，决策的执行不要求其他成员有太高的承诺度。

共识决策是让所有成员先展开讨论，形成共同的决策意见，然后由决策者做出最后的决定。在讨论过程中，如果团队成员意见出现分歧，决策者要发挥自身的影响力，促使决策意见达成一致。共识决策的好处就是提高了所有成员的参与感和对决策的忠诚度，加强了决策的正确性。共识决策寻求最小的反对意见，只有取得最广泛的认可，才更能被贯彻执行。缺点是所有成员可能揣摩决策者的意图，不能充分关注问题本身。而且，为了达成共识需要更多的时间和努力。因此，共识决策适用于特别复杂，有风险和重要的决策，决策者的影响力对于决策结果具有重大的作用，并且所有成员具有很高的忠诚度。

一致决策是所有成员参与决策，在决策过程中，通过公平有效的沟通，所有成员对决策目标和决策方案逐渐达成一致。每个成员完全同意决策的执行，每个成员完全赞同制定的决策。所有成员能够自由表达他们的想法和感觉，并通过听取不同的意见，集思广益，提高决策的质量。每个成员都是决策者，具有主人翁感和成就感，对决策充满信任和忠诚，有利于决策的执行，并获得好的决策结果。但在决策过程中，会耗费较长的时间，需要高效的沟通和谈判技巧才能达成一致成果。一致决策适合于有充分时间对各决策方案进行详细分析和评估，决策者之间的信任对决策具有重大作用。

第五节　创新团队决策的概念与过程

本节主要阐述团队决策和创新团队决策的概念，分析团队决策的优势与不足，以及创新团队的决策过程，特别是 Belbin 的 9 种团队角色对创新团队决策的影响和作用，并详细描述了决策过程中创新团队的行为。

一、创新团队决策的概念

随着人类社会活动的变化，决策所处的环境和问题日益复杂多变，逐渐呈现出新的特色，其中团队决策愈加受到人们的重视，并取得了迅速的发展。在处理复杂的决策问题时，常常涉及决策对象的多重性、时间的动态性和状态的不确定性，以及决策过程的系统性和专业性，这都是单纯个人的能力远远不能驾驭的。这些发展变化的因素，对决策者是很大的挑战。因为决策者个人的知识背景、价值观和经验都有一定的局限性，个人不可能擅长所有领域的问题。因此，由不同领域的人组成的决策者客观地从不同角度认识问题，更有利于决策。

团队决策充分发挥团队成员的智慧，由多人共同参与决策过程，并群策群力完成决策。如果团队没有决策，团队就如同群体。团队决策是所有决策者共同承担风险，分担责任，如果决策失败也不会由一个人单独负责。团队中领导的影响力也会左右团队成员的意见，团队决策要求领导把自己当成决策者的一员，让团队成员具有足够的自主权。团队的凝聚力和成员关系都会对决策过程产生作用。团队凝聚力越强，成员利益和认识越一致，就越可能避免决策冲突，制定出高效的团队决策。团队决策者的文化背景和价值观都会反映在团队决策中，具有创新意识的决策者做出的决策往往也是有创意的。团队决策比个人决策更具有科学性、合理性，更有利于得到正确的决策。

在人们的活动中，存在很多团队决策的形式，许多决策都是通过国家委员会、国会、董事会、项目小组来完成的。在实践中，为了更好地发挥团队决策的作用，决策者必须掌握其优势和不足，以及团队角色在不同决策内容下的作用。

（一）团队决策的优势

虽然团队决策并不一定是最好的决策方式，但团队决策得到人们广泛的认可。团队决策更易于解决复杂、综合性的问题。团队决策者一起对问题进行分析、讨论，缩小分歧以达成一致决定。团队决策与个人决策相比具有以下几个明显的优点。

1. 团队决策具有更强的科学性、专业性、合理性

一个高效的团队必定是由一群各有所长的成员组成，特别是一些专业领域的专家。不同背景的成员广泛参与，可以取长补短将不同的观点整合并提炼。专家就决策问题针对性地提出建设性意见，将帮助决策方案在制定和执行过程中，及早发现可能存在的问题。团队很容易发挥众人的智慧，拟定更多更专业、更合理的决策方案，以应对日益复杂多变的决策问题。

2. 团队决策有助于决策的创新

团队成员能够收集许多的信息，提出更多解决问题的方法。而且，团队成员具有广泛的经验和不同的潜力，所有成员都有充分的参与权和自主权，众多因素融合孕育了创新的土壤。团队所有成员是命运共同体，具有强大的合力和共同的决策目标，决策动机也相同。团队只要有强烈的创新意识，所有成员的团结、协作、自信都会促进创新决策的诞生。团队决策比个人决策更富有创新性和创造性。

3. 团队决策能够提高决策的成功概率

团队成员一般都拥有不同的教育背景、不同的工作经历。他们在考虑问题的角度，以及解决问题的思考上往往存在差异，这样会导致决策分析的全面性和全局性，避免个人决策可能出现的片面性和极端性。因为，团队成员会制订出更加谨慎、稳妥的决策方案，而且由多人组成的决策者更能深刻地认识到问题的本质。因此，决策者更有可能做出正确的决策。

4. 团队决策有利于决策方案的顺利执行

显然，团队决策是由团队决策者一致同意的，容易得到团队普遍的认同，有助于决策的顺利执行。团队的决策者肯定具有广泛的代表性，并且团队决策是在综合各成员意见的基础上形成的对问题趋于一致的决定，因而有利于得到决策执行相关人员的理解和接受，同样在执行中也容易得到各部门的相互支持与配合，在很大程度上有利于提高决策的执行质量。

5. 团队决策有助于风险分担

在团队决策中，决策者一般由多人组成。很明显，多个决策者共同承担了决策的风险。因此，团队成员都比个人决策时敢于承担更大的风险。

这种情况下，敢于冒风险的精神有助于创新的发挥。

（二）团队决策的不足

虽然团队决策有上述很多的优势，但也存在一定的缺点，如果不进行妥善处理，就会影响决策目标的实现。团队决策容易出现的问题主要表现在以下三个方面。

1. 速度慢、时间长

一般而言，团队决策需要成员共同参与决策过程，大家一起讨论、分析各种决策方案，最后得到一致同意的决定，这需要花费大量的时间、精力、人力。在团队决策过程中，如果组织不好，很可能陷入无休止的争论中。如果团队没有统一的思想、统一的解决问题的目标，团队成员很容易出现本位主义，只从自身利益出发，无法统一认识，而且谁都不愿意承担风险和责任，可能导致决策失败，问题无法得到解决。通常，团队决策要比个人决策效率低、时间长。

2. 团队成员的从众行为

如果团队个别成员对决策问题缺乏信心，并且无个人主张，就很容易出现跟从集体的倾向。团队成员的这种从众行为，很大程度上抵制了团队的创新能力。正常情况下，团队决策需要决策者处于同等地位，充分地发表个人见解。但在实际决策过程中，很可能出现领导者个人或者少数决策者拿主意、其他成员随大流的情况。这样就丧失了团队决策的优势。

3. 避免团队决策责任不够分明

通常，团队决策使得决策者要共同承担责任和风险，即使决策失败也不会由个人单独承受。但是，如果决策一旦出现偏差或失误，加之权责往往不够分明，总会有人开脱自己，找出各种理由掩饰自己当初决策时的无奈之举。因此，在每次事项决策之前，确定决策的主要责任人，并给予相应的资源配置和激励支持，对可能发生的潜在风险做好管控，建立起决策绩效机制，才能落实每个决策者应担当的责任。

（三）团队角色的作用

团队在决策时面临的问题可能会有很大不同，不同成员角色会对决策产生不同的作用和影响。例如，在一个国家或者一个公司进行战略决策时，往往是决策层的领导起着决定作用。因为决策内容如果具有战略意义，通常是由管理层的高层讨论决策。这样的决策内容需要决策者具有很强的综合能力，并具有相当丰富的经验和阅历；同时，还需要决策者从一定的高度全面把握决策。因此，团队中的领导者或者协调者在决策战略内容时会具有优势，并起到重要作用。

然而，当决策内容发生变化时，如新设备的采购、专业人才的引进和培养，团队中的调查者、创新者和专家将起到关键作用。调查者能为团队带来更多的外部资源，帮助决策者获得更多关于决策内容的信息，为决策者提供更多的选择空间；团队的创新者针对这样的决策内容，总是能够提出更多的想法，更多好的决策建议；团队中的专家都是精通决策内容的专业人员，能够提供决策所需的专业建议，能够很好地保证决策的正确性。

很显然，当决策内容是一些具体工作任务时，如日常工作安排、岗位责任制的制定和执行，团队中的监督者、执行者、完成者都会发挥自身特点，起到突出作用。监督者工作谨慎、冷静、精确判断，容易发现细小问题，综合考虑决策问题的各方面因素，避免决策失误。执行者工作努力、务实、自律、有责任，能够针对具体任务落实好、计划好，采用系统的方法解决问题。完成者做事注重细节，力求完美，在处理类似岗位责任制制定和执行等工作时，有助于防止缺失，保证制度决策的完整性。

当决策问题比较紧急、决策过程有时间要求，或者决策内容具有一定的难度、决策者面临决策挑战时，团队中的塑造者能够起到积极推进作用。塑造者精力充沛，敢于面对困难，富有挑战性，可以确保团队决策快速行动。

创新团队决策与团队决策区别的核心价值在于决策过程中的"创新"。创新团队的决策就是具有创新能力的团队所进行的决策过程，其关键是团队在决策时如何发挥创新能力。创新团队具有协作、团结、诚信、高效、互补、自信等特征。在创新团队中，决策者是由一些富有经验、充满创造力的人组成的、主要进行复杂系统创新活动的集体。因此，创新团队的决策行为是以创新为核心，以决策者为主导，以团队协作为基础，以决策目标为方向，依托科学的决策方法，完成具有创新创造性的决策方案和决策过程。创新团队的成功决策是决策者充分展示其创新思维能力，开拓新的思路、新的办法、新的观念。因此，加强创新团队决策能力，开拓解决问题的创新思路，运用新的方法论和认识论，对创新团队的正确决策和发展建设具有重大意义。

二、创新团队决策的过程

创新团队必定是一个优秀的团队，会充分利用成员个人的行为特长创造一个和谐的团队。Belbin 博士的团队角色理论就认为，一个优秀成功的团队应该是 9 种团队角色的综合平衡。该理论指出，高效的团队工作依赖于默契协作，团队成员必须清楚其他人所扮演的角色，了解如何相互取长补短，发挥优势。成功的团队协作可以提高生产力，鼓舞士气，激励创新。因此，创新团队在决策过程中，不同团队角色会对决策产生影响，目标不同，角色不同，决策也不同。在不同场景下，九种团队角色对团队决策起到的作用不同。

创新者所具有的创新精神对团队决策的作用主要表现在以下几个方面：一是创新思维不是遵循"非此即彼"的思路确定目标、制定策略，而是多考虑全面、多方利益关注的问题，善于化解问题中的矛盾，发扬团队精神，有效地组织团队力量实现决策目标；二是在决策过程中，决策者的创新思维总是能打破常规惯性，这种创新思维不同于常人的知识、经历、经验和想法，看待问题、分析问题、解决方法都是从新的视角出发，创新活动有效且切合实际；三是创新精神能够让决策者超越自我。决策者就是要实事求是，追求事物的实质，依托客观实践，才能有所新的创造。就是按照"事物本来要求是这样，为什么不能尝试满足要求了"的思路突破自身，得到成功的决策。

古代，有一个小村庄，村里有一个没人管的臭水沟。一天，村里一个聪明的少年在帮果农摘桃子时，突然想起了那个臭水沟。他问果农："能不能给我一篮桃子？"果农问他做什么。他答道："我要用这一篮桃子，把村里那个臭水沟填平。"

果农很好奇，就同意了。少年找到一块靶牌，并写上了一句话：打中靶牌一次，可取走桃子一只。然后，他拎着桃子来到水沟边，把准备好的靶牌插在地上，并将消息传给全村人知道。村民好奇，都想尝试一下。结果，你扔一块石头，他扔一块石头……就在桃子快发完的时候，臭水沟也被石块填平了。

这个故事说明，只要激励办法巧妙，就会增强人们的行动意识，这就是创新的力量。有时，创新可能十分简单，但不容易被人发现。创新团队需要同这个村少年一样的创新者。

调查者是为团队不断探索机会和发展关系网络的人，是团队与外部联系的桥梁。调查者是那种从来不会待在办公室里的人，能够轻易取得团队外部的信息和支持，进而发展成为团队的资源。调查者导入的信息或者资源都对团队决策起到了关键作用。当决策者需要团队外部力量帮助时，调查者就是团队中最合适的人，他有丰富的关系网络，也是谈判高手。在团队决策过程的初期，决策者需要得到足够多的与决策问题相关的信息，信息收集和资源协调都是调查者最擅长的。因此，调查者对后期的问题分析和决策能产生很大的影响。

协调者是团队中十分重要的角色，起主导作用，具有一定的影响力，值得大家的信赖。他要明确团队的目标和方向，选择需要决策的问题，并确定它们的优先级或者顺序。在决策过程中，协调者负责团队成员的角色分工、责任和工作范围。如果决策出现分歧和冲突时，协调者要促使团队有效解决矛盾，使团队扬长避短，保障决策过程的顺利进行。协调者要总结团队成员的分析和讨论结果，综合团队决策的建议。同时，协调者要充分激发团队的创新能力，促进决策者取得正确的决策。

塑造者为创新团队决策克服前进中的障碍，并提供动力和勇气。塑造者寻找和发现创新团队讨论中可能的决策方案，并推动团队决策活动，最终达成一致决定。他需要控制决策过程中的进度，不断塑造和影响团队决策者，以期共同实现团队决策目标。

监督者必须参与创新团队决策的整个过程。他需要分析决策问题，评估决策方案，在各种决策方案之间做出准确判断。监督者为团队决策带来客观的评判，决不会感情用事。监督者的贡献尤其反映在重大决策上，因为他们能够对备选决策方案做出审慎的评估，对决策方案执行中出现的偏差进行纠正和调整。因此，监督者始终从全局上把握决策的每个环节，从而确保团队决策制定的均衡和正确性。很明显，监督者是决策取得成功的重要保障。

支持者是创新团队的润滑剂，能够趋利避害，积极干预创新团队潜在矛盾，将团队中不利的因素导向对团队决策有利的方面。他能培养团队的士气和精神，促进团队成员积极高效地投入决策过程中。

执行者是团队中实践经验最为丰富的人，能为决策者提供切合实际的宝贵建议，是创新团队中不可缺少的成员。在决策过程中，一个重要环节就是决策方案的执行。如果决策没有得到很好地执行，好的决策也会变成失败的决策。因此，一个成功的决策肯定离不开团队执行者的努力。

完成者为创新团队带来严谨的态度和作用，防止决策过程中出现错误和遗漏。他注重工作细节，并确保决策方案能够按计划时序执行。完成者是创新团队决策时的补充，使决策目标、决策方案和决策内容更加完善，为成功的决策保驾护航。

专家是创新团队中的特殊人才，具有权威和专业性。他的特殊技能和专业知识，进一步加大了团队决策中激发创新的可能。专家的宝贵建议可以避免决策过程中出现较为低级的非专业性错误，促使决策者制定更加科学合理的决策。专家的权威和专注对创新团队的决策起到很大的影响。

一家知名的软件开发商，需要开发一个软件项目。公司成立了研发项目组，项目组成员包括项目经理、项目助理、软件工程师、需求分析师、代码工程师、测试人员、质量专员、业务专员。通常软件开发过程分为7步：需求调研分析、概要设计、详细设计、编码、测试、软件交付和验收。在需求调研分析阶段，需求分析师和业务专员是主要参与者。需求分析师具有深厚的专业背景，是专家；业务专员熟悉客户，负责联系外部环境，并为开发团队建立所需资源，是调查者。专家和调查者在此阶段具有一定的决策权。在概要设计和详细设计阶段，软件工程师需要对软件系统进行设计，建立功能模块，数据结构设计。在设计过程中，体现了软件工程师的创新思维能力。因此，软件工程师是创新者，对软件设计具有决策权。在编码阶段，代码工程师根据设计要求实现具体程序模块。他们是执行者，对程序采用何种技术和实现方法具有决定权。在测试阶段，测试人员验证程序的正确性，找出代码的缺陷和不足。测试人员就是完成者，对程序的正确性具有决定权。在软件交付阶段，项目助理要收集和提交所有设计文档和报告，以及版本控制。项目助理就是支持者，对所交付物具有一定的决定权。在验收阶段，质量专员要确保软件质量没有问题，满足用户要求。显然，质量专员就是监督者，对软件的质量负责。在开发过程中，如果出现质量问题，他要及时采取措施进行处理。另外，在整个项目过程中，项目经理既是协调者，也是塑造者，他要负责各个阶段的工作成果，确保项目成员的密切协作，共同推进项目进度。

三、决策过程中的创新团队行为

创新团队决策过程中，团队行为会发生一些微妙变化，这些变化会对决策产生怎样的影响？创新团队的建设者或者决策者应该对决策过程中的团队行为有所掌握，将有助于决策的成功，实现决策目标。

（一）在确定决策目标时，所有成员共同参与，并征求每个成员对所要解决问题的看法

创新团队的决策者会发挥创新思维去统一所有成员的看法，努力达成一致意见，最后形成团队共同的决策目标。

（二）在信息收集与分析时，特别注意信息内容的可靠性、时效性、准确性

在桃树上使多大的劲也摘不到杏果；再懒的人到了金矿也能捡到金子；再勤奋的人到了沙漠也淘不到金。人们生活在一个信息的时代，也是创新的时代，人们依赖信息、创造信息、挖掘信息、利用信息，通过许多工具和方法找到有价值的信息。人们知道，谁先掌握到信息谁就拿到了成功的钥匙。创新团队可以发挥自身创造力，扩大信息收集的渠道，如借鉴过去类似案例的经验和方法；可以使用一些有效的工具，如网络、书籍、大数据分析等。在信息处理过程中，一方面是创新团队中与决策问题直接相关的责任人必须参与分析，另一方面是需要时要引入外部资源和外部力量。例如，创新团队面临的决策问题过于复杂或者专业，需要借助专家意见；也可能是信息量过于庞大，分析时间较长，创新团队内部资源不足，需要调查者借用外部人力、物力完成这些大量而又烦琐的工作。创新团队具有独特的洞察力，能够识别细微敏感而又重要的信息，通过直接访谈和头脑风暴式的座谈，有效地汇聚广泛的信息资料。

208 年，著名的赤壁之战，曹操率领大军攻打东吴，两军相持于长江两岸。期间，周瑜妒忌诸葛亮之才干，想用计陷害诸葛亮，要求诸葛亮在 10 日内制作 10 万枝箭。诸葛亮出人意料地答复"只需 3 日"，并立下军令状。周瑜一听大喜，认为诸葛亮此次必死无疑。

诸葛亮回到住所，周瑜让鲁肃来打探虚实。诸葛亮一见到鲁肃，就叫苦求救，并向鲁肃借小船 20 只，军卒数百名。诸葛亮一连两天都毫无动静，直到第三天才请鲁肃上船，并告知要去取箭。

清晨，浩浩江面雾气浓浓，漆黑一片。诸葛亮将 20 只船连在一起，驶向北岸曹军大营。曹军隐约见到江面上的小船，马上报告曹操。曹操见江中浓雾缠绕，担心遇到埋伏，不肯轻易出兵，命数千弓弩手赶到江边，万箭齐发，向江中一阵乱射，却纷纷射到早已放到小船上的草人身上。等到

日出雾渐渐散去,小船上已满是箭枝,诸葛亮立即下令调转船头返回寨中。周瑜得知实情,大惊失色,自叹不如。

诸葛亮巧妙地运用了天时、地利、人和完成了任务,并避免了杀身之患。诸葛亮精通天文,预测那时江面会有浓雾,可以迷惑敌人;又因江水之天险,深知曹军不熟水战;明知曹操生性多疑,不敢轻易出战。诸葛亮掌握了足够的关键信息,才有信心和魄力做出惊人的决策,富有创造力。

(三)在拟定决策方案时,不但要借鉴原有经验为基础,更要有所突破,敢于采用新方法、新技术、新思路、新措施

要充分发挥创新团队的创新意识,将每个成员的奇思妙想与决策者的领导作用有机地结合起来,以达到意想不到的效果,创造出更多更好的决策方案。实质上,创新团队决策者的创新能力是高效决策方案的直接驱动力,决定着决策方案的质量。创新团队各个角色成员具有丰富、完整、合理的知识结构,是创造性思维的材料和源泉,是产生创意的基础,形成决策创新的动力。创新团队的创新行为会体现在方案的人、财、物的合理配置上。创新团队的这种创造思维不依常规,寻求变异,从多维度、多层次进行立体式发散思维,能够最大限度地使用现有条件解决富有挑战和棘手的问题。这样才能充分体现出创新团队的优势和创造力。

(四)在确定决策方案时,需要科学组织决策者对多个备选方案进行分析评价,从中选出决策者满意的方案

被选择的方案不一定是最优方案,只要能达到和符合预期的决策目标,同时成本和风险都较低的决策方案就是合乎要求的方案。实际上,很多情况下可能是决策者对多个决策方案无从抉择,犹豫不决。此时,一定要努力选择那些能够促进创造性思维的决策方案。决策者为最终拍板人,也就是说,创新团队应具有充分的决策能力。这种决策能力,一方面可能体现在业务精通上,如创新团队中的专家是主要决策者;另一方面可能体现在领导影响力上,决策者具有良好的决策品质如创新团队中的协调者可能是团队中的领导者,他通过自身的影响力可以影响其他决策者。创新团队在进行决策时,通常决策者都会征求大家的意见或者建议,不但要听取众人的想法,更要坚持自己的正确判断;一个优秀的决策者在决策时必须果断,并且面对团队成员的众说纷纭,能有效应对来自不同意见的压力。因此,决策者要善于把握形势,开放思想,趋利避害,当机立断,做出正确的选择。

200 年，袁绍率领十万大军渡过黄河，进攻白马。曹操的兵力总共不到 3 万人，面对强大的敌人，却不甘示弱，派兵驻守官渡，与袁军隔河相持。曹操声东击西，先佯攻延津，以分散袁军兵力，后又调转马头直扑白马，颜良措手不及，被关羽斩于马下，袁军惨败而逃。

袁绍恼羞成怒，下令全军追击曹军，进攻官渡。曹操坚守不出，等待战机。袁绍帐下众多谋士，许攸劝袁绍趁许都空虚，派精兵去袭击曹操后方。袁绍不仅不听，还扣留其家属，许攸得知消息，连夜逃出军营，归降曹操。另有沮授献计派一支精兵守卫乌巢，防止曹操偷袭，袁绍又没采纳。曹操诚心接待许攸，并取得其信任，许攸告诉曹操，乌巢藏着袁军的粮草，并且守备不严，何不去烧掉它。曹操大喜，亲率精兵攻占乌巢，放火烧了袁军粮草。袁军军心浮动，士气低落。曹操见机发起总攻，大胜袁军。曹操以少胜多，取得了官渡之战的全胜。

可见，曹操能够准确利用周围形势，及时抓住战机，听取良策，果断出击。相比之下，袁绍就显得优柔寡断，错失良机，决策多次失败，数倍于曹军的兵力却败于曹操。官渡之战的胜利，使得曹操最终统一了北方。

（五）决策执行是决策过程的重要阶段，要特别注意团队成员反馈与调整的重要作用

在执行过程中，创新团队行为主要表现在以下几个方面：一是决策方案的任务要有效分解到适合的成员，激发创新团队成员的执行力；二是创新团队中的监督者要及时反馈执行过程中遇到的问题，保持良好的沟通渠道；三是创新团队的决策者可能将相应权利与责任授权给相关责任人，以避免一般团队决策时责任不清的弊端。创新团队的这些行为配合有效的反馈机制和调整机制，就能取得高效的执行力，确保决策者的决策能够得到贯彻执行，这也是决策成功的最后保障。

第六节　创新团队决策的执行

本节主要围绕创新团队决策的具体执行，从四个方面详细描述创新团队决策执行过程中可能遇到的不同情况，以及团队角色对决策方案执行的影响和作用，阐述了决策反馈与调整中涉及的反馈源、反馈通道和反馈对象的概念。

一、创新团队决策执行的重要性

创新团队决策的最后一个环节就是决策执行，也是取得决策成功的最后一步。团队决策只是手段，并不是目的，执行是决策的实践，是实现决策目标的保障。检验创新团队决策成败的唯一标准是决策执行后产生的决策结果是否令决策者满意。实现这个目标必须要做到两点：一是决策必须要正确；二是决策必须得到正确的执行。显然，任何决策只有得到正确的执行，才是一个成功的决策。好的决策、政策或者策略没有认真贯彻落实，都将是无意义的。因此，决策执行的质量对决策者是否能够达到预期的决策目标具有重大的影响。

一个成功的创新团队必须具有很强的执行力。决策的执行者可能是决策者，也可能不是决策者。但是，执行者一定要理解决策方案的意图和目的。创新团队的决策可能是一个新颖的决策，具有一定的创造力和创新性；也就意味着，此决策没有以前经验的借鉴，会是一次新的尝试，具有一定的风险，这都会给决策执行者带来一定的挑战。执行者同样拥有很强的创新意识，其执行力是个人能力提升的重要方面，是创新团队成功的保障。当执行任务分配到每个执行者头上时，他们就要勇于承担应有的责任，积极、主动地努力完成决策内容。华为公司没有强大的高效执行力，就没有核心竞争力，就不会取得今日的成功。比尔·盖茨曾说过："没有执行力，就没有竞争力！微软在未来 10 年内，所面临的挑战就是执行力。"台湾的著名学者汤名哲也指出："一家企业的成功，30% 靠战略，40% 靠执行力，30% 靠运气。"因此，创新团队的决策执行要比决策本身更加重要。

二、决策执行中的创新团队行为

影响决策执行质量的因素可能是多方面的。决策者对决策朝令夕改、执行者选择了错误的执行方法、团队内部沟通不畅通、执行过程中缺少监督和控制，这些情况都会对决策执行造成很大影响。创新团队决策的正确执行离不开规范、科学和高效的团队行为。具体分析决策执行过程，执行中的创新团队行为主要体现在以下几个方面。

（一）执行忠于决策

执行决策时要忠实于决策内容，不能随意修改其内容。执行者可能没有完全明白决策者的意图，也可能是没有决策者那样高度的认识决策的实质，造成执行者对决策理解上和认识上的偏差。实际上，执行者只需严格执行决策方案内容就可以了。为了消除决策执行时出现的偏差，应该注意几个方面：一是设法消除决策者与执行者之间的不同看法，努力使两者产生共识；二是让执行者完全理解决策者的意图，并贯彻到执行过程中；三是提高执行者对决策的接受度，照顾多数人的利益，使执行者从内心上就愿意完成好决策内容；四是创新团队中的监督者要参与整个执行过程，一旦发现执行出现偏差，不符合决策要求，就要及时启动反馈机制，告知决策者执行的具体情况。

228 年，诸葛亮为实现统一大业，亲自率 10 万大军，突袭祁山，任命参军马谡为前锋，镇守战略要地街亭。出发时，诸葛亮再三叮嘱马谡："街亭是通往汉中的咽喉。它虽小，却关系重大。如果失掉街亭，我军必败。"并具体指示他依山傍水驻扎营寨，谨慎小心，不得有失。

马谡领军到达街亭后，并没有按诸葛亮的指令依山傍水部署兵力，而是骄傲轻敌，自作主张地将大军部署在远离水源的街亭山上。当时，副将王平就反对："街亭既无水源，又无粮道，若魏军将我军围在山上，切断水源，断绝粮道，我军则不战自溃。"马谡不听劝阻，固执己见，将大军布于山上。

魏明帝曹睿得知蜀将马谡占领街亭，立派大将张郃领兵抗击。张郃来到街亭，看到马谡舍水上山，心中大喜，立即切断水源，占领粮道，将马谡围困于山上，然后纵火烧山。结果，魏军乘势进攻，蜀军大败。马谡失守街亭，战局骤变，迫使诸葛亮退回汉中。

马谡没有严格按照命令执行，刚愎自用，造成蜀军大败。这说明，执行情况的好坏直接影响到决策结果。执行者应该完全理解决策要求，不能随意修改决策方案的内容。

（二）执行路径选择

如果决策方案里详细指明了每个步骤的实施办法或者工具使用说明，那么决策的执行者应该按照方案要求实施。如果，决策方案中只提出了其中一些子任务或者子目标，那么决策的执行者可以在不违背方案的总要求和决策目标的原则下，充分发挥自主性。创新意识和自主性意识是创新团队的两大特性，创新团队中每个成员具有一定的自主能动性，有利于唤醒成员潜在的创新能力。

在辽沈战役中，林彪决定攻打锦州时，其中一个重要环节是阻援国民党军东进兵团和西进兵团。林彪命令2个纵队和2个独立师守卫塔山地区，阻击东进兵团。命令4个纵队共14个师守卫彰武、新立屯地区，阻击西进兵团。南北两线阻援部队分别采取坚守防御和运动防御，粉碎了国民党军东进兵团和西进兵团增援锦州的图谋。

在战斗中，总指挥只提出了决策要求，并没有指出具体如何阻援两大军团。这些任务交给了具体执行者纵队司令员，他们可以采用坚守防御和运动防御等不同战术手段进行阻援。显然，两种防御战术具有不同的特点，必须切合相应的战场环境来运用。塔山地区狭窄，阻击东进军团只能采用坚守防御战术；西进军团兵力强大，适合采用运动防御战术。因此，在决策执行过程中，执行者可以有多个选择路径，但所选路径一定是切合实际、实事求是，实践证明是正确的路径。

（三）执行中的里程碑

在决策执行过程中，执行者会努力取得一些阶段性成果，即里程碑。创新团队中的塑造者非常关注执行进度，他会帮助执行者消除前进中所遇到的问题，给予执行者足够的动力和勇气，促进各个里程碑的实现。创新团队中的监督者会检查每个成果或者里程碑的完成情况，如果未按时、按量、按质完成这些成果，监督者就要提示执行者采取措施，直到达成预定的里程碑目标。创新团队中的完成者会注意执行过程中的每个细节，如果出现偏差，他需要与执行者进行沟通，给予补充和完善，帮助执行者顺利实现里程碑。

1984年，在东京国际马拉松比赛中，名不见经传的日本选手山田本一意外夺得了世界冠军。当记者问他为什么能取得世界冠军时，他只说了一句话："我用智慧战胜对手。"当时，人们都认为这个矮个子选手是在"故弄玄虚"。

10年后，山田本一在他的自传中写道："每次比赛之前，我都要乘车把比赛的路线仔细看一遍，并把沿途比较醒目的标志画下来。第一个标志是银行、第二个标志是一棵大树、第三个标志是一座红房子，这样一直画到赛程的终点。比赛开始后，我就以跑百米的速度，奋力地向第一个目标冲去，过了第一个目标后，我又以同样的速度向第二个目标冲去。起初，我并不懂得这样的道理，常常把我的目标定在40千米外的终点那面旗帜上，结果我跑到十几千米时就疲惫不堪了。我被前面那段遥远的路程给吓住了。"

这说明，决策执行者有必要制订详细的实施计划，有效分解目标任务，建立阶段性里程碑。这有助于缓解执行者的压力，保证强有力的执行力，提高执行者的成就感。

（四）执行中的反馈与调整

常言道"计划总是赶不上变化"，决策在执行过程中，总是会受到外部环境条件和团队内部因素变化的影响。这些影响可能使执行结果偏离决策者要求的决策目标，执行者的执行能力差和执行意愿不强也会造成执行结果远离既定的决策目标。决策者必须对决策执行过程不断检查，当发现偏差时，创新团队必须要建立有效的决策反馈机制，并能及时采取措施进行调整，停止错误的决策执行，避免决策的失败。

创新团队的决策反馈机制应该包括反馈源、反馈通道和反馈对象，并明确它们之间的关系、权利与责任。一个高效的反馈机制应该是反馈源通过合理的反馈通道找到正确的反馈对象。其中，反馈源会来自决策者或者执行者，可能是创新团队中的各个角色，如执行者、监督者、完成者和专家等团队成员。在决策执行过程中，他们能从自身的角色出发，对执行过程发生的变化进行客观分析，找出必须要改变决策的原因，形成决策调整的反馈建议，通过正确的反馈通道向反馈对象反映情况。

反馈对象并不是创新团队中的任何一名成员，而是有权接受和处理决策反馈信息的对象。反馈源只有找到正确的反馈对象才能有效处理反馈信息，才能充分发挥反馈机制的作用。然而，反馈对象可能存在三种情况：一是决策者，创新团队中能够重新做出决策的人；二是经过决策者正式授权、有权调整决策的人；三是有权提出调整决策建议的人，能够向决策者提出决策方案的人。这三种人都有一定的权限受理反馈源，促进更优决策的建立。

当然，快速、有效的反馈通道也是非常重要的，因为决策的调整就意味着原有决策执行成本、时间、资源的浪费。决策者越早调整决策，越能减少损失。反馈通道可能存在的几种形式：一是反馈人向直接上级反馈对象反映信息；二是反馈人直接向决策者反馈信息；三是反馈人向有权提出调整决策建议的人反馈信息。反馈通道在整个决策执行过程中必须保持畅通，方便反馈信息及时传达到决策者。这样，决策者可以尽早针对反馈信息进行讨论，制定新的决策调整，并立即执行。

然而，决策的调整必须是决策者根据新的形势、新的变化，通过决策过程做出的新决策。通过反馈机制进行的决策调整实质上是对原有决策的优化。一种情况是原有决策方案还不够完善,存在缺陷,在执行过程中,发现了这些弊端,需要及时调整决策方案,以实现决策目标;另一种情况是在执行过程中,发现新变化的环境条件更有利,能够使创新团队取得更好的决策结果,但需要对原有的决策内容进行调整,推进新的决策过程,实施新的决策执行。

创新团队的每个角色成员都要积极参与决策执行的反馈与调整,密切协作,有效沟通,不断完善其决策,最终按期完成决策目标。因此,如果决策执行偏离了当初的决策方案路径,并对决策结果造成风险,各个团队角色成员根据自身的职责范围和特长,遵循反馈机制,针对原有决策进行合理调整,努力实现团队的共同决策目标。正确的反馈行动能够纠正决策的失误或者执行的偏离,帮助取得决策的成功;错误的反馈活动会对决策执行造成干扰或者阻碍,增加决策执行失败的可能性。决策执行的反馈与调整可能是多次闭环循环的过程,通过多次反馈和调整,来达到决策者满意的结果。

参考文献

[1] 蒋巍巍,石玉峰.提高团队决策力的 51 条职业法则[M].北京:北京工业大学出版社,2014.

[2] 周劲波.多层次创业团队决策模式绩效机制研究[M].桂林:广西师范大学出版社,2013.

[3] 靳永慧,甄亚丽,郝敬京.专业技术人员团队合作能力与创新团队建设读本[M].北京:中国人事出版社,2012.

[4] 王国华.梁樑.决策理论与方法[M].合肥:中国科学技术大学出版社,2014.

[5] 苏保忠.领导科学与艺术[M].北京:清华大学出版社,2004.

[6] 吴学刚.凝聚力[M].北京:中国致公出版社,2009.

[7] 蒲松龄.聊斋志异[M].北京:人民文学出版社,1989.

[8] 罗贯中.三国演义[M].南京:南京大学出版社,2015.

细节决定成败，

项目积累未来。

精细高效的管理，

让团队长盛不衰。

詹宇 摄

第六章 创新团队的项目管理

第一节 项目及项目管理的基本概念

一、项目的定义及特性

一般认为，项目是一个组织为实现自己既定的目标，在一定的时间、人员和资源约束条件下，所开展的一种具有一定独特性的一次性工作。美国项目管理协会（Project Management Institute，PMI）的定义：项目是为创造特定产品或服务的一项有时限的任务（其中"时限"是指每一个项目都有明确的起点和终点；"特定"是指一个项目所形成的产品或服务在关键特性上不同于其他相似的产品和服务）。

项目不同于日常工作，日常工作是持续和重复性的，而项目则是独特和一次性的。一般来说，项目具有以下基本属性。

（一）一次性

一次性是项目与日常运作的最大区别。项目有明确的开始时间和结束时间，项目在此之前从来没有发生过，而且将来也不会在同样的条件下再发生，而日常运作是无休止或重复的活动。

长征电气公司是一家以生产洗衣机产品为主的国有企业，多年来一直生产普通洗衣机，由于产品品种未能及时更新，企业经济效益急遽下滑。为了改变现状，企业领导决定进行新产品开发。经过市场的调查和分析，发现市场对"全自动滚筒洗衣机"需求旺盛，市场前景广阔，为此该企业领导决定在 2002 年年初开始投入资金开发"全自动滚筒洗衣机"产品，以改变企业目前的经营现状。

开发"全自动滚筒洗衣机"产品就是一个很典型的项目，它不同于普通的日常营运管理，在此之前没有提出过这种需求，将来也不会在同样的条件下发生，这就是项目与日常运作最典型的区别。而当"全自动滚筒洗衣机"产品开发完成，正式投入生产，它就又变成了日常运营管理。

（二）独特性

每个项目都有自己的特点，每个项目都不同于其他的项目。项目所产生的产品、服务或完成的任务与已有的相似产品、服务或任务在一些方面有明显的差别。项目自身有具体的时间期限、费用、性能、质量等方面的要求。因此，项目的过程具有自身的独特性。

婚礼是非常特殊的项目，一生一次，任何问题都会留下终生遗憾。罗丹和陈露想办一场浪漫而又简约的婚礼，他们对酒店要求不高，不必五星级，不需要草坪婚礼，但是不能过于喧闹庸俗，要温馨浪漫。考虑到恋爱时罗丹送花太少，婚礼现场要鲜花"密布"。他们对婚礼摄像和照片的要求比较高，希望使用经验丰富的化妆师和摄像师。婚车不要求豪华、加长，但要新，车况要好。同时，鉴于两个人的实际经济状况，希望婚礼成本控制在 8 万元以内。婚礼是一个非常好的体现项目管理独特性的案例，每对新人对婚礼的要求不尽相同，在婚礼的服务、时间、成本等方面都体现出差异性。

（三）目标的明确性

每个项目都有自己明确的目标，可以是时间性目标（如在规定的时段内或规定的时点之前完成）、成果性目标（如提供某种规定的产品或服务）、约束性目标（如不超过规定的资源限制）或者其他需满足的要求（包括必须满足的要求和尽量满足的要求），目标的确定性允许有一个变动的幅度，也就是可以修改。不过一旦项目目标发生实质性变化，它就不再是原来的项目了，而将产生一个新的项目。因此，项目经理在项目实施以前必须进行周密的计划，事实上，项目实施过程中的各项工作都是围绕项目的预定目标而进行的。

作者在英国华威大学参加项目管理培训学习时，老师拿出一个组装好的复杂的乐高人模型，要求学员组在最短的时间用乐高块把乐高人组装出来。这期间，学员组可以在组内讨论方案，记住乐高人的具体组成，商量具体的工作方案，以达到用最短时间把乐高人组装出来这一项目管理目标。结果由于语言沟通上的障碍，作者所在学员组误认为其项目管理的目标是看哪个学员组最先把乐高人组装出来。因此，虽然最终最先把乐高人组装出来，但由于用于策划讨论的时间太少，并不是用最短的时间把乐高人组装出来的。由此可见，每个项目都有自己明确的目标，项目管理的目的就是要完成这一目标，而不清楚这一目标，只会失之毫厘，谬以千里。

（四）组织的临时性和开放性

项目开始时要建立项目组织，项目组织中的成员及其职能在项目的执行过程中都在不断地变化，项目结束时项目组织就要解散，因此项目组织具有临时性。一个项目往往需要多个甚至几百上千个单位共同协作，它们通过合同、协议以及其他的社会联系组合在一起，可见项目组织没有严格的边界。

2008年北京奥运会和残奥会的举办举世瞩目，就北京奥运会的举办来讲，其本身就是一次很成功的项目管理。为了保障奥运会的成功举办，专门成立了国家奥组委，组织调配各相关政府部门和社会力量为奥运会的成功举办保驾护航。在这一个宏大的项目中，国家体育总局负责组织运动员开展专项训练，展示中国体育健儿的实力和风采；环保部负责对天气质量等环境保护指标进行监控，对影响环境的重点区域和单位进行治理，保障奥运期间优良的自然环境；宣传部负责对奥运理念、重大事件等进行宣传报道，营造良好的舆论氛围等，所有这一切都是在国家奥组委的坚强组织和有利调配下开展的。而当奥运会成功举办之后，奥组委的众多部门就地解散，具有很强的临时性。

（五）后果的不可挽回性

项目具有较大的不确定性，它的过程是渐进的，潜伏着各种风险。它不像其他事情可以试做，或失败了可以重来。项目要求有合理的计划、精心的制作和有效的控制，从而达到预期的目标。

2008年11月15日，正在施工的杭州地铁湘湖站北2基坑现场发生大面积坍塌事故，造成21人死亡，24人受伤。而根据调查，发生事故的杭州地铁1号线湘湖站工程存在层层转包迹象。湘湖站项目业主为杭州地铁集团，主要施工方虽为中铁集团，但到承建方手中已转手了四次——杭州地铁1号线的承建方是中铁四局杭州地铁项目部，而中铁四局隶属于中铁集团下属的中国中铁股份有限公司。杭州地铁1号线建设项目在实施过程中是有各种各样的风险的，湘湖站北2基坑现场大面积坍塌事故具有不可挽回性，这一事故本身及造成的损失和影响不可挽回。

二、项目管理的定义及特性

(一) 项目管理的定义

项目管理是管理学的一个分支学科，项目管理就是以项目为对象的系统管理方法，通过一个临时性的专门的柔性组织，在有限的资源约束下，运用系统的观点、方法和理论，对项目进行高效率的计划、组织、指导和控制，以实现从项目的投资决策开始到项目结束全过程的动态管理和项目目标的综合协调与优化。换句话说，项目管理也就是对项目密切相关的绩效（P）、时间进度（T）、费用成本（C）、范围（S）进行管理控制的过程。

项目管理与传统的部门管理相比最大的特点是注重综合型管理，并且项目管理有严格的时间限制。具体来讲有以下几个特点：项目管理的对象是项目或被当作工作项目来处理的运作；项目管理的全过程都贯穿着系统工程的思想；项目管理的组织具有特殊性；项目管理的体制是一种基于团队管理的个人负责制；项目管理的方式是目标管理；项目管理的要点是创造和保持一种使项目顺利进行的环境；项目管理的方法、工具和手段具有先进性、开放性；项目管理是一项复杂的工作；项目管理具有创造性；项目有其寿命周期；项目管理的本质是计划和控制一次性的工作，在规定期限内达到预定目标，一旦目标满足，项目就失去其存在的意义而解体。

项目管理的理论和实践是随着人类社会的发展而不断完善的。在古代，人们利用朴素的项目管理理论完成了诸如我国的长城、埃及的金字塔、古罗马的供水渠等不朽的伟大工程，并在实践中不断丰富项目管理的知识。在近代，项目管理理论得到了进一步的发展。20世纪40年代，美国把研制第一颗原子弹的任务作为一个项目来管理，命名为"曼哈顿计划"。美国退休将军 L. R. Groves 后来写了一本回忆录《现在可以说了》，详细记载了这个项目的前后经过。当时的项目管理注重计划和协调。20世纪50年代后期美国出现了关键路线法（CPM）和计划评审技术（PERT），60年代这类方法在有42万人参加、耗资400亿美元的"阿波罗"载人登月计划中应用，取得了巨大成功。此时项目管理有了科学的系统方法。现在，CPM和PERT常被称作项目管理的常规方法或传统方法，当时主要应用在国防和建筑业中，项目管理的任务主要是项目的执行。70—80年代项目管理迅速传遍了世界各国。从最初的军事项目和宇航项目，很快扩展到各种类型的民用项目，其特点是面向市场，迎接竞争。项目管理除了计划和协调外，对采购、合同、进度、费用、质量、风险等给予了更多的重视，初步形成了现代项目管理的框架。进入90年代，处于世纪之交，项目管理有了新的发展。为了在迅猛变化、剧烈竞争的市场中迎接经济全球一体化的挑战，项目管理更加注重人的因素，注重顾客、注重柔性管理，力求在变革中生存和发展。在这个阶段，应用领域进一步扩大，尤其在新兴产业中得到了迅速发展，譬如电信、软件、信息、金融、医药等。现代项目管理的任务已不仅仅是执行项目，而且还要开发项目、经营项目，以及为经营项目完成后形成的设施或其他成果准备必要的条件。

（二）项目管理的内容

项目管理主要包括以下9部分内容，分别是整合管理、范围管理、时间管理、费用管理、质量管理、人力资源管理、沟通管理、风险管理、采购管理。

整合管理：包括识别、确定、结合、统一与协调各项目管理过程组内不同过程与项目管理活动所需进行的各种过程和活动。

范围管理：确保项目包括成功完成项目所需的全部工作，但又只包括必须完成的工作的各个过程。

时间管理：包括使项目按时完成必须实施的各项过程。

费用管理：包括涉及费用规划、估算、预算、控制的过程，以便保证能在已批准的预算内完成项目。

质量管理：包括保证项目满足原先规定的各项要求所需的执行组织的活动，即决定质量方针、目标与责任的所有活动，并通过诸如质量规划、质量保证、质量控制、质量持续改进等方针、程序和过程来实施质量体系。

人力资源管理：包括项目团队组建和管理的各个过程。

沟通管理：包括保证及时与恰当地生成、搜集、传播、存储、检索和最终处置项目信息的所需的过程。

风险管理：包括项目风险管理规划、风险识别、分析、应对和监控的过程。

采购管理：包括从项目团队外部购买或获得为完成工作所需的产品、服务或成果的过程。

第一次参加项目管理培训的时候，老师循循善诱，课堂上有一次令人难忘的对话。

老师问："同学们，现在假设领导把你请到他的办公室，说请你做一件事，你会问哪些问题呢？"

学生们纷纷回答："具体要做什么事情，要求什么时候做完，做成什么样，还有哪些人来做。"

老师说："很好。那对于自己做不了的事情，怎么办呢？"

学生："请别人做！"

老师："Very good！如果很多人一起来做一件事情，最重要的是什么？"

学生说："协调一致，统一思想和行动。"

老师："Excellent！除了上面这些，还有什么需要考虑的吗？"

沉默片刻后，有一位学生回答道："还要考虑一些可能会出现的问题。"

另一位学生接着回答说："还要对所有的工作进行总体把控。"

老师惊喜地说："Perfect！同学们，你们已经把项目管理的九大领域给总结出来了！请看下面这张幻灯片。"

老师展示的是这样的一张图：

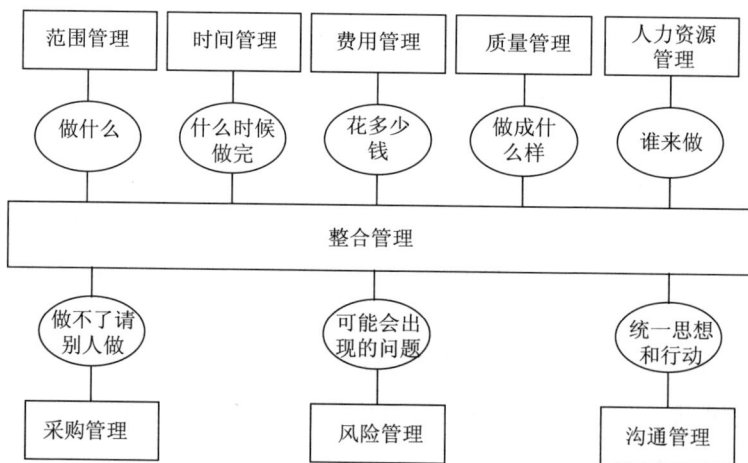

（三）项目管理的原则

项目管理具有非常悠久的历史，人们在时代的发展中不断丰富项目管理的理论和方法，在一次次失败中感悟项目管理的真谛。总结起来，项目管理中应遵循以下原则。

1. 工欲善其事，必先利其器

要做好工作，先要使工具锋利。做好一件事情，准备工作很重要。对于一个项目而言准备的东西有很多，对项目进行前期调查、收集整理相关资料，撰写初步的项目可行性研究报告，为决策层提供建议等。作为团队的领导者，要准备的东西更多。要及时地了解项目团队所拥有的资源，包括人力资源和物力资源。教育者讲究"因材施教"，而一个项目领导者则要"因材分工"，根据每个团队成员的能力和客观条件，分配给每个人足以匹配的任务，既在每个人的能力范围之内，又不是太简单。要统筹规划，制订出项目进度计划安排，并根据项目的推进不断地调整。

2. 名不正则言不顺，言不顺则事不成

所谓不在其位，不谋其政，想要做好一件事，如果这件事本来不属于你管，或者你还没有取得管这件事的权利，想办好这件事就不太容易。假如你要组织一个学生活动，要么学校赋予你职位权利，可以领导这一活动；要么你得到了广大学生的支持，自愿听从你的领导和安排，这样你就可以名正言顺地组织学生开展这一活动。前者是上级和组织赋予你的领导权力，后者则是下级和广大成员赋予你的。如果名不正，学生必然在实施活动的过程中表现出消极的态度甚至设置很多障碍。

3. 其身正，不令而行

意思是领导者必须慎行。领导者本身的行为端正，即使没有任何法令约束，人们也会自然而然地效法其行为，走上正道。如果领导者本身的行为不正，胡作非为，这样，即使有严格的约束，人们也是不会听从的。在项目管理中，想要团队成员有积极的工作态度，项目领导者自己必须具备积极的工作态度。有一个为人谨慎、严格要求自己的领导，项目团队成员自然也不会过于懒散。

4. 凡事预则立，不预则废

项目管理需要进行充分的论证，并进行周密的计划和安排，虽然计划赶不上变化，但是计划必须跟得上变化，否则项目会面临失败的风险。如果不进行充分的讨论，对可能存在的风险不进行充分的研判，一旦出现问题就会手忙脚乱，影响项目的进展，甚至影响项目的成败。

5. 磨刀不误砍柴工

在刀很钝的情况下，会影响砍柴的速度和效率。在砍柴前费一些时间来磨刀，虽然并不是立即去砍柴，但一旦刀磨得足够快，砍柴的速度和效率会大大提高，砍柴的数量自然会超过钝刀。在某一软件开发项目中，从需求分析到系统设计花了 6 天时间，由于需求分析做得翔实充分，原本需要花费 20 天时间的软件开发任务仅仅用了 10 天完成，不难看出需求分析和系统设计的磨刀作用。需求分析和系统设计之于软件开发项目而言诚如磨刀之于砍柴。

6. 统筹兼顾

项目各项任务安排要在项目整体计划目标指导下进行，保证项目按计划进行。作为团队的领导者，切忌不要把自己陷在细节之中，这样很难把握全局。团队的领导者与团队成员的区别，不只是权力和工作，更是责任。一个团队的领导者的工作是如何让团队在有限的时间和有限的资源下推动项目的顺利实施，在项目的推进过程中要尽量做到统筹兼顾。整个项目团队犹如海面上扬帆起航的船只，如果做不到统筹兼顾，船只很容易行驶不稳，偏向某一方，甚至导致整只船被大浪吞噬。

7. 无以规矩不成方圆

项目管理要建立项目管理制度，绩效与激励措施，让团队成员有序地、积极地开展工作。人是有惰性的生物，自觉性是一种来之不易的品德，在工作压力下如何制定有效的"规矩"值得深思。松弛有度无疑是一个团队最佳的状态。而这一松一弛都是由"规矩"来掌握的，规矩是由人来遵守的。从另一角度来看，如果制定了很好的规矩，却没有人去执行，亦是徒然。管理犹如博弈，是管理者与各种有碍项目实施的因素展开博弈，而"规矩"则是用来控制人们战胜不利因素，推动项目进展的一种方式。

8. 欲速则不达

项目实施要时间服从于质量，只有质量过关，才能真正达到项目目标。项目管理都要讲究循序渐进，过分强调速度，反而会陷入慌乱急速的场面。在项目实施中不要着急向前，而忘了照顾脚下。脚踏实地，一步步、稳健地打好基础才是关键。

以一个软件开发项目为例。在需求分析阶段，编写者马马虎虎地编写出了测试数据，同时也有了数据库设计的轮廓，这时候，他想：现在是需求分析阶段，数据库设计是系统设计阶段的工作，只要大体写出来就可以，现在时间紧，不必考虑太多。于是，他草草地完成了大体的数据库设计，转而开始其他工作。当下一个阶段进行时，另外一个人拿到编写者的数据库设计，扫了一眼这半成品就风风火火地开始"数据库设计"。因为两个人的"欲速"和浮躁，导致数据库设计漏洞百出，进行到编程阶段又不得不重新修改数据库，不是字段就是表关系，直接导致建立在数据库逆向生成代码基础上的一次次重建。

9. 众人拾柴火焰高

人力作为项目管理的第一大资源，自然是不容忽视的。项目实施是有关联的一个团队，而非孤立的每个人，发扬团队协作精神，激发团队战斗气势至关重要。

从前，吐谷浑国的国王阿豺有 20 个儿子。他这 20 个儿子个个都很有本领，难分上下。可是他们自恃本领高强，都不把别人放在眼里，认为只有自己最有才能。平时 20 个儿子常常明争暗斗，见面就互相讥讽，在背后也总爱说对方的坏话。

阿豺见到儿子们这种互不相容的情况，很是担心，他明白敌人很容易利用这种不睦的局面来各个击破，那样一来国家的安危就悬于一线了。阿豺常常利用各种机会和场合来苦口婆心地教导儿子们停止互相攻击、倾轧，要相互团结友爱，可是儿子们对父亲的话都是左耳朵进、右耳朵出，表面上装作遵从教诲，实际上并没放在心上，依然我行我素。

阿豺的年纪一天天大了，他明白自己在位的日子不会很久了。可是自己死后，儿子们怎么办呢？再没有人能教诲他们、调解他们之间的矛盾了，那国家不是要四分五裂了吗？究竟用什么办法才能让他们团结起来呢？阿豺忧心忡忡。

有一天，久病在床的阿豺预感到死神就要降临了，他也终于有了主意。他把儿子们召集到病榻跟前，吩咐他们说："你们每个人都放一支箭在地上。"儿子们不知何故，但还是照办了。阿豺又叫过自己的弟弟慕利延说："你随便拾一支箭折断它。"慕利延顺手捡起身边的一支箭，稍一用力，箭就断了。阿豺又说："现在你把剩下的 19 支箭全都拾起来，把它们捆在一起，再试着折断。"慕利延抓住箭捆，使出了吃奶的力气，咬牙弯腰，脖子上青筋直冒，折腾得满头大汗，始终也没能将箭捆折断。

阿豺缓缓地转向儿子们，语重心长地开口说道："你们也都看得很明白了，一支箭，轻轻一折就断了，可是合在一起的时候，就怎么也折不断。你们兄弟也是如此，如果互相斗气，单独行动，很容易遭到失败，只有 20 个人联合起来，齐心协力，才会产生无比巨大的力量，可以战胜一切，保障国家的安全。这就是团结的力量啊！"

儿子们终于领悟了父亲的良苦用心，想起自己以往的行为，都悔恨地流着泪说："父亲，我们明白了，您就放心吧！"

阿豺见儿子们真的懂了，欣慰地点了下头，闭上眼睛安然去世了。

折箭的道理告诉我们：团结就是力量，只有团结起来，才会产生巨大的力量和智慧，去克服一切困难。

10. 不知言，无以知人也

项目管理尤其需要有效沟通、和谐沟通，求同存异，才能使项目成果最大化。同时，在项目管理中，一个团队的领导者，要在日常项目实施中观察了解团队成员的言行举止，通过其言行去了解一个人，通过了解一个人来更好地安排一个人的工作，从而把握项目的全局。

第二节　项目管理的任务分解

人们对事物的认识往往是由大到小、由表及里、由浅入深的。项目管理也是如此。进行项目任务的分解是为了把定性的目标分解成定量的目标，把宏伟的目标分解成具体的目标，把多个人完成的目标分解成每个人应完成的目标，把个人要完成的工作分解成几个过程。这是一种方法，它使你知道什么时候干什么，怎样干，干的怎么样。主流的任务分解方法叫WBS。是在一个项目之内的分解方法。

为什么要进行项目分解呢？举例来说，我们做一个建筑项目，客户市场给投资商提供了基本的需求信息，如遮风避雨、通水通电、排水、有线电视、上网等。这是客户的需求。知道了这个需求，该怎么做呢？首先要考虑怎么样遮风避雨，要造一栋房子，要有屋顶的，怎样通水通电，要铺设管线……就这样客户的需求就进行了第一级的分解。有了第一级的分解，就形成了设计任务书，可以交给设计单位去细化了。有人说，不分解也可以，直接交给设计院好了。其实还是要进行分解，只不过这个过程被其他人完成了而已。只有进行分解，才能够提供行动的指南。施工单位接到了图纸，要进场施工了。施工单位不做任务的分解行不行？肯定不行。没有工作分解，就没有办法去控制进度、质量、成本。或者说，控制就不会细化到需要的程度。任务分解后每项任务的成本、工时、质量标准都会明确，这将成为进行各项控制的基本依据。那么接到一项任务后怎样进行任务分解呢？分解是与目标相关的，目标就是项目的要求。一般来说逃不出质量、成本、进度等方面。确定了目标，就可以遵循使管理更简洁直观、统计工作更加方便、更容易发现差异和问题等原则，来进行划分。一般来说，比较发现差异是控制的最重要的过程，而这一过程最大的敌人就是掺杂不清。因此，在分解时各个部分的独立性是最需要考虑的。有了清晰的任务分解结构，项目管理会更加得心应手。

一、任务分解的相关定义

工作分解结构是 Work Breakdown Structure 的英文缩写，简称 WBS，是项目管理重要的专业术语之一。WBS 的基本定义：以可交付成果为导向对项目要素进行的分组，它归纳和定义了项目的整个工作范围，每下降一层代表对项目工作的更详细定义。无论在项目管理实践中，还是在 PMP、IPMP 考试中，工作分解结构（WBS）都是最重要的内容之一。WBS 总是处于计划过程的中心，也是制订进度计划、资源需求、成本预算、风险管理计划和采购计划等的重要基础。WBS 同时也是控制项目变更的重要基础。项目范围是由 WBS 定义的，所以 WBS 也是一个项目的综合工具。

WBS 是由 3 个关键元素构成的名词：工作（work）——可以产生有形结果的工作任务；分解（breakdown）——是一种逐步细分和分类的层级结构；结构（structure）——按照一定的模式组织各部分。根据这些概念，WBS 有相应的构成因子与其对应。

（一）结构化编码

编码是最显著和最关键的 WBS 构成因子，首先编码用于将 WBS 彻底的结构化。通过编码体系，可以很容易地识别 WBS 元素的层级关系、分组类别和特性。由于近代计算机技术的发展，编码实际上使 WBS 信息与组织结构信息、成本数据、进度数据、合同信息、产品数据、报告信息等紧密地联系起来。

（二）工作包

工作包（work package）是 WBS 的最底层元素，一般的工作包是最小的"可交付成果"，这些可交付成果很容易识别出完成它的活动、成本和组织以及资源信息。例如：管道安装工作包可能含有管道支架制作和安装、管道连接与安装、严密性检验等几项活动；包含运输/焊接/管道制作人工费用、管道/金属附件材料费等成本；过程中产生的报告/检验结果等文档；以及被分配的工班组等责任包干信息等。正是上述这些组织/成本/进度/绩效信息使工作包乃至 WBS 成为项目管理的基础。基于上述观点，一个用于项目管理的 WBS 必须被分解到工作包层次才能够使其成为一个有效的管理工具。

（三）WBS 元素

WBS 元素实际上就是 WBS 结构上的一个个"节点"，通俗的理解就是"组织机构图"上的一个个"方框"，这些方框代表了独立的、具有隶属关系/汇总关系的"可交付成果"。经过数十年的总结大多数组织都倾向于 WBS 结构必须与项目目标有关，必须面向最终产品或可交付成果的。因此，WBS 元素更适于描述输出产品的名词组成（effictive WBS，Gregory T. Haugan）。其中的道理很明显，不同组织、文化等为完成同一工作所使用的方法、程序和资源不同，但是他们的结果必须相同，必须满足规定的要求。只有抓住最核心的可交付结果才能最有效地控制和管理项目；只有识别出可交付结果才能识别内部/外部组织完成此工作所使用的方法、程序和资源。工作包是最底层的 WBS 元素。

（四）WBS 字典

管理的规范化、标准化一直是众多公司追求的目标，WBS 字典就是这样一种工具。它用于描述和定义 WBS 元素中的工作的文档。字典相当于对某一 WBS 元素的规范，即 WBS 元素必须完成的工作以及对工作的详细描述；工作成果的描述和相应规范标准；元素上下级关系以及元素成果输入输出关系等。同时 WBS 字典对于清晰的定义项目范围也有着巨大的规范作用，它使得 WBS 易于理解和被组织以外的参与者（如承包商）接受。在建筑业，工程量清单规范就是典型的工作包级别的 WBS 字典。

二、任务分解的原则

在设计和制定 WBS 的过程中要遵循一些基本的原则。

（一）任务分层原则

WBS 通常将工作任务分解为若干层次，采用树状结构进行描述。常见的分层方式包括：

大项目—项目—阶段—任务（子任务）—工作单元（活动）

项目（范围）—阶段—子任务—工作单元

单位工程—分部—子分部—分项—检验批

（二）2周原则

该原则指的是在任务分解过程中，最小级别的任务的工期最好控制在10~14个工作日，目的是为了在项目执行期内更好地检查和控制。通过这一手段可以把项目的问题暴露在2周之内或更短的时间。制订项目计划的目的是为了更好地控制项目，任务分解的结果便是项目执行、检查、控制的依据，如果项目任务分解过于粗放，就难以进行细致的跟踪。如果某一任务的工期较长，建议对任务进行细化分解，以便符合2周原则。

（三）责任到人原则

任务分解过程中，最小级别的任务最好是能够分配到某一个具体的资源。如果某一项任务的资源由若干个资源一起完成，建议该任务再次分解，否则如果某一项任务出现问题，很难将责任定位到某一个人。

（四）风险分解原则

任务分解过程中，如果遇到风险较大的任务，为了更好地化解风险，应该将任务再次细分，必须能够更好、更早暴露风险，为风险的解决和缓解提供帮助。

（五）逐步求精原则

高质量的任务分解需要花费时间，而在项目前期不可能考虑到后期非常具体的任务。因此，即将开始的任务需要非常精细的分解，未来的任务可以分解粗放一些。等到执行时再进行细化分解。

（六）团队工作原则

制订的项目计划的主要责任人是项目经理，但不应该是项目经理一个人的工作。项目经理在制订项目计划过程中，尤其是在任务分解阶段，工期估计一定要与项目成员一起进行。毕竟所在的任务的执行和分解必须征得大家的同意和确认，从而可以避免项目执行过程中的任务分解方面的意见分歧。

利用上述任务分解的原则进行任务分解。假设一个街道的输水管发生了漏水事件，需要重新替换这个街道的输水管，经过测算需要替换50根输水管。任务分解法分析如下（表6-1）。

表 6 – 1　输水管替换任务分解

大纲级别	任务名称	工期	每个工作日使用的资源
100	更换输水管工程		
110	放线	1 个工作日	普通工 2 个，技术员 2 小时
120	挖沟		
121	机械挖沟	2 个工作日	普通工 1 个，挖土机 2 台
122	人工清沟	11 个工作日	普通工 6 个
130	铺管		
131	撤管	1 个工作日	普通工 2 个，管子 50 根
132	铺设管道	5 个工作日	普通工 4 个，管道工 12 个
133	管道接口	5 个工作日	普通工 1 个，管道工 12 个
140	砌检查井	5 个工作日	普通工 4 个，瓦工 4 个
150	闭水试验	2 个工作日	工程师 1 个，管道工 20 个
160	回填土	5 个工作日	普通工 4 个，挖土机 1 台
170	竣工验收	1 个工作日	工程师 1 个，技术员 1 个

其 WBS 表示如图 6 – 1 所示。

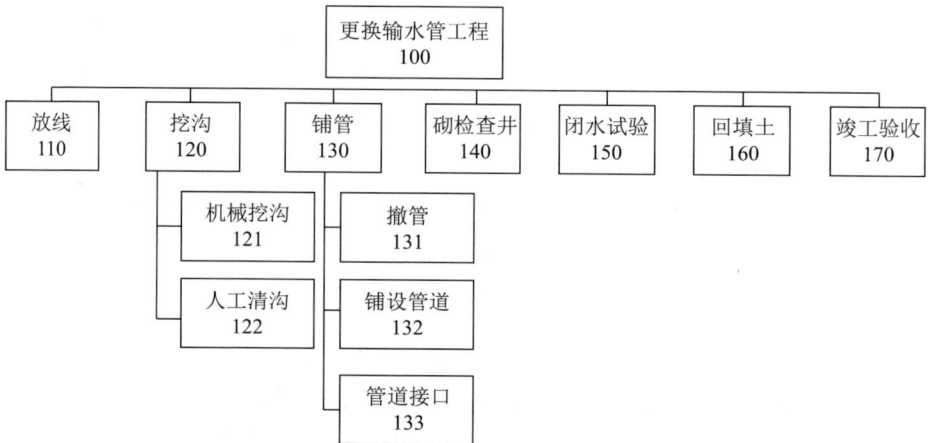

图 6 – 1　输水管替换任务分解 WBS 图

三、任务分解的方法

制定工作分解结构的方法多种多样，最常用的方法主要包括类比法、自上而下法、自下而上法、发散归纳法和使用指导方针的方法等。

（一）类比法

类比法又称为借鉴经验法，就是以一个类似项目的 WBS 为基础，制定本项目的工作分解结构。如果在设计新项目之前曾经设计过一些类似的项目，那么就可以以这些项目的子系统为基础，开始新项目的 WBS 的编制。类比法多适用于一般性产品的 WBS 设计。

（二）自上而下法

自上而下法常常被视为构建 WBS 的常规方法，即从项目最大的单位开始，逐步将它们分解成下一级的多个子项。这个过程就是要不断增加级数，细化工作任务。这种方法对项目经理来说，可以说是最佳方法，因为他们具备广泛的技术知识和对项目的整体视角。

（三）自下而上法

自下而上法，是要让项目团队成员从一开始就尽可能地确定项目有关的各项具体任务，然后将各项具体任务进行整合，并归总到一个整体活动或 WBS 的上一级内容当中去。自下而上法一般都很费时，但这种方法对于 WBS 的创建来说，效果特别好。项目经理经常对那些全新系统或方法的项目采用这种方法，或者用该法来促进全员参与或项目团队的协作。

（四）发散归纳法

如果系统思考有困难，不如先想到什么就下来，然后再不断补充，不断归纳。如果是一个团队，可以让成员一开始尽可能地确定各项具体任务，然后将各项具体任务进行整合，有了这些零散的思路，归纳就相对容易了。对那些全新系统或方法的项目采用这种方法，或者用该法来促进全员参与或项目团队的协作。

（五）使用指导方针

如果存在 WBS 的指导方针，那就必须遵循这些方针。许多 DOD（国防部）项目都要求承包商按照国防部提供的 WBS 模板提交项目建议书。这些建议书必须包括针对 WBS 中每一项任务的成本估算，既有明细估算项，也有归总估算项。项目整体的成本估算必须是通过归总 WBS 底层各项任务成本而得到的。当国防部有关人员对成本计划进行评审时，他们必须将承包商的成本估算与国防部的成本估算进行对比。如果某项 WBS 任务成本有很大的出入，就意味着还没搞清楚要做的工作任务。

采用自上而下法的原则做 WBS 任务分解的例子：假设你现在有一笔 50 万元的资金，经过初步分析你决定开设一间咖啡屋，为了开办咖啡屋需要进行许多方面的工作，按照自上而下法的原则进行任务分解，开始咖啡屋需要进行地点选择、房屋选择、员工招募与培训、工商税务和开业等5项工作。按照自上而下的原则，就地点选择这一项工作而言，包括市场调查、地点考察和房屋租赁3项工作。以此类推，其WBS表示如图6-2所示。

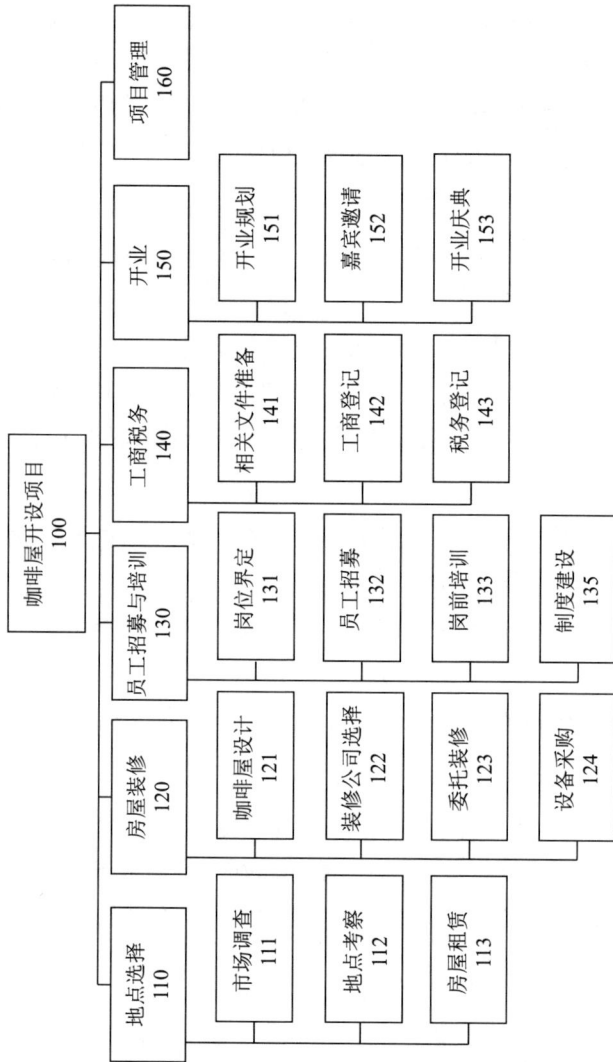

图6-2 开办咖啡屋任务分解WBS图

四、任务分解的类型

一般来讲，常见的项目任务分解方法包括：按照项目实施的顺序分、按照产品的结构模块分、按照项目可交付的成果分、按照组织的职责分4

种方法。4种项目分解方法虽然形式上不尽相同，但是其目的都是尽可能地对项目任务进行清晰的分解，方便项目的实施。具体到某一项目，使用何种方法进行项目管理，可以根据实际情况而定。

以开发一套学生管理信息系统为例，如按照项目实施的顺序分，其项目实施的顺序为：规划调研、需求分析、设计、编码、测试及提交6个部分；按照产品的结构模块分，其产品的组成模块包括：招生管理、分班管理、学生档案管理、学生成绩管理4个部分；按照项目可交付的成果分，最终提交用户的产品为可分为程序和用户手册2个部分；而按照组织的职责分：产品设计、编写代码、软件测试、软件推广4个部分。分别由设计部、软件部、测试部、市场部来完成相应的工作。其划分形式虽然不一样，但是都能达到任务分解的目的，在实际应用中，具体选用哪种方法进行项目任务分解，要根据项目的实际情况来确定。

下面分别详细说明四种项目任务分解方法的特点，并用实例来进行说明。

(一) 按照项目实施的顺序分

顾名思义，该项目分解方法就是按照项目实施的顺序进行项目任务的分解，如ISO质量体系认证，按其实施的顺序分体系策划，标准培训，编写体系文件，内审员培训，内审，管理评审，终审几大块。其特点是进行任务分解后，从整个项目实施顺序来看，是非常清晰的，便于领导者观察和了解整个项目的进展情况。

以承接和开发一个软件开发项目为例，其通常的项目实施顺序可以分为项目规划、需求分析、总体设计、详细设计、实现、测试和交付6个部分。具体到项目规划部分又分为签订合同、计划编制和计划确认3个部分；需求分析部分分为需求开发、需求管理和系统测试计划编制3个部分；总体设计分为策略确定、开发标准确定、架构设计和集成测试计划编制4个部分；详细设计部分分为接口设计、模块设计和单元测试计划编制3个部分；实现部分分为编码、代码复核和单元测试3个部分；测试部分分为集成测试、系统测试和测试总结3个部分；交付部分则分为验收测试、产品提交和用户培训3个部分。其WBS表示如图6-3所示。

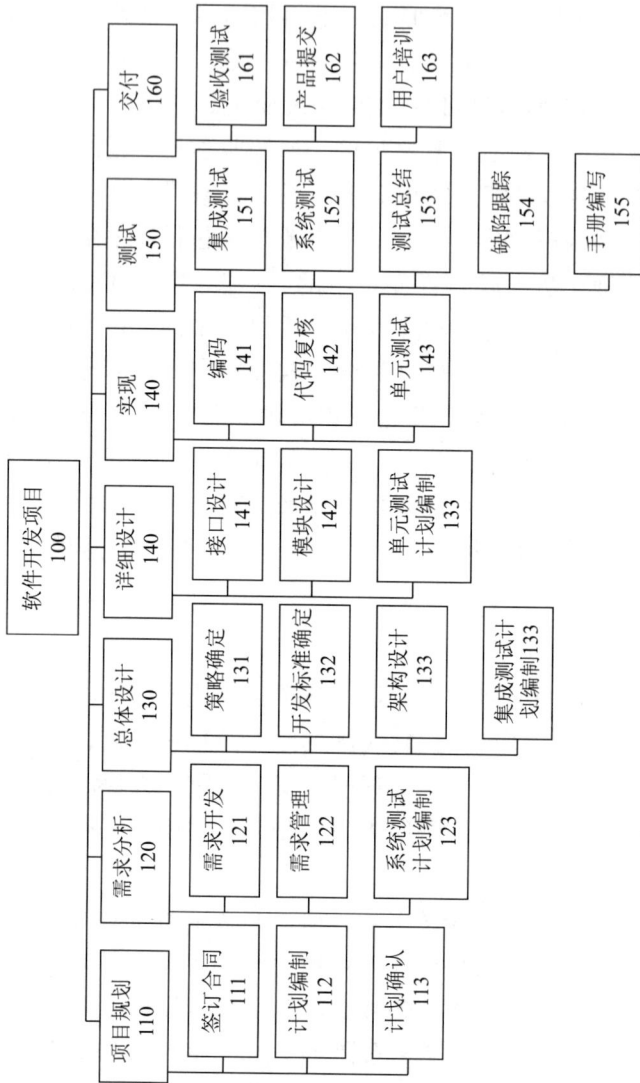

图6-3 软件开发项目任务分解WBS图

（二）按照产品的结构模块分

该项目任务分解方法就是按照整个项目产品的组成来进行项目模块的分解。例如，在汽车开发项目中，可根据汽车的机构分为底盘、发动机、车库、内装设、电控系统等。其特点是进行任务分解后，从产品的结构模块来看，是非常清晰的。

以要建一个办公楼为例，按照整个项目的组成来说，可以分为基础、墙、屋顶和照明4个部分。就基础的任务来说，又可以分为挖沟、混凝土和回填 3 个部分；墙部分的任务可以分为砌砖、装窗、装门和抹灰 4 个部分；屋顶部分的任务可以分为安梁、装檩和上瓦 3 个部分；照明部分的任务可以分为照明、配线、装照明灯和配电盘 4 个部分。其 WBS 表示图 6 - 4 所示。

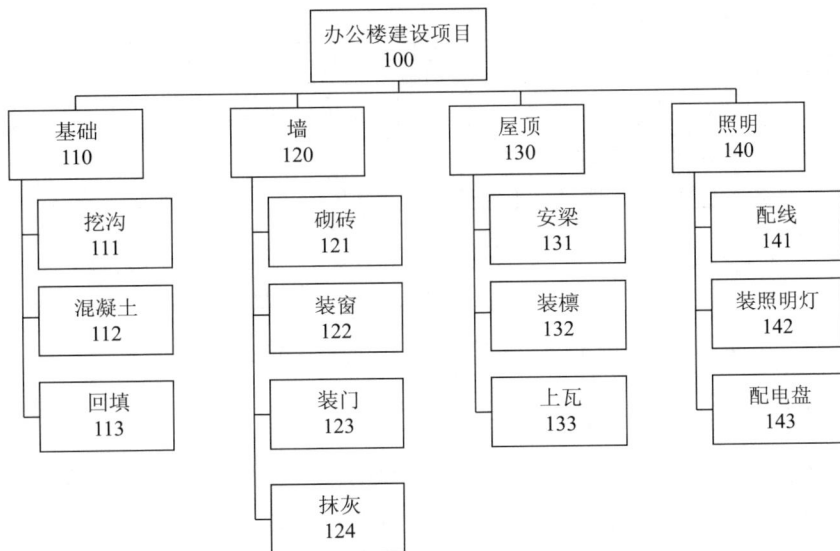

图 6 - 4　建筑办公楼任务分解 WBS 图

（三）按照项目可交付的成果分

该项目任务分解方法就是以最终可交付的成果来进行分类，如软件开发项目，可分为程序、用户手册等。该项目任务分解方法的优点是注重最终产品，便于检查衡量；有助于采购与分包；重视生产什么，而不是如何生产；提供对整个产品较好的观察。

以举办一个生日宴会为例。按照需要交付的成果来分，该生日宴会可以分为晚宴和娱乐两部分，而晚宴又可以分为生日蛋糕、饮料、清洗（餐具和食品）和做菜 4 个部分，娱乐部分可以分为音响、灯光布置、室内布置和 CD/VCD 光碟 4 个部分，其 WBS 表示如图 6 - 5 所示。

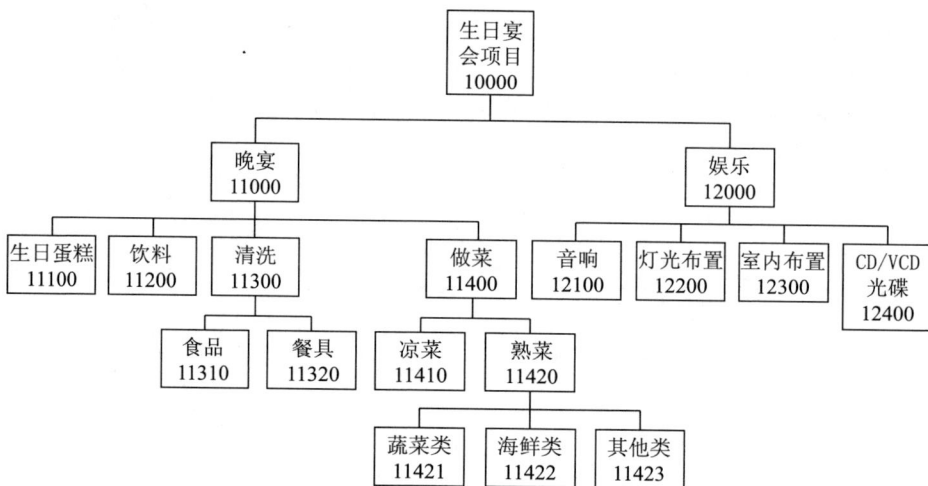

图6-5 生日宴会任务分解 WBS 图

（四）按照组织的职责分

该项目任务分解方法就是以项目的承担者为主要考虑因素来进行分解，如一个项目中市场部负责前期调查以及可行性分析，工程部负责设计开发，采购部负责供应商选取及材料采购，生产部负责样品制作，质量部负责产品测试和质量控制。其特点是进行任务分解后，从任务的承担职能部门来看是非常清晰的，便于任务落实到人。

以污水处理项目为例。某公司为完成污水处理项目，根据公司目前的组织结构状况，将整体项目分为设计和施工两部分。就设计部分而言，分为土建图、建筑图、结构图、机械图、HVAC 图、管道设备图、仪器图、电气图8部分；施工部分分为拱顶、曝气塘、废水泵站、调节建筑、排污建筑5部分。其 WBS 表示如图6-6所示。

```
                                    ┌──────────┐
                                    │ 土建图   │
                                    │  111     │
                                    └──────────┘
                                    ┌──────────┐
                                    │ 建筑图   │
                                    │  112     │
                                    └──────────┘
                                    ┌──────────┐
                                    │ 结构图   │
                                    │  113     │
                                    └──────────┘
                        ┌────────┐  ┌──────────┐
                        │方案设计│  │ 机械图   │
                        │  110   │  │  114     │
                        └────────┘  └──────────┘
                                    ┌──────────┐
                                    │ HVAC图   │
                                    │  115     │
                                    └──────────┘
                                    ┌──────────┐
                                    │管道设备图│
                                    │  116     │
                                    └──────────┘
            ┌──────────┐           ┌──────────┐
            │污水处理项目│          │ 仪器图   │
            │  100     │           │  117     │
            └──────────┘           └──────────┘
                                    ┌──────────┐
                                    │ 电气图   │
                                    │  118     │
                                    └──────────┘
                                    ┌──────────┐
                                    │ 拱顶     │
                                    │  121     │
                                    └──────────┘
                                    ┌──────────┐
                                    │ 曝气塘   │
                                    │  122     │
                                    └──────────┘
                        ┌────────┐  ┌──────────┐
                        │ 施工   │  │ 废水泵站 │
                        │  120   │  │  123     │
                        └────────┘  └──────────┘
                                    ┌──────────┐
                                    │ 调节建筑 │
                                    │  124     │
                                    └──────────┘
                                    ┌──────────┐
                                    │ 排污建筑 │
                                    │  125     │
                                    └──────────┘
```

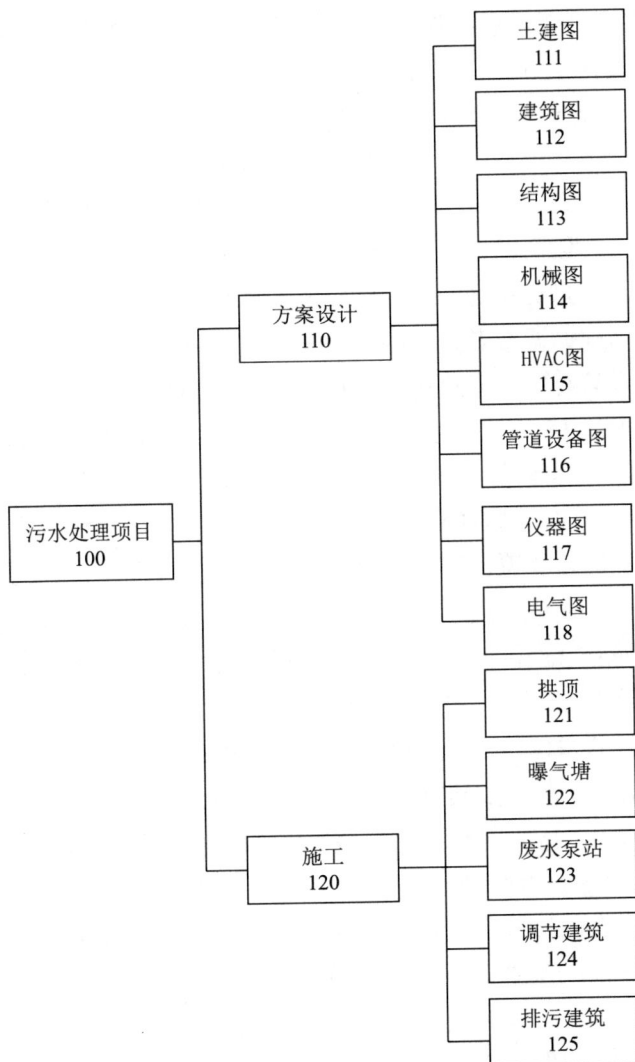

图 6 – 6　污水处理项目任务分解 WBS 图

第三节　创新项目的角色投入

　　当项目进行了任务分解后，就有了对整体项目的清晰认识和把控，项目不再是一个个大的宏观的概念，而是一个个清晰而具体的个体。为了推进项目的落实，接下去要做的就是把这些项目任务落实到项目组中的个人，以便更好地推进项目的落实。

在分配任务时，需要考虑项目中每个人的特长和项目的实际情况，使团队中的每个人都能尽可能地发挥个人的特长，从而促进项目执行效率的提升。例如：有的人思维活跃，经常有创新的点子，是项目组中的智多星，是团队中的创新者，可以较好地承担策划和方案设计的任务；有的人熟悉项目环境，具有较好的内外部资源，在项目执行过程中具有外交家的特质，是团队中的调查者，可以更好地承担采购、市场推广、争取资源等任务；有的人具有实干家的特质，在团队中扮演执行者的角色，是项目执行过程中的中坚力量；有的人擅长组织协调，当项目执行效率下降或某个环节出现延误时，能及时发现问题，组织人力等资源到相应的工作环节中去，在团队中扮演协调者的角色，是项目执行过程中的协调者；有的人任劳任怨，具有团队意识，能积极主动地配合团队开展工作，在团队中扮演支持者的角色，在项目执行过程中是任劳任怨的团队工作者；有的人擅长对项目执行的质量进行把关，当发现项目执行中的不合格环节时，就马上要求返工或重新处理，是团队中的监督者，他就能很好地担任项目执行过程中的质检员的角色；有的人追求完美，能迅速在项目执行过程中或项目方案中寻找并指出错误、遗漏和被忽视的内容，是团队中的完成者，他能很好地发挥项目完成者的角色；有的人具有很好的专业知识，特别地懂行，能在项目执行过程中给予指导，是团队中的专家，是项目执行过程中的技术专家；有的人善于控制项目的进度，保障每个时间节点项目任务的完成，是团队中的塑造者，在项目执行过程中就能很好地发挥推动者的角色。

在按照组织职能进行项目任务分解时，已经在很大程度上根据各项目参与部门的整体职能情况，结合项目实际，进行了很好的分解，分解后的具体项目子任务，基本上能够满足"专业的人做专业的事"的总体要求。以一焊接车间产能的改造的项目为例说明。

某汽车制造公司生产的 M 型车自投放市场以来，市场销量激增。为满足市场需求，经公司董事会决策，对该车型生产能力进行提升改造。由于冲压、涂装、总装三车间在设计初即为 10 万吨/年的产能，因此，本次改造主要涉及焊接车间产能的改造。公司计划将焊接车间的产能由 6 万吨/年提升为 10 万吨/年。

该公司原有的组织结构由生产部、营销部、技术部、财务部、采购部、行政管理部和品质管理部组成,其组织结构图如图6-7所示。

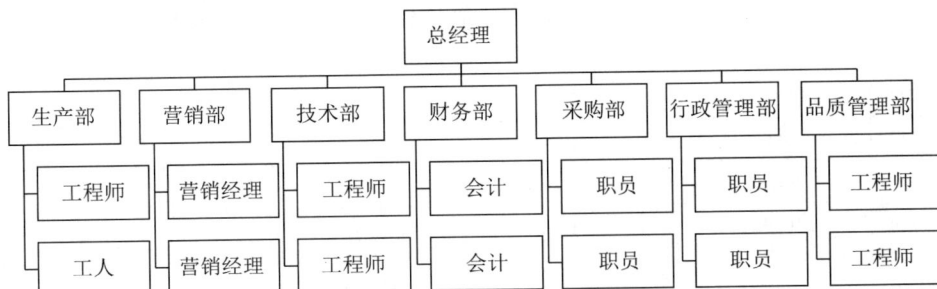

图6-7 某汽车制造公司组织结构图

考虑到该次焊接车间产能改造项目需要生产部、技术部、财务部、采购部、行政管理部和品质管理部参与(除了营销部外,都有参与),项目任务分解按照组织职能的方式进行分解。项目可以分解为方案设计、采购、安装、验收及试生产和项目管理五大部分。详细项目任务分解如图6-8所示。

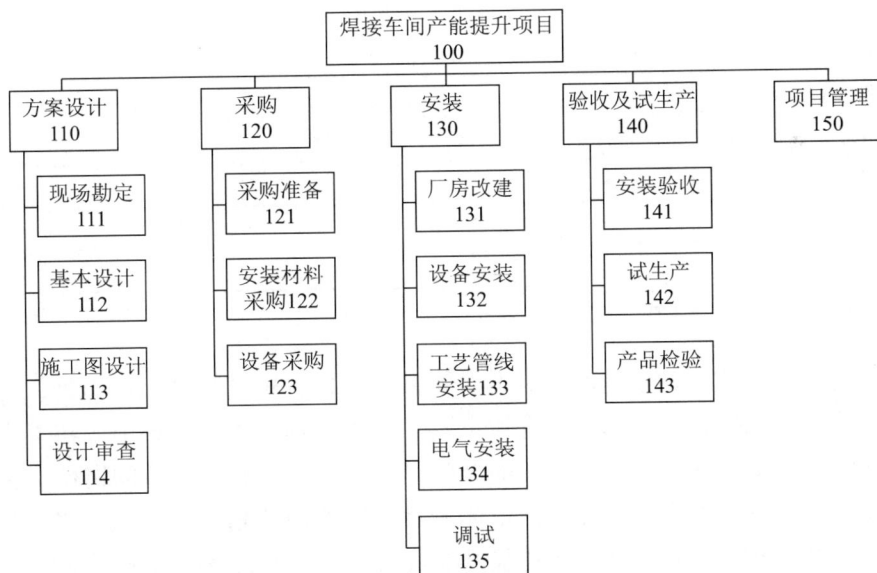

图6-8 焊接车间产能改造的项目任务分解图

各部门在该项目中的主要责任及项目参与情况见表6-2所示。

表 6-2　焊接车间产能改造的项目分工

编号	工作名称	责任者（单位）						
		项目经理	技术部	生产部	财务部	采购部	品质管理部	行政管理部
110	方案设计							
111	现场勘定	S	F	C				C
112	基本设计	S	F	C				C
113	施工图设计	S	F	C				C
114	设计审查	S	F	C	C	C		C
120	采购							
121	采购准备	S	C		C	F		C
122	安装材料采购	S	C		C	F		C
123	设备采购	S	C		C	F		C
130	安装							
131	厂房改建	S	F	C				C
132	电气安装	S	F	C				C
133	工艺管线安装	S	F	C				C
134	设备安装	S	F	C				C
135	设备调试	S	F	C				C
140	验收及试生产							
141	安装验收	S	F	C				C
142	试生产	S	F	C			C	C
143	产品检验	S	C	C			F	C
150	项目管理							

F——负责　C——参加　S——审批

这样就完成了各参与部门对本次项目的主要责任情况分配。但是，对于一个创新团队而言，情况又有所不同。贝尔宾理论指出，每个人在工作环境中都有两个角色，一个是职能部门里的角色，通常由个体的岗位头衔所决定；另一个不那么明显，是个体天然倾向的团队角色。那么按照贝尔宾团队角色理论，焊接车间产能提升项目的任务分工又该如何进行呢？

在方案设计环节，按照任务分工是项目经理负责领导，技术部主要负责，生产部、财务部、采购部和行政管理部共同参与。在这个多部门共同参与组成的创新团队中，按照贝尔宾团队角色理论做设计方案前需要到现场勘查，了解项目的基本情况，这就需要团队中的外交家联系和整合相应的资源，组织大家到现场进行勘定。方案的初步提出需要汇聚创新的思维，这就需要团队的智多星提供有创意的想法。方案的整体设计是由团队的实干家完成的。在整体方案快完成的时候还需要团队中的完成者来对设计方案进行进一步的完善。方案设计完成了，需要团队中的监督者（Monitor Evaluator）来进行设计审查和校验。这一工作任务涉及现场勘定、基本设计、施工图设计和设计审查4个环节，当某一环节出现进度过缓的时候，需要团队中的推进者来推进项目执行的进度。方案设计需要专业知识做指导，这就需要团队中的技术专家及时提供技术支持和技术指导，以免出现偏差。这一工作任务涉及多个职能部门，在项目执行过程中同样需要团队中的协调者努力调配各种资源，需要团队支持者做好各种团队保障工作。这样这一工作任务就跳出了职能部门的框架，尽情发挥团队中每个成员的积极性，努力保障工作任务的圆满结束。

在采购环节，按照任务分工是项目经理负责领导，采购部主要负责，技术部、财务部和行政管理部参与。在这个多部门共同参与组成的创新团队中，按照贝尔宾团队角色理论，在采购工作开始前，需要对采购工作方案进行商定，确定采购工作的形式及任务安排，这就需要团队中的智多星提供有创意的想法。采购工作需要大量地联系供货商，了解产品的主要供货情况，这就需要团队中的外交家联系和整合相应的资源。采购工作的主要工作内容需要团队的实干家来完成。采购工作需要在技术、财务和采购的具体事宜上提供技术指导，这一角色需要团队中的技术专家来完成。当某一环节出现进度过缓的时候，需要团队中的推进者来推进项目执行的进度。采购的材料及设备是否符合相关性能指标的要求，是否达到了预先提出的相关要求，需要团队中的监督者来进行审查和校验。采购完成的材料和设备需要团队中的完成者来完成保管和库存等工作。同样，作为一个团队，需要团队中的协调者努力调配各种资源，需要团队支持者做好各种团队保障工作。

一个人在一个任务中可能充当多种团队角色。例如，技术部的一位同事，在方案设计环节可能是设计工作的主要承担者，在团队中的角色是实干家；同时，他也可能是团队中的智多星、技术专家和监督者。又如，行政管理部的一位同事，在方案设计环节，他可能需要联络现场勘定的事宜，是团队中的外交家，同时，也可能是团队中的协调者和团队支持者。

同一个人参与到不同的工作任务时，其团队角色可能是不一样的。例如，技术部的一位同事，在方案设计环节团队角色可能是智多星或者实干家，但是在采购环节，他主要是为产品采购提供技术指导，他的团队角色则是技术专家。又如采购部一位同事，在方案设计环节主要是设计审查环节对设计方案进行产品性能方面的审查，团队角色是监督者，而在采购环节主要负责产品采购中的供货商联络等工作，团队角色是团队中的外交家。

按照贝尔宾理论，成熟的创新团队其任务的分工往往是自发地完成的，各团队成员能够根据工作任务主动地寻找到自己适合的团队位置。对于"项目型"为主导的团队，尤其应该如此，在分配任务和组建团队的时候，应该考虑团队成员是否具有"互补"效应，这样才能充分调动团队中每个成员的积极性，产生 $1+1>2$ 的效果。

第四节　创新项目的计划方法

项目实施期是指从确定建设项目之日起，到项目竣工投入运行的这段时期。项目实施计划就是对期间各环节的任务进行统一规划部署，确定合理的建设顺序和时间安排。实施计划评估是指对项目实施计划是否合理和紧凑而开展的全方位评价。

项目实施计划并不是严格地按照一成不变的程序依次进行，而是在充分考虑整体进度的基础上交叉并行安排若干项工作任务。项目实施的各项任务的工作周期可以分别确定，但整个项目的实施进度则需进行整体规划、综合协调。如果安排不当，各项任务不能精准、及时地协调配合，很可能会延误工期，不能按时完成项目成果的验收，影响项目预期的投资回报。

项目实施计划管理的主要目的是有效控制项目建设的周期和成本，周期控制一般通过编制项目计划进度表来实现。编制项目计划进度表的方法很多，其中最简便、常用的方法有网络图和甘特图。有效的成本控制的关键是及时地分析成本绩效，减小成本变化对项目范围和进度的冲击。如何通过测量来估算确实发生的任何变化的大小呢？一般考虑采用挣值分析法来完成，挣值分析能将计划结果与实际绩效结果和实际成本做比较。本节将结合实际案例来解释网络计划图、甘特图以及挣值管理。

一、关键路径及网络计划图

在制订项目实施计划之前，为了使项目可操作，通常会将项目分为很多子任务（也称为工作包），每个工作包将会具体地指定负责人和工作天数，通常用 WBS 的方式对项目任务进行分解。

但是即使每一项工作任务都有了负责人和周期要求，仍然不能精确地控制整个项目的实施计划。原因是任务与任务之间一定会存在复杂的关系，如多个任务的实施人员和使用资源重叠、一个任务的开始需要其他任务的工作成果、项目资金和资源的到位情况等。因此，需要想办法来明确各任务之间时间关系和逻辑关系，这时经常采用的是网络计划图技术。

网络计划图广泛应用于工程项目、创新项目和复杂工程的控制管理。其原理是应用网络来表达一项计划中各项工作包的先后顺序和逻辑关系；然后计算与时间相关的参数，找出计划中的关键路径和浮动时间，再按照一定的目标，不断改善，使计划达到整体优化（图 6 - 9）。

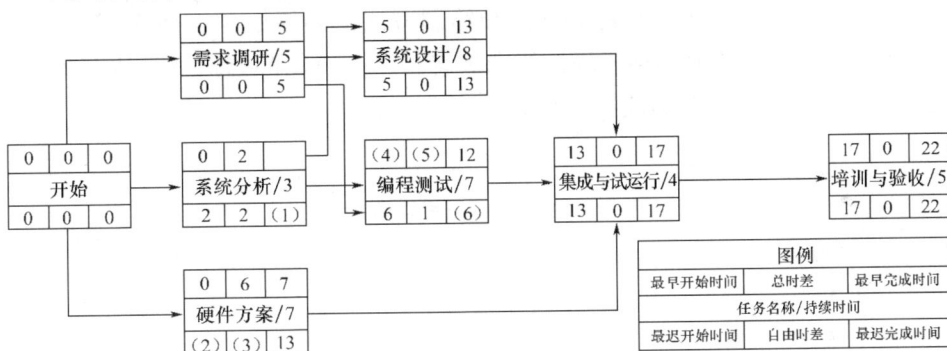

图 6 - 9 网络计划图示意图

在网络计划图中，出现了一个至关重要的术语：关键路径。图 6 - 9 为一个 IT 系统集成的网络计划图，可以看到，项目可以分为若干个任务序列。一个任务序列表示为用箭头链接、有时间顺序关联的一系列任务，如在图 6 - 9 中，开始→需求调研→系统设计→集成与试运行→培训与验收是一个任务序列。每一个任务序列的周期都可能有差别，而周期最长的那个任务序列直接影响整个项目的实施周期，这个任务序列称之为关键路径。

网络计划图可以用来梳理工作包之间的逻辑、时间关系，另外一个重要作用是确定关键路径，从而对项目实施计划进行优化。对于什么是关键路径，可以借用《水煮西游》中的一个故事来形象地理解。

唐僧师徒四人从长安到西天取经，假设四人各自出发，孙悟空的筋斗云比较快，一个跟头就是十万八千里，猪八戒和沙僧比较慢，唐僧最慢，路上又可能遇到各种磨难耽误时间。前提是，必须四人全部到达西天才能领取经卷。如果将每一个取经人看作一个任务序列，显而易见，如果没有意外情况，最晚到达西天的一定是唐僧，这个任务序列会直接影响取经的时间，那么唐僧的这一个任务序列就是取经项目的关键路径。

关键路径是项目管理中的一个关键概念，它连接 WBS 和项目执行监控，在项目实施过程中对关键路径的确定和管理至关重要。

网络计划图的目的是通过关键路径来对整个项目计划进行优化，主要优化的是项目周期而非其他。可以向关键路径要时间，关键路径缩短后整个项目周期理论上也相应缩短，而关键路径压缩到一定程度后就有可能不是关键路径了，被其他的任务序列所取代，所以关键路径的优化也需要综合考虑。

网络计划图有很多种表示方法和绘制方法，但基本的思想大同小异，通过百度文库中《关键路径的计算和理解》一文给出的算例来具体说明网络计划图的绘制及关键路径的确定。某项目给出的活动内容如表 6 - 3 所示。

表6 - 3　某项目活动内容

活动	前置任务项	活动持续时间
A		3
B	A	10
C	A	8
D	A	15
E	B	7
F	C	20
G	D、E	12
H	G、F	6

为了能更直观地将表6 - 3中的内容通过网络计划图展示出来，可将表中的每条数据看成一个长方形，如图6 - 10所示，每一个长方形为一个节点，代表一项工作任务，箭头方向代表任务之间的顺序关系。每一个节点中，中间表示任务的具体名称，左上代表此任务最早可能开始的时间，右上代表此

任务最晚可能开始的时间，左下代表此任务持续时间或工期，右下代表此任务的浮动时间。浮动时间指在项目约束条件下不延误项目整体周期时，某项任务可以推迟的总时间量（从其最早开始日期计算）。

图 6 – 10　某项目活动网络计划图

根据表 6 – 3 中的数据，在表中的"活动""活动持续时间"和"前置任务项"栏，画出网络计划图，并将对应数据代入图 6 – 11 中，即 A、B、C、D、E、F、G、H，以及 3、10、8、15、7、20、12、6。

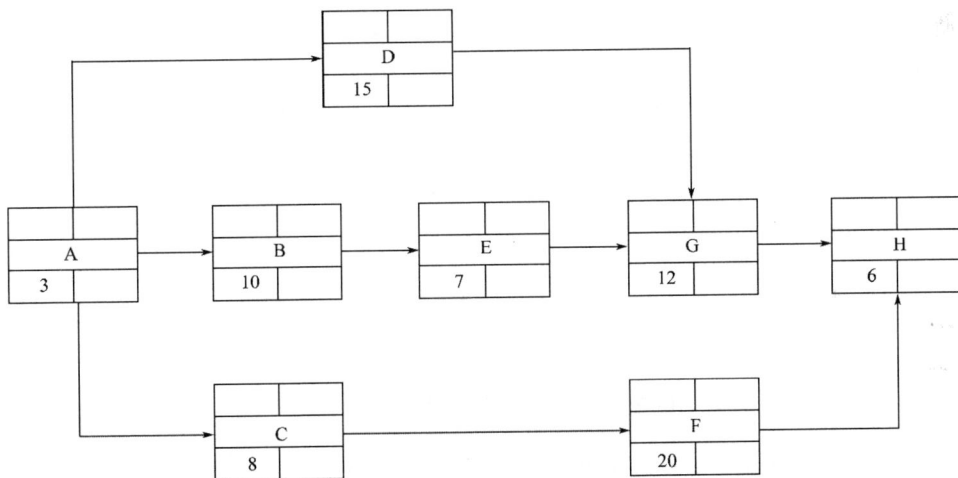

图 6 – 11　网络计划图

由 A 开始推算出各活动的最早可能开始时间。

（1）根据"对于一开始就进行的活动，其最早开始时间为 0，最晚开始时间为 0"的规则，在 A 的左上角（最早可能开始时间）表格中填入"0"。

（2）计算公式：最早可能开始时间 = 前置项最早可能开始时间 + 前置项的活动持续时间 。

（3）计算每项活动的最早可能开始时间时，其当前活动的最早可能开始时间就是其前置活动的最早可能完成时间中的最晚时间。

每项活动的具体推算情况如下。

A 最早可能开始时间：0；

D 最早可能开始时间 = A 最早可能开始时间 + A 活动持续时间，同理，即 D、B、C 的最早可能开始时间分别为：3，3，3 。

E 最早可能开始时间 = B 最早可能开始时间 + B 活动持续时间，依此类推，即 E、G、H 的最早可能开始时间分别为：13，20，32。

F 最早可能开始时间 = C 最早可能开始时间 + C 活动持续时间，即 F 的最早可能开始时间为：11 。

将上述根据前置活动项推算出的数据代入图 6 – 12。

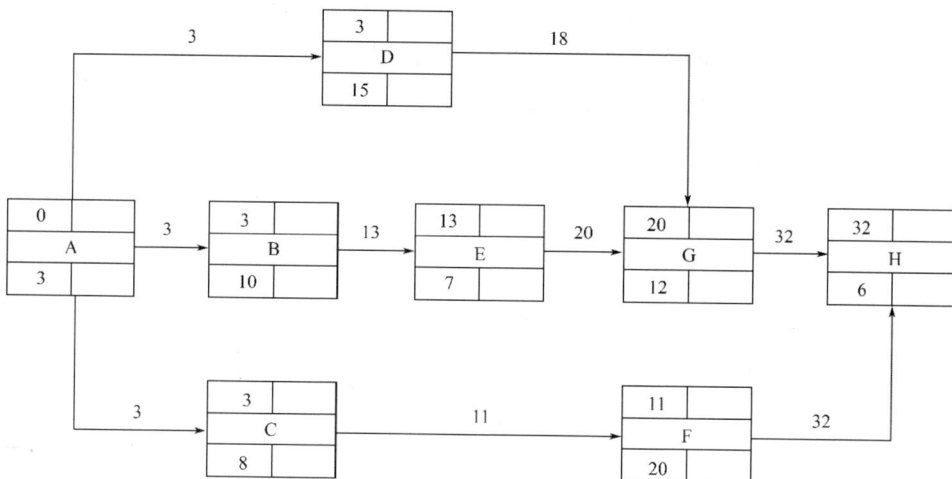

图 6 – 12　某项目活动前置活动推算

由 H 开始推算出各活动的最晚可能开始时间。

（1）根据"对于一开始就进行的活动，其最早开始时间为 0，最晚开始时间为 32"的规则，在 H 的右上角（最晚可能开始时间）表格中填入"32"。

（2）计算公式：最晚可能开始时间 = 后置项的最晚开始时间 – 前置项的活动持续时间。

（3）计算每项活动的最晚可能开始时间时，最晚可能开始时间就是其前置活动的最晚可能开始时间中的最早时间。

每项活动的具体推算情况如下。

G 最晚可能开始时间 = H 的最晚可能开始时间 – G 的活动持续时间；同理，即 G、F、D、E 最晚可能开始时间分别为：20，12 ，5，13。

　　B 最晚可能开始时间 = E 的最晚可能开始时间 − B 的活动持续时间；
即 B 最晚可能开始时间为：3。依此类推，即 C 最晚可能开始时间为：4。

　　A 最晚可能开始时间 = C 的最晚可能开始时间 − A 的活动持续时间；

　　A 最晚可能开始时间 = B 的最晚可能开始时间 − A 的活动持续时间；

　　A 最晚可能开始时间 = D 的最晚可能开始时间 − A 的活动持续时间；
即 A 最晚可能开始时间分别为：1，0，2。依据最晚可能开始时间就是其前置活动的最晚可能开始时间中的最早时间。得出 A 的最晚可能开始时间为：0。

　　将上述根据后置活动项推算出的数据代入图 6 − 13。

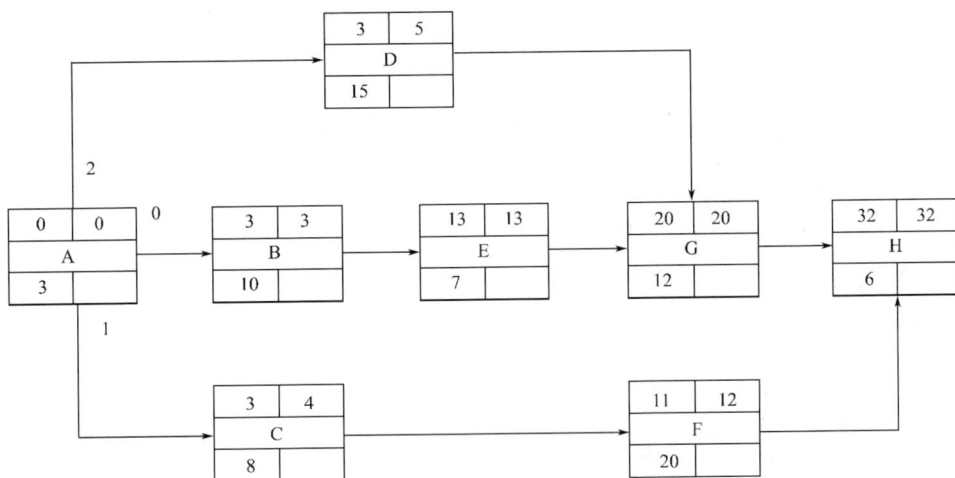

图 6 − 13　项目活动后置活动项推算数据

　　由最晚可能开始时间和最早可能开始时间推算出浮动时间。

　　计算公式：浮动时间 = 最晚可能开始时间 − 最早可能开始时间 。即 A、B、C、D、E、F、G、H 的浮动时间分别为：0，0，1，2，0，0，1，0。将上述根据后置活动项推算出的数据代入图 6 − 14。

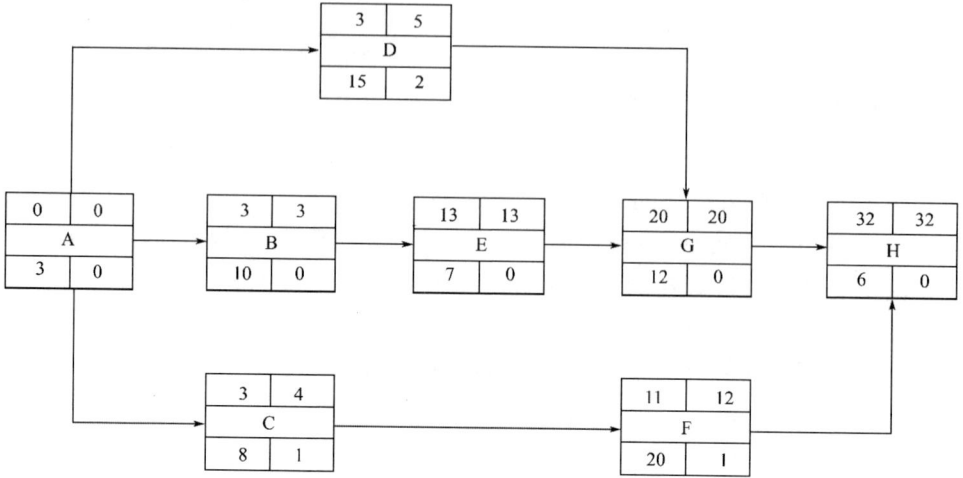

图6-14　项目活动浮动时间推算数据

查找关键路径。

图6-14中包括 A－D－G－H；A－B－E－G－H；A－C－F－H三个活动序列，其中工期最长的活动序列为：A－B－E－G－H，即为关键路径。

二、甘特图

网络计划图表达出了工作任务之间的逻辑和时间关系，但在制订项目实施计划时，还需要知道每一个任务的具体日期和结束日期以及每一个时间段所要消耗的人力资源等成本。

为了达到上述效果，几乎所有的大中型项目都会用到甘特图，它是直接反映项目的任务、时间和成本的最有效方法。

例如，通过上述关键路径的算例，可以得出 A－B－E－G－H是关键路径。明确了项目牵涉到的各项任务的名称、开始时间、工期和依赖任务等。要使项目经理清晰地了解项目（任务）还需要做哪些工作，并可评估工作进度，比对各任务的预定计划和实际工程进度，能清楚地掌握项目实施的偏差，以便对偏差进行处理，应通过图形化的甘特图来呈现（图6-15）。

甘特图（Gantt chart）又叫横道图、条状图（Bar char），是在 WBS 的基础上将 WBS 形象化来控制进度，基本上是一种线条图，横轴表示时间，纵轴表示要安排的活动，线条表示计划的和实际的活动完成情况。甘特图

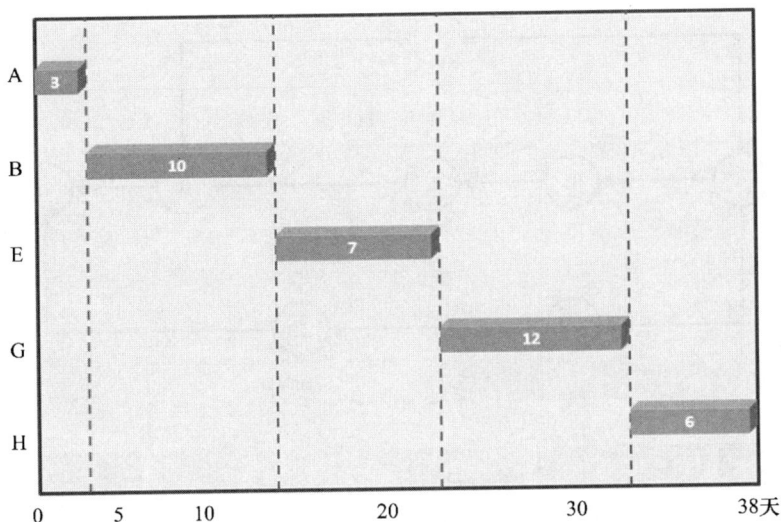

图 6 – 15　甘特图示例

直观地表明任务计划在什么时候进行，以及实际进展与计划要求的对比。

　　新浪博客《如何使用甘特图成功运营一个项目》中，提到了甘特图的发展历史："早在 19 世纪初期，波兰工程师 Karol Adamiecki 设计名为 Harmonogram 的工作流程草图，到 1910 年，管理顾问和工程师亨利·甘特，在 Adamiecki 基础上加入新元素，帮助生产制造车间管理好项目进度，这就是甘特图的由来。"

　　甘特图既能够表示各项活动的持续时间以及活动之间的关联关系，同时也能够描述关键路径和浮动时间。每一项任务的逻辑关系和持续时间确定后，便可以按照活动序列绘制甘特图，甘特图中能够反映各个活动序列和关键路径之间的时间关系。自由浮动时间是指在不延误后续任务开始时间的前提下，某工作可以推迟的时间量。一般而言，关键路径不存在浮动时间。

　　甘特图采用通用图形化的方式表达出任务安排以及任务之间的关联性，非常利于理解和交流，并且有很多成熟的专业绘制软件，无须担心复杂的计算分析和图形绘制。在项目实施过程中，甘特图可以使项目经理从繁复的数据表格中解脱出来。下面一个故事展示了甘特图能够表示的内容和起到的作用，并说明了甘特图的实用性和高效性。

　　小 A 是一名管理专业的大三学生，在实习中担任了一个公益项目的项目经理助理。小 A 从中期介入项目，面对一个已经进行了一半、关系复

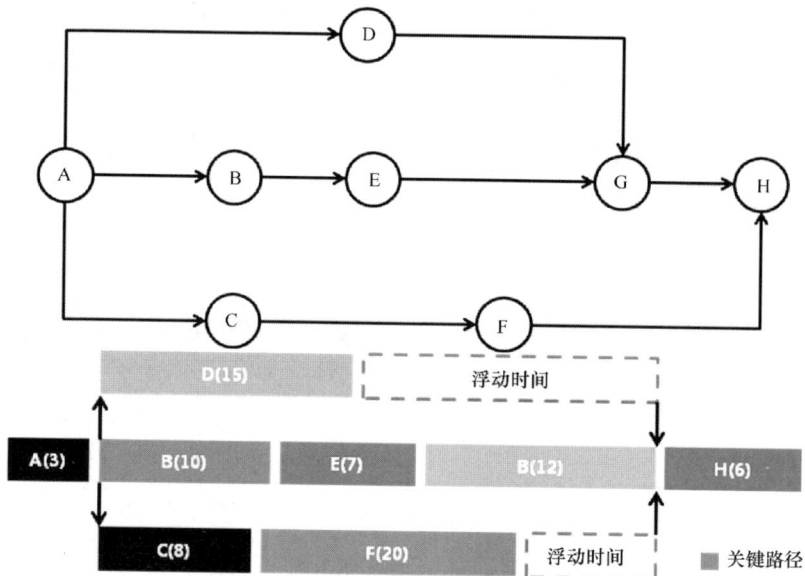

图 6-16　关键路径与浮动时间

杂、千头万绪的局面，小 A 觉得无从入手。

小 A 的上级 S 建议他先利用甘特图，将整个项目的执行情况进行梳理。参照样本，小 A 制作了项目的甘特图，对项目情况有了比较全面的了解。在之后的项目实施过程中，他都会参考甘特图，对任务的时间、成本，以及每一个里程碑进行控制。

那么这个简单的甘特图，由哪些部分构成呢？

内容：任务名称及编号。

类别：对不同的工作任务进行分类，并建立上下层的逻辑关系，使整个表格看起来更加清晰明了。

负责人：每一项任务需要明确具体的负责人或执行团队，避免由于分工不明造成的成本浪费。

成果：这个是非常重要的一项。可用 word/ppt/excel/会议等具体呈现形式。

时间：每一项工作任务均需要明确任务周期，并在整个项目中设置一系列能够定义项目阶段的里程碑，使复杂项目能够进行阶段性的总结、部署以及对项目成员的激励。

三、成本控制

项目实施过程中，在保证质量的前提下，有三个关键控制因素：范围、时间和成本。项目范围划分由 WBS 确定，时间控制可借助网络计划图和甘特图。本节将介绍项目成本预算和控制的一些方法。

项目成本预算为项目经理监控项目实施情况提供了参考标准，在项目实施的任何时间，都会发生成本支出，并和具体工作进展相关联。通过比较项目已完成工作的计划预算和项目成本实际支出，以及已完成工作的计划预算和项目成本计划支出，项目经理可以清楚地了解项目状态和执行情况。

成本控制的关键是及时地分析项目成本的使用情况，以便在出现新状况之前能够采取手段进行纠正和预防，从而控制成本执行偏差对项目的影响。如何通过测量来估算确实发生的变化的大小呢？一般项目都会采用挣值分析法来完成。挣值分析的目的简单来说就是分析在某一个时间点，项目要花的钱已经花了多少，以及花了这么多钱完成的工作值多少钱。

挣值管理用两个关键指数来描述项目在进度和成本两个方面的执行情况，分别是进度绩效指数和成本绩效指数。在一篇关于挣值管理的博客中有这样一则小故事，正好有助于理解进度绩效指数和成本绩效指数。

在一个 ERP 项目阶段总结中，项目经理小张为公司老总汇报了项目的实施情况，如已经完成了 9 项计划工作，还有 4 项工作正在进行中。大约完成总体项目进度 30%，项目投入节约了 8 个人/天，成本同比比预算节约了 7176 元等内容。

但是，和计划相比，项目的实施进度究竟是提前了还是滞后了，以及项目的预算执行情况到底怎么样，并没有直观的数据让老总们了解。最后通过两个简单的参数，小张让老总们对项目有了直观的判断。

成本绩效指数为 0.918，说明项目的成本有些超支，按这样的偏差计算，到项目完成时预计完工成本为 27.3 万元，超支约 2.5 万元。

进度绩效指数为 0.845，说明项目进度已经落后于计划进度，大约会比原定进度拖延 15% 左右。

从以上的绩效可以看出项目的工作已经出现了问题，需要在后续的项目进展中严格控制项目进度，采取积极的措施力争赶上进度。同时也要更加严格地控制成本，控制成本超支继续扩大的趋势。

这个故事表明，挣值管理可以在项目实施过程的某一时间节点，从达到范围、时间和成本三项参数上，评价项目所处的状态。状态报告将项目计划作为基准，衡量已经完成多少工作，花费了多少时间，是否延迟；花费了多少成本，是否超出。

那么上述案例中，挣值和绩效系数是如何计算的？另外，在项目状态报告中为了描述项目所处的具体情况，还应该有其他的什么参数？下面用一个简单的算例来一一解释（图6-17）。

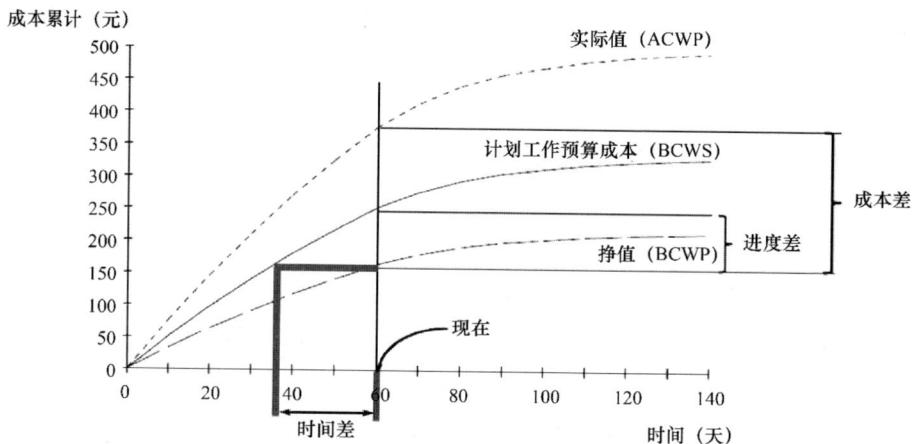

图6-17　项目成本控制示意图

以下算例参考百度文库《挣值如何计算》。假设一个项目的工期是10天，成本预算为1000元；也就是每天的完成进度是10%左右；每天的成本投入是100元左右。在第五天结束的时候，通过成本监控发现：①工作只完成了40%；②实际成本已经花费了600元。

直观上看，项目在时间和成本上的控制都出了问题，但是更具体一些，到底项目在此时间点上是什么状态，可以用以下指标来说明。

（1）BCWP，也称为挣值（earned value），代表已经完成任务的成本值。

BCWP：已完成工作量的预算费用（budgeted cost for work performed），具体含义是对已经完成的工作，按照项目计划应该花费的成本。

计算公式为：项目预算成本 * 已经完成任务比例。

即：1000 * 40% = 400元。

（2）ACWP，已完成工作量的实际费用（actual cost for work performed)，有的资料也称 AC（实际值）。

ACWP 没有计算公式，就是项目实际支出的费用。

在本例中为：600 元。

（3）BCWS，也叫计划工作预算成本。

按照项目计划，当前应该完成的工作需要投入的成本为 BCWS，如果在项目实施过程中，没有合同或者需求变更 BCWS 应该保持不变。

BCWS 主要是反映项目计划中理论应该完成的工作量，而不是实际发生的工作量或消耗的工时。

计算公式为：项目预算成本 * 计划完成工作的比例。

即：1000 * 50% = 500 元。

（4）CPI，成本绩效指标（cost performance index），评估项目成本控制的关键指标。

计算公式：CPI = BCWP/ACWP 或者 CPI = EV/AC。

即：400/600 = 66.67%。

具体含义是，对于已经完成的工作，按照计划只需要花费 66.67 元，但实际消耗了 100 元。

成本绩效指数 CPI 如果小于 1，表示完成同样的工作，实际花费超出了项目预算；成本绩效指数 CPI 如果大于 1，表示完成同样的工作，实际花费相对项目计划产生了结余。

（5）SPI，进度绩效指标（schedule performance index），是评估项目进度控制的重要指标。

计算公式：BCWP/BCWS。

即：400/500 = 80%。

具体的意义是：按照项目计划，当前已经完成的工作应该花费 1 元，而实际上由于进度迟缓，只投入了 0.8 元。

进度绩效指数 SPI 如果小于 1，表明实际工作相对项目计划已经滞后。

第五节　创新项目实施中的团队角色

对创新项目的管理，实际上是 PM 理论在创新领域中的应用。由于创新工作的特殊性，需要项目管理人员根据创新项目的具体情况，来调整项目管理的具体办法。在众多机构通过大量的项目积累了多年实践经验之后，创新型项目的管理理论发展成为了管理学的一个分支。

创新型项目不同于一般的工程类项目，对创新类项目的管理，工程化管理是一方面，另外还需要充分考虑创新型项目的不确定性对项目的影响。因此，一名合格的创新型项目的项目经理，一定是一个对创新型项目有深刻认识并且对项目管理理论有深入理解的优秀管理人员。

创新类项目与一般实施项目相比，有如下特点。

（1）市场价值的不确定性。创新类项目的主要工作内容是对新产品、新服务或新技术的研发实现，其本质是要实现新产品、新技术或新服务的市场价值。但是对这些新生事物而言，其市场需求有一定的不确定性，这就需要在立项初期对市场进行充分的调研。在市场推广过程中，由于可以参考的案例和数据较少甚至没有，是否能够达到新产品的价值实现有一定风险，在立项时需要根据市场调研结果制订完善的市场推广计划，并且在项目实施过程中，根据技术和市场的发展进行调整。

因此，与一般实施类项目对比，创新类项目在项目阶段规划上，必须要做详细的市场调研，充分了解用户需求，并且制定合理的产品推广计划，在产品定型后要进行成果转化，实现产品的市场价值。

在中国的互联网行业，有太多的企业和项目由于市场价值而诞生，也由于市场价值而没落。2014年，一个曾经熟悉的名字重新进入了人们的视野，联众游戏平台要上市了。联众游戏从1998年成立至今，经历了从辉煌到没落的历程。在20世纪90年代末，中国的游戏市场薄弱，几乎没有什么游戏网站，而国内群众在实际生活中，对棋牌类游戏都十分热衷，有些人可以说是乐此不疲，联众游戏正是抓住了这一需求，上线后迅速控制市场，注册用户人数很快突破一亿大关，成为中国棋牌类游戏的形象代言人。

联众游戏业务的萎缩再次印证了互联网时代的一句名言"永远不要忽视用户体验"。在2003年，腾讯等巨头看到了棋牌类游戏的商机，纷纷进入，但在竞争初期，并没有对联众造成威胁。联众的主要用户在40岁以上，而这部分人不是当时QQ的主要使用人群。遗憾的是，由于各种原因，联众游戏并没有及时调整市场战略、细分市场、改善用户体验，从而牢牢抓住这一部分用户；后来开发的移动版本也是经常出现无法登陆、掉线等问题，导致大量用户流失，转向了后来的游戏平台。

（2）技术实现的不确定性。创新类项目一般都是基于新产品研发、新技术应用或者新服务模式等，这类项目在实施过程中，技术的创新会为项目带来不可预期的机会和市场，也往往会使项目遇到这样或那样的技术难题。在这类项目的立项之初，也许仅仅是对项目所要采用的技术架构、实现手段等有了初步的分析和设计，并没有对技术的可行性、核心技术实现的细节进行深入的研究。而在项目实施中，可能会遇到一些技术问题需要团队在细节上进行处理，如果这些问题在立项时没有预见到，就很有可能会影响到项目的整体进度、成本，甚至会导致项目失败。

新技术在创新过程中，会伴随着很大的偶然性，甚至产生意想不到的结果。为了在第一次世界大战中取得武器方面的优势，英国在开战前夕准备研制一种新型的高性能枪膛钢材以提高武器性能。重任交给了冶金专家亨利·布列尔，布列尔为了找到合适的配方进行了大量的实验，每次试验后他都把实验废料堆积在实验室外面的露天角落。在一次清理场地时，布列尔在一堆锈蚀的废料中发现了几块经过风吹日晒依旧闪闪发亮的钢件。布列尔十分惊讶，他对这批钢件进行检验，结果发现，这批钢件对水、酸、碱均具有抗腐蚀性。1912 年，这次偶然的机会，布列尔发现了不锈钢材料，改变了整个世界。

（3）进度计划的不确定性。由于市场价值和技术创新带来了诸多的不可控因素，创新类项目在制订项目实施计划时，一般都是只明确大的阶段或里程碑的划分，而无法像工程类项目一样制订精确到天的实施计划。由于这些不确定因素的影响，创新类项目往往会在实施过程中对进度计划进行调整，以适应当时的项目状态。但是即便如此，项目进度的滞后往往会对项目的效益造成严重影响。

不论什么原因造成的进度延迟，有时可以采取措施弥补，有时造成的后果则是无法挽回的。长城汽车在国内中低端 SUV 市场中的口碑一直不错，积累了一批忠实的拥护者。在发展一段时期之后，长城汽车准备进军中高端 SUV 市场，由此哈弗 H8 诞生。哈弗 H8 在配置方面实现"全面超越"，性价比超高，自称"重新定义了中高端 SUV 标准"，是长城进军中高端 SUV 市场的拳头产品。

但遗憾的是，2014 年 5 月 8 日，长城宣布"由于传动系统异响，影响整车品质，哈弗 H8 将再次延期交付"。而就在半年之前，由于相同的质量问题，长城汽车已经将哈弗 H8 的交付时期推迟了 3 个月。

外界对此议论纷纷，有人传言哈弗 H8 再次延迟交付是由于和奔驰公司的知识产权纠纷，也有消息称长城一直没有解决哈弗 H8 的传动问题，均未得到证实。但无论如何，反复推迟交付时间，使消费者对长城汽车在中高端 SUV 领域的研发和服务能力产生了怀疑，大量的订购客户纷纷退订，转向其他的 SUV 品牌。

一般来说，在项目的不同阶段，需要由不同的团队角色发挥核心作用。例如，在项目按照计划正常推进时，不需要引入新的外部资源介入也没有内部合作需要协调，这一时期需要项目团队成员按部就班地按照要求完成各自工作，发挥核心作用的团队角色是执行者；在项目进行概念设计或者方案设计的阶段，需要项目团队成员放开思想的束缚，为项目献计献策，达成若干套理论上可行的项目方案，这一时期，不仅需要所有项目组成员合作，而团队中的智多星更加需要发挥核心作用；项目进度到达一个里程碑，需要在此节点对前期成果进行总结和回顾，并对项目的状态进行评估，判断项目是否继续推进或者是否需要进行调整，而此项工作需要团队中的监督者主要负责；当一个项目涉及多个部门或者有几家供应商时，经常会有跨部门或企业协调的需求，尤其在项目前期制订项目计划和后期验收阶段，要平衡各方的利益和诉求有时非常困难，这时需要项目协调者有很强的协调能力，并在需要的时候做出妥协；在大的项目团队中，凝聚者不可或缺，在项目正常实施时，需要凝聚者激励团队保持高水平的工作热情，在项目遇到困难时，需要凝聚者起到团队润滑剂的作用，提升士气；完成者做事严谨、要求严格，在项目到达一个里程碑，需要总体汇总项目成果时，完成者往往凭借其严谨的作风、紧迫的时间感和追求完美的态度发挥关键作用。

在所有项目实施过程中，以上团队角色均能根据各自特点发挥重要作用，但是创新项目由于其特点有别于一般的实施性项目，那么在创新项目实施过程中，除了上述的一些团队角色以外，能够发挥特殊作用的团队角色有哪些？在创新项目中发挥了怎样的作用？本节将介绍在创新项目实施中起到关键作用的资源调查者、塑造者和专家。

一、创新项目实施过程中的调查者

创新项目的本质是市场价值实现，而实现市场价值的直接手段是市场营销，市场调研和市场推广均是市场营销的重要组成部分。创新类项目在立项初期，就必须要做详细的市场调研，充分了解用户需求，并且制订合理的产品推广计划，在产品定型后要进行成果转化，实现产品的市场价值。

市场调研对一个企业来说，其重要性犹如战场上的军事侦察一样。没有军事情报而盲目派兵布阵是非常危险的，同样没有经过用户调研和市场分析而做出的营销决策也是不明智的。当今社会，经济飞速发展，每天都会有新技术和新产品问世，用户很难再像前工业社会一样，长时间地热衷于同一样事物。这就要求企业在关注产品品质和竞争对手之外，要更加关注消费者的需求，以需求为向导，进行技术创新和产品设计。

2009 年第 12 期《企业党建》中一篇文章《看似简单设计源自大量市场调研》，提供了以用户需求制胜的经典案例：海尔的卡萨帝意式三门冰箱。

2009 年，在金融危机的影响下，欧洲市场的冰箱销量应声下滑，但海尔冰箱却一枝独秀。2009 年 1—8 月，海尔销往德国市场的冰箱同比增长 27%。

用细节征服消费者，是海尔打造世界名牌的妙招。正如文章中所述，海尔电器用抽屉式冷冻室、可折叠酒架等设计细节征服了欧洲消费者。在记者对海尔用户家访的录像中，柏林的娜南蒂反复地将冰箱的抽屉拉出，并用膝盖轻轻将其推回，过程中她非常享受；科隆的安娜向我们展示了如何用冰箱的摄像头和家人留言。

这些看似简单的改变，都是源于海尔大量的用户需求调研。市场变幻无常，消费者喜新厌旧，需求日新月异，做好需求调研非常必要。海尔以用户需求为导向的产品设计思路，使海尔冰箱在技术领先的基础上，不断推出符合市场需求的新产品，迎合用户的差别需求。

用户的消费心理和习惯日益多元化，如何了解用户消费心理成为一个越来越艰难的领域。唯有通过科学的、系统的调研，获得具有代表性的数据，并进行深入的分析，得到量化的分析结果，才能从根本上把握消费者心理，在瞬息万变的市场中掌握主动权。

市场调查阶段一般在项目初期，项目需求的变更越靠近项目结束所消耗的成本越大。具体的方法有问卷法、观察法、实验法和访问法等，对于新产品研发也可以采用原型试用或者委托咨询公司等方法。但是不管采用哪种方案，最终都需要市场调查人员去组织和接触消费者，那么这些市场调查员就起到了调查者的角色作用。在不同的项目中，调查者在组织中的职位可能不同。例如，一个大型的集成系统开发，需要在目标客户企业内部自上而下的推行调查或者试用任务，那么可能需要企业中的高层管理者出面协调。而如果是一些快速消费品，可能就需要基层的市场人员去采访大量的用户，搜集信息，那么这个项目的调查者就是基层市场人员。

在信息收集过程中，不同的人会得到不一样的结论，市场调查员的个人能力可能会影响甚至颠覆整个的市场调查结果。一个高水平的市场调查人员有方法收集到来自消费者的准确反馈，为产品的研发提供有利的指导意见甚至发现更大的空间。以一个实例来理解市场调查人员的个体因素对调查结果的影响。

20世纪80年代，一家美国的鞋业公司希望开拓非洲市场。公司先委托一位去非洲国家办事的财务主管顺便调研非洲市场，5天后，财务主管答复："这里的人从不穿鞋，估计没有市场。"

不久后，公司又派出销售主管到这个国家进行专门的市场调查。5天后，销售主管的汇报内容是："这里的人从没穿过鞋，应该有巨大的市场潜力。"

为了搞清楚状况，公司决定派市场总监去当地进行调研。10天后，市场总监打电话汇报说："这里的人从没穿过鞋，足部疾病普遍，如果有鞋穿，将会对他们的健康大有帮助，预计在2~3年后会有巨大的市场空间。但是，我们需要一定的时间去培养市场，让当地人了解穿鞋的好处，并且有必要先从部落首领和贵族入手。在走访时，我发现，当地盛产优质菠萝，公司可以先开展菠萝生意，以抵冲鞋业市场的培养费用。"

二、创新项目实施过程中的塑造者

创新类项目实施过程中，在保证质量的前提下，进度是很难控制的。在此类项目实施过程中，塑造者会起到推进项目进度的关键作用。通常在一个项目团队中，这个角色由项目经理担任。对于项目经理来说需要一整套复杂的能力，如制订计划、确定优先顺序、干系人的沟通、评价等，每一种能力都与项目的最终结果有直接或者间接的关系。一个缺乏足够的项目管理经验和能力的项目经理，很可能会造成进度不断推迟，而影响项目质量。

项目经理在项目的执行过程中，可能会承担多种团队角色，对综合素质的要求非常高，如在一般实施类项目中，为了项目正常推进，需要项目经理有较高的沟通能力、资源平衡协调水平、谈判技巧和应变能力等等。但作为创新项目的塑造者，项目经理最关键的素质是什么呢？由于创新项目的各种不确定性导致项目进度难以控制，这个素质是目标驱动和风险意识。

凡事预则立，不预则废。如果不知道要到哪里去，拿着一张地图也没有用。项目，必须有一个或者一系列目标，项目实施过程就是为之奋斗的过程。对项目经理来说，要成功地实现项目目标，需要高超的计划和时间管理技巧，在项目受到各种因素冲击的时候，项目经理需要充分认识因此而可能会导致的结果，并采取相应的纠正措施，将项目重新转入正轨，按照预定的计划实现项目目标。一个优秀的项目经理，在项目实施过程中要时刻提醒自己，项目的最终目标在哪里，距离目标还有多远，要到达目标还需要解决什么问题。

1952 年夏天的一个早晨，在距离加州海岸 33.6 千米的卡特林纳岛上，费罗伦丝·查德威克女士准备从这里游向加州海岸来打破纪录。在她出发后不久，海上便起了浓雾，能见度降到了不足 50 米，她勉强能看到护送的船只。

在出发 15 个小时后，查德威克女士宣布放弃这次挑战，在一侧护送她的教练对她说再坚持一下，马上就到岸边了。她看向前方，除了浓雾之外一无所有，还是没有坚持下来。

后来，查德威克女士才知道，她上船的地点距离海岸只有不到半英里，胜利离她如此之近。击败她的不是疲劳和冰冷的海水，而是看不到目标的迷茫。

对项目经理而言，要按照预定计划推进项目，最终完成项目目标，除了高超的时间和计划管理技巧外，还需要敏锐的风险意识。简单来讲，一方面需要项目经理尽可能地提前预测和识别项目中可能发生的问题并制订解决方案；更重要的是当项目一旦发生了无法预测的问题时，需要项目经理及时、冷静地解决问题、挽回损失，保证项目达到预期目标。有效的风险管理，是保证项目保持不败的必要手段。

下面一个案例有助于理解在一个项目中，项目经理的风险意识对项目整体进度甚至项目成败的影响。

A 公司承接了军方的一个武器系统集成项目，项目周期要求非常严格，要求在 400 天之内必须完成武器系统的所有研发工作，进行验收，延期交付会产生高额的违约金。

项目计划制订的非常合理，并且在中前期进行的也非常顺利，看似一切正常，导致项目经理和团队放松了警惕。而就在这个时候，一个看似不起眼的小错误，导致项目大规模延期。

在大型项目中，有很多任务需要外包，本项目同样有多家供应商为 A 公司提供服务。在项目中期，有一个外包任务要选择供应商，在确定供应商 H 时，考虑到成本因素，没有做完善的风险评估。最终，由于供应商 H 两次延期交付，导致项目后期所有工作停止等待 H 交付。

项目的结果可想而知，虽然最终产品进行了验收，但是由于延误了 10 个工作日的工期，产生高额的违约金，最后导致项目亏损。

三、创新项目实施中的专家

创新类项目实施的不确定性，一方面是由于市场需求的变化，另一方面主要是由于技术解决方案的不确定性。多数的创新项目会部分采用新技术或者新产品，由于没有可以参考和对比的案例，在项目实施过程中，一定会遇到一些没有预计到的技术难题。出现这样的棘手情况，一般都需要团队中的专家出面解决。一个项目团队中的专家可以是钱学森这样的学界大佬，也可以是一个年轻的学生，但他们具备一些共同的特质：第一，对所涉及的项目有较强的专业技术背景；第二，有一定的工程经验，不是纸上谈兵。最后，需要具备良好的创新精神，敢于尝试、勇于突破。

1964 年，热浪灼人的戈壁滩，一枚中国火箭蓄势待发。但是由于天气酷热，火箭推进剂的温度升高，不能将燃料箱注满，导致射程不达标。正常来说，如果射程不够，应该增加推进剂，大多数人都在沿着这条思路寻找解决方法。此时，一个年轻人自告奋勇地说："尝试减少 600 千克燃烧剂，也许是个解决问题的方法。"大家简直不敢相信自己的耳朵。后来，年轻人向技术总指挥钱学森表达了自己对这个问题的想法：由于箭体的质量是直接影响到射程的主要因素，在减少一些燃料的情况下，箭体自身的质量自然就下降了，这样火箭就可以飞得更远了。钱学森认真听完了他的描述后，当场决定："我看这个办法行！"之后，在一片紧张的氛围下，茫茫大漠中一声巨响，火箭发射试验圆满成功。解决此问题的年轻人正是王永志（故事出自央视国际新闻频道报道《最高科技奖得主王永志：发射场上的常胜将军》)。

当今社会，互联网技术发展迅猛，网络咨询同样延伸到了各个专业领域，专家的价值正在逐渐减小，但并不意味着不需要专家。一个项目在实施过程中，需要发挥专家三方面的能力。

（1）借助专家能力，使项目知识系统化。借助深厚的专业技术背景，梳理项目实施中比较零散的工作成果，进行系统化梳理提升，形成知识体系。不仅可以使本项目的后续工作能够系统化和专业化，也可以让项目团队的其他成员总结提升，同时能够为后来的项目提供参考依据。

（2）发挥专家优势，攻克技术难关。特别是在创新项目的实施过程中，遇到关键技术难点，必须凭借专家的专业背景优势，寻找专业对口、可行性强的项目解决方案。专家一直潜心专注某个领域，他们往往对自己专注领域的多个方面都有所研究，对专业性强、复杂度高的问题，不会单纯局限在一种思维模式中，往往能够融入项目真实情况，发散思维，排除不确定性的因素，同时又能找到解决问题的关键方法。这类专家，拥有丰富的专业领域实战经验，系统而全面的理论背景，创新而活跃的思维视角，从而能够有效地把复杂的问题抽离成一个个简单的问题，找到与实际情况结合的特定问题，再次回到复杂问题的本身，给出一定高度的解决方案。

（3）让专家成为培训师。如果采取最为简单的解决问题的方式，一遇到问题就丢给专家，这样久而久之，会养成依赖的习惯，削弱团队其他成员思考问题的能力。一个成功的项目不仅会有丰硕的项目成果，同样会培养一支优秀的项目团队。项目团队成员需要保持虚怀若谷的心态，彼此依存，互相促进，走出只论其一、不及其他的交流模式，在互相的分享中促进思想的流动，在思维运动的过程中获得启迪，拓宽视野，不断挖掘团队的潜力，创造价值。专家效应能否最大限度地发挥作用，与专家自身的修养、眼界和职业素养有关，也和整个团队文化氛围相关。

参考文献

[1] 浅谈项目管理的十大原则. http://www.doc88.com/p-503837039030.html

[2] 甘特图. http://baike.baidu.com/subview/1653/1653.htm

[3] 如何使用甘特图成功运营一个项目. http://blog.sina.com.cn/s/blog_628ee2450101itpp.html

［4］挣值管理的小故事. http：//www. chinardm. com/blog/user2/lyujyan/archives/2009/
33708. html

［5］挣值如何计算. http：//wenku. baidu. com/view/87d2d00503d8ce2f00662367. html

［6］蓦见. 看似简单设计源自大量市场调研[J]. 企业党建,2009(12).

［7］最高科技奖得主王永志：发射场上常胜将军. http：//www. cctv. com/news/science/
20040224/100431. shtml

［8］大伟. 专家的伟大作用. http：//blog. sina. com. cn/s/blog_50060b3301009qfk. html

游戏是一种练兵，在愉悦中参悟成功。理解艰深的理论，变得简易和轻松。

第七章　创新团队案例分析

创新团队来自于创新理论和团队概念的整合。它由许多学科交叉、技能互补且扮演不同角色的相互依赖的人所组成，这些人共同努力，以各自独特的方式在所处的环境中共同完成预先设定的创新目标。在团队的整个生命中，团队既要完成任务、履行任务措施，又要维护关系、履行关系措施。创新团队的团队角色分配，不同性格表现适合什么团队角色，不同发展阶段的创新团队常常遇到什么问题，这一系列问题通过对创新团队的调查，结合性格理论与团队理论，了解创新团队的特点，发现创新团队容易出现的问题，给出建议，为创新团队构建、组织、管理运行提供一些参考。

第一节　创新团队案例情况

本次调查的对象是 27 个创新团队，这些团队来自于某市科研院系统。该科研院自 2008 年开始实施"创新团队计划"，7 年间累积支持了 60 个创新团队，支持周期 3 年。本次调查选取了 2013—2015 年支持的 27 个创新团队，通过创造力测评与团队角色分析，来了解创新团队的基本情况。

一、创新团队组成情况

调查的 27 个创新团队，来自事业单位的 16 个，来自企业的 11 个，按团队职能涉及社科类公益研究（3 个）、应用技术研发（22 个）以及科技服务（2 个），涉及劳动防护、理化分析测试、环境与新材料、电子信息、营养卫生、机械加工等多个专业领域，以及情报分析、文献出版与科学普及等社科领域。27 个团队的 191 个成员基本情况如下。

（1）创新团队成员年龄。经过调查发现，（图 7-1），每支创新团队成员人数基本为5~8人，团队成员平均年龄33岁，处于创新思维活跃、精力充沛的阶段；其中 40 岁以上年龄的团体成员占到21%，与传统科研团队的人才结构要求相符合。

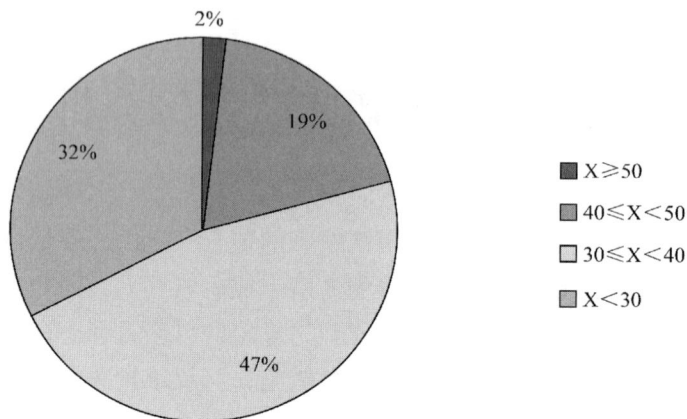

图 7-1 创新团队成员年龄分布图

（2）创新团队成员性别。男、女性别比例为 88：103。11 个企业单位和 16 个事业单位团队成员中男女性别比例分别为 1：0.93 和 1：1.49，可见女性在事业单位中的比例明显要高。

（3）创新团队成员职称与学历。来自企业的创新团队更青睐硕士，而博士们更多地选择加入事业单位的创新团队。27 支团队 191 个成员职称分布为初级 13%、中级 51%、高级 9%、副高 27%；学历分布为本科 11%、硕士 56%、博士 33%（图 7-2、图 7-3）。同样在职称分布中，事业单位中 16 个创新团队 100 位成员中中级和副高级占到 79%，略高于企业单位的 77%，但事业单位团队成员中硕士以上学历占 98%，与企业单位团队成员中硕士以上学历的 72% 有明显不同（图 7-4、图 7-5）。

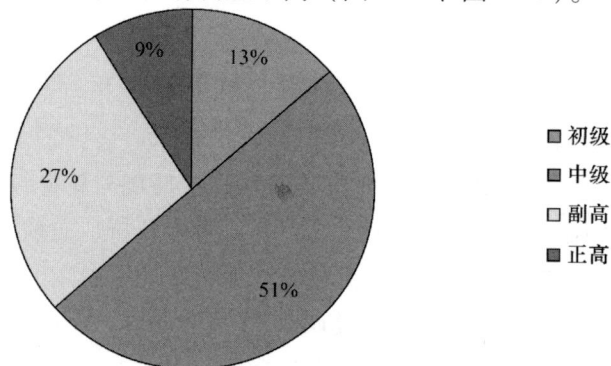

图 7-2 创新团队成员职称分布图

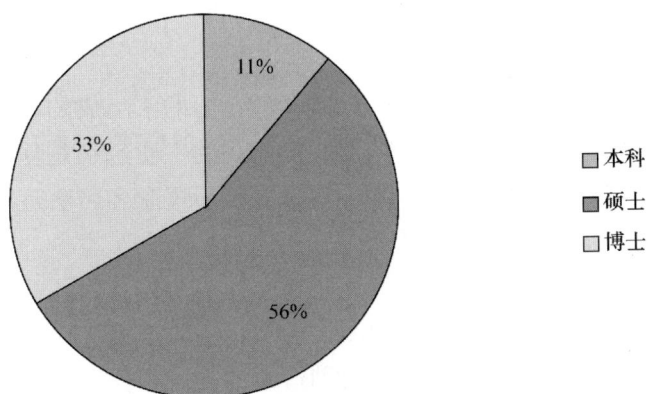

图 7 – 3　创新团队成员学历分布图

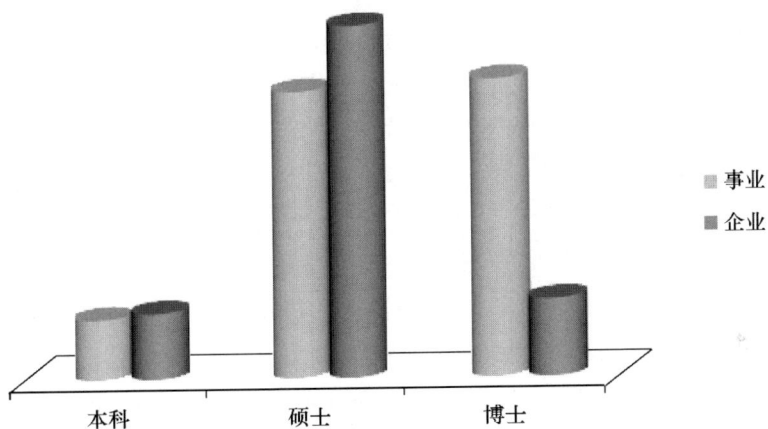

图 7 – 4　企事业单位创新团队成员学历分布图

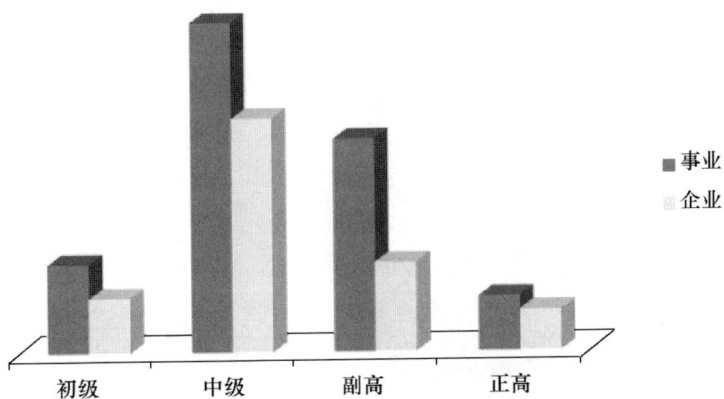

图 7 – 5　企事业单位创新团队成员职称分布图

二、创新团队的创造力

创新团队是由一群训练有素、充满了创造力的人组成的、主要进行复杂系统创新活动的集体。创新团队与一般团队的主要区别是创新性活动范畴，不是简单人、数的合并和拼凑，而是对创新理念和团队理念的深入整合，没有了创新理念，创新团队就失去生命力，失去了竞争的原动力。因此，团队成员个体创新意识的迸发和碰撞与团队协作作用同样重要。美国心理学家吉尔福特通过个人创造力测试为飞行团队选出优秀的飞行员的故事告诉我们，永远不能忽视那些富有创造力的人才，他们往往有着不同寻常的个性心理特征，能灵活深刻、有条不紊地思考问题并能将思考的结果加以实现。

对 27 支团队 191 位成员进行创造力调查，依据是美国普林顿创造力研究所所长、著名心理学家尤金·劳德赛根据对善于思考、富有创造力的男女科学家、工程师和企业经理的个性品质研究，设计出的一套深受各界推崇的测试题。

调查发现，27 支创新团队 191 人中，创造性强的人（56～84 分）占到 52%（图 7-6、图 7-7），他们表现出高度的自觉性和独立性，有旺盛的求知欲，有强烈的好奇心，对事物运动的机制有深究的动机，工作中讲求条理性、准备性与严格性，有丰富的想象力、敏锐的直觉，喜好抽象思维，对智力活动与游戏有广泛兴趣，富有幽默感，表现出卓越的文艺天赋，意志品质出众，能排除外界干扰，长时间地专注于某个感兴趣的问题之中。

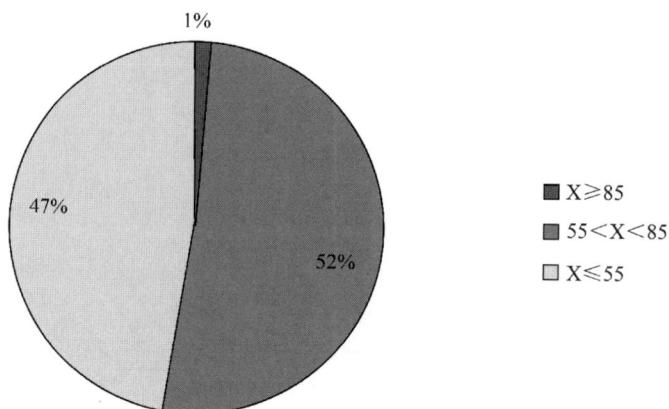

图 7-6 创新团队成员创造力得分分布

- X≥85
- 55<X<85
- X≤55

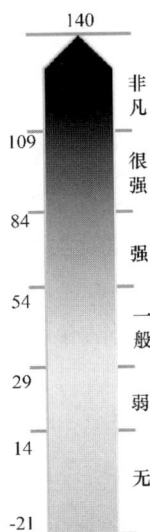

图 7-7　创造力能力分档

　　所调查的 27 个创新团队平均创造力在 55 分以上的团队有 20 个，低于 55 分的有 7 个。20 个创造力强的团队中 11 个来自于事业单位，9 个来自于企业，分别占事业创新团队总数的 68% 和企业创新团队总数的 81%。因此，企业更注重创新，并强调创新活动的开展（图 7-8）。

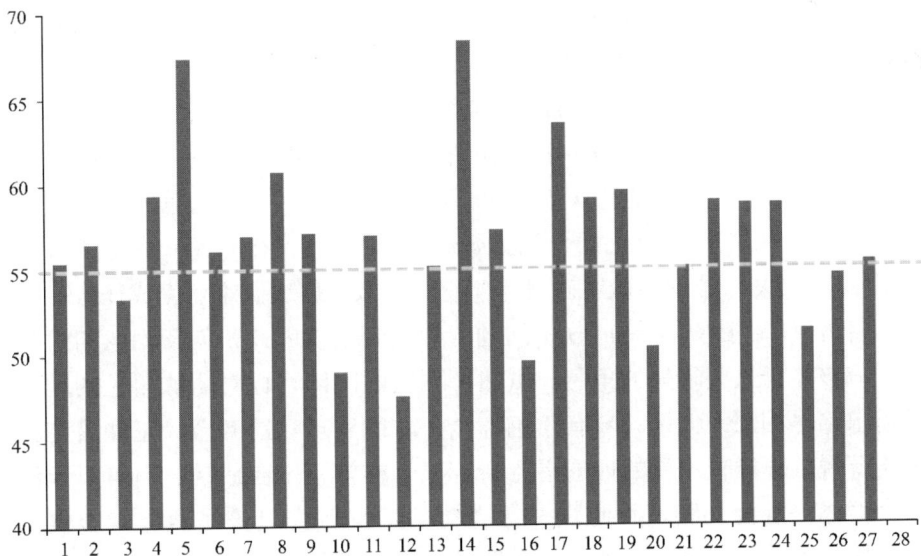

图 7-8　团队平均创新力汇总

当然，团队的创新能力不仅受到个体创造力的影响，同时也受到团队文化、组织结构、领导者、运行机制等多个方面的因素影响，下面陆续对团队组织、构建与运行进行调查。

三、创新团队角色

贝尔宾博士认为，没有完美的个人，只有完美的团队。一个成功的团队首先应该是执行者、调查者、协调者、监督者、塑造者、支持者、创新者和完成者等角色的综合平衡。团队角色通过合理定位、弹性转化、主动互补，使整个团队生机勃勃，充满活力，以求绩效目标的实现。同时，创新团队的绩效任务是创新目标的达成，它的团队角色具有什么特点，又会存在什么问题，需进一步开展团队角色调查。

调查发现，27 个创新团队中 3 种最多的角色分别是执行者、完成者和支持者，他们身上体现了创新团队角色的特点，尤其当调查对象是服务于科研院系统时，如团队成员性格温和，有强烈的自我控制力及纪律意识，能系统化地解决问题，并注重细节等。其中，执行者因为其实干与工作勤奋理应成为创新团队最多的角色，支持者因为给予他人支持，并帮助别人，促进团队的合作，也成为常在团队中出现的角色。当然，创新团队不只是需要一批"任劳任怨的好好先生"，强调任务的目标要求，在方案中寻找并指出错误、遗漏和被忽视的内容，追求完美，持之以恒，创新才能得以实现，因此，完成者（FI）也成为创新团队的主要角色。

调查发现，最少的三种角色是监督者、塑造者和创新者（图 7 - 9）。在创新团队中，创新者是最少的，在调查的 27 个团队中，有 13 个团队缺少创新者，在创造力调查中，有超过 50% 的团队成员创造力强，但却缺少充当创新者和发明者角色的，让人深思。同样，一个团队，缺乏塑造者（8 个团队缺失）推动团队明确目标、意见一致、解决困难、完成任务，缺乏监督者（6 个团队缺失）分析问题、做出判断。因此，创新团队的组织者，应该注意这些缺失的角色。虽然，不同的团队目标对团队角色的配置和需求不尽相同，但是，唯有角色齐全，才能实现功能齐全。正如贝尔宾博士所说的那样，用我的理论不能断言某个群体一定会成功，但可以预测某个群体一定会失败。因此，一个成功的团队首先应该是执行者、调查者、协调者、监督者、推动者、凝聚者、创新者和完成者等角色的综合平衡。在组建团队时，从团队角色理论的角度出发，还应特别注重培养团队成员的主动补位意识——即当一个团队在上述团队角色出现欠缺时，其成员应在条件许可的情况下，增强弹性，主动实现团队角色的转换，使团队的气质结构从整体上趋于合理，以便更好地达成团队共同的绩效目标。事实上，由于多数人在个性、禀赋上存在着双重甚至多重性，也使这种团队角色的转换成为可能，这一点也被下面的调查结果所证实。

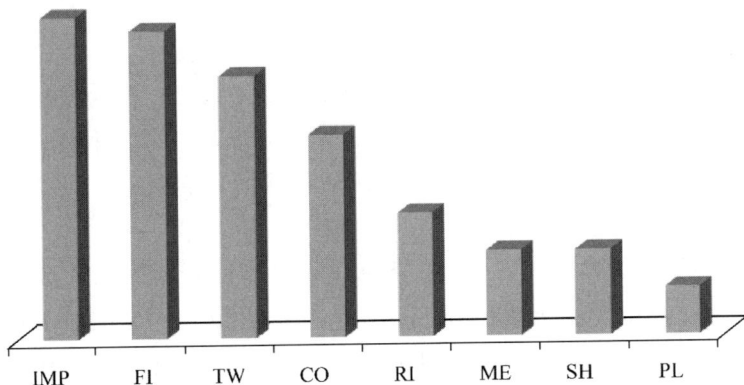

图 7－9　团队成员角色分布图

第二节　成员性格与团队角色

贝尔宾团队角色代表的是一种对任务和活动实施自我管理所表现出的个人行为特征，而非个性类型。但贝尔宾角色理论中认为，具有特定性格特征和能力的团队成员在团队中的表现和能力可为团队做出贡献。因此，在团队成员的"团队角色"和"职能角色"双重角色中，团队个体成员的气质、性格和行事风格，与其在专业领域内的知识和技能具有同样重要的地位。创新团队的成员在实现某种既定的创新目标的过程中既要满足学识培养、实践活动和职能分工等共同条件，每个团体成员又要具备鲜明的、外显的行为风格及个性特征。团队角色是通过任务的分工及完成发挥作用，强调的是角色在团队任务的执行过程中团队成员表现出的行为风格，但实际上，很多团队成员的行为模式是其性格特质在团队目标任务的实现中通过良好的团队合作、沟通等机制获得完善并得以表现的。因此，掌握团队成员的性格特质，了解创新团队的性格表现，找到成员性格与团队角色的联系，有助于了解团队、组织团队、管理团队，从而更好地提高团队整体工作绩效和更好地发挥创新潜能。为了很好地诠释团队成员的个性化对团队角色定位的参考意义，笔者对 27 个创新团队进行了 DISC 分析与九型人格分析，希望找到团队角色与成员个性之间的联系与互动。

一、DISC 性格表现与团队角色

20 世纪 20 年代，美国心理学家马斯顿博士发展出一套理论，用以解释人的情绪反应与行为特征，即 DISC 理论。利用 DISC 行为分析方法有助于了解个体心理特征、行为风格、沟通方式、激励因素、优势与局限性、潜在能力等，其被广泛应用于测查、评估和帮助人们改善其行为方式、人际关系、工作绩效、团队合作、领导风格等。

通过组织行为学方法（DISC 个性特征测评）分析团队中成员的行为特征，一方面帮助团队成员了解自己的工作偏好以及对于团队的优势与局限性，有助于团队领导者了解和把握自己的团队的典型特征，优化团队组合；另一方面可及时对团队成员的行为进行管理与调整，因地制宜地对独立成员进行有针对性的培养与发展，从而改善沟通和协作，提高团队效率，提升团队凝聚力。

笔者对 27 支创新团队的所有成员进行了 DISC 分析，测试结果如图 7 - 10 所示。C 型和 S 型成为本次调查的创新团队成员的主要表现。其中，S 型与它在普通团队中（30% ~ 35%）的占比相符，这样的团队成员喜欢在稳定与协作的专业技术领域工作，在稳定的环境中客观系统地为团队服务。C 型高于其在普通团队中（20% ~ 25%）的占比，这些团队成员的特点是追求完美、关注细节和流程、做事逻辑性强、注重标准和质量，善于总结经验并且分析原因。这些表现符合所调查的创新团队服务于科研院系统的背景。但是在创新团队中，需要注意的是高 S 的成员倾向于重视惯例和连贯性，即使有时候是不合时宜的。由于追求安全感和稳定性，而一味求稳便缺乏创新并阻碍了变革。而高 C 的成员对自己和他人较为严格，要求他人像自己一样细致而且逻辑严谨，并强烈追求完美，这种方式有时会产生沟通上的不理解，甚至冲突。

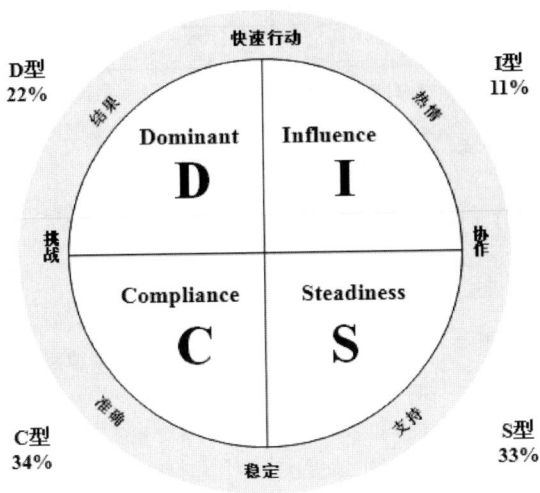

图 7 - 10 团队成员四型人格分布情况

在这次调查的创新团队中，D 型（22%）高于 D 型在普通人群中的占比（10%），D 型成员独立、大胆、直接、果断，追求结果勇于挑战，富有创新精神，正是创新团队成员具备的特质；I 型（11%）表现的成员相对较少（普通人群占比 25% ~ 30%），但是 I 型成员乐观、热情，善于激励其他人为团队目标奋斗，善于协商缓解冲突，善于推动创新，这些特质对创新团队非常重要。同样，在创新团队中需要注意的是，高 D 的成员倾向于在不请教他人或不考虑对他人的影响时快速做出决定，做事虎头蛇尾，这种情况容易导致个人英雄主义或者缺乏团队意识。高 I 的成员过于关系导向，他们会通过与别人交谈，运用其个人魅力与他人建立友好关系，但有时会造成一味追求关系而忽略了追求结果，导致效率低下。

因此，对于创新团队的组织者或带领者，当认识到团队成员身上的四种表现特质，应该采取什么的举措来使各种特质的团队成员在工作环境中实现团队期望呢。笔者的建议见表 7 - 1。

表7-1 基于四型人格特征沟通与激励的建议

	D	I	S	C
适合的工作环境	• 独立、革新的、以未来为导向的环境，富有竞争与挑战 • 不受控制、监督和琐碎事困扰	• 自由度较高，人们之间密切联系的环境，轻松友善的团队氛围 • 不受控制和琐碎事的困扰	• 轻松、友好且非正式的工作环境 • 稳定的、长期的团队合作关系	• 面向技术或专业领域，架构清晰、流程明确、标准完善的工作环境 • 人际关系相对简单
沟通之道	• 意图明确，直扑重点，简明扼要 • 以实现目标和提高效率为导向，计划方案提供多种的选择 • 如有意见不合，避免直接生硬反驳，注意就事论事	• 保持较高的沟通频率，以建立良好联系 • 少说多听，鼓励其表达意见和看法，并对其给予关注和兴趣 • 笔录共识之处，避免争论	• 营造友善轻松的谈话氛围，先闲聊家人再谈公事 • 耐心地鼓励其多发表看法，避免批评、挑战或催促 • 如遇争论，要及时找到原因并给其时间考虑	• 直奔主题、清晰明确、就事论事，避免过于热切和随便 • 交换充分的信息、资料与细节，放宽时间避免催促 • 如遇分歧，要举出事实或有根据的论点作为证明
激励之道	• 支持其目标，赞扬其效率，给予其挑战，相信其坚韧 • 在合适的情况下，给予更多的机会、更大的独立空间、更高的自主权 • 激励的形式能显示其身份，提高其名望	• 赞美他们的影响力，让其感到被关注、被重视、被尊重 • 助其拓展关系，建立人脉 • 公开、热烈的激励形式	• 支持他们的工作，对于他们的认真态度和敬业精神给予肯定和鼓励 • 安定及稳步上升的环境 • 稳定长期的福利保障、自由时间或面向家庭的激励形式	• 切合实际地赞扬其分析、推理等方面的能力 • 在合适的情况下，给予更大的独立空间、更高的权限 • 凸显品质或数据增长的激励形式

不同行为风格的成员在团队中适合承担不同的团队角色，如图7-11所示。例如，高 D 的人员勇于开拓、接受挑战并结果导向，他们是创新者；高 C 的人员以其注重分析与细节的特点符合监督者的角色要求；每个团队的支持者多是高 S 的人员，他们的坚持成为团队发展的基石；调查者角色通常由很喜欢分享和结交关系的高 I 人员充当。每个人具有两种或两种以上行为特质，有可能一个人担任不止一个角色。一个 DI 的成员，他可能既是创新者又是塑造者和调查者；而一个 SC 的人通常在团队里兼备支持者和监督者两种角色。在这次的 DISC 分析中，C 型与 S 型团队成员众多，正好呼应了团队角色分析中的执行者、完成者和支持者角色居多的情

况，如图 7 – 12 到图 7 – 15 所示。但是，监督者的不足，甚至在某些创新团队中的缺失，值得注意与深思。同时，D 型与相对较少的 I 型，集中担当执行者、完成者和支持者的角色，而不是他们更适合且创新团队所缺少的创新者、塑造者角色，是什么原因引起的团队角色错位，也应该引起团队组织者的注意。因此，从团队角色出发，创新团队中，应该加大力度引入 D 型、I 型成员，并为其打造创新者、塑造者的角色定位，同时帮助团队成员在条件许可的情况下，主动实现团队角色的转换，使团队的气质结构从整体上趋于合理，正如贝尔宾所提倡的"增强弹性，主动补位"。

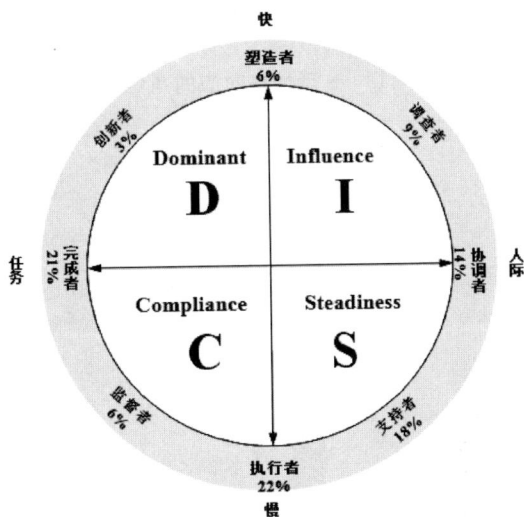

图 7 – 11　创新团队四型人格下对应的团队角色分布图

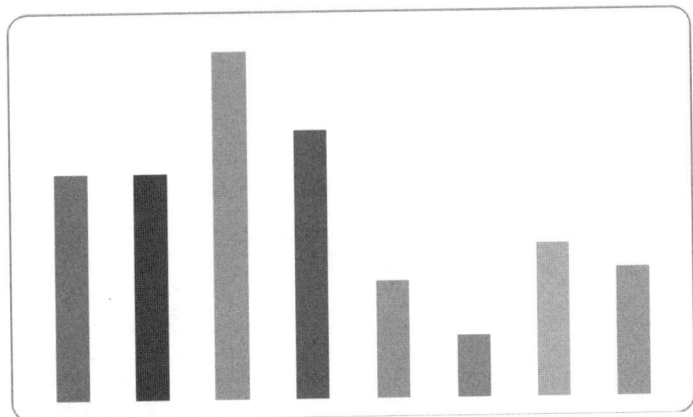

图 7 – 12　D 型性格对应的角色分布

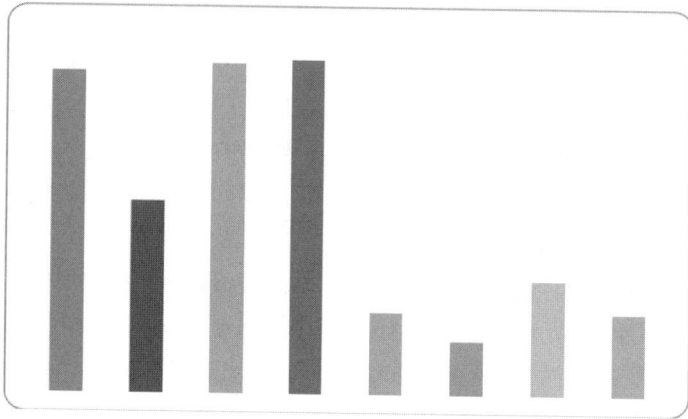

图 7 - 13　S 型性格对应的角色分布

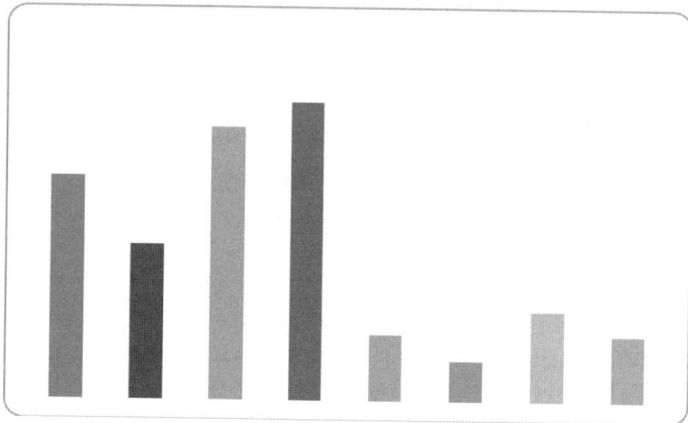

图 7 - 14　C 型性格对应的角色分布

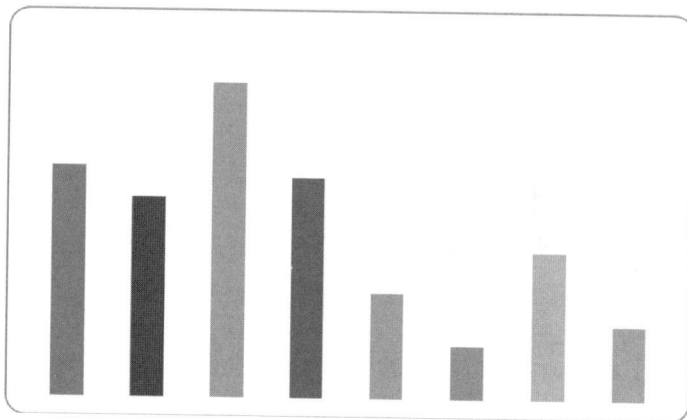

图 7 - 15　I 型性格对应的角色分布

二、九型人格与团队角色

九型人格学按照人们习惯性的思维模式、情绪反应和行为习惯等性格特质，将人的性格分为 9 种，即 1 号性格：完美型；2 号性格：助人型；3 号性格：成就型；4 号性格：自我型；5 号性格：理智型；6 号性格：疑惑型；7 号性格：活跃型；8 号性格：领袖型；9 号性格：平和型。它历史悠久，应用广泛，帮助全球众多机构与企业如通用汽车、HP（惠普）计算机、可口可乐等，改进管理、促进沟通、提升绩效。

九型人格与团队建设相结合，有助于更好地选择团队成员、促进自我认知与角色定位、改善团队协作与沟通，提升团队凝聚力。笔者对 27 个创新团队的 191 名成员进行了九型人格分析，结合贝尔宾团队角色理论，以求找到 9 种性格与角色的联系与互动，发现创新团队的问题，提出适当的建议（图 7 - 16）。

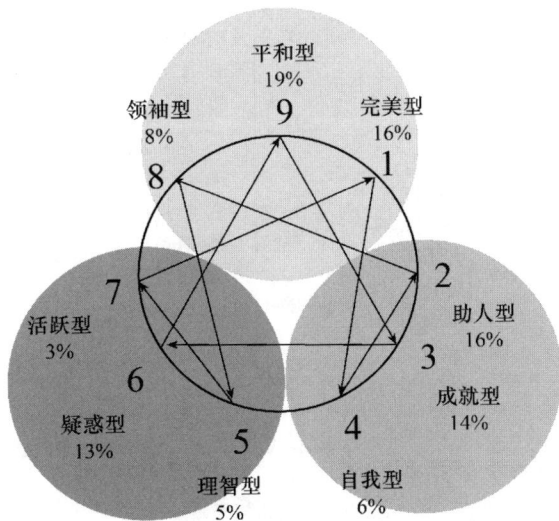

图 7 - 16　创新团队成员九型人格分布图

调查发现，在 27 个创新团队中，平和型、完美型、助人型、成就型和疑惑型在创新团队成员身上表现突出。它们许多对团队的特质正是创新团队所代表的，如成就型表现出的目标明确、行动力强、坚持不懈和攻坚克难，疑惑型表现出的忠诚、忧患意识与团队意识，平和型表现出的协调能力，完美型表现出的严谨与计划性等。同时，领袖型、自我型、理智型、活跃型在创新团队中表现较少，但它们对团队的特质正是创新团队所急需的，如领袖型出色的号召能力和方向感、自我型出色的创意能力、理智型的逻辑分析能力、活跃型超强的公关能力与活力。9 个类型都有自己的特质，这些特质对于团队都有积极的一面，同时，也可能因为成员状态不佳产生消极的一面。例如，消极的自我型什么都创造不了，每天就知道自怨自艾。因此，团队的组织者或带领者，对于自己的团队成员，应该采取不同态度与举措来换取成员积极的心态与付出。根据九型人格的表现特点，建议如表 7-2 所示。

表 7-2　基于九型人格特征沟通与激励的建议

性格	适合的工作环境		沟通之道			激励之道		
一 完美型	相对稳定的工作环境，标准明确、规范清晰、程序严谨	偏重技术性，不涉及复杂的人际关系	守时守规，措辞精确，条理清晰，依据充分	围绕目标/结果及时响应	如有争执，将批判转化为正面的建议，并及时帮助其抒发心中的不满	明确的指导和具体责任分工，会让其感觉到安全并积极行动	主动发现并赏识其具体技能和优点，赞赏其"高标准"与责任感	公正公平、稳定明确、条理清晰的激励形式
二 助人型	强调合作的工作环境	人际和睦，注重沟通	亲切友善，关注其所言所需；适当的身体接触	沟通围绕目标，理智的分析、逻辑的判断	如有意见不合，避免过激，伤其感情	良好的人际关系基础上，根据工作任务提出清晰以及强烈的要求	主动表明其对工作的重要性并感谢其所作所为	关注其所需，建立稳定联系的激励形式
三 成就型	充满开创性与进取性的工作环境，多元化，富有挑战与创意	少受规范、监督和琐碎事困扰	简洁直接，目标具体突出	沟通围绕目标/成果，保持高效	如遇不足，多提点督促	对其工作鼓励与肯定，公开表扬，私下提醒	更大的独立空间，更高的自主权	激励形式应着眼当下实际，帮助与奖励同步
四 自我型	相对自由独立的工作环境	富有创意，突出个人风格，避免枯燥重复、过多交际	真诚、真实的直接表达	理解重视其内心的情感和情绪变化	如遇不足，多分析提醒，避免激烈的批评	设置富有创新的工作目标，认可并反馈其工作的重要性	欣赏他们的创造力、理解力和感受力	突出激励形式的"独特性"

续表

性格	适合的工作环境		沟通之道			激励之道		
五 理智型	相对独立，时限要求较低的工作环境	富有理论性与逻辑性，避免竞争与对抗，多交际	请教的姿态，准备充分，依据充足	注重计划性与思考时间	就事论事，避免热切与身体接触	强调工作的难度与意义，明确工作界限与范围	赞赏其学识及分析能力；帮助其处理人际冲突	激励形式上注意足够的空间及时间的弹性
六 疑惑型	架构清晰、工作标准明确的工作环境，目标指引明确	容许自由发展，避免工作指引含糊	态度友好温和，通过真诚建立互信	围绕工作，要求直接明确	如遇问题或冲突，让其知道正在为此寻找有效的解决办法	明确树立工作的价值、责任和使命。安排任务要有明确的时间点，并在过程中不断检查进度	欣赏其忠诚与责任感以示独有的信任和器重	激励形式应展现长远的前景和价值
七 活跃型	轻松活跃，相对多变的工作环境，富有创意与变化	良好的人际沟通，避免重复性的工作	简洁，讲出要点与结论，避免长篇大论	营造积极向上的氛围，提供新奇有趣的计划或议题	如遇不足，促学习，少批评	鼓励其在工作上的持久与深入，提供美好的愿景	欣赏他们灵活的思维与乐观	灵活多变与有创意的激励形式
八 领袖型	自主控制、领导组织力强的工作环境	富有竞争与挑战	直接、坦诚、毫无保留，保持眼神接触，立场坚定	围绕工作向其通报全面的信息，多征求意见少指派	如遇问题，不要回避，勇敢承担责任，避免针锋相对的争辩	保持尊重、公正、公平的对待	欣赏其实力、正义感、敢于主张、不逃避困难，在合适的情况下，给予更多的机会，更高的权限	界限严格和奖惩明确的激励形式
九 平和型	亲切和睦、架构清晰、相对稳定的工作环境	良好的人际关系，较少的规则、时间限制	耐心倾听，鼓励其表达，营造和睦氛围	围绕工作，清晰明确程序与要求	如遇问题，多支持与认可	受重视，权威的支持与认可	赞赏其为团队共识付出的努力，并营造积极向上的工作氛围	激励形式注意明确激励制度和回报制度

　　九型人格展现了人们习惯性的思维模式、情绪反应和行为习惯等性格特质。与 DISC 理论相比较，也许可以看到完美型、理智型、疑惑型与 C 型相符，成就型、领袖型与 D 型相近，助人型、活跃型表现了 I 型的特质，自我型、平和型与 S 型的表现多有相同。不同性格特质适合担任不同团队角色，将 9 种性格特质与贝尔宾团队角色相联系（图 7 – 17），可以看到勤恳、细心的完美型应该作为团队的完成者去找出错误与疏忽，推动团队按时完成任务；忠于合作、善解人意，规避摩擦的助人型应该成为团队的支持者；自律、可靠，保守而有效率，把想法转化为实际行动的成就型适合成为团队的执行者；有创意，想象力丰富，不拘一格的自我型作为团队的创新者去解决疑难杂症；冷静清醒，有战略眼光和判断力的理智型可成为团队的监督者；一心一意，自我激发，敬业，提供少见的专业知识与技能的疑惑型应该成为团队的技术专家；乐观外向、善于沟通的活跃型作为团队的调查者去探索机遇，发展关系；善于鞭策鼓励，顶住压力，克服困难的领袖型应该成为团队的塑造者；成熟、自信、促进决策，善于授权的平和型适合担任团队中的协调者。在调查中，性格表现较多的完美型、助人型、成就型、平和型的成员多担任团队的完成者、支持者、执行者及协调者，成为创新团队的中坚力量；创意者、塑造者、监督者三种角色的缺失也正好被自我型、理智型、领袖型的缺少所印证。同时，结合性格表现的角色定位，自我型、理智型、活跃型、领袖型的错位也应引起创新团队的注意（图 7 – 18 至图 7 – 26）。

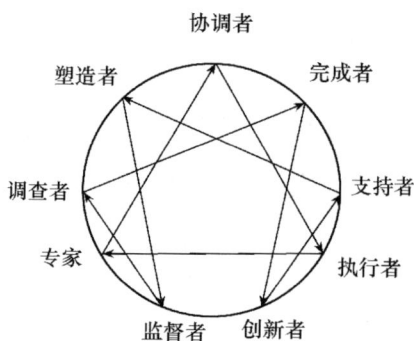

图 7 – 17　九型人格特质与团队角色特质关系

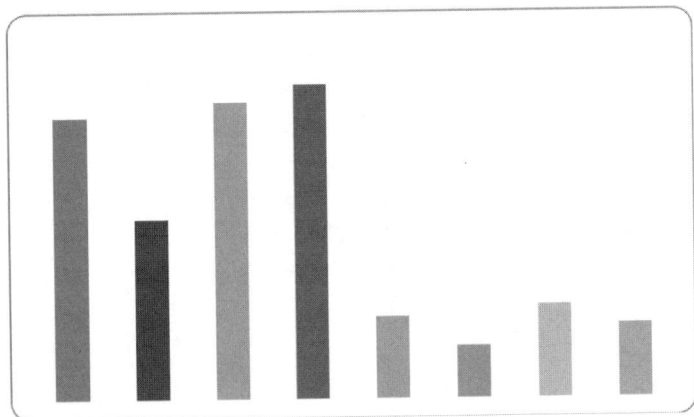

图7-18 平和型人格角色分布图

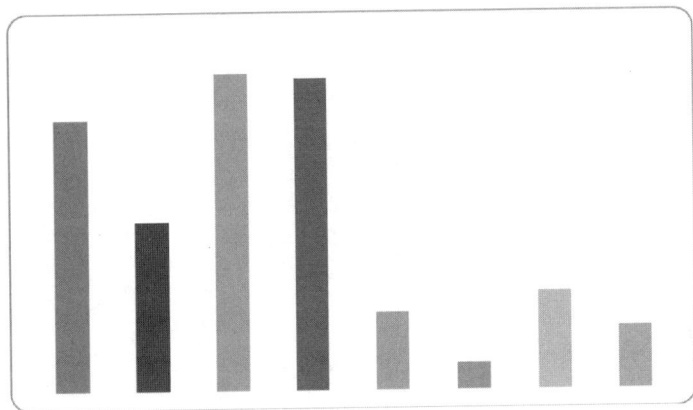

图7-19 疑惑型人格角色分布图

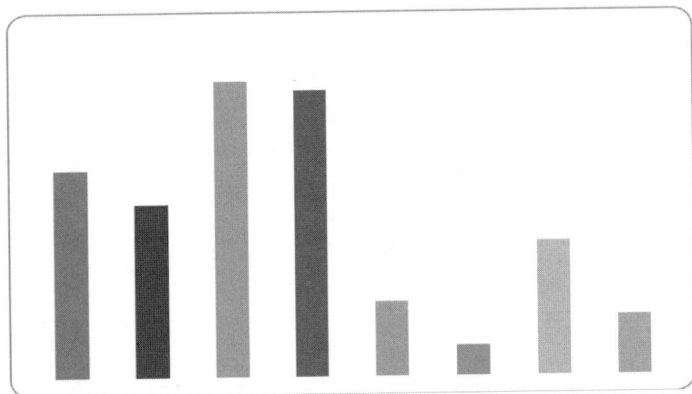

图7-20 成就型人格角色分布图

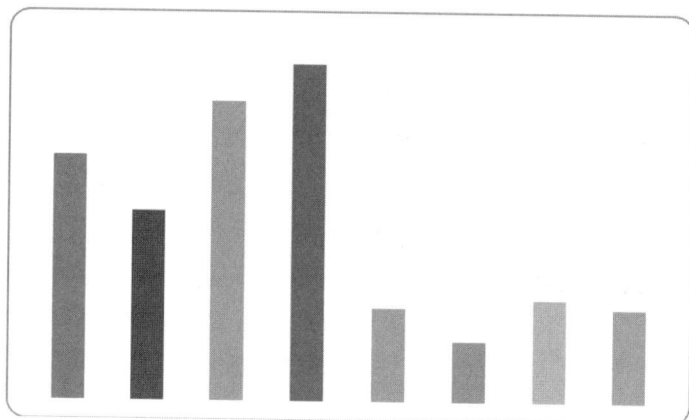

图 7 – 21　完美型人格角色分布图

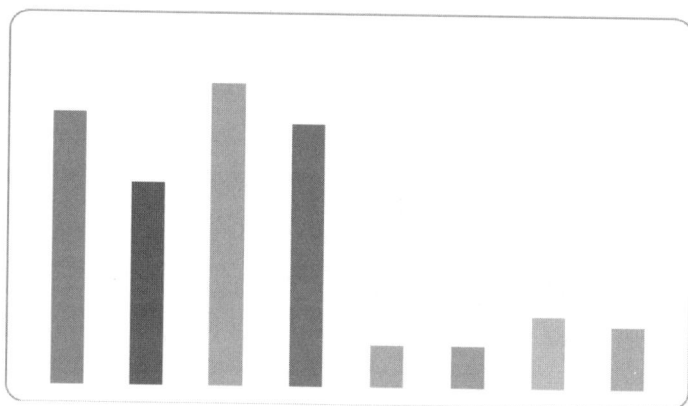

图 7 – 22　自我型人格角色分布图

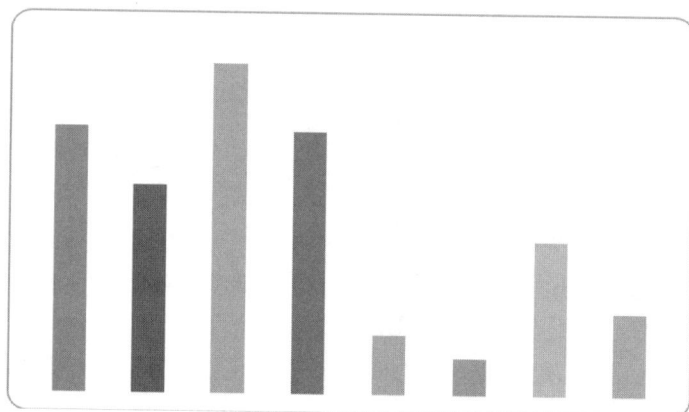

图 7 – 23　助人型人格角色分布图

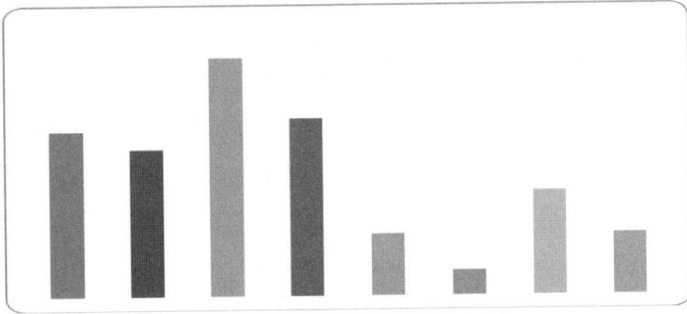

图 7-24 领袖型人格角色分布图

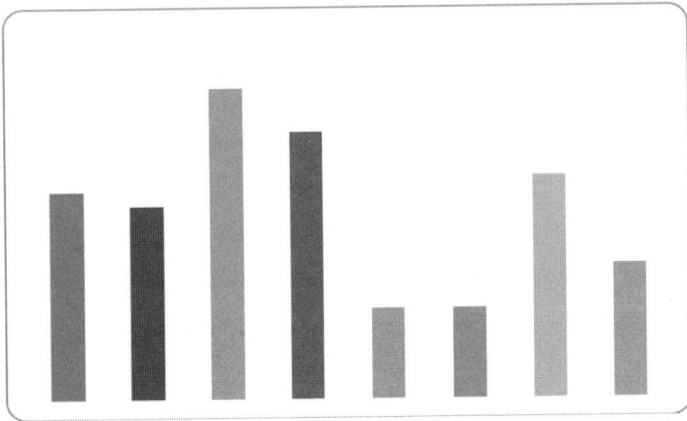

图 7-25 理智型人格角色分布图

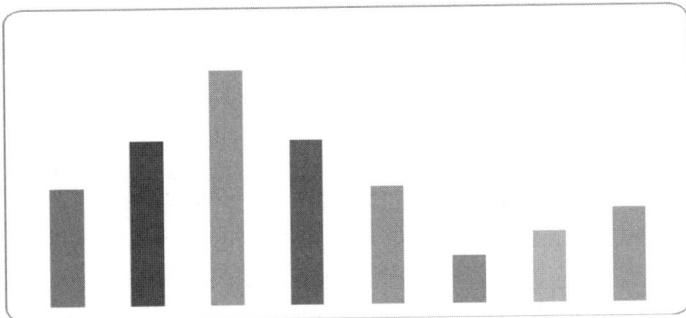

图 7-26 活跃型人格角色分布图

创新团队是由不同性格特质的成员组成的一个整体，无论 DISC 理论、九型人格学还是其他性格理论，都可作为促进团队认知的工具，帮助团队根据目标和环境做好成员的角色配置与定位、培养与提高。同时，通过性格特质的认知，尊重每个成员的性格特质，接受每种性格特质的价值，激发每个成员发挥自己的能力，对于创新团队来说更为重要。

第三节 创新团队的运行与管理

打造成功的创新团队，不仅需要一批富有创新能力的成员，成员个性与团队角色相适应、团队角色和任务职责相平衡，还应该树立创新目标，建立共同愿景，需要恰当的领导和良好的沟通，需要有效的激励与凝聚的团队精神，还需要运行高效、机制健全的内部环境和完成任务所需的各种外部资源。为了实现创新团队的创新目标，团队执行力、协作能力，团队沟通、激励、冲突管理等工作机制以及团队的文化建设都具有重要的意义。因此，笔者对处于不同成长阶段的创新团队进行了调查，希望能发现创新团队的组织、运行、管理等方面的问题，引起创新团队管理者的注意。

一、创新团队的发展阶段

不论何种团队，其生命周期基本上都遵循了"创立→发展→成熟→衰退（转型）"的基本规律。从塔克曼提出的团队生命周期来看，一个团队的发展阶段（团队发展时刻表）可以分成导向阶段（形成期）、磨合阶段（震荡期）、组织形成阶段（规范期）和运行阶段（执行期）4个发展阶段和一个解散阶段。根据团队4个发展阶段团队及成员的行为态度及心理特征表现，笔者对27个创新团队开展了调查，以了解创新团队在不同发展阶段的特点（图7－27）。

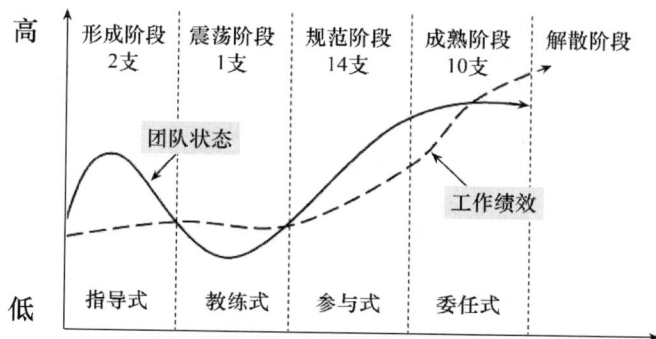

图7－27 创新团队成长阶段状态与绩效

调查发现，27个创新团队中，有两个团队处于导向阶段（形成期）。这两个团队2015年接受创新团队计划支持，大多团队成员也刚在一起共事。其主要表现有：团队成员对团队的发展既有期待也有困惑，不了解团队目标，对工作的标准也不明确，团队成员之间客气有礼，团队的工作机制、工作方式及激励机制还未明确，团队成员主要是根据团队带头人又是部门负责人的要求完成日常部门工作，对团队创新任务还未认真思考，对于团队角色还很模糊。面对这种情况，团队领导者的指导作用很关键，团队领导者应该多为成员创造沟通机会与场合，如会议、活动、培训等，让成员了解团队的发展愿景与任务目标，加强对团队成员的了解，指导其理清思路尽快进入角色。此时的绩效激励因无法评估个人贡献应更偏重团队整体，帮助团队营造相互支持的合作氛围。

调查中，有一个团队处于磨合阶段（震荡期）。这个团队组建已有一年，还存在创新不足（成员平均创造力低于55）、基础较差、经费紧张的问题，关键是团队成员感觉到原来的期望与现实之间存在着很大差距，对眼前的现实感到不满，相互之间各自为政，目标想法不统一，冲突争执较多。团队已有一定的工作机制如例会、定期评估等，但是在绩效激励机制方面还有较大欠缺。面对这种情况，对于团队管理者，需要像球队教练一样把控全局，确立与维护规则，同团队成员一起进行讨论，鼓励团队成员就有争议的问题发表自己的看法，让大家懂得"游戏规则"。对积极的现象及时给予表扬和肯定，对团队中出现的消极的、不利的倾向应给予及时的纠正，使团队建立起良好的团队文化氛围，和团队成员一起建立共同的目标。震荡期的团队激励，应该强调团队愿景和团队绩效，增强团队整体增效。

调查中，绝大多数团队均处于规范期和成熟期，第三阶段有15个团队，处于第四阶段的有10个团队。处于这两个阶段的团队，团队成员关系亲密融洽，参与决策、相互负责，工作方式程序相对成熟灵活，团队绩效稳定提高。第四阶段的团队，在此基础上的突出点是更加灵活与高效。对于处于第三阶段的团队，团队领导应该转变为参与者，充分放权授权，给予团队成员更多的自主权，并创造更多的学习机会，帮助成员与团队一起成长。而处于第四阶段的团队领导者可考虑多采用委任式，让团队成员共同决策、共担责任，放手去做，将注意力多放在新的发展规划与目标愿景上，关注团队成员的个人需求与成长。在三、四阶段，团队的绩效管理激励已相对成熟合理，应加强精神文化激励、团队集体荣誉激励，辅助一定的个人激励。

在调查中，处于规范期和执行期的 24 个创新团队，不少团队成员认同"团队的大多数工作还是有一个正式的或非正式的领导带领大家来做的"和"多半团队成员希望得到团队领导给予工作上的安排和指示"这两种表现。一般来说，团队发展越成熟，团队成员对工作任务越明确且能自行开展，每一个成员都要承担相应的责任，甚至共同负责。领导者所拥有的权利越来越小，团队成员开始自我管理并共享决策。成熟的创新团队不应该出现上述两种表现。经过分析认识到，创新团队成员的 DISC 测试中，C 型表现占到 33%，他们表现出遵从的性格倾向，喜欢领导给予的详细指令和信息。所调查的 27 个创新团队，其团队负责人基本都是依托单位或部门的负责人，形成了组织领导与团队领导的身份叠加，这种情况，在资源配置、人员激励方面对团队有有利的一面，但在营造民主氛围、共担责任、共同管理方面显示出不足，这也是所调查的创新团队的一个特点。

二、创新团队的运行管理

从一个优秀的团队身上能看到开放的氛围、高度的责任感、较好的反馈能力、成员个人的继续发展、目标导向性、明确的管理、良好的组织协调、合理有效的角色分配、突出的业绩、高效的工作方法、适宜的个人能力等。这一切，离不开良好的内外部环境、适合的组织与领导及高效的运行与管理。笔者从团队环境有效性、团队组成有效性和团队运行有效性三个方面对 27 个创新团队进行了调查，希望能发现团队在环境构建、领导决策、运行管理方面的问题，为团队管理者提供参考。

在团队环境构建方面，团队所在单位对团队的影响，主要包括团队环境（如经费、工作环境）、人力资源控制（如培训、绩效激励等）和团队目标三个方面的内容。其中，团队环境与人力资源控制方面得到了较多反馈。对于团队环境，团队成员对"投入经费是否充足"反应强烈，创新团队管理者需要给予足够的重视和支持。创新团队应具备一定的物质基础，包括可以实际支配和利用的设备、资金和权力，及与创新团队相关的理论或技术基础，这些是创新的基本保障；在人力资源管理方面，创新团队成员希望"团队有合理、公平、公正、健全的各项规章制度"，"有完善的工作机制与激励机制"，甚至希望"团队有明确的奖罚制度"，这与创新团队

DISC 调查中 C 型、S 型成员较多，九型人格分析中平和型、助人型、疑惑型成员较多有一定关系，这些团队成员希望在一个架构清晰、流程合理、标准完善、机制明确的组织环境中开展工作。其中，如何公平、公正、合理的对团队成员进行激励，需要得到创新团队的高度重视。创新团队与普通团队的区别在于，它是以创新为目标的；创新与创造的区别在于，创新是创造有价值的结果，有效的激励正是价值的导向，创造到创新的达成，正是创新团队成员自我的实现。激励是调动创新团队成员工作热情、提高工作效率、增强对团队的认可和信心的重要途径，作为一个创新团队来说，激励能更好地发挥成员个体主动性和创造性，促进成员创新思维的活跃和思想火花的碰撞，增强整个团队创新的协同效应。因此，激励机制应该是团队管理的重要环节。良好的激励机制，既要重视物质激励，又要重视精神激励；既要考虑激励对象的多样化，又要考虑激励方法的多样化。也就是说，不同个性或处于不同发展阶段的团队成员对激励的需求可能均存在差异。如前所述，团队成员不同的性格特点决定其对团队激励的认可形式不同，如果能够结合团队发展阶段不同特点，灵活设置并采用不同激励方式，就能将创新团队效能发挥最大。

在团队组成有效性方面，团队组成与团队能力，主要包括团队任务、团队领导、团队成员、团队创新能力等方面的内容。对于团队的领导与决策，团队成员反映强烈。他们希望"所在的团队中所有人都能了解充分的信息""团队的每个人有同等发言权并得到同等重视""对于团队领导的个人决策，团队设置了一定的制约机制，使其慎重""设置了清晰的决策机制基础上，有一定的程序"。因此，"团队在风险预测、发展方向上预判能力突出"。调查发现，创新团队显著异于普通团队的一个特点是对"民主氛围"和"共同管理"的强烈意愿，它主要表现为创新团队成员相互尊重、相互信任，团队氛围民主；创新团队的组织结构趋于扁平化，强调"自由平等"，从而充分发挥团队成员的创造能力和责任感；创新团队渴望"共同管理"，尤其是团队发展到稳定阶段，成员开始希望共享决策权。但是另一方面，部门负责人或科室负责人常常是团队领导，行政管理上的权利影响，使团队成员在共同管理方面的反应更为强烈，期望更为突出。因此，集体决策、相互负责、民主管理、自我督导的团队氛围营造与团队文化形成，对于创新团队的运行管理十分重要。

在团队运行有效性方面，从团队凝聚力、团队沟通、团队冲突、团队协作、团队制度、团队执行力多个方面来了解创新团队是否良好运转。沟通成为影响团队凝聚力提升、执行力增强、团队协作紧密、冲突管理适当以及团队有机运行的一个主要因素，创新团队成员十分关注"高效多频的团队会议""有益的座谈与活动"等"有效的沟通机制及渠道"的建立从而去达成共识、树立目标、管理冲突、齐心协作。因此，创新团队管理者应该充分地认识到，沟通是团队成员感受到其在团队中的地位、自我价值以及受到激励的重要途径，是完善团队思想和信息交换的基本功能单位，进而是团队决策形成、实施和贯彻的有效手段；是成员展现自己、获得认可以及释放情绪和压力的有效方法；是建立团队成员信任，促进团队知识共享，提升团队绩效的重要内容。只有建立良好的沟通机制和畅通渠道，才能使团队成员及时准确地了解组织任务、领导者指示、其他成员的见解等，利于消除误解，管理冲突，也会促使成员提出更多宝贵的意见。因此，对于创新团队领导者而言，特别是一些初建或未能达到成熟阶段的创新团队而言，要建立稳固的内部沟通渠道，通过正式或非正式沟通，如定期或不定期举办小型座谈会、不定期举办聚会和活动，加强成员之间了解和感情，建立朋友式合作伙伴关系。积极完善和发展沟通机制、合作机制，注重培养成员沟通意识和提高沟通能力；营造个人知识和团队智慧交流、融合的知识共享机制，凝聚团队智慧，增长个人知识，提升个人价值，建立依赖感与可信度，通过标准流程和方式进行沟通、化解冲突和分配资源，从而增强团队创新力并提升团队绩效。

回顾27个创新团队的调查，笔者试图发现创新团队的组成特点，找到成员性格与团队角色的联系，发现不同成长阶段的运行管理问题，提出有参考价值的建议。希望这一过程对创新团队的组织构建与运行管理有所帮助，在本章的末尾，附上了调查中部分采用的测评题，希望有助于创新团队的自我分析。

第四节　创新团队测评

一、创造力测评

不同创造性理论对创造性本质的认识有很大的差异，这种认识上的差异就表现在不同测评工具的理论建构上。常见的有《南加利福尼亚大学测验》《芝加哥大学创造力测验》《沃利奇－凯根测验》等。当今关于创造性的测评很多。总体来看，主要包括创造性思维、创造性人格、创造产品和创造环境等几个方面的测评。笔者推荐的是美国普林顿创造力研究所所长、著名心理学家尤金·劳德赛根据对善于思考、富有创造力的男女科学家、工程师和企业经理的个性品质研究，设计出的一套测评题。

测试说明：

- 该问卷共计50题，请用10分钟回答。答题时，只要求在每一句话后面，用一个字母表示你同意或不同意：同意用 A，不同意用 C，拿不准或不知道用 B。
- 回答必须诚实，准确，不要猜测。

测评开始：

1. 我不做盲目的事，也就是我总是有的放矢，用正确的步骤来解决每一个具体问题。（　　　）

    A. 同意　　　　　B. 拿不准　　　　　C. 不同意

2. 我认为只提出问题而不想获得答案，无疑是浪费时间。（　　　）

    A. 同意　　　　　B. 拿不准　　　　　C. 不同意

3. 无论什么事情，要我发生兴趣，总比别人困难。（　　　）

    A. 同意　　　　　B. 拿不准　　　　　C. 不同意

4. 我认为，合乎逻辑的、循序渐进的方法，是解决问题的最好方法。（　　　）

    A. 同意　　　　　B. 拿不准　　　　　C. 不同意

5. 有时我在小组里发表的意见，似乎使一些人感到厌烦。

    A. 同意　　　　　B. 拿不准　　　　　C. 不同意

6. 我花大量时间来考虑别人是怎样看待我的。（　　　）

    A. 同意　　　　　B. 拿不准　　　　　C. 不同意

7. 做自己认为正确的事情，比力求博得别人的赞同，要重要得多。（　　　）

    A. 同意　　　　　B. 拿不准　　　　　C. 不同意

8. 我不尊重那些做事似乎没有把握的人。（　　　）

    A. 同意　　　　　B. 拿不准　　　　　C. 不同意

9. 我需要的刺激和兴趣比别人多。（　　　）

A. 同意　　　　　B. 拿不准　　　　　C. 不同意

10. 我知道如何在考验面前保持自己的内心镇静。（　　　）

A. 同意　　　　　B. 拿不准　　　　　C. 不同意

11. 我能坚持很长一段时间解决难题。（　　　）

A. 同意　　　　　B. 拿不准　　　　　C. 不同意

12. 有时我对于事情过于热心。（　　　）

A. 同意　　　　　B. 拿不准　　　　　C. 不同意

13. 在特别无事可做时，我倒常常想出好主意。（　　　）

A. 同意　　　　　B. 拿不准　　　　　C. 不同意

14. 在解决问题时，我常常凭直觉来判断"正确"或"错误"。（　　　）

A. 同意　　　　　B. 拿不准　　　　　C. 不同意

15. 在解决问题时，我分析问题较快，而综合所收集的资料较慢。（　　　）

A. 同意　　　　　B. 拿不准　　　　　C. 不同意

16. 有时我打破常规去做我原来并未想到要做的事。（　　　）

A. 同意　　　　　B. 拿不准　　　　　C. 不同意

17. 我有收集东西的癖好。（　　　）

A. 同意　　　　　B. 拿不准　　　　　C. 不同意

18. 幻想促进了我许多重要计划的提出。（　　　）

A. 同意　　　　　B. 拿不准　　　　　C. 不同意

19. 我喜欢客观而又有理性的人。（　　　）

A. 同意　　　　　B. 拿不准　　　　　C. 不同意

20. 如果让我在本职工作之外的两种职业中选一种，我宁愿当一个医生，而不当探险家。（　　　）

A. 同意　　　　　B. 拿不准　　　　　C. 不同意

21. 我能与自己的同事或同行们很好地相处。（　　　）

A. 同意　　　　　B. 拿不准　　　　　C. 不同意

22. 我有较高的审美感。（　　　）

A. 同意　　　　　B. 拿不准　　　　　C. 不同意

23. 在我的一生中，我一直在追求着名利和地位。（　　　）

A. 同意　　　　　B. 拿不准　　　　　C. 不同意

24. 我喜欢坚信自己结论的人。（　　）

    A. 同意　　　　　　B. 拿不准　　　　　　C. 不同意

25. 灵感与获得成功无关。（　　）

    A. 同意　　　　　　B. 拿不准　　　　　　C. 不同意

26. 争论时，使人最感到高兴的是，原来与我观点不一的人变成了我的朋友，为此牺牲我原先的观点也在所不惜。（　　）

    A. 同意　　　　　　B. 拿不准　　　　　　C. 不同意

27. 我更大的兴趣在于提出新的建议，而不在于设法说服别人接受这些建议。（　　）

    A. 同意　　　　　　B. 拿不准　　　　　　C. 不同意

28. 我乐意独自一人整天"深思熟虑"。（　　）

    A. 同意　　　　　　B. 拿不准　　　　　　C. 不同意

29. 我往往避免做那些使我感到低下的工作。（　　）

    A. 同意　　　　　　B. 拿不准　　　　　　C. 不同意

30. 在评价资料的时候，我觉得资料的来源比其内容更为重要。（　　）

    A. 同意　　　　　　B. 拿不准　　　　　　C. 不同意

31. 我不满意那些不确定和不可预言的事。（　　）

    A. 同意　　　　　　B. 拿不准　　　　　　C. 不同意

32. 我喜欢一门心思苦干的人。（　　）

    A. 同意　　　　　　B. 拿不准　　　　　　C. 不同意

33. 一个人的自尊比得到他人敬慕更为重要。（　　）

    A. 同意　　　　　　B. 拿不准　　　　　　C. 不同意

34. 我觉得那些力求完美的人是不明智的。（　　）

    A. 同意　　　　　　B. 拿不准　　　　　　C. 不同意

35. 我宁愿和大家一起努力工作，而不愿单独工作。（　　）

    A. 同意　　　　　　B. 拿不准　　　　　　C. 不同意

36. 我喜欢那种对别人产生影响的工作。（　　）

    A. 同意　　　　　　B. 拿不准　　　　　　C. 不同意

37. 在生活中，我经常碰到不能用"正确"或"错误"来加以判断的问题。（　　）

    A. 同意　　　　　　B. 拿不准　　　　　　C. 不同意

38. 对我来说"各得其所""各居其位"是很重要的。（   ）
   A. 同意　　　　　　B. 拿不准　　　　　　C. 不同意

39. 那些使用古怪和不常用词语的作家，纯粹为了炫耀自己。（   ）
   A. 同意　　　　　　B. 拿不准　　　　　　C. 不同意

40. 许多人之所以感到苦恼，是因为他们把事情看得太认真了。
   （   ）
   A. 同意　　　　　　B. 拿不准　　　　　　C. 不同意

41. 即时遭到不幸、挫折与反对，我仍然能够对我的工作保持原来的
   精神状态和热情。（   ）
   A. 同意　　　　　　B. 拿不准　　　　　　C. 不同意

42. 想入非非的人是不切实际的。（   ）
   A. 同意　　　　　　B. 拿不准　　　　　　C. 不同意

43. 我对"我不知道的事"比"我知道的事"印象更深刻。（   ）
   A. 同意　　　　　　B. 拿不准　　　　　　C. 不同意

44. 我对"这可能是什么"比"这是什么"更感兴趣。（   ）
   A. 同意　　　　　　B. 拿不准　　　　　　C. 不同意

45. 我经常为自己在无意之中说话伤人而闷闷不乐。（   ）
   A. 同意　　　　　　B. 拿不准　　　　　　C. 不同意

46. 即使没有报答，我也乐意为新颖的想法而花费大量时间。（   ）
   A. 同意　　　　　　B. 拿不准　　　　　　C. 不同意

47. 我认为"出主意没有什么了不起"这种说法是中肯的。（   ）
   A. 同意　　　　　　B. 拿不准　　　　　　C. 不同意

48. 我不喜欢提出那种显得无知的问题。（   ）
   A. 同意　　　　　　B. 拿不准　　　　　　C. 不同意

49. 一旦任务在肩，即使遭受挫折，我也要坚决完成。（   ）
   A. 同意　　　　　　B. 拿不准　　　　　　C. 不同意

50. 从下面描述人物性格的形容词中，挑选出 10 个你认为最能说明你
性格的词。

　　精神饱满的　有说服力的　实事求是的　虚心的　观察力敏锐的　创
新的　束手束脚的　足智多谋的　自高自大的　有主见的　有献身精神的
有独创性的　性急的　高效的　乐于助人的　坚强的　老练的　有克制力
的　热情的　时髦的　自信的　不屈不挠的　有远见的　机灵的　好奇的

有组织能力的 铁石心肠的 思路清晰的 柔顺的 可预言的 拘泥形式的 不拘礼节的 有理解力的 有朝气的 严于律己的 精干的 讲实惠的 感觉敏锐的 无畏的 严格的 一丝不苟的 谦逊的 复杂的 漫不经心的 渴求知识的 实干的 好交际的 善良的 孤独的 不满足的 易动感情的

我所选择的答案是：

1. _____ 2. _____ 3. _____ 4. _____ 5. _____

6. _____ 7. _____ 8. _____ 9. _____ 10. _____

创造力评分标准（1～49题）：

题号	A	B	C	题号	A	B	C	题号	A	B	C
1	0	1	2	18	3	0	−1	35	0	1	2
2	0	1	2	19	0	1	2	36	1	2	3
3	4	1	0	20	0	1	2	37	2	1	0
4	−2	0	3	21	0	1	2	38	0	1	2
5	2	1	0	22	3	0	−1	39	−1	0	2
6	−1	0	3	23	0	1	2	40	−1	0	2
7	3	0	−1	24	−1	0	2	41	3	1	0
8	0	1	2	25	0	1	3	42	−1	0	2
9	3	0	−1	26	−1	0	2	43	2	1	0
10	1	0	3	27	2	1	0	44	2	1	0
11	4	1	0	28	2	0	−1	45	−1	0	2
12	3	0	−1	29	0	1	2	46	3	2	0
13	2	1	0	30	−2	0	1	47	0	1	2
14	4	0	−2	31	0	1	2	48	3	1	0
15	1	0	2	32	0	1	2	49	3	1	0
16	2	1	0	33	3	0	−1				
17	0	1	2	34	−1	0	−2				

我1～49题合计的得分是：_____分

评分标准（50）：

下面每个形容词得2分。

精神饱满的 观察力敏锐的 不屈不挠的 柔顺的 足智多谋的 有主见的 有奉献精神的 有独创性的 感觉灵敏的 无畏的 创新的 好

奇的 有朝气的 热情的 严于律己的

下面每个形容词得 1 分。

自信的 有远见的 不拘礼节的 不满足的 一丝不苟的 虚心的 机灵的 坚强的

其余的词得 0 分。

我 50 题的得分是：____分

我 1～50 题的总分是：____分

根据得分结果总和能得出个体的创造力分值，对照图 7－7 创造力能力分档创造力得分分档，可以为组建创新团队时，从创造个性角度选取成员提供一些参考。

以上测评，针对的是个体的创造个性测评。个体的创造力不等同于团队的创造力，创造力不等同于创新能力，但这样的测评有助于了解创新团队的成员。事实证明，就个体的创造性而言，创造性是可以培养的。即使对测量没有表现出很高创造性的人，也不能被认定其终生就没有创造成就；即使在某个方面没有表现出创造性，有时在其他方面的创造潜能可能也很大。

二、团队角色测评

贝尔宾博士和他的同事们经过多年在澳洲和英国的研究与实践，提出了著名的贝尔宾团队角色理论，即一支结构合理的团队应该由 8 种角色组成，后来修订为 9 种角色。利用贝尔宾博士的团队角色测评可以有助于了解个体在群体内的行为、贡献以及人际互动的倾向性。

测试说明：

对下列问题的回答，可能在不同程度上描绘您的行为。每题有 8 句话，请将总分 10 分分配给每题的 8 个句子。分配的原则是：最体现您行为的句子分最高，以此类推。最极端的情况也可能是 10 分全部分配给其中的某一句话。总之，每组题目各选项得分总和应为 10 分。请根据您的实际情况把分数填入选项后的括号中。请结合自己在创新团队中的实际情况回答。

测试开始：

1. 我认为我能为团队做出的贡献是：

A. 我能很快地发现并把握住新的机遇。

B. 我能与各种类型的人一起合作共事。

C. 我生来就爱出主意。

D. 我的能力在于，一旦发现某些对实现集体目标很有价值的人，我就及时把他们推荐出来。

E. 我能把事情办成，这主要靠我个人的实力。

F. 如果最终能导致有益的结果，我愿面对暂时的冷遇。

G. 我通常能意识到什么是现实的，什么是可能的。

H. 在选择行动方案时，我能不带倾向性，也不带偏见地提出一个合理的替代方案。

2. 在团队中，我可能有的弱点是：

A. 如果会议没有得到很好的组织、控制和主持，我会感到不痛快。

B. 我容易对那些有高见而又没有适当地发表出来的人表现得过于宽容。

C. 只要集体在讨论新的观点，我总是说的太多。

D. 我的客观算法，使我很难与同事们打成一片。

E. 在一定要把事情办成的情况下，我有时使人感到特别强硬甚至专断。

F. 可能由于我过分重视集体的气氛，我发现自己很难与众不同。

G. 我易于陷入突发的想象之中，而忘了正在进行的事情。

H. 我的同事认为我过分注意细节，总有不必要的担心，怕把事情搞糟。

3. 当我与其他人共同进行一项工作时：

A. 我有在不施加任何压力的情况下，去影响其他人的能力。

B. 我随时注意防止粗心和工作中的疏忽。

C. 我愿意施加压力以换取行动，确保会议不是在浪费时间或离题太远。

D. 在提出独到见解方面，我是数一数二的。

E. 对于与大家共同利益有关的积极建议我总是乐于支持的。

F. 我热衷寻求最新的思想和新的发展。

G. 我相信我的判断能力有助于做出正确的决策。

H. 我能使人放心的是，对那些最基本的工作，我都能组织得"井井有条"。

4. 我在工作团队中的特征是：

    A. 我有兴趣更多地了解我的同事。

    B. 我经常向别人的见解进行挑战或坚持自己的意见。

    C. 在辩论中，我通常能找到论据去推翻那些不甚有理的主张。

    D. 我认为，只要计划必须开始执行，我有推动工作运转的才能。

    E. 我有意避免使自己太突出或出人意料。

    F. 对承担的任何工作，我都能做到尽善尽美。

    G. 我乐于与工作团队以外的人进行联系。

    H. 尽管我对所有的观点都感兴趣，但这并不影响我在必要的时候下决心。

    5. 在工作中，我得到满足，因为：

    A. 我喜欢分析情况，权衡所有可能的选择。

    B. 我对寻找解决问题的可行方案感兴趣。

    C. 我感到，我在促进良好的工作关系。

    D. 我能对决策有强烈的影响。

    E. 我能适应那些有新意的人。

    F. 我能使人们在某项必要的行动上达成一致意见。

    G. 我感到我的身上有一种能使我全身心地投入工作中去的气质。

    H. 我很高兴能找到一块可以发挥我想象力的天地。

    6. 如果突然给我一件困难的工作，而且时间有限，人员不熟：

    A. 在有新方案之前，我宁愿先躲进角落，拟定出一个解脱困境的方案。

    B. 我比较愿意与那些表现出积极态度的人一道工作。

    C. 我会设想通过用人所长的方法来减轻工作负担。

    D. 我天生的紧迫感，将有助于我们不会落在计划后面。

    E. 我认为我能保持头脑冷静，富有条理地思考问题。

    F. 尽管困难重重，我也能保证目标始终如一。

    G. 如果集体工作没有进展，我会采取积极措施加以推动。

    H. 我愿意展开广泛的讨论意在激发新思想，推动工作。

    7. 对于那些在团队工作中或与周围人共事时所遇到的问题：

    A. 我很容易对那些阻碍前进的人表现出不耐烦。

    B. 别人可能批评我太重分析而缺少直觉。

    C. 我有做好工作的愿望，能确保工作的持续进展。

D. 我常常容易产生厌烦感，需要一二个有激情的人使我振作起来。

E. 如果目标不明确，让我起步是很困难的。

F. 对于我遇到的复杂问题，我有时不善于加以解释和澄清。

G. 对于那些我不能做的事，我有意识地求助于他人。

H. 当我与真正的对立面发生冲突时，我没有把握使对方理解我的观点。

附：团队测评计分标准

把各部分得分按照以下表格填进去后，加总得到自己的分数分布。

题号	IMP	CO	SH	PL	RI	ME	TW	FI
一	G	D	F	C	A	H	B	E
二	A	B	E	G	C	D	F	H
三	H	A	C	D	F	G	E	B
四	D	H	B	E	G	C	A	F
五	B	F	D	H	E	A	C	G
六	F	C	G	A	H	E	B	D
七	E	G	A	F	D	B	H	C
总计								

　　在每个团队成员独立完成以上测评的基础上，根据上表单个团队成员在 IMP、CO、SH、PL、RI、ME、TW、FI 各项的得分合计，分数最高的一项，就是该团队成员在团队中的角色，需要注意的是，有的成员可能在两三个角色的分数一样多，这是允许的，一个团队成员常常在团队中担任多重角色。同时，考虑综合因素的影响，也常选取角色得分合计较高的前三种角色作为团队成员在团队中的角色体现。在此基础上分析整个团队的角色情况，首先可以帮助团队成员明确自己的团队角色定位；其次可以帮助团队成员清楚其他人所扮演的角色，了解如何相互弥补不足，发挥优势；最后可以帮助团队组建者，发现缺失角色，引导团队角色主动转换，使团队的气质结构从整体上趋于合理。

三、DISC 性格测试题

　　通过 DISC 个性特征测评分析团队中成员的行为特征，一方面帮助团队成员了解自己工作偏好以及对于团队的优势与局限性，有助于团队领导者了解和把握自己的团队的典型特征，优化团队组合；另一方面可及时对团队成员的行为进行管理与调整，因地制宜地对独立成员进行有针对性的培养与发展，从而改善沟通和协作，提高团队效率，提升团队凝聚力。

测试说明：

在每一个大标题中的 4 个选择题中只选择一个最符合你自己的，并在英文字母后面做记号。一共 40 题。不能遗漏。

注意： 请按第一印象最快地选择，如果不能确定，可回忆童年时的情况，或者以你最熟悉的人对你的评价来选择。

测试开始：

题号	选项	匹配			
		D	I	S	C
1	A. 富于冒险：愿意面对新事物并敢于下决心掌握的人	○			
	B. 适应力强：轻松自如适应任何环境			○	
	C. 生动：充满活力，表情生动，多手势		○		
	D. 善于分析：喜欢研究各部分之间的逻辑和正确的关系				○
2	A. 坚持不懈：要完成现有的事才能做新的事情				○
	B. 喜好娱乐：开心充满乐趣与幽默感		○		
	C. 善于说服：用逻辑和事实而不用威严和权力服人	○			
	D. 平和：在冲突中不受干扰，保持平静			○	
3	A. 顺服：易接受他人的观点和喜好，不坚持己见			○	
	B. 自我牺牲：为他人利益愿意放弃个人意见				○
	C. 善于社交：认为与人相处是好玩，而不是挑战或者商业机会		○		
	D. 意志坚定：决心以自己的方式做事	○			
4	A. 使人认同：因人格魅力或性格使人认同		○		
	B. 体贴：关心别人的感受与需要				○
	C. 竞争性：把一切当作竞赛，总是有强烈的赢的欲望	○			
	D. 自控性：控制自己的情感，极少流露			○	
5	A. 使人振作：给他人清新振奋的刺激		○		
	B. 尊重他人：对人诚实尊重				○
	C. 善于应变：对任何情况都能做出有效的反应	○			
	D. 含蓄：自我约束情绪与热忱			○	
6	A. 生机勃勃：充满生命力与兴奋		○		
	B. 满足：容易接受任何情况与环境			○	
	C. 敏感：对周围的人事过分关心				○
	D. 自立：独立性强，只依靠自己的能力、判断、与才智	○			

续表

题号	选项	匹配			
		D	I	S	C
7	A. 计划者：先做详尽的计划，并严格按计划进行，不想改动				○
	B. 耐性：不因延误而懊恼，冷静且能容忍			○	
	C. 积极：相信自己有转危为安的能力	○			
	D. 推动者：动用性格魅力或鼓励别人参与		○		
8	A. 肯定：自信，极少犹豫或者动摇	○			
	B. 无拘无束：不喜欢预先计划，或者被计划牵制		○		
	C. 羞涩：安静，不善于交谈			○	
	D. 有时间性：生活处事依靠时间表，不喜欢计划被人干扰				○
9	A. 迁就：改变自己以与他人协调，短时间内按他人要求行事			○	
	B. 井井有条：有系统、有条理安排事情的人				○
	C. 坦率：毫无保留，坦率发言		○		
	D. 乐观：令他人和自己相信任何事情都会好转	○			
10	A. 强迫性：发号施令，强迫他人听从	○			
	B. 忠诚：一贯可靠，忠心不移，有时毫无根据地奉献				○
	C. 有趣：风趣，幽默，把任何事物都能变成精彩的故事		○		
	D. 友善：不主动交谈，不爱争论			○	
11	A. 勇敢：敢于冒险，无所畏惧	○			
	B. 体贴：待人得体，有耐心			○	
	C. 注意细节：观察入微，做事情有条不紊				○
	D. 可爱：开心，与他人相处充满乐趣		○		
12	A. 令人开心：充满活力，并将快乐传于他人		○		
	B. 文化修养：对艺术学术特别爱好，如戏剧、交响乐				○
	C. 自信：确信自己个人能力与成功	○			
	D. 贯彻始终：情绪平稳，做事情坚持不懈			○	
13	A. 理想主义：以自己完美的标准来设想衡量新事物				○
	B. 独立：自给自足，独立自信，不需要他人帮忙	○			
	C. 无攻击性：不说或者做可能引起别人不满和反对的事情			○	
	D. 富有激励：鼓励别人参与、加入，并把每件事情变得有趣		○		

续表

题号	选项	匹配			
		D	I	S	C
14	A. 感情外露：从不掩饰情感、喜好，交谈时常身不由己接触他人		○		
	B. 深沉：深刻并常常内省，对肤浅的交谈、消遣会厌恶				○
	C. 果断：有很快做出判断与结论的能力	○			
	D. 幽默：语气平和而有冷静的幽默			○	
15	A. 调解者：经常居中协调不同的意见，以避免双方的冲突			○	
	B. 音乐性：爱好参与并有较深的鉴赏能力，因音乐的艺术性，而不是因为表演的乐趣				○
	C. 发起人：高效率的推动者，是他人的领导者，闲不住	○			
	D. 喜交朋友：喜欢周旋聚会中，善交新朋友，不把任何人当陌生人		○		
16	A. 考虑周到：善解人意，帮助别人，会记住特别的日子				○
	B. 执着：不达目的，誓不罢休	○			
	C. 多言：不断地说话、讲笑话以娱乐他人，觉得应该避免沉默带来的尴尬		○		
	D. 容忍：易接受别人的想法和看法，不需要反对或改变他人			○	
17	A. 聆听者：愿意听别人倾诉			○	
	B. 忠心：对自己的理想、朋友、工作都绝对忠实，有时甚至不需要理由				○
	C. 领导者：天生的领导，不相信别人的能力能比得上自己	○			
	D. 活力充沛：充满活力，精力充沛		○		
18	A. 知足：满足自己拥有的，很少羡慕别人			○	
	B. 首领：要求领导地位及别人跟随	○			
	C. 制图者：用图表数字来组织生活、解决问题				○
	D. 惹人喜爱：人们注意的中心，令人喜欢		○		
19	A. 完美主义者：对自己、对别人都高标准，一切事物有秩序				○
	B. 和气：易相处，易交谈，易让人接近			○	
	C. 勤劳：不停地工作，完成任务，不愿意休息	○			
	D. 受欢迎：聚会时的灵魂人物，受欢迎的宾客		○		

续表

题号	选项	匹配			
		D	I	S	C
20	A. 跳跃性：充满活力和生气勃勃		○		
	B. 无畏：大胆前进，不怕冒险	○			
	C. 规范性：时时坚持自己的举止合乎认同的道德规范				○
	D. 平衡：稳定，走中间路线			○	
21	A. 乏味：死气沉沉，缺乏生气			○	
	B. 忸怩：躲避别人的注意力，在众人注意下不自然				○
	C. 露骨：好表现，华而不实，声音大		○		
	D. 专横：喜命令支配，有时略显傲慢	○			
22	A. 散漫：生活任性无秩序		○		
	B. 无同情心：不易理解别人的问题和麻烦	○			
	C. 缺乏热情：不易兴奋，经常感到好事难做			○	
	D. 不宽恕：不易宽恕和忘记别人对自己的伤害，易嫉妒				○
23	A. 保留：不愿意参与，尤其是当事情复杂时			○	
	B. 怨恨：把实际或者自己想象的别人的冒犯经常放在心中				○
	C. 逆反：抗拒或者拒不接受别人的方法，固执己见	○			
	D. 唠叨：重复讲同一件事情或故事，忘记已经重复多次，总是不断找话题说话		○		
24	A. 挑剔：坚持琐事细节，总喜欢挑不足				○
	B. 胆小：经常感到强烈的担心焦虑、悲戚			○	
	C. 健忘：缺乏自我约束，导致健忘，不愿意回忆无趣的事情		○		
	D. 率直：直言不讳，直接表达自己的看法	○			
25	A. 没耐性：难以忍受等待别人	○			
	B. 无安全感：感到担心且无自信心			○	
	C. 优柔寡断：很难下决定				○
	D. 好插嘴：一个滔滔不绝的发言人，不是好听众，不注意别人的发言		○		
26	A. 不受欢迎：由于强烈要求完美而拒人千里				○
	B. 不参与：不愿意加入，不参与，对别人生活不感兴趣			○	
	C. 难预测：时而兴奋，时而低落，或总是不兑现诺言		○		
	D. 缺同情心：很难当众表达对弱者或者受难者的情感	○			

题号	选项	匹配			
		D	I	S	C
27	A. 固执：坚持照自己的意见行事，不听不同意见	○			
	B. 随兴：做事情没有一贯性，随意做事情		○		
	C. 难于取悦：因为要求太高而使别人很难取悦				○
	D. 行动迟缓：迟迟才行动，不易参与或者行动总是慢半拍			○	
28	A. 平淡：平实淡漠，中间路线，无高低之分，很少表露情感			○	
	B. 悲观：尽管期待最好但往往首先看到事物不利之处				○
	C. 自负：自我评价高，认为自己是最好的人选	○			
	D. 放任：许别人做他喜欢做的事情，为的是讨好别人，令别人鼓吹自己		○		
29	A. 易怒：善变，孩子性格，易激动，过后马上就忘了		○		
	B. 无目标：不喜欢目标，也无意树立目标			○	
	C. 好争论：易与人争吵，不管对何事都觉得自己是对的	○			
	D. 孤芳自赏：容易感到被疏离，经常没有安全感或担心别人不喜欢和自己相处				○
30	A. 天真：孩子般的单纯，不理解生命的真谛		○		
	B. 消极：往往看到事物的消极面、阴暗面，少有积极的态度				○
	C. 鲁莽：充满自信，有胆识，但总是不恰当	○			
	D. 冷漠：漠不关心，得过且过			○	
31	A. 担忧：时时感到不确定、焦虑、心烦			○	
	B. 不善交际：总喜欢挑人毛病，不被人喜欢				○
	C. 工作狂：为了回报或者说成就感，而不是为了完美，因而设立雄伟目标不断工作，耻于休息	○			
	D. 喜获认同：需要旁人认同赞赏，像演员		○		
32	A. 过分敏感：对事物过分反应，被人误解时感到被冒犯				○
	B. 不圆滑老练：经常用冒犯或考虑不周的方式表达自己	○			
	C. 胆怯：遇到困难退缩			○	
	D. 喋喋不休：难以自控，滔滔不绝，不善于倾听		○		

续表

题号	选项	匹配 D	I	S	C
33	A. 腼腆：事事不确定，对所做的事情缺乏信心			○	
	B. 生活紊乱：缺乏安排生活的能力		○		
	C. 跋扈：冲动的控制事物和别人，指挥他人	○			
	D. 抑郁：常常情绪低落				○
34	A. 缺乏毅力：反复无常，互相矛盾，情绪与行动不合逻辑		○		
	B. 内向：活在自己的世界里，思想和兴趣放在心里				○
	C. 不容忍：不能忍受他人的观点、态度和做事的方式	○			
	D. 无异议：对很多事情漠不关心			○	
35	A. 杂乱无章：生活环境无秩序，经常找不到东西		○		
	B. 情绪化：情绪不易高涨，感到不被欣赏时很容易低落				○
	C. 喃喃自语：低声说话，不在乎说不清楚			○	
	D. 喜操纵：精明处事，操纵事情，使对自己有利	○			
36	A. 缓慢：行动思想均比较慢，过分麻烦			○	
	B. 顽固：决心依自己的意愿行事，不易被说服	○			
	C. 好表现：要吸引人，需要自己成为被人注意的中心		○		
	D. 有戒心：不易相信，对语言背后的真正的动机存在疑问				○
37	A. 孤僻：需要大量的时间独处，避开人群				○
	B. 统治欲：毫不犹豫地表示自己的正确或控制能力	○			
	C. 懒惰：总是先估量事情要耗费多少精力，能不做最好			○	
	D. 大嗓门：说话声和笑声总盖过他人		○		
38	A. 拖延：凡事起步慢，需要推动力			○	
	B. 多疑：凡事怀疑，不相信别人				○
	C. 易怒：行动不快或不能完成指定工作时易烦躁和发怒	○			
	D. 不专注：无法专心致志或者集中精力		○		
39	A. 报复性：记恨并惩罚冒犯自己的人				○
	B. 烦躁：喜新厌旧，不喜欢长时间做相同的事情		○		
	C. 勉强：不愿意参与或者说投入			○	
	D. 轻率：因没有耐心，不经思考，草率行动	○			

续表

题号	选项	匹配			
		D	I	S	C
40	A. 妥协：为避免矛盾即使自己是对的也不惜放弃自己的立场			○	
	B. 好批评：不断地衡量和下判断，经常考虑提出反对意见				○
	C. 狡猾：精明，总是有办法达到目的	○			
	D. 善变：像孩子般注意力短暂，需要各种变化，怕无聊		○		
合　计		D	I	S	C

　　每个团队成员独立完成以上测评。测评共 40 题，每题 1 分，共 40 分，每题须在对应的标记处计分，然后根据 D、I、S、C 四项纵向合计。对 D、I、S、C 四项分值进行整理，超过 10 分的性格项为显性特征，作为性格测评的判断依据，对于两项及以上得分超过 10 分，同时保留，作为并列特征。在此基础上，领导者把握整个团队成员的性格特征，帮助成员自我认知和针对性地沟通激励，并且结合团队角色分析，利用图7－11的性格特征与团队角色分析，进行团队角色定位与互补转换。

四、九型人格测评

　　九型人格测评基于一个名为 Enneagram 的性格指标设计而成的，主要用于有效地掌握个人的行为习惯。

　　测试说明：

　　● 包含了 144 道二选一的题目。依据你平时的一些行为习惯选择其中一种状况，同时在相应的括号内填上"1"。在答题时，可能会遇到 2 种状况都不适用于你，或 2 种状况都适用于你，无论哪种情况，请选择其中你最倾向的答案。（即使你对 2 种状况都不同意）。

　　● 在此测试中所回答的答案没有正确与错误之分，它仅是反映您自己的个性和您的世界观。

　　● 此份问卷将有助于您更好地了解自身的优势和弱点，并知道在何种情形下您的行动将更为有效。同时，您还可以通过此问卷知道他人是如何看待他们自己的，以及相互间又是如何相处影响的。

　　● 为了使这份问卷对您有真实的帮助，请如实地回答每道题，并在 40 分钟内做完。

测评开始：

题号	问题	A	B	C	D	E	F	G	H	I
1	我需要对人表示关怀						[ ]			
	我选择与人保持距离								[ ]	
2	一般而言，我颇容易被激怒		[ ]							
	一般而言，我绝不容易被激怒	[ ]								
3	我是一个浪漫且想象力丰富的人					[ ]				
	我是一个实事求是、脚踏实地的人		[ ]							
4	我既倔强又疑心大		[ ]							
	我既心软又感情用事						[ ]			
5	我经常忧虑自己流失了重要的机会									[ ]
	我忧虑当我不设防的时候，人家会趁机而入							[ ]		
6	一般而言，我是个外向的人									[ ]
	我是个踏实而自律的人				[ ]					
7	我努力地令人喜欢及接受我			[ ]						
	我并不重视人家是否喜欢或接受我				[ ]					
8	我生命中重要的价值包括责任及工作		[ ]							
	我生命中重要的价值包括和谐与被接受	[ ]								
9	遭遇困扰时，我会独自沉思					[ ]				
	遭遇问题时，我会尽量看开一点									[ ]
10	我不能停止考虑各种可能性而去采取单一行动								[ ]	
	我不能处之泰然及变得更有弹性				[ ]					
11	我是一个实事求是的求存者							[ ]		
	我是一个志向高远的理想主义者				[ ]					
12	我经常可以不理会感受，先把工作完成			[ ]						
	一般而言，我要摆平自己的感受，才能采取行动					[ ]				
13	一般而言，我做事谨慎及有系统		[ ]							
	一般而言，我喜爱及甘于冒险									[ ]
14	我时常不能坚持己见，而容许别人操纵我	[ ]								
	我不肯妥协及对人要求过高				[ ]					

续表

题号	问题	A	B	C	D	E	F	G	H	I
15	许多时候我之所以成功是因为我有本事在人心目中留下好印象			[ ]						
	虽然我没有兴趣拓展自己的人际沟通技巧，我仍然能够成功								[ ]	
16	基本而言，我是个平易近人、容易相处的人	[ ]								
	基本上，我尽力维护本身的利益							[ ]		
17	一直以来，我属于自我肯定，并且推动自己成功			[ ]						
	我为人谦逊，并且用自己的步伐做事	[ ]								
18	我对自己太过认真及严谨				[ ]					
	我对自己太过纵容及任意妄为									[ ]
19	组织资源及实践计划是我的强项							[ ]		
	产生崭新意念及令身边的人对这些意念感觉兴奋是我的强项									[ ]
20	我引自己的清晰度及客观态度为傲								[ ]	
	我引自己的可信度及承诺感为傲		[ ]							
21	我一生中大部分时间都是大起大落									[ ]
	我一生中大部分时间都是一个细水长流、平平稳稳的人	[ ]								
22	我入睡有困难								[ ]	
	我很容易入睡	[ ]								
23	当我感觉愤怒的时候，我典型的反应就是破口大骂						[ ]			
	当我感觉愤怒的时候，我典型的反应就是自我抽离			[ ]						
24	我经常设法与人拉近距离						[ ]			
	我经常设法知道别人想从我这里得到什么好处		[ ]							
25	一般而言，我为人太过开放及天真	[ ]								
	一般而言，我的防卫性太强		[ ]							
26	我头脑清醒活力充沛									[ ]
	我忠于朋友及对人真心关怀						[ ]			

题号	问题	A	B	C	D	E	F	G	H	I
27	我觉得自己感情过分脆弱					[ ]				
	我经常觉得别人对我的牺牲习以为常						[ ]			
28	一般而言，我缺乏自律									[ ]
	一般而言，我与人缺乏联系								[ ]	
29	别人信任我，因为我充满自信及能替他们的利益着想							[ ]		
	别人信任我，因为我公正及会做"对"的事情				[ ]					
30	我经常因自己的神经质、缺乏安全感及自我怀疑感到困扰		[ ]							
	我经常因自己的愤怒感、追求完美及缺乏耐性感到困扰				[ ]					
31	我太愿意帮助别人，个人健康及处境因此受损						[ ]			
	我太过注重个人的需求，人际关系因此受损					[ ]				
32	我倾情于令我激情的环境					[ ]				
	我喜欢令我感觉平和的情境	[ ]								
33	我为人甚为圆满、有魅力及有野心			[ ]						
	我为人直接、循规蹈矩及有理想				[ ]					
34	当面对崭新经验的时候，我问自己这经验对我的实用价值何在			[ ]						
	当面对崭新经验的时候，我问自己是否会享受这经验									[ ]
35	当遭遇困难时，我能够视而不见	[ ]								
	当遭遇困难时，我会做一些令我自己开心的事									[ ]
36	我信赖我的朋友，而他们也能够信赖我		[ ]							
	我从来没有信赖别人，我习惯事事靠自己			[ ]						
37	我难以放下过去的承诺，在生命中不能做出重要的转变		[ ]							
	我难以做出长期的承诺，因此可以在生命中轻易做出重大的转变			[ ]						
38	当我与朋友辩论时，我一定强调自己的立场								[ ]	
	当我与朋友辩驳时，我会得过且过，以免伤和气	[ ]								

续表

题号	问题	A	B	C	D	E	F	G	H	I
39	我为人谨慎，经常替未发生的问题做好准备		[ ]							
	我为人即兴，选择临场发挥									[ ]
40	当别人未能欣赏我为他们所做的事情时，我会觉得愤怒						[ ]			
	当别人不听从我的意见时，我会觉得愤怒				[ ]					
41	我需要明白自己的感受，因此我经常自我反省					[ ]				
	我必须做到要做的事情，因此很少反省							[ ]		
42	我倾向于向最坏的地方去想		[ ]							
	我倾向于认为一切都会有最好的安排	[ ]								
43	我坚持所有的事情都要做得正确，而这种态度有时令人不安				[ ]					
	我不喜欢别人向我施压，因此也不喜欢向人施压	[ ]								
44	一般而言，我喜欢放开怀抱，事事尽兴									[ ]
	一般而言，我不喜欢失控				[ ]					
45	我引以为傲的是我在别人生命中所占的重要地位						[ ]			
	我引以为傲的是我对新事物的开放态度									[ ]
46	我在人际关系方面的问题源自我过度敏感及事事个人化					[ ]				
	我在人际关系方面的问题源自我不太尊重社会规范								[ ]	
47	我太过在意自己的表现是否比别人出色				[ ]					
	我太过在意替别人将事情办妥			[ ]						
48	能够自给自足对我而言是非常重要的							[ ]		
	被人珍惜及仰慕对我而言是非常重要的			[ ]						
49	我对所爱的人有强烈的占有欲						[ ]			
	我经常试探所爱的人，看看他们是否愿意为我付出		[ ]							
50	我引以为傲的是自己的坚持力		[ ]							
	我引以为傲的是自己的原创力					[ ]				
51	很多人都欣赏我"打不死"的精神及幽默感									[ ]
	很多人都欣赏我默默无言的干劲及对人的慷慨						[ ]			

续表

题号	问题	A	B	C	D	E	F	G	H	I
52	太多时候我将焦点放在自己的身上					[ ]				
	太多时候我将焦点放在别人的身上	[ ]								
53	我注重人际关系多于达到目标						[ ]			
	我注重达到目标多于人际关系			[ ]						
54	我喜欢与人相处，又乐于支持别人						[ ]			
	我为人含蓄及认真，喜欢与人谈论时事				[ ]					
55	我很注重我自己的感受，不轻易放下过去					[ ]				
	我不太留意自己的感受								[ ]	
56	我经常对自己要求过高				[ ]					
	我经常感情用事又缺乏自律					[ ]				
57	我有时会逼人太甚						[ ]			
	我有时与人相处时，立场不够坚定	[ ]								
58	我宁愿活在自己的小天地里								[ ]	
	我需要这个世界知道我的存在							[ ]		
59	很多时，我太过投入自己的事情而致自我孤立								[ ]	
	很多时，我太过投入别人的世界而忽略了自己的事情						[ ]			
60	很多时候我缺乏自信		[ ]							
	很多时候我只是对自己有信心							[ ]		
61	需要与人对抗时，我经常会表现得过分直接及硬朗							[ ]		
	需要与人对抗时，我经常会转弯抹角、词不达意			[ ]						
62	过去，我可能与朋友之间的关系过度亲密						[ ]			
	过去，我可能与朋友之间的距离太远			[ ]						
63	我觉得许多人都侵犯我的私人空间及对我有过多的要求								[ ]	
	我觉得许多人都缺乏组织能力及没有责任感				[ ]					
64	太多时候，我的自我怀疑令我裹足不前					[ ]				
	我很少容许我的自我怀疑阻止我前进			[ ]						
65	我忧虑我没有足够的资源去完成分内的职责							[ ]		
	我忧虑我没有足够的自律性去追求心目中的目标									[ ]

题号	问题	A	B	C	D	E	F	G	H	I
66	一直以来我是个态度开放、敢于尝新的人								[ ]	
	我不会自我掩饰，而且愿意与人分享我的感受					[ ]				
67	我是一个直觉能力强的个人主义者					[ ]				
	我是一个组织能力强、极有责任感的人				[ ]					
68	我时时都确保自己"后退有路"		[ ]							
	我尽量不去依赖别人								[ ]	
69	我通常都跟随我的良知及理性做人				[ ]					
	我通常都跟随我的感受及直觉做人									[ ]
70	我尽量不让人觉得我是一个自私的人						[ ]			
	我尽量不让人觉得我是一个沉闷的人									[ ]
71	为了不被别人的需求所掩盖，我尽量避免与人亲密								[ ]	
	为了不想令人失望，我尽量避免与人亲密			[ ]						
72	我的成就差强人意，因为我没有乘势起飞					[ ]				
	我的成就差强人意，因为我没有使出浑身解数									[ ]
73	我经常难以做出抉择		[ ]							
	我绝少有困难做出抉择							[ ]		
74	我经常强调我与朋友之间的不同之处					[ ]				
	我经常强调我与朋友之间的相同之处	[ ]								
75	我很少表露感情								[ ]	
	我经常表露感情						[ ]			
76	我是一个充满善意的支持者						[ ]			
	我充满冲劲，取得我应得的			[ ]						
77	就算我的朋友做错了事，我对他们也不离不弃		[ ]							
	我不会为了友情而放弃原则				[ ]					
78	我通常绝对不会炫耀我的才干	[ ]								
	我通常会令朋友清楚我的才干			[ ]						
79	我倾向于迟疑不决及有拖延的坏习惯		[ ]							
	我是一个大胆及专横的人							[ ]		
80	别人时常觉得我举棋不定		[ ]							
	别人时常觉得我过分自信				[ ]					

续表

题号	问题	A	B	C	D	E	F	G	H	I
81	我是一个好客且喜欢结交新朋友的人						[ ]			
	我重视私人空间，不太喜欢与人相处					[ ]				
82	我尽量结识朋友，建立人际网络			[ ]						
	我很少结识朋友，也没有刻意建立人际网络						[ ]			
83	我看见别人犯错时，不会作声						[ ]			
	我经常协助别人看到他们所犯的错误				[ ]					
84	我时常忧虑不被别人邀请参与活动						[ ]			
	我时常忧虑参与别人的活动会令我分心				[ ]					
85	当我不喜欢别人时，我会客气地与对方保持距离			[ ]						
	当我不喜欢别人时，我会想尽办法让对方知道		[ ]							
86	我通常说话谨慎、直接，不会转弯抹角							[ ]		
	我说话机灵、快速、生动									[ ]
87	结识新朋友的时候，我会较为含蓄			[ ]						
	我容易与人一见如故									[ ]
88	我通常要等很长一段时间才采取行动								[ ]	
	我通常很快便能采取行动				[ ]					
89	我参与的事务均有潜能替我增进财富及知名度			[ ]						
	为了做自己有兴趣的工作，我宁愿放弃名利								[ ]	
90	在大部分情况下，我选择做领袖							[ ]		
	在大部分情况下，我选择让别人做领袖	[ ]								
91	我尽量加快自己生命的步伐，活得精彩									[ ]
	我尽量令自己的生命稳定及安宁	[ ]								
92	我对生命具有强烈的信念，也有清晰的方向感				[ ]					
	我对生命充满疑虑，也经常怀疑所选择的方向								[ ]	
93	我经常用大计划及大承诺去推动身边的人							[ ]		
	我经常向人指出不跟随我的意见之后果，以推动他们走正确的路				[ ]					
94	当与人发生摩擦时，我倾向于退缩					[ ]				
	当与人发生摩擦时，我绝少退缩							[ ]		
95	被人施压时，我会退缩								[ ]	
	被人施压时，我的侵略感会大增									[ ]

题号	问题	A	B	C	D	E	F	G	H	I
96	我经常觉得需要表现得坚强							[ ]		
	我经常觉得事事都要做得完美			[ ]						
97	我喜欢挑战别人，令他们不再安于现状							[ ]		
	我是一个积极及自律的人						[ ]			
98	我时常问艰深的问题，及保持独立性								[ ]	
	我时常希望保持稳定及心绪平静	[ ]								
99	我的不投入态度令我产生许多人际问题	[ ]								
	我急切令人依赖我的态度令我产生许多人际问题						[ ]			
100	我不畏惧与人对抗							[ ]		
	我尽量避免与人对抗	[ ]								
101	我的思维倾向于探讨性，充满好奇及幻想								[ ]	
	我的思想实际，集中于解决目前的问题		[ ]							
102	我经常做我需要做的事情		[ ]							
	我经常做我想做的事情				[ ]					
103	我擅长于主宰环境							[ ]		
	我擅长于叙述我内在的感受				[ ]					
104	我倾向于直接介入向人伸出援手						[ ]			
	我倾向于教人如何自救						[ ]			
105	我的个人风格倾向于严肃及简约								[ ]	
	我的个人风格倾向于夸大									[ ]
106	我重视追求我的兴趣多于得到实际的成绩								[ ]	
	我为人实事求是，同时期望我的努力会产生实在的成果							[ ]		
107	我的好战性格有时令人却步							[ ]		
	我的严肃态度有时令人却步				[ ]					
108	能够替人服务及照顾别人的需求对我而言是非常重要的						[ ]			
	对我来说，能够以不同的方式做事及看这个世界是很重要的								[ ]	

题号	问题	A	B	C	D	E	F	G	H	I
109	如果要在新与旧之间做出抉择，我多数会拣新的那样									[ ]
	我多数会选择自己熟悉的东西，因为我不想冒险尝新，拣了自己不喜欢的东西		[ ]							
110	我经常想起过往的事情					[ ]				
	我经常思考我将会做的事情									[ ]
111	当我缺乏安全感的时候，我会变得嚣张及不理睬别人			[ ]						
	当我缺乏安全感的时候，我的防卫性会增强，同时变得喜欢辩驳		[ ]							
112	在别人的心目中，我是一个大方得体、值得仰慕的人			[ ]						
	在别人的心目中，我是一个古怪甚至冷漠的人								[ ]	
113	当我不知所措的时候，我会要求别人给我意见		[ ]							
	当我不知所措的时候，我会尝试									[ ]
114	一般而言，我是个悲观的人					[ ]				
	一般而言，我是个乐观的人	[ ]								
115	我明白很多时候我对人太过热情						[ ]			
	我明白很多时候我对人太过冷漠			[ ]						
116	对我来说，达到社会的既定制约是很重要的					[ ]				
	对我来说，达到社会的既定制约没有什么重要性		[ ]							
117	过去几年以来，我的价值观及生活方式经历多次的转变			[ ]						
	过去几年以来，我的价值观及生活方式都保持不变				[ ]					
118	我觉得自己充满阳光气息，随遇而安	[ ]								
	我觉得自己是个认真及有尊严的人				[ ]					
119	我给予许多人关怀及照顾						[ ]			
	我给予许多人鼓励及方向感							[ ]		
120	成为众人焦点所在对我而言是自然不过的现象			[ ]						
	成为众人焦点所在令我觉得不自然					[ ]				

续表

题号	问题	A	B	C	D	E	F	G	H	I
121	我不善于处理细节									[ ]
	我善于处理细节			[ ]						
122	过度悲观及经常投诉别人令我产生很多人际关系问题		[ ]							
	过度的操控及专制令我产生很多人际关系问题							[ ]		
123	在危急的情况下，我倾向于做旁观者								[ ]	
	在危急的情况下，我多数会置身事中							[ ]		
124	我倾向于信任我的感受并依据之行事，然后随遇而安						[ ]			
	我很少依据我的感受行事，因为我害怕这样做会制造更多的问题	[ ]								
125	别人对我产生兴趣因为我为人外向，而且对人有兴趣							[ ]		
	别人对我产生兴趣因为我为人含蓄、安静及有深度					[ ]				
126	我需要做别人心目中的强者，因此我没有时间去处理自己的感受及恐惧							[ ]		
	我不懂得处理自己的感受及恐惧，因此无法成为别人心目中的强者					[ ]				
127	我对人太过干预，因此制造了许多人际问题						[ ]			
	我惯性逃避人际沟通，因此制造了许多人际问题		[ ]							
128	我在人前表现得比实际坚强							[ ]		
	我在人前表现得比实际更关怀别人						[ ]			
129	吸引到我的课题可能会让别人感觉恐惧或不安								[ ]	
	我选择不花费时间去研究令我感觉恐惧或不安的课题	[ ]								
130	时不与我的逆境令我更坚强			[ ]						
	时不与我的逆境令我泄气及退缩	[ ]								
131	很可能我属于过分被动及不投入	[ ]								
	很可能我倾向于过度操纵别人						[ ]			

续表

题号	问题	A	B	C	D	E	F	G	H	I
132	一般而言，我的情绪属于稳定			[ ]						
	一般而言，我的情绪波动颇大									[ ]
133	我喜欢在高压甚至困难的环境中运作							[ ]		
	我讨厌在高压甚至困难的环境中运作	[ ]								
134	我运用身体的接触去令人感受我对他们的关怀						[ ]			
	我认为真正的关怀并不需要用身体的接触去表达				[ ]					
135	我主要的挑战之一是克服惰性	[ ]								
	我主要的挑战之一是令自己慢下来									[ ]
136	我需要有强烈的归属感		[ ]							
	我需要有强烈的平衡感				[ ]					
137	我对自己能够弹性处理事情引以为傲，因为目前看来重要或适宜的选择都会改变			[ ]						
	我对自己能够坚持立场引以为傲，因为我深信自己所代表的一切				[ ]					
138	追求个人兴趣比个人舒适及安全感重要								[ ]	
	拥有个人舒适及安全感比追求个人兴趣更重要		[ ]							
139	我倾向于做人积极及有焦点								[ ]	
	我倾向于做人即兴及有趣味									[ ]
140	我不是一个敢言的人					[ ]				
	我绝对敢言，经常说出别人不敢讲的话									[ ]
141	我倾向于抽离及时常若有所思								[ ]	
	我倾向于情绪化及自我中心					[ ]				
142	别人相信我的知识及洞悉力								[ ]	
	别人信赖我的决断与个人力量							[ ]		
143	我的抽离态度不时触怒别人					[ ]				
	我惯性教人如何做事的态度不时触怒别人				[ ]					
144	生命如此美好，我不明白为何有些人只集中去看负面的一边	[ ]								
	生命如此糟糕，我不明白为何有些人还是那么开心				[ ]					

每个团队成员独立完成以上测评。测评共 144 题，每题 1 分，共 144 分，每题须在对应的标记处计分，然后根据 1—9 号纵向合计。1—9 型合计分值中，其人格归属有 60% ~70% 概率存在于得分最高的三个档中的一个。因此，可以选择得分前三的人格特性作为考察分析对象，进行个体认知与沟通激励。在此基础上，结合图 7 - 17 九型人格特质与团队角色特质关系，进行团队管理。

五、团队成长阶段测评

根据团队生命周期中团队 4 个发展阶段——导向阶段（形成期）、磨合阶段（震荡期）、组织形成阶段（规范期）和运行阶段（执行期）的团队及成员的特征表现，通过调查问卷及走访的形式，开展团队所处的成长阶段调查。

测试说明：

一共 10 组题，每组题有 4 个选项，每组题有 6 分可以分配。按照这些描述与您所在团队真实的符合程度，进行分数分配。请您真实评价，不要假设、臆想。例如：如果第一项描述是你团队非常典型的特征，其余三项描述完全不是你团队的典型特征，请在第一项旁边的空格中填写 6，其余三项写 0。如果这四项描述都部分符合你团队的状况，请赋予不同的分数。总之，每组题目逐项得分加总应为 6，可以有选项不填。按您的实际的符合程度分配即可。

测评开始：

	第一组	分配分数
1	团队的大多数工作还是有一个正式的或非正式的领导带领大家来做的	
2	团队的整体发展目标不是很清晰	
3	团队成员都很了解彼此的意图和想法	
4	团队成员都能清楚识别哪些障碍会阻碍任务完成	
	第二组	分配分数
5	多半团队成员希望得到团队领导给予工作上的安排和指示	
6	少数团队成员有和领导对抗的倾向	
7	团队成员间的关系都非常融洽	
8	成员们全都愿意在这个团队中表达大胆的想法，实验新做法	
	第三组	分配分数
9	这个团队对团队领导/每位成员的期望还不是太清晰	

续表

10	团队已经建立了评估团队成果的相关标准	
11	团队具有灵活的适应任务变化的能力	
12	这个团队经常能想出富有创造性的解决方案	
第四组		分配分数
13	在团队中，团队成员们还不太习惯表露他们的真实情感	
14	团队成员间竞争激烈，对团队领导也不太买账	
15	在这个团队中能够清晰地感受"我们"这个概念	
16	团队但凡遇到问题，大家的沟通都能做到开诚布公、直截了当	
第五组		分配分数
17	团队的大目标不够清晰，还未被大家所深入理解	
18	每位团队成员的职责界定还不够明确	
19	成员们会自觉地反省团队在工作过程中出现的问题	
20	当解决问题时，团队能充分发挥集体指挥，而非各想各的	
第六组		分配分数
21	团队成员在相处时还比较小心和客气	
22	团队正在学习如何让团队成员之间融洽相处	
23	团队成员之间都能做到相互依赖	
24	无论是独自工作还是相互协作，每位成员都能感到轻松自在	
第七组		分配分数
25	团队中的职责分配有些混乱	
26	团队处于建立团队工作程序的阶段中	
27	团队讨论过程都很轻松，没有任何障碍	
28	团队能有效地诊断并改进团队工作的流程	
第八组		分配分数
29	团队成员间的很多谈话还停留在表层	
30	团队中的人际摩擦比较多	
31	团队成员间互相支持已成风气	
32	团队成员会自觉承担领导职责	
第九组		分配分数
33	团队成员不是很清楚这个团队的任务安排规则	
34	团队工作按照轻重缓急有序安排	
35	在这个团队里，与工作任务有关的信息总是公开透明的	

36	团队擅长全面地考量达成任务可能的各种方案	
	第十组	分配分数
37	团队成员对这个团队没有足够的信任	
38	团队成员对这个团队的目标意见不够统一	
39	团队协作非常紧密	
40	成员会在团队中提出反对意见，而不会认为是对其他成员的冒犯	

结果统计：

形成阶段		震荡阶段		规范阶段		成熟阶段	
1		2		3		4	
5		6		7		8	
9		10		11		12	
13		14		15		16	
17		18		19		20	
21		22		23		24	
25		26		27		28	
29		30		31		32	
33		34		35		36	
37		38		39		40	
合计		合计		合计		合计	

每个团队成员独立完成以上测评，将得到每个成员分阶段合计分值，再将团队所有成员的4阶段分值进行合计，可以得到团队的最高分值的阶段。在此基础上，结合一定的走访调查，了解组建时间、运行机制、状态绩效等更多的信息，即可判断团队目前所处阶段。然后结合上文的性格分析与角色分析，领导者可以采取相应管理方式与举措。

六、团队运行测评

团队运行情况的调查可以从三个方面进行。在团队环境构建方面，了解团队所在单位对团队的影响，主要包括团队环境（如经费、工作环境），人力资源控制（如培训、绩效激励等）和团队目标三个方面的内容。在团队组成有效性方面，了解团队组成与团队能力，主要包括团队任务、团队领导、团队成员、团队创新能力等方面的内容。在团队运行有效性方面，可从团队凝聚力、团队沟通、团队冲突、团队协作、团队制度、团队执行力多个方面来了解团队是否良好运转。

测试说明：

请用"A：不符合；B：偶尔符合；C：基本符合；D：完全符合"，评定下列各种陈述是否符合您所在的团队，并在括号中填上选项。

测评开始：

1. 您所在的团队中所有人都能了解充分的信息。（　　）

　　A. 不符合　　B. 偶尔符合　　C. 基本符合　　D. 完全符合

2. 您所在的团队在决策时总能请适当的人参与。（　　）

　　A. 不符合　　B. 偶尔符合　　C. 基本符合　　D. 完全符合

3. 您所在的团队每个人的意见总能被充分利用。（　　）

　　A. 不符合　　B. 偶尔符合　　C. 基本符合　　D. 完全符合

4. 您所在的团队成员都把参与看作是自己的责任。（　　）

　　A. 不符合　　B. 偶尔符合　　C. 基本符合　　D. 完全符合

5. 团队的每个人有同等发言权并得到同等重视。（　　）

　　A. 不符合　　B. 偶尔符合　　C. 基本符合　　D. 完全符合

6. 对于团队领导的个人决策，您所在的团队设置了一定的制约机制，使其慎重。（　　）

　　A. 不符合　　B. 偶尔符合　　C. 基本符合　　D. 完全符合

7. 您的团队设置了清晰的决策机制，并有一定的程序。（　　）

　　A. 不符合　　B. 偶尔符合　　C. 基本符合　　D. 完全符合

8. 对于群体决策，您的团队会对提出建设性意见者进行奖励。（　　）

　　A. 不符合　　B. 偶尔符合　　C. 基本符合　　D. 完全符合

9. 面对决策，团队会积极获取尽可能多的信息和尽可能真实的信息。（　　）

　　A. 不符合　　B. 偶尔符合　　C. 基本符合　　D. 完全符合

10. 团队领导可以很好地协调团队成员之间的摩擦、不和。（　　）

　　A. 不符合　　B. 偶尔符合　　C. 基本符合　　D. 完全符合

11. 团队在遇到困难时，团队领导敢于决断，勇于面对困难与承担责任。（　　）

　　A. 不符合　　B. 偶尔符合　　C. 基本符合　　D. 完全符合

12. 您所在的团队在风险预测、发展方向上预判能力突出。（　　）
　　A. 不符合　　B. 偶尔符合　　C. 基本符合　　D. 完全符合

13. 在决策时，大家能顾全大局，分清主次。（　　）
　　A. 不符合　　B. 偶尔符合　　C. 基本符合　　D. 完全符合

14. 您所在的团队有合理、公平、公正、健全的各项规章制度。
　　（　　）
　　A. 不符合　　B. 偶尔符合　　C. 基本符合　　D. 完全符合

15. 您的团队成员来自不同的领域，使得团队成员之间可以很好地互补。（　　）
　　A. 不符合　　B. 偶尔符合　　C. 基本符合　　D. 完全符合

16. 当面临复杂问题时，您的团队会积极需求外部资源（如专家、外部人力等）的帮助，不会闭门造车。（　　）
　　A. 不符合　　B. 偶尔符合　　C. 基本符合　　D. 完全符合

17. 团队决策中，团队成员都很积极表达意见，并力求达成一致
　　（　　）
　　A. 不符合　　B. 偶尔符合　　C. 基本符合　　D. 完全符合

18. 您认为团队成员之间彼此都较为了解对方。（　　）
　　A. 不符合　　B. 偶尔符合　　C. 基本符合　　D. 完全符合

19. 每当团队做出一个决定时，您总会对未来工作充满信心。（　　）
　　A. 不符合　　B. 偶尔符合　　C. 基本符合　　D. 完全符合

20. 团队领导会及时组织团队成员分享成功经验。（　　）
　　A. 不符合　　B. 偶尔符合　　C. 基本符合　　D. 完全符合

21. 您所在的团队有清晰的发展愿景和目标。（　　）
　　A. 不符合　　B. 偶尔符合　　C. 基本符合　　D. 完全符合

22. 团队带头人和团队成员通过互动共同确定团队目标。（　　）
　　A. 不符合　　B. 偶尔符合　　C. 基本符合　　D. 完全符合

23. 您所在的团队领导乐于授权团队成员。（　　）
　　A. 不符合　　B. 偶尔符合　　C. 基本符合　　D. 完全符合

24. 为完成任务，团队成员能与领导或者团队成员保持畅通的信息沟通。（　　）
　　A. 不符合　　B. 偶尔符合　　C. 基本符合　　D. 完全符合

25. 团队领导在开展任务时始终强调创新。（　　）

A. 不符合　　B. 偶尔符合　　C. 基本符合　　D. 完全符合

26. 一旦团队做出决定，您会毫不犹豫地按照决定开展工作。（　　）

A. 不符合　　B. 偶尔符合　　C. 基本符合　　D. 完全符合

27. 在团队会议时每位成员都能够专注于主题并遵守时间。（　　）

A. 不符合　　B. 偶尔符合　　C. 基本符合　　D. 完全符合

28. 团队成员把团队会议看作头等大事。（　　）

A. 不符合　　B. 偶尔符合　　C. 基本符合　　D. 完全符合

29. 团队会议中，面对工作任务讨论，创新性常常是我们的重要议题。
（　　）

A. 不符合　　B. 偶尔符合　　C. 基本符合　　D. 完全符合

30. 团队每位成员都完全参与到团队会议中去，每次团队会议卓有成
效。（　　）

A. 不符合　　B. 偶尔符合　　C. 基本符合　　D. 完全符合

31. 在开展团队任务时，您做事总是目标清楚。（　　）

A. 不符合　　B. 偶尔符合　　C. 基本符合　　D. 完全符合

32. 团队确定目标后，会制订十分详尽的工作计划。（　　）

A. 不符合　　B. 偶尔符合　　C. 基本符合　　D. 完全符合

33. 您非常关注团队目标的完成，并能积极、迅速地提出自己的建议。
（　　）

A. 不符合　　B. 偶尔符合　　C. 基本符合　　D. 完全符合

34. 因表现出色得到鼓励、奖励乃至提升时，您能够更积极地工作。
（　　）

A. 不符合　　B. 偶尔符合　　C. 基本符合　　D. 完全符合

35. 当情况发生变化时，团队会很快产生应对的措施并立即执行。
（　　）

A. 不符合　　B. 偶尔符合　　C. 基本符合　　D. 完全符合

36. 当对领导的命令内心不认同时，您仍然坚定不移地执行。（　　）

A. 不符合　　B. 偶尔符合　　C. 基本符合　　D. 完全符合

37. 为完成任务您愿意投入时间和精力学习，并谋求团队的更大发展。
（　　）

A. 不符合　　B. 偶尔符合　　C. 基本符合　　D. 完全符合

38. 当您和能力不如您的团队成员一起完成一项活动时，您会按照每

个人的情况，合理分工，共同完成任务。（　　）

    A. 不符合　　B. 偶尔符合　　C. 基本符合　　D. 完全符合

39. 团队任务即将完成时，您会提前准备好您所承担的任务。（　　）

    A. 不符合　　B. 偶尔符合　　C. 基本符合　　D. 完全符合

40. 当团队失败时，团队成员会互相鼓励。（　　）

    A. 不符合　　B. 偶尔符合　　C. 基本符合　　D. 完全符合

41. 在团队会议时，您总是比约定时间早到几分钟。（　　）

    A. 不符合　　B. 偶尔符合　　C. 基本符合　　D. 完全符合

42. 在团队中，团队成员乐于分享各自的专业知识。（　　）

    A. 不符合　　B. 偶尔符合　　C. 基本符合　　D. 完全符合

43. 团队有明确的奖罚制度。（　　）

    A. 不符合　　B. 偶尔符合　　C. 基本符合　　D. 完全符合

44. 作为团队成员的您，认为您的团队付出和回报成正比。（　　）

    A. 不符合　　B. 偶尔符合　　C. 基本符合　　D. 完全符合

45. 团队为您提供了良好的学习和晋升机会。（　　）

    A. 不符合　　B. 偶尔符合　　C. 基本符合　　D. 完全符合

46. 团队总能保持高昂的士气。（　　）

    A. 不符合　　B. 偶尔符合　　C. 基本符合　　D. 完全符合

47. 有分歧时，团队成员不会避而不谈。（　　）

    A. 不符合　　B. 偶尔符合　　C. 基本符合　　D. 完全符合

48. 团队举行讨论会议的频率高。（　　）

    A. 不符合　　B. 偶尔符合　　C. 基本符合　　D. 完全符合

49. 团队沟通的结果总能促进工作顺利进行。（　　）

    A. 不符合　　B. 偶尔符合　　C. 基本符合　　D. 完全符合

50. 在开展任务时，您的团队善于尝试新方式、新工具、新途径来完成任务。（　　）

    A. 不符合　　B. 偶尔符合　　C. 基本符合　　D. 完全符合

51. 您的团队认为创新是团队科研工作的第一目标。（　　）

    A. 不符合　　B. 偶尔符合　　C. 基本符合　　D. 完全符合

52. 大家在团队内感到相互了解和信任。（　　）

    A. 不符合　　B. 偶尔符合　　C. 基本符合　　D. 完全符合

53. 团队成员不允许个人事务妨碍团队的绩效。（　　）

A. 不符合　　B. 偶尔符合　　C. 基本符合　　D. 完全符合

54. 大家能自由地表达自己真实的看法。（　　）

　　A. 不符合　　B. 偶尔符合　　C. 基本符合　　D. 完全符合

55. 大家相互尊敬。（　　）

　　A. 不符合　　B. 偶尔符合　　C. 基本符合　　D. 完全符合

56. 团队所开展的工作，十分吸引您参与其中。（　　）

　　A. 不符合　　B. 偶尔符合　　C. 基本符合　　D. 完全符合

57. 如果让大家分别列出团队的重要事宜，每个人的看法会十分相似。
　　（　　）

　　A. 不符合　　B. 偶尔符合　　C. 基本符合　　D. 完全符合

58. 每一个人的团队角色十分明确，并为所有的成员所接受。（　　）

　　A. 不符合　　B. 偶尔符合　　C. 基本符合　　D. 完全符合

59. 对于实现目标，大家有强烈一致的信念。（　　）

　　A. 不符合　　B. 偶尔符合　　C. 基本符合　　D. 完全符合

60. 您所在的团队能够允许失败，容忍错误。（　　）

　　A. 不符合　　B. 偶尔符合　　C. 基本符合　　D. 完全符合

61. 您所在的团队能够不断保持合理竞争和改进。（　　）

　　A. 不符合　　B. 偶尔符合　　C. 基本符合　　D. 完全符合

62. 团队有充足的经费投入。（　　）

　　A. 不符合　　B. 偶尔符合　　C. 基本符合　　D. 完全符合

63. 团队有良好的物理工作环境。（　　）

　　A. 不符合　　B. 偶尔符合　　C. 基本符合　　D. 完全符合

64. 团队有良好的科研及生产设施和硬件资源。（　　）

　　A. 不符合　　B. 偶尔符合　　C. 基本符合　　D. 完全符合

65. 您觉得您现在所处的团队分工非常合理，能够充分发挥个人能力。
　　（　　）

　　A. 不符合　　B. 偶尔符合　　C. 基本符合　　D. 完全符合

66. 您可以向团队领导表达意愿并得到尊重。（　　）

　　A. 不符合　　B. 偶尔符合　　C. 基本符合　　D. 完全符合

67. 作为团队中的一员您有荣誉感。（　　）

　　A. 不符合　　B. 偶尔符合　　C. 基本符合　　D. 完全符合

68. 当您所在的团队面临危机时，团队成员能够比以往更加努力地去

克服困难。（   ）

    A. 不符合　　B. 偶尔符合　　C. 基本符合　　D. 完全符合

69. 大家都能够遵守团队各项规章制定，不特立独行。（   ）

    A. 不符合　　B. 偶尔符合　　C. 基本符合　　D. 完全符合

70. 当团队成员遇到困难时，团队的其他成员会及时伸出援助之手，共同解决困难。（   ）

    A. 不符合　　B. 偶尔符合　　C. 基本符合　　D. 完全符合

71. 您不允许有损团队形象的情况发生，如果发生会及时当面制止。（   ）

    A. 不符合　　B. 偶尔符合　　C. 基本符合　　D. 完全符合

72. 您会为没有按时完成团队任务而自责。（   ）

    A. 不符合　　B. 偶尔符合　　C. 基本符合　　D. 完全符合

73. 团队成员都有"为了把事情做好而做好"的欲望。（   ）

    A. 不符合　　B. 偶尔符合　　C. 基本符合　　D. 完全符合

74. 您所在的团队能够充分尊重成员个性，发挥成员的主动性、积极性和创造性。（   ）

    A. 不符合　　B. 偶尔符合　　C. 基本符合　　D. 完全符合

75. 您认同您所在的团队文化。（   ）

    A. 不符合　　B. 偶尔符合　　C. 基本符合　　D. 完全符合

以上测评的 75 题从团队环境构建、团队组成、团队运行三个方面，设置了所在的团队细节方面的理想状态，根据陈述符合的选择有助于发现细节方面的问题，如 1~5 题主要调查的是领导与决策中的团队共同管理方面的问题。根据每位团队成员的选择结果，汇总团队成员对每一题的选择，进行选项分布分析。从 A、B 选项发现团队面临的问题，如团队中 AB 选项分布比例之和超过 15% 的测试题，从这些较为突出的测试题去分析团队存在的问题，从而能针对性地加以改进。

测评是一个标尺，
衡量出团队的价值。
在知己知彼的运筹中，
创造出新的历史。

李功越 摄

第八章　创新团队建设测评与活动

创新团队是现今企业核心竞争力的基础，企业对于该群体的建设活动已是整体战略中的重要组成部分。由于创新团队组织机构的特征及发展生命周期的演进，创新团队的运行会显现出部分问题。

（1）团队成员之间缺乏有效的沟通。团队学习中存在习惯性防卫，缺乏真正的深度交谈，而习惯性防卫是用来保护自己和他人免于因为说出真正的想法而受窘、受到威胁的根深蒂固的习性，它在压力面前通常表现为为了保护自己，不提没把握的问题；为了维护团结，不提分歧性问题；为了不使他人难堪，不提质疑性问题；为了使大家接受，只做折中性结论。

（2）团队成员对团队的目标不明确。一个成功的创新型团队非常清楚自己存在的原因，然而现实中更多的是团队目标不明确，经常变换；或者是团队目标明确，而领导阐述不清楚，从而导致团队成员对目标不理解或者是理解不准确，造成团队整体效率低下。而团队精神就是一种相互合作、上级带动下级、整体带动部分、成员齐心协力、提高工作效率的精神。一个真正有效率的团体应该看起来就像一个人一样，每一个部分的配合与协调都自然随意，恰到好处。

（3）团队成员间缺乏相互信任。由于团队成员缺乏团队意识，并且在合作中没有得到有效的沟通，因而团队成员的关系建立在互不信任的基础上，从而在工作中不能进行亲密有效的合作，导致团队整体效率不高。

（4）团队成员的责任意识不强。团队成员是团队的建设者和工作者，强烈的责任意识会促使其产生强大的精神动力，使团队成员将自己的成就、个人的命运与团队发展有机地结合起来，将自己培养成受欢迎的优秀人才。

（5）团队组成共同意愿的意识不强。共同意愿是激励、鼓舞团队成员不断学习的动力源泉，它为团队学习提供目标与能量。团队学习应该是建立在共同意愿的基础上的。在企业组建创新型团队的时候，部门的负责人通常侧重技术或者是感情；而一个真正有效的团队在组建的时候更多地侧重于团队成员的互补性。

（6）团队领导自身存在问题。创新团队内部由于不同的领导负有不同的责任和任务，在团队活动过程中，如果团队领导不能履行自己的责任和任务，不能让团队成员了解团队目标从而为实现团队目标而努力，团队就不能改善绩效，从而提高工作效率。

当具有不同角色特点的成员以一种合作的方式在一起实现某一战略目标时，效率就会提高，进而生产率、创新产出和质量及成员自身的满意度都会以指数级增长。而创新团队的建设在企业或组织中需要运用有效的沟通合作的问题解决方式、个人和集体愿景的统一、恰当的领导技巧、资源的合理利用，使得一个创新团队成为真正意义上的"创新团队"。

本章通过介绍和分析创新团队建设的测评活动，提出加强创新团队建设的方法。

一、团队的沟通与交流

1. guess who

活动主旨：创新团队成员加深对彼此的了解。

参与方式：不限，可整个团队共同参与，人数较多时可每 20 人一组进行。

活动时间：15 ~ 20 分钟。

材料准备：与参与人数相当的纸条。

场地要求：不限。

活动目的：

（1）让团队成员感受团队之间相互认识了解的程度。

（2）加深团队成员之间的了解。

活动程序：

（1）活动组织者发给团队成员每人一张小纸条，要求每位成员在纸上写上认为最能代表自己的某一个事物（动物、植物、生活用品等）的名称，如牛、马、花朵、大地等，但不能是人。然后想象如果人生可以选择的话，团队成员希望自己能变成的某一个动物、植物或事物的名字。

（2）待每一位团队成员写好后，活动组织者收回所有的纸条，而后将收回的纸条打乱重新发给团队成员，每个人不能拿到自己所写的纸条，如果偶然拿到，通知组织者更换。

（3）让团队成员将手中纸条打开，说明纸条内容，然后猜测这纸条是谁的，并说明理由。

（4）如果没猜对，请写纸条的人发言并说明他之所以这样写的理由。

（5）活动一直进行直到所有的纸条都猜完。

（6）选出团队成员代表分享活动心得，侧重表达通过活动了解到同伴的哪些不同之处，有何感想。

活动总结：

（1）团队成员每日共同完成工作，在工作关系上达到相对熟悉的程度，但是此活动能够使得团队成员体会到新的东西。团队沟通的目的是使每个成员能充分地领会并服从于自己的工作，更好地履行自己的职能，同时这也是促进团队成员除工作技能外相互了解的重要方式，只有这样才能够形成组织内部的合力，从而实现企业或组织的最终战略目标。

（2）作为创新型团队，只有团队成员间达到工作能力及人格特点真正互相了解时，团队成员之间才能更有默契地相互配合和谐共处。

2. 文化冲撞

活动主旨：不同类型创新团队差异化的相互认知。

参与方式：团队所有成员，按人数等分为4组。

活动时间：90分钟。

材料准备：无特定材料。

场地要求：4处独立空间。

活动目的：加强不同技术背景、工作模式特征的团队间的沟通理解。

活动程序：

（1）将团队成员等分成为4组。分别在4个单独房间为每组布置任务，注意此时不可被其他小组听到。

（2）每个小组拥有一个不同于其他小组的文化准则，并且小组成员不知道其他小组是不遵循此准则的。

（3）这些文化准则分别是：小组1的成员回答任何问题时都要在提问结束时等待10秒再做回答，无论多么细小而琐碎的问题都是一视同仁；哪怕提前一点点回答问题，均被视作是一种没有修养的表现。小组2的成员要求对话时保持50厘米的个人空间并避免身体接触，如果在对话时与他人的距离低于50厘米或有身体接触，就意味着对他人的不尊重。小组3的成员要求任何性质的对话都应与对方保持30厘米的亲密距离且需要一定的身体接触来增进了解，这种距离和肢体的交流是受过良好教育的标志。小组

4 的成员在与他人对话时不能看对方面部，而注视对方的脚面则表示对对方的认可。

（4）每组成员熟知并演练自己的文化后，将 4 组成员混合，然后由活动组织者任意选择一个话题，如"用何种方式解决北京的雾霾问题""你对央行持续降息降准怎么看"等，交流过程最多不超过 15 分钟。

（5）每组选出代表阐述其他文化的特点及带来的感受，表达自身应如何与不同行为方式的文化进行有效交流，如何评价与自身完全不同的行为方式并用何种心态面对它们。

活动结论：

（1）文化冲撞活动在某种程度上反映了团队中个人的个性特征差异引起沟通的障碍。在团队内部的信息沟通中，个人的性格、气质、态度、情绪、兴趣等差别，都可能引起信息沟通的障碍。同样地，语言表达、交流和理解也有可能造成沟通的障碍。同样的词汇对不同的人来说含义是不一样的。在一个团队中，团队成员常常来自于不同背景，有不同的说话方式和工作风格，对同样的事物有着不一样的理解，这些都造成了沟通的障碍，此项活动的进行，可以侧面评估出团队成员在接触到不同文化的接受程度、理解姿态和包容力。

（2）对不同工作模式和说话方式予以接受和理解，是团队运行有效的润滑剂，而不同团队成员间的互相倾听也是维持沟通有效的必要条件。

3. 背靠背

活动主旨：团队成员结果向导的沟通测评训练。

参与方式：团队成员两两配对。

活动时间：10~15 分钟。

材料准备：纸张，水彩笔。

场地要求：不限。

活动目的：团队成员学习克服沟通中的各种障碍，提高沟通效果。

活动程序：

（1）将团队成员两两配对，然后让他们背靠背而坐。给其中一位成员一张纸和一支笔，给另一位成员一张已画有图形的纸。持有已知图形的成员在不让另一个成员看到图形的前提下指导其将图形画出。

（2）持有图形的成员可以用符号和比喻来形容这个图形，但是不能运用几何术语对图形进行描述。例如，图形是一个套着一个圆形的正方形，那么成员在描述时就不能使用"圆形"或"正方形"这两个词，但是可以用西瓜或魔方形状这类语句来进行描述。

（3）到规定时间后，让参与活动的对子将画出的图形和原始的图形进行比较，并讨论为何会得到这个结果。双方可以互换角色，开始新一轮的图形沟通。

活动结论：

项目团队成员地位平等，级别相同，为他们能够通过畅通的渠道交换信息奠定了组织基础，这些信息包括各种言语和非言语信息。团队成员能够迅速准确地了解彼此的想法和情感，也可以毫不隐瞒地提出自己的想法和意见，同时关注与倾听别人的建议，然后在团队内部会议中公开处理不同建议，并做出真诚反馈。

二、创新团队中的角色特长发挥及问题协作解决

1. 迷宫

活动主旨：创新团队中协作进行问题解决。

参与方式：团队所有成员，按照每组 8 人以上标准分为若干小组。

活动时间：40 分钟。

材料准备：粉笔或 8 平方米左右帆布。

场地要求：户外或空间较大教室。

活动目的：创新团队成员发挥所长，分配角色任务，高效解决问题。

活动程序：

（1）活动组织者事先在地面（或帆布）上画出由 81 个（或更多）正方形方格构成的迷宫，形状如围棋盘。迷宫大小根据人数多少。如图 8－1 所示。

（2）活动组织者在迷宫中任意决定一条路线，设置起点为 A、终点为 B。这条路线只有组织者知道。

（3）每组成员的任务是找到这条正确的路线并走出迷宫，而且必须是所有的团队成员。建议每组选出一位探路者。

（4）走迷宫的规则是：可以向前、向左或向右走，但不能后退、不能斜走。团队任意一位成员不能跨越方格、不能以任何方式记录路径。活动一旦开始，团队成员就不能再出声说话或交谈，只允许使用手势或动作。

（5）在团队成员探路的过程中，如果其选择的路线是正确的，活动组

织者则不说话；若是错误的，则说"错"。这名团队成员就必须按照自己刚走过的原路返回到出发点。若返回的时候出错，整个团队的总时间要加5分钟或设定相应惩罚。

（6）活动的目标是各组以最短的时间，全员通过迷宫。

（7）迷宫活动结束后，活动组织者要求各组分析以下问题并做出分享。团队开始走迷宫前做过什么计划？这个活动困难的地方在哪里？团队成员是怎样解决的？如果允许成员们在活动的过程中谈话，问题的解决会更容易些吗？团队成员怎样克服这个障碍？团队认为获得成功的关键点在哪里？从这个游戏中体会到什么？在工作中，什么样的态度和行为会促使成功，什么样的行为会阻碍发展？

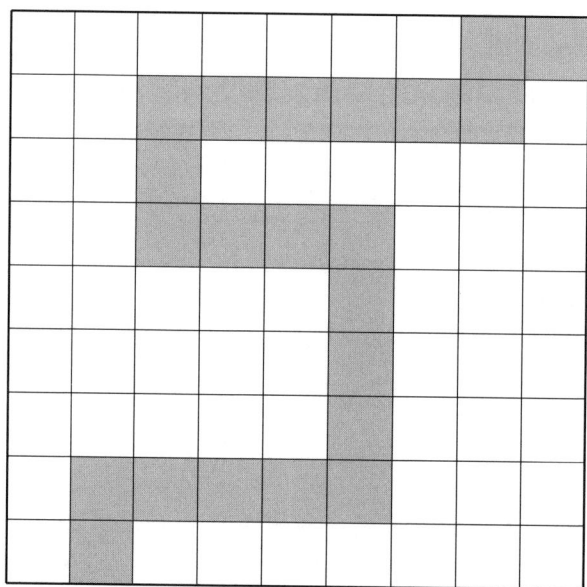

图8-1　迷宫图例

活动结论：团队成员各有所长，如有的人擅长记忆、有人擅长做计划、有人有严谨的逻辑思维，好的团队就是让这些具有不同特点的团队角色充分发挥长处。例如，在此活动中，善于计划的成员思考行动步骤，记忆力好的成员充当坐标，就是充分整合团队成员所长后做出的优化配置，这就是创新团队中应当具有的合作模式。

2. 大生意

活动主旨：创新团队角色分工练习。

参与方式：将所有成员等分成6～10人小组。

活动时间：40分钟。

材料准备：准备十几盒可以迅速简单拼装成坦克、汽车、动物等物品的塑料积木，写有角色分配名称的胸卡。

场地要求：大型会议室。

活动目的：通过具体活动清楚体验团队中的角色与分工，以及正确分工带来的高效产出。

活动程序：

（1）将全部团队成员分成每组6～10人的小组，可进行小组间比赛。每组先选出1名成员做销售员。然后小组自行选出人员充当总经理、生产工人、装配工人、物流、等职，并设定工作流程和配合方式，注意所有小组成员都应具有对应角色。

（2）各组派定角色后，活动组织者将写有上述职位的胸卡发给相应的人。

（3）活动组织者事先准备好一个积木组合（任意形状，如坦克、汽车、兔子等），并告知大家他现在是客户，且有订单给各组。与现实中的状况一样。客户只跟销售员一人说话和沟通。

于是活动组织者拿出准备好的积木组合给销售员下定单，提出定购与样品一样的组合15个或20个，交货期是2分钟。

（4）2分钟到，客户要求销售员交货，检查货品的数量和质量，计算出合格率。

（5）给小组3分钟，讨论他们刚才的行为有没有可以改善的地方。

（6）客户给销售员新的定单及说明交货时间，重复以上的活动和分析。根据时间，客户可下3次或5次的定单。统计各组交货合格率。

（7）活动组织者在活动结束后要求各组讨论：在"生产"过程中，各角色的分工如何？每位组员是否都在按照角色的要求做着自己该做的事情？（例如，总经理是在全盘监控还是充当了装配工？）小组是怎样提高速度和合格率的？你认为一个高效率的组织应具备一些什么特点？活动中有什么可以运用到实际工作中去？

活动总结：团队中每个成员都需要有明确的角色，努力做好角色职责范围内该做的事。如果每位成员都清楚自己的角色并做到最好，团队的效率就能达到最高。团队在做计划的同时，各种角色都应该被考虑进去并对计划形成影响。高效率的团队是一个角色分工明确、协调性强的组织，只有有序和流畅的工作流程，才可以最大限度提高合格率。

3. 利润中心

活动主旨：团队成员在接受挑战时如何发挥团队角色特长。

参与方式：将所有成员等分成 6～10 人的小组。

活动时间：45 分钟。

材料准备：蒙眼布若干、胶带若干、5 米左右的细尼龙绳若干、橡胶管若干、吸管若干、一次性筷若干、塑料盆若干、被子若干。

场地要求：室外场地。

活动目的：使得创新团队成员在接受具有挑战的任务时充分发挥各角色优势，以协作方式完成任务。

活动程序：

（1）活动组织者将组织所有成员等分为 6～10 人的小组，为每组成员提供蒙眼布、胶带、细尼龙绳 15 条（每条约 5 米）、橡胶管 2～3 条（每条长 50～70 厘米）、吸管 5～6 捆、一次性筷子 50～60 双。

（2）活动组织者将 10～15 米的绳子放在地上，围成一个直径约 4 米的圆圈，圈中央放置一只塑料盆，倒扣在地上，盆上放一杯水。杯子可以是不同材料的，如硬玻璃杯、敞口塑料杯等。杯子中装有水，每一个这样的结构称为 1 个"工作站"。组织者可设立 4～5 个这样的工作站。用 2 米左右的绳子围成一个直径约 1 米的圆圈，当作一个"利润回收中心"。

（3）组织者向全体人员明确任务：每个小组要从 5 个工作站内将水杯取出，放入利润中心，不能将水从杯子里洒出来。成功运送第 1 杯水可得 1 万元，第 2 杯 2 万元，第 3 杯 4 万元，第 4 杯 8 万元，第 5 杯 16 万元。

（4）运水的规则如下。① 任何人不能进入绳围，身体的任何部位不能直接碰到绳围内的一切。② 取水的工具可从以上提供的物品中自行选择或任意制造。③ 使用工具取水的人在行动开始之后直到将水送到利润中心都要被蒙住眼睛。④（如果不止一个小组）先完成的小组可任意选择下一步从哪一个工作站中取水。⑤ 任何一个工作站中的水在运的过程中翻倒，不再加入补充新水，此工作站废弃。⑥ 活动时间累计为 45 分钟。时间超过，活动结束。

（5）活动结束后，组织者向各组提出思考问题：活动中是否做到全组同心协力，是否全员参与？活动中你认为本组有哪些优势和缺陷？是否在活动时充分了解了规则，大家是各行其是还是遵从领导安排？归纳总结后每组选出代表分享。

活动总结：

（1）通过各组成员协同合作，应至少能总结出一种达成目标的方法，如用橡皮筋做一个圈，在圈四周各拴上1条绳子，4个人分布在圈四周，拉紧绳子将绳圈打开，套住瓶口，而后放松绳子使橡皮圈固定住杯子，缓缓将杯子提起，运出绳圈，送到"利润中心"

（2）在创新团队任务达成前，一旦形成固有的解决问题模式，一个团队往往很难打破常规，采用新方法。一项任务的失败往往由很多环节引起，不仅仅是领导或决策上的失误。好的计划成败还取决于团队成员是否能很好地执行并良好地配合。

执行阶段是能否顺利完成任务的关键环节。在此阶段，一定要考虑到所有可能出问题的因素，充分发挥角色特长，相互配合完成任务。

三、创新团队建设中个人角色与集体决策的相互促进

1. 迷失丛林

活动主旨：创新团队任务解决中个人角色与集体智慧的统一。

参与方式：将组织所有成员分为5人为单位的小组。

活动时间：30分钟。

材料准备：迷失丛林工作表，专家意见表。

场地要求：教室内。

活动目的：通过活动来说明，团队智慧和经验一般高于个人智慧简单相加，且出现团队中个人意见高于集体意见时，需有领导做出正确选择。

活动程序：

（1）活动组织者把"迷失丛林"工作表（表8-1）发给每一位学员，之后活动组织者向团队成员叙述如下活动背景：假设你是一名飞行员，但你驾驶的飞机在飞越非洲丛林上空时突然失事，这时你们必须跳伞。与你们一起落在非洲丛林中的有14样物品，这时你们必须为生存做出一些决定。

表 8－1　迷失丛林工作表

序号	供应品清单	第1步 个人排列	第2步 小组排列	第3步 专家排列	第4步 个人与专家 排列的差值 （绝对值）	第5步 小组与专家 排列的差值 （绝对值）
A	药箱					
B	手提收音机					
C	打火机					
D	3支高尔夫球杆					
E	7个大的绿色垃圾袋					
F	指南针					
G	蜡烛					
H	手枪					
I	一瓶驱虫剂					
J	大砍刀					
K	蛇咬药箱					
L	一盆轻便食物					
M	一张防水毛毯					
N	一个空保温瓶					
	求和					

（2）在14样物品中，先以个人形式把14样物品以重要顺序排列出来，把答案写在第一栏。

（3）当所有人都完成之后，活动组织者把全体成员分为5人一组，让各组开始进行讨论，以小组形式把14样物品重新按重要次序再排列一次。把答案写在工作表的第二栏，讨论时间为20分钟。

（4）当小组完成之后，组织者把专家意见表发给每个小组，小组成员将把专家意见填入第三栏。用第三栏减第一栏，去绝对值得出第四栏。用第三栏减第二栏得出第五栏，把第四栏累加起来得出个人得分；第五栏累计起来得出小组得分。

（5）组织者把每个小组的分数情况记录在白板上，用于分析：对于团队得分低于平均分的小组进行分析，找出个人得分最接近团队得分的小组及个人，说明该个人的意见对小组的影响力（表8－2）。

表 8 - 2　分析汇总表

小组	全组个人得分	团队得分	平均分
1			
2			
3			
4			

（6）各组选择一位代表分享活动的感想，回答如下问题：个人的得分高还是小组的得分高？为什么？小组是以什么方法达成共识的？当小组出现意见不统一现象时，成员是怎么解决的？你在这个游戏中感受到什么？

活动总结：

（1）此项活动的专家思路是：大家应该待在原地等待营救。最重要的是能够在原地生存等待援救，而非逃脱寻找援救。因此，所选择的物品应基于以上原则。无论是小组还是个人在选择物品时，大部分成员不会第一时间意识到这个原则，而只是根据直觉选择东西，所以会和专家选择有差别。

（2）大部分的情况是小组经过讨论后，会做出接近专家的选择。这就在很大程度上反映出团队的决策通常高于个人的决策，这是因为团队能够从多个角度考虑问题，减少思路盲点。对同一件事，成员个人依据所掌握的专业知识类型和掌握程度，做出的反映和选择是不同的。

（3）团队的决策高于个人智慧的简单相加，在很多情况下，团队中只要学会运用团队工作方法，就可以达到更好的效果。当出现个人决策效率高于团队决策效率时，个人是否能够通过沟通说服团队，领导者是否能运用其丰富的经验进行正确判断，就显得尤为重要。

（4）此活动也可与"落难月球"活动交替使用，达到的测评效果是相同的。

专家的选择：

（1）大砍刀。

（2）打火机。

（3）蜡烛。

（4）一张防水毛毯。

（5）一瓶驱虫剂。

（6）药箱。

（7）7 个大的绿色垃圾袋。

（8）一盆轻便食物。

（9）一个空保温瓶。

（10）蛇咬药箱。

（11）3 支高尔夫球杆。

（12）手枪。

（13）手提收音机。

（14）指南针。

2. 落难月球

活动主旨：创新团队任务解决中个人角色与集体智慧的统一。

参与方式：将组织所有成员分为 5 人为单位的小组。

活动时间：30 分钟。

材料准备：落难月球工作表，专家选择表。

场地要求：教室内。

活动程序：

（1）活动组织者将"落难月球"工作表（表 8 - 3）发给每一位学员，表格如下。

表 8 - 3　落难月球工作表

序号	供应品清单	第1步 个人排列	第2步 小组排列	第3步 专家排列	第4步 个人与专家 排列的差值 （绝对值）	第5步 小组与专家 排列的差值 （绝对值）
1	一盒火柴					
2	压缩食品					
3	50 米长尼龙绳					
4	降落伞					
5	太阳能加热装置					
6	两只 45 发子弹的手枪					
7	一箱失水的牛奶					
8	两只 100 磅重的氧气瓶					
9	月球地图					
10	CO_2 自动漂流救生筏					
11	磁力指南针					

序号	供应品清单	第1步 个人排列	第2步 小组排列	第3步 专家排列	第4步 个人和专家 排列的差值 （绝对值）	第5步 小组与专家 排列的差值 （绝对值）
12	5 加仑水					
13	信号弹					
14	急救注射针					
15	F. M. 调频转换接收装置					
	求和	——	——	——		

之后活动组织者向团队成员叙述如下活动背景：你和你的太空队员约定在月球光亮一面与母船会合，但因机械故障，你们的飞船被迫紧急降落在远离集合点 100 千米的月球光面处，紧急降落时，设备损坏。生存下来的唯一机会是步行 100 千米与母船会合，所以必须选出最重要的物品随身携带。请在以下所列出的 15 样物品中，按其重要性排列出先后次序，然后准备出发与母船会合。

（2）在 15 样物品中，先以个人形式把 15 样物品以重要顺序排列出来，把答案写在第一栏。

（3）当大家都完成之后，组织者将全体成员分为 5 人一组，让他们开始进行讨论，以小组形式把 15 样物品重新按重要次序再排列一次。把答案写在工作表的第二栏，讨论时间为 20 分钟。

（4）当小组完成之后，组织者把专家意见表发给每个小组，小组成员将把专家意见填入第三栏。用第三栏减第一栏，去绝对值得出第四栏。用第三栏减第二栏得出第五栏，把第四栏累加起来得出个人得分；第五栏累计起来得出小组得分。

（5）组织者把每个小组的分数情况记录在白板上，用于分析：对于团队得分低于平均分的小组进行分析，找出个人得分最接近团队得分的小组及个人，说明该个人的意见对小组的影响力（表 8 - 4）。

表8-4　分析汇总表

小组	全组个人得分	团队得分	平均分
1			
2			
3			
4			

（6）各组选择一位代表分享活动的感想，回答如下问题：个人的得分高还是小组的得分高？为什么？小组是以什么方法达成共识的？当小组出现意见不统一现象时，成员是怎么解决的？你在这个游戏中感受到什么？

专家的选择：

（1）两只100磅重的氧气瓶。

（2）5加仑水。

（3）月球地图。

（4）压缩食品。

（5）FM调频转换接收装置。

（6）50米长尼龙绳。

（7）急救注射针。

（8）降落伞。

（9）CO_2自动漂流救生筏。

（10）信号弹。

（11）两只45发子弹的手枪。

（12）一箱失水的牛奶。

（13）太阳能加热装置。

（14）磁力指南针。

（15）一盒火柴。

3. 特尔斐决策技术

活动主旨：团队任务解决时综合统一成员意见。

参与方式：将组织所有成员分为5人为单位的小组。

活动时间：30分钟。

材料准备：一个装满玻璃弹珠的透明罐子。

场地要求：教室内。

活动目的:

(1) 通过具体的活动来说明,团队的智慧高于个人智慧的平均组合,只要学会运用团队工作方法,可以达到更好的效果。

(2) 促进团队学习在工作中综合统一各方面的意见的方法。

活动程序:

(1) 活动组织者出示一个装满玻璃弹珠的透明罐子,只有组织者自己清楚罐子中玻璃弹珠的数量。

(2) 组织者让每组组员仔细观察罐子1分钟,随后要求组员个人推测其中弹珠的数量。随后组织者收集结果,并计算小组平均数、中位数、方差等,并将其出示给小组成员。

(3) 重复推测过程三次,或直到推测结果保持相对稳定为止。随后要求小组内部综合组员意见,得出最终结论。

(4) 组织者最终揭示正确答案,并让组员比较他们最初的个人推测结果与最后小组结果的正确程度并讨论分享心得。

(5) 根据以上程序可以启示团队成员预测实际工作当中的问题,如预测项目团队下半年经费使用状况,或能够结题的项目数量。

活动总结:

(1) 团队中各角色具有不同智慧,个人的理性有时无法战胜智慧的盲区,而团队决策是克服盲区的保证。

(2) 团队工作中的沟通和意见交换可以使观点的差距缩小,同时沟通中的心态和尊重态度亦十分重要。

(3) 活动中可能会出现小组中的某个成员的准确度总是高于团队的共同决策。若发生此种情况,这样的成员可能是团队中具有开拓者或创新者角色特点的成员,此位成员是否能够说服团队其他成员,他具有的角色特点是否能够遵从团队领导的决定或大多数意见,都是团队进行决策时需考虑的问题。

四、创新团队中信赖感与合作精神的建立

1. 红与黑

活动主旨:创新团队中合作精神与相互信任的理解。

参与方式:在组织中选择20位成员,分成各10人的 A 组 B 组。

活动时间:30 分钟。

材料准备：扑克牌中的红心 10 与黑桃 10 各 2 张。

场地要求：教室内。

活动目的：让团队成员体会到创新团队建设中树立信任氛围的重要。

活动程序：

（1）活动组织者将挑选出的成员分成两个人数相等的小组：A 组和 B 组，每组 10 人，每组分配红心 10 与黑桃 10 各一张，并通知两个小组将要展开竞赛，冠军将获得大奖。

（2）组织者明确比赛规则。①组织者将 A 小组中的每个成员与 B 小组的每个成员分别配对并让他们互相记住，同时注意将两个小组适当隔离，使他们互相之间不能听到或看到。②组织者按顺序让 A 小组中的成员轮流到讲台上出示手中的纸牌，当念到某人名字时，他在 B 组中的对子也要同时走到讲台上。两人同时出示手中的纸牌。两人只许亮牌，不许交谈。出完牌后两人立即回到各自的小组。③两人的出牌及得分规则是一样的。即如果 A 组成员出示的纸牌是黑桃 10，B 组的对子就会得到 –10 分；如果他出示的纸牌是红桃 10，B 组的对子会得到 10 分；反之 B 组成员出示的纸牌如果是黑桃 10，A 组的对子就会得到 –10 分；如果出示的是红桃 10，A 组的对子得到 10 分。④团队的分数是所有团队成员分数的总和，分数高的团队即是冠军，游戏将进行 3 局，即团队中的每个人都有 3 次出牌机会。⑤在正式出牌前，每个小组有 10 分钟的时间准备。讨论小组内的出牌策略及任何内容。讨论只限于小组内部，A、B 组之间互相不能说话或做任何沟通。⑥小组中的所有人都出过牌之后算 1 局。每局结束，组织者通报各小组分数。每局与局之间各小组有 5 分钟的内部讨论时间。

（3）第二局结束后，组织者宣布可允许两个组中各派出 1 名代表与另一团队的代表进行交流或谈判，各组代表必须表达本小组一致同意的条款，时间为 10 分钟。

（4）谈判结束，代表回到自己的小组；各小组讨论 5～8 分钟，讨论结束，第三局开始。

（5）组织者最终在白板上统计分数，计分表如表 8 – 5。

表8-5 红与黑活动计分表

局数	队名	1	2	3	4	5	6	7	8	9	10	总计
第一局	团队A											
	团队B											
第二局	团队A											
	团队B											
第三局	团队A											
	团队B											

（6）活动结束后，组织者要求参与者讨论并分享感受。

活动总结：

（1）在活动开始时，小组选择向对方出示黑/红牌表达了该组成员与对方合作的态度试探，在对方出牌后，小组成员的选择表达了其是否合作的意愿。

（2）在当今的经济形势下，团队间和团队内都存在着竞争的状态，在此种状态下得到双赢的局面是很困难的，但并非不可能，双赢需要竞争双方共同努力。而信任是团队合作及团队间合作的重要构成因素。一般来说，团队成员都要经历：不信赖→部分信赖（试探、获得证据、持续获得证据）→完全信赖（习惯），在任何阶段，如果一方违背了信赖原则，都会摧毁信赖流程，使得团队合作的效率降低。团队间信任存在风险，需要两方面的承诺和维持。

2. 蜘蛛网

活动主旨：创新团队中合作精神的重要地位。

参与方式：组织中全体成员等分为各10人左右的小组。

活动时间：20分钟。

材料准备：用绳子编成的蜘蛛网（图8-2）一张及说明书一份。

场地要求：户外

活动目的：使团队成员体会计划的重要性及团队合作的精神。

活动程序：

（1）活动组织者事先在每组中选出一位领导及一位观察员，单独向领导交代任务并给他一份说明书，说明书写明穿越蜘蛛网的规则：全体人员必须从网的一边通过网孔过到网的另一边，最终的目标是要在最短时间内全员穿过，在穿越过程中，组员身体的任何部位都不得触网，每个洞只能被穿过一次，即不能两人过同一洞。

（2）由领导回到小组中传达组织者的指令。

（3）组织者及观察员开始观察小组在听领导分配任务时的反应，以及他们的计划能力。

（4）观察员记录小组在执行任务的过程中都出现些什么问题，包括计划方面、沟通方面。

（5）穿越结束后，观察员分享该小组在活动中是否指令传达周密、计划得当，团队合作精神是否对活动起到推进作用，团队成员间是否显示出相互信任的氛围。

活动总结：不管一个创新团队提供的是产品还是服务，在活动中，高质量地完成任务不仅需要齐心协力的计划，更要求组员间足够的信任。蜘蛛网上的个别网眼很大易于穿越，个别很小需要其他成员协助，这都需要组员发挥合作精神，共同努力达到最终要求。

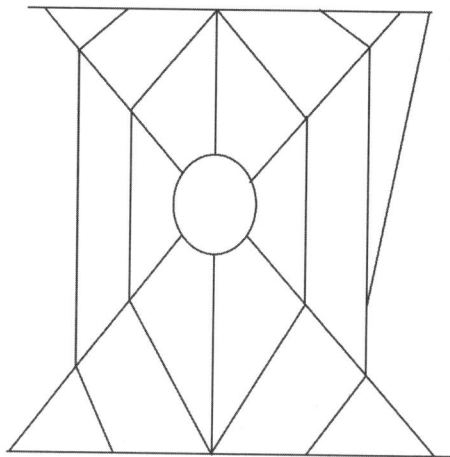

图 8 - 2　蜘蛛网示意图

五、创新团队中领导力的增强

1. 建绳房

活动主旨：加强团队中的领导能力，增强成员沟通能力。

参与方式：组织中选出 15 人，分为 3 个小组，每组 5 人。

活动时间：30 分钟。

材料准备：15 个眼罩、3 条长度分别为 20 米、18 米、12 米的绳子。

场地要求：大会议室。

活动目的：锻炼团队中的领导能力，增强队员之间的沟通能力，从而达到和谐完成任务的目的。

活动程序：

（1）第一阶段组织者将把15人分为3个小组，每小组为5人。将3条绳子分别发放。小组1：20米的绳子；小组2：18米的绳子；小组3：12米的绳子。同时发给每人一个眼罩，并告知他们戴上眼罩后的任务。小组1：建一个正三角形；小组2：建一个正方形；小组3：建一个圆形。

（2）当完成第一阶段后，组织者告知3个小组的全体人员，要他们一起来建一个绳房子，如图8-3所示。

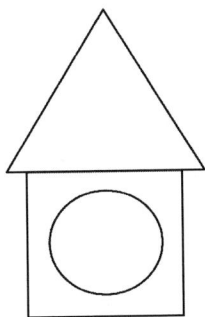

图8-3　绳房示意图

（3）各组完成后，组织者要求每组思考：对比第一阶段及第二阶段哪一个阶段更加混乱，为什么？如果你是领导，你会怎样组织第二阶段以又快又好地完成任务？

活动总结：

（1）创新团队在任务突变时不可避免地会引起成员的混乱和不适应，但是只要每个团队建立了完整的沟通方式和思维方式，就能够在面对新任务时迅速产生解决问题的新系统。有效的领导会迅速做出改变组织协调、方案实施的判断，并及时调整心态。

（2）有效的沟通、明确的团队角色、合作的心态、合理的协调是解决问题变化时的重要前提。

2. 盲阵

活动主旨：培养挑战环境中的领导力。

参与方式：从组织中选出10人进行活动测评。

活动时间：30 分钟。

材料准备：6 个眼罩、一条 20 米长的绳子。

场地要求：户外空地。

活动目的：让团队成员体会学习，作为一名领导者在分派任务时通常犯的错误以及改善的方法。

活动程序：

（1）活动组织者在 10 人中任命一位总经理、一位总经理秘书、一位部门经理及一位部门经理秘书，6 位操作人员。

（2）组织者把总经理及总经理秘书带到一个看不见操作人员的角落，向他们说明活动规则：总经理要让秘书给部门经理传达一项任务，该任务就是由操作人员在戴着眼罩的情况下，把一条 20 米长的绳子做成一个正方形，绳子必须用尽。活动全过程总经理不得直接指挥，一定要通过秘书传达指令给部门经理，由部门经理指挥操作人员完成任务。部门经理有不明白的地方也可以通过自己的秘书请示总经理。部门经理在指挥的过程中要与操作人员保持 5 米的距离。

（3）活动完成后，组织者要求各角色成员分享体会，如作为操作人员，你会怎样评价你的这位主管经理？如果是你，你会怎样来分派该任务？作为部门经理，你对总经理的看法如何？对操作人员在执行过程看法又如何？你认为还有什么改进的方法？作为总经理，你对这项任务又如何？你认为哪些方面是可以改善的？

活动总结：成功的团队领导把沟通作为一种管理的手段，通过有效的沟通来实现对团队成员的控制和指导，为团队的任务解决建立流畅的任务传达机制。

六、创新团队的综合能力测评活动

1. 转移核废物

活动主旨：培养团队综合协作能力。

参与方式：从组织中选出 10 人进行活动测评。

活动时间：30 分钟。

材料准备：两个大号铁皮桶，一条 0.5 米长自行车内胎，12 根 1 米长尼龙绳，一只装满水的瓶子，两根 15 米长的绳子，一瓶蓝色墨水。

场地要求：户外空地。

活动目的：培养团队在挑战中发挥成员角色特长、团结协作、沟通无碍的能力。

活动程序：

（1）活动组织者用长绳子围成两个圆圈，在两个圆圈中各放入一个铁皮桶，并在其中一个铁皮桶中加满水并混合蓝色墨水。准备一瓶水是为了团队在第一次转运核废物的过程中把水弄洒了之后还能有第二次尝试的机会。

（2）组织者向参加活动的成员叙述活动背景：在一个圆形辐射区中有一个装有大量放射性液体的铁皮容器，液体呈蓝色。这些放射性物质必须在规定的时间内得到处理，否则将导致核聚变，从而造成生态灾难。在邻近的一个圆形抑制区内有一个铁桶状核废物处理器，用来盛装封存放射液体。参与活动的团队需要根据最小成本的原则完成设计的组装。防止核扩散的唯一办法是利用这套设备将装在桶中的蓝色放射物质转移到核废物处理器中。团队需要解决如何组装这套转移设备的问题。

（3）过于远离抑制区或者过于靠近放射性物质，都可能因为核辐射而导致非常不幸的事情发生，队员可能受伤。而一旦有放射性物质溅出，便会导致某些队员失去活动能力。是否出现意外由组织者监督判断。

（4）整体活动中核废物处理器不能移动，且只能使用组织者提供器材。

（5）活动结束后，组织者需要让队员思考如下问题：团队是否在没有考虑不同的建议之前就迫不及待地着手解决问题？团队在执行方案前是否进行过试验，是否检验过其他方案？团队是否检查过从一个桶到另一个桶的路线？在团队完成任务的过程中是否做过什么调整？提供的所有器材是否都被有效地利用了？是不是每位队员都有机会讲出自己的观点和看法？每位队员提出的建议是否都被认真考虑过，是否人人都理解和支持最终的解决方案？团队是如何决策的，是共识，还是由一个专家，或是由团队中的某些热爱表达的人决定的？团队对细节和时间给予了足够的注意吗？团队是否注重质量控制，是否出现粗心大意步入辐射区域的情况？在转运和倾注核废物的关键阶段，是否有人扮演指挥者的角色？

活动总结：此项活动可以从综合层面刻画出团队是如何决策和解决问题的。缺乏计划与缺乏协作的后果很快就能真实地反映出来，而且是难以掩饰的。同时，团队角色的个人特点也会在活动中充分展现，领导者是否有效掌控局面，专家是否提出了正确的工作流程，是否有人是规则的严格执行者。

缺乏计划意识的团队会忍不住冲动很快陷入游戏的忙乱中。假如团队未能把成员们的想法和建议整合起来，抑或成员们不能明确支持某个计划，那么活动都有可能陷入僵局。

沟通顺畅也是成功完成任务的关键。一旦出现放射物质飞溅等情况，究其原因主要是因为队员们相互之间没有保持眼神或语言的沟通。

2. 卡努斯丹之旅

活动主旨：团队综合能力练习，测评。

参与方式：将组织所有成员等分成每队 10 人以上的小组。

活动时间：3 小时。

材料准备（均以每队为单位）：自制的 1000 元美金（汇率：1 美元 ＝2 元当地货币）。7 辆玩具车或 7 块代替车辆的木块。40 张卡片，每张卡片代表一桶汽油（25 元当地货币），30 张另一种规格的卡片，每张卡片代表团队一天用的食品。一块大白板，上面有地区的分布图。纸、铅笔和荧光笔。3 个骰子。

场地要求：室内外空地皆可。

活动目的：创新团队综合能力测评。

活动程序：

（1）活动组织者介绍卡努斯丹之旅的背景。要求每组的领导带领的团队到达卡努斯丹，此地在一个新成立的共和国摩塔沃境内。这个新成立的共和国拥有核武器。你们的使命就是要与这个临时政府的新的领导人取得联系，让他们做出消减核武器的承诺以换取本国的帮助。由于新共和国的政局混乱，你们的护照只有 24 天的有效期。护照的日期是临时政府决定的，因此很难得到延长的机会。

团队在卡努斯丹的日子里，团队中的专家每天可以拆除 2 件核武器。摩塔沃拥有的核武器数量仍然是一个国家机密。你们看到的最新报告是他们拥有 10～22 件核武器。另有谣传中东地区有国家购买这些核武器。

因为目前形势不稳定，所以卡努斯丹的机场是关闭的。唯一的入境口在邻近的波斯丹，而出境口则在格兰特斯丹。在波斯丹你们必须获得给养、汽油和汽车，然后选择一条路线抵达卡努斯丹。因为局势不稳定，所以很难预先确定最佳路线。

你们有一台精良的无线电收发两用机，可以通过电传与大使馆取得联系。一旦进入摩塔沃，再要获取给养或汽油是非常困难的，除非在卡努斯丹及其郊区。因为资源短缺，你们在波斯丹之外要想获取给养必须花两倍的价钱。

（2）组织者介绍活动资源。本次远征，你们有1000美元的活动经费。你们的开销是食品、汽车和汽油费。当地货币与美元的兑换率是2:1。团队一天的食品开支是15元（当地货币）。

到达一个新的地区需要一桶价值25元（当地货币）的汽油，同时需要一天的时间。你们最多能带足够20天用的汽油；每辆汽车都必须携带汽油。每辆汽车的价格是100元（当地货币）。每辆车可装载5个人和他们的工具。你们可以在波斯丹购买汽车，但选择的余地是很小的。一旦越过了边界，是很难买到汽车的，即使出高价也无济于事。团队不需要住宿费，因为你们将露宿或住在当地政府提供的公寓内。

（3）组织者介绍团队行进的基本条件。影响你们进出卡努斯丹的条件有三个：内战、骚乱和罢工。如果一个地区的形势比较稳定，则你们的行程不会受到影响。这些条件将随时间与地点的变化而变化。

当然，你们非常希望选择的旅行路线是安全稳定的，从而行程不会被延误。骚乱仅仅可能发生在农村。你们可以在城区内买到你们想要的食品、汽油和汽车，但是，与在波斯丹购物相比，你们必须支付两倍的价钱。在你们到达一个新的地区后，将通过一份秘密情报了解该地区的形势。在到达卡努斯丹的时候，有可能会因为罢工而影响你们的工作——当然，情况也不尽然如此。

（4）组织者介绍地区概况。大约有35个地区分布在一幅三角形状的地图上。

城区用蓝色圆圈或"U"表示。它们在国家的内地。

农村用红色圆圈或"R"表示。大部分农村地区位于边界与国家中心之间。

荒野地带用绿色或"W"表示。它们主要分布在边界地带。

首都在三角形的顶点。入境口与出境口在三角形的另两端。（图8-4）

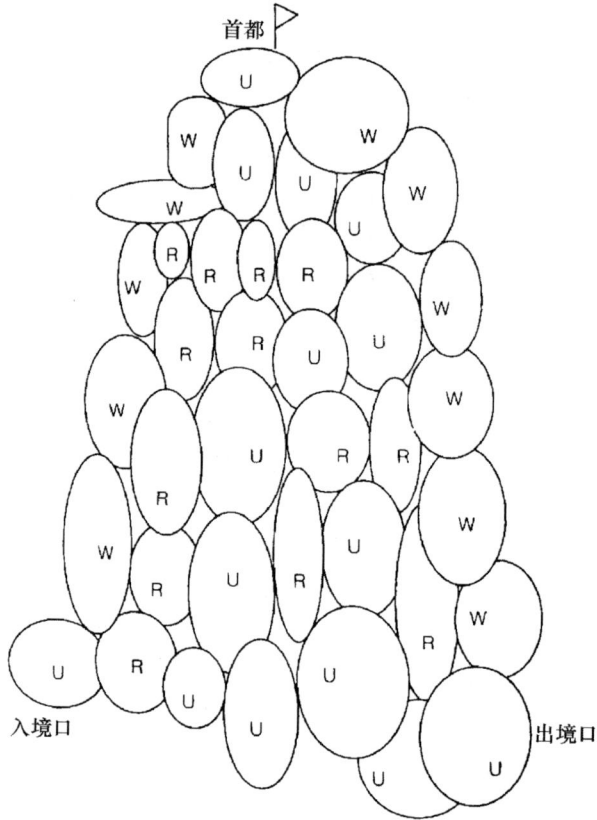

图 8-4　卡努斯丹活动示意图

（5）组织者介绍地区时间。团队必须从入境口驱车前往用小旗标明的圆圈——首都卡努斯丹，在那儿完成任务，然后在 24 天内由出境口返回。一天相当于 3~5 分钟。在首都的日子折算的时间更短一些。

（6）活动地区的交通问题。如果在你们到达的地区有战争发生，就会损坏你们的一辆汽车。如果你们的护卫队能够将所有人都带上的话，你们可以把坏车扔掉继续前进；否则，你们就必须用两天的时间将坏车修好。在这两天中，你们要消耗食品但不消耗汽油。

如果遇到骚乱，你们也将被延误两天以及消耗两天的食品和汽油。作为避免围困而延误时间的交换条件，你们可以送一辆车给当地政府，请他们将你们护送出这个地区。

如果遇到罢工，你们将被迫停止两天的工作直到罢工结束。如果你们不想停止工作，就必须将团队 3 天用的食品给当地政府作为寻求保障继续工作的交换条件。

可以用钱在当地政府那里购买你们所需的食品、汽车和汽油，但必须支付在波斯丹购买这些物品的两倍价钱。

（7）秘密情报条件。在计划阶段，团队必须用给定的经费购买足够的必需品，并设计好行进的路线。

一旦旅行开始，你们有几分钟的时间从一个地区到另一个地区，但也可决定改变路线。移动到一个邻近的地区要花费你们一天的时间。

在团队达到一个新的地区（圆圈）后，会收到一份秘密情报通知你们当天当地的形势。如果遇到战争，骚乱或罢工培训师将会收走一定数量的代表食品和汽油的钱或卡片。在经历了一天的平静之后，常常会出现连续两天的麻烦（战争、骚乱或罢工）。秘密情报内容通过摇骰子决定。

在野地，用三粒骰子。

在农村，用两粒骰子。

在城区，用一粒骰子。

骰子表示的意义：

全部偶数表示平静。

全部奇数表示战争。

一个奇数和一个偶数表示骚乱。

一个奇数和两个偶数表示罢工。

两个奇数和一个偶数也表示平静。

（8）团队分配角色与职责。为了使游戏更加真实，提前设计好几个角色让队员扮演。

队长：队长将组织和指挥团队完成任务。他的领导风格既可以是强硬的也可以是民主的，一切取决于环境。

副队长：协助队长开展工作。

参谋长：负责交通信息、特别的协议、秘密情报和路线计划。

情报员：负责将情报内容及其对团队的影响通知队长。

总务长：负责购买和保管物品和装备。

财务专员：负责记账、计算汇率和向团队通报每笔开支预算对团队财政的影响。

（9）团队的真正目的是要在首都停留足够长的时间以便拆除所有核武器，并在护照到期之前返回格兰特斯丹。计划、审慎的经费预算和一定的运气都是成功完成任务的关键因素。

（10）团队完全有希望在首都停留足够的时间将核武器拆除（只有16件核武器，每天可拆除2件）并安全返回。为了使团队可以顺利进行游戏，活动组织者可以给团队提供一些紧急情况下的补给品，即由当地的同盟政府机构捐献的资金、食品或汽车。

离开入境口之后，团队可能需要更多的信息和物品。活动组织者可以真诚地同他们进行谈判，征求团队的意见，问他们愿意用什么交换条件以满足他们的请求。如果以使馆的名义与团队进行沟通，就必须将交通信息写在纸上。当然团队的请求不可能都得到满足。想要延长护照是根本不可能的，因为新政府从本意上很不愿意失去核武器。战争不会在首都发生，骚乱也不会因为拆除核武器而停止。

（11）活动结束后，活动组织者应让各个团队分享其活动经验并回答以下问题：团队完成指定任务的办法是什么（生存或前进）？团队是否避免了陷入僵局，是如何避免的？各个规定的角色是否出色地完成了任务？什么样的建议被提出并加以讨论？是否团队的每个成员都明白计划并至少表示同意支持这个计划？团队是否召开了会议并使所有的事情记录在案？团队是如何对待挫折的？在处理挫折和继续前进的过程中，团队做了哪些调整或采取了哪些行动？

活动总结：创新团队在工作中是否能够处理、分析与优化信息，根据可获得的信息对处境进行评价，制定一个一致的、能实现团队目标的战略，合理安排资源并制订计划以实现团队的目标，执行计划并在执行过程中做出必要的调整，正确面对人为不可控制的模糊性和挫折。